南京市教學研究年鑒

2006

NANJINGSHI JIAOXUE YANJIU NIANJIAN

凤凰出版传媒集团

江蘇教育出版社

JIANGSU EDUCATION PUBLISHING HOUSE

图书在版编目(CIP)数据

南京市教学研究年鉴. 2006/岳燕宁，王栋生，徐志伟主编. —南京：江苏教育出版社，2008. 3

ISBN 978-7-5343-8686-2

Ⅰ. 南… Ⅱ. ①岳…②王…③徐… Ⅲ. 中小学-教学研究-南京市-2006-年鉴 Ⅳ. G632.0-54

中国版本图书馆 CIP 数据核字(2008)第 023983 号

书　　名 南京市教学研究年鉴(2006)
责任编辑 单　婷　余立新
装帧设计 朱赢椿
出版发行 凤凰出版传媒集团
江苏教育出版社(南京市马家街 31 号 210009)
网　　址 http://www.1088.com.cn
集团网址 凤凰出版传媒网 http://www.ppm.cn
经　　销 江苏省新华发行集团有限公司
照　　排 南京展望文化发展有限公司
印　　刷 金坛市古籍印刷厂
厂　　址 江苏省金坛市晨风路 186 号(邮编 213200)
电　　话 0519-82338389
开　　本 889×1194 毫米　1/16
印　　张 26.5
插　　页 4
版　　次 2008 年 2 月第 1 版
2008 年 2 月第 1 次印刷
书　　号 ISBN 978-7-5343-8686-2
定　　价 60.00 元
批发电话 025-83260760，83260768
邮购电话 025-85400774，8008289797
短信咨询 10602585420909
E-mail jsep@vip.163.com
盗版举报 025-83204538

专家组成员

语文
丁帆　朱晓进　王栋生　袁浩　靳贺良　钱小龙

数学
涂荣豹　李善良　陈光立　肖林元　詹明道　何炳均

英语
张伊娜　陈理　朱善萍　陈静波　曹荣苏　沈峰

物理
刘炳昇　岳燕宁　杨树崤　周久璘　朱建廉

化学
吴欣　马宏佳　杨剑春　邹正　钱海滨

生物
汪忠　陈建秀　金本钺　程莉君

品德与社会、思想品德、思想政治
班华　王建华　陶崍恒　陈履伟　王伏才

历史
刘军　朱绍坤　马学松　卢新建

地理
沙润　吴小根　陆静　李伯珏　丁强

音乐
邓林　韩中建　陈光中　钱逸瑞　陈萍飞

体育与健康
潘绍伟　顾渊彦　周兵　嵇明海　杨潘顺

美术
滕守尧　陆长根　傅幼康　牛桂生

技术
顾建军　李艺　曹国盛　吴再陵

教学研究管理
王铁军　严必友　阎勤

创作
叶兆言　董正璟　吴晓茅

目录

序

杨九俊

《南京市教学研究年鉴(2006)》正式出版,是一件可喜可贺的事情,其意义至少有三个方面。第一是记载。让人回望的事件,值得存留的文章,应当推崇的人物,借助“年鉴”的记录可以让我们的记忆更加清晰生动。第二是交流。“年鉴”的作者、编者、读者,为了一个共同的目标,走到一起来了,思想的、情感的交流会让友谊更加淳厚,思考更为深刻。第三是引导。“年鉴”本身就体现了一种价值取向,相信会对读者形成冲击,会激励更多的同行奋发前行。

因为有写序的任务,我有了先睹为快的机会。坦率地说,起初拿到书稿的清样,只是准备随便翻翻,但不经意间扫过几页,我态度改变了许多,因为我感觉到很有些看头,而且引发了我对教学研究工作的不少思考。“翻—读—思”的过程,足可见“年鉴”的厚重产生的吸引力,同时也可以说明“年鉴”就是一个对话的平台,通过对话,可以深化我们对教学研究的认识。

教学研究是许多教师共同关注的话题,借助“年鉴”的话语平台和思想资源,我想在三个方面和大家展开讨论。

一、我们为什么要做教学研究

“年度人物”余颖老师说得好:“教师要把事业当作追求意义的过程,教育的生命正是在对数学教育

的求索过程中逐渐丰盈和充实起来的。”曹勇军老师认为,教学研究应当是一个“有追求的教师的生存状态”。他们的感悟告诉我们:教学研究首先是一种人生价值观的追求和体现。其实,“三百六十行,行行出状元”,就是因为行行有学问,你把手中的活儿当学问做了,你在流水般的时光中努力追求人生的价值,你的生活就有了意义,生命就可能因之而丰盈华美。因为教育是从事人的工作,是非常丰富复杂的。以教学说,专家们认为,教学这种活动是如下三种侧面复合交错而形成的:认知性、技术性的实践,人际性、社会性的实践,道德性、伦理性的实践。(钟启泉)“年度人物”朱建廉老师对这个问题也有相当深刻的理解,他认为,教学活动是复杂的,这种复杂性决定了教师劳动必须具有创造性。这些都决定了教师必须从事教学研究。同时,我们还应充分认识到教学研究的“当下”意义。走进新课程以后,我们面对许多新的变化,从教学角度看,比如,怎样整体把握新的学科课程,“三维目标”应当怎样理解和落实,预设与生成应当构成什么样的关系,怎样在课堂教学中建构积极主动的思维文化,“面向全体”怎样才能落实到每个鲜活的个体身上,怎样在教学中照顾不同层次的学生和一些特殊学生,现代学习方式与传统学习方式怎样有效整合,等等。如果没有研究意识,就不可能适应新课程的要求。许多同志都说,新课程实施以后,教师的专业发展拉动了,专业化进程加快了,这就是因为许多教师都成了研究者。

二、我们怎样做教学研究

第一,要有自己的教育哲学、教学理念,也就是要有自己躬身以行、执著坚守的东西。杨瑞清老师认为在五里村“人人都是受教育者,人人都是教育者”,这就是他的教育哲学,他的成功就在于对这个理念的践行和坚守。李吉林老师认为情境对于学生的学习和生长富有意义,她数十年如一日,去探索、去研究,卓然而成教育家。有了先进的教育哲学、教学理念,我们的教学研究就会有凝聚的力量,高尚的意味,而不是为教研而教研,或者零敲碎打,不得章法。

第二,如前述及,把工作当学问做,教学研究应当是一个整体,“一张皮”。苏霍姆林斯基就是这样的典范。他在繁忙的教育与管理之余,以顽强的毅力从事研究,坚持写教育日记,曾先后对 3 700 名学生作个案记录,能详尽说出 25 年来对 178 名“最难教育”学生所进行的工作和学生曲折成长的过程。苏氏的教育思想至今仍在滋养着广大的教育工作者。对于广大教师,特别要强调的是,课堂是我们成

长的地方，围绕课堂教学质量的提升，就值得做很多的研究，值得做一辈子的研究。不少同志感叹名师太少，甚至有人引用李白的诗句诉说内心的荒凉："孤帆远影碧空尽，惟见长江天际流。"于漪老师却说："三次备课成名师。"于漪老师所说的"三次备课"，第一次是不看任何参考资料，用尽自己的才力去钻研教材，设计教学。第二次是把有价值的参考资料看遍，取人之长，重新备课。第三次是在教后反思的基础上再度备课。于漪老师备课的过程，就是一个不断学习、持续研究的过程。如此这般，持之以恒，不想成为名师恐怕也不太可能。

第三，提倡科学精神、问题意识。教学研究是基于教学实践进行的，而且更多是基于自身的教学实践。这种研究提倡对我们日常生活的怀疑和追问。如果对日常生活总是熟视无睹，如果每天都是重复昨天的故事，生活和工作就可能失去光泽，我们就无法解除许多"遮蔽"。余颖老师说，我们要经常追问习以为常的东西，不断叩问其发生、发展、变化意味着什么，努力获得一种意义的理解。这样，太阳每天才是新的，教学生涯才不断生长着意义。

第四，要不断攀登研究的境界。台湾学者詹栋梁提出，教育研究有三个视角：一是"前科学"视角，这时的实践和研究更多是经验性的。二是"教育科学"视角，用理论的光辉映照教育实践，在教育实践中创造性运用教育理论。三是"超科学"视角，即在某种意义上超越教育理论，在哲学、时代精神层面上审视教育理论和实践。这也可以看作教育研究的三重境界，有志者努力登攀，拾级而上，必定能领略到万千气象。

三、我们怎样形成教学研究的成果

多样性应当是教学研究成果呈现的重要特征。教学研究更多的是"行动研究"，"问题即课题，工作即研究，教师即专家，效果即成果"。比如曹勇军老师关于作文本的设计，就是一件教学研究的成果。同样，一节好课的设计，一个有意义的教学问题的讨论，一次值得回味的教学反思，当然也包括撰写教学随笔、教学日记、教学案例等，包括如"年鉴"中收录的论文、提及的论著，只要是指向教学，是在用思想的内在品质提升教学，其成果都应当得到认可。

实践性是教学研究成果的内在要求。改善教学行为，改进学生学习，提高学习质量，是教学研究最主要的成果表达。构成物质形态的文章和论著，仍然应当是来自实践，为了实践。

创造性是任何研究的本质规定。教学研究成果最高级的表达方式就是说自己的话。当然，也可以说洋人的话，古人的话，他人的话，有时还是十分必要的，但如果没有自己的理解，不能够引起我们对事物本身的思考，仅仅照搬，就有点没有出息了。我在许多场合提出，反对说"普通话"——普普通通的话，得到不少共鸣，这使我感到由衷高兴。"年鉴"中许多文章得以入选，在我看来，就是有些个性化表述的色彩，就是说了自己的话，而遴选这样的文章，其价值引导的方向不言而喻。

在谈论课程改革的时候，我多次引用美国一位名人的话描述：现在的时代就是黄金时代。我从心底里为这样的黄金时代欢呼！《南京市教学研究年鉴(2006)》的出版，是南京市基础教育课程改革锦上添花的一件盛事。就教研领域说，这也是一件标志性的事件，它表明南京市教研工作正在走向黄金时代，表明南京市的同行正在加倍努力，将创造教研工作更加美好的黄金时代。我深深地为之祝福！

（作者系江苏省教科院副院长、江苏省教研室主任）

年度人物

nian du ren wu

姓名	性别	学科	学校
余 颖	女	数学	南京师范大学附属小学
曹勇军	男	语文	南京第十三中学
朱建廉	男	物理	南京金陵中学

余颖

简介

余颖，女，1972 年出生，江苏南通人，1989 年毕业于南通师范学校普师班。南京市学科带头人，南京市优秀青年教师。1989 年— 1997 年从教于南通师范学校第二附属小学，1997 年后任职于南京师范大学附属小学。现为南师附小副校长。

十余年来，她先后在各级各类教学竞赛中多次获奖，1999 年经过区、市、省的层层选拔，在全国第四届优质课观摩评比中获一等奖。近年来，她关注数学课堂有效对话的策略，逐步形成了“清新而深邃，灵动而扎实”的教学风格；关注校本教研的有效机制和策略，开展了多种研修方式的实践探讨。近三年在中文核心期刊或省级刊物上发表 20 余篇文章，并在全国各地执教公开课 40 余节。

教研感悟

在意义的追寻中领承欠然的生命

“黑夜给了我黑色的眼睛，我却用它寻找光明。”诗人顾城的诗句既道出了生命的绚烂与灵性，也道出了人生的矛盾与困惑。

解读生命的意义，领承生命的欠然，体验生命的快乐，最好的办法是把事业看作是一个追寻意义的过程。因为只有在意义的追寻中，才能找回迷失的自我，才能有所发现、有所探索、有所创造。对于我——一名小学数学教师来说，教育的生命正是在对数学教育的求索过程中，逐渐丰盈和充实起来的。

压力促破土

1989年8月，未满18岁的我从南通师范学校普师班毕业，重新回到了养育自己的母校——南通师范学校第二附属小学。作为一名尚未获得选举权的年轻人，虽是接受了三年师范教育，但对教育的理解仍十分浅薄，在师范学校学到的一点东西，也很少能找到它的用武之地。每天，我会为了备一节数学课而苦思冥想到深夜。如此低效，并非由于认真和细致，而是因为在我的头脑中根本无法设想模拟的课堂，不知道该如何写出一份适合学生学情的教学设计。而站在讲台上的我，也常常让学生“欣赏”到面红耳赤、语无伦次的窘状。甚至于一节课下来，学生到底学得如何，有多少人学会了本节课的学习内容，我根本心中无数。难忘的是，学校领导第一次听我的课后，仅用一句话就讲完了优点，却用一个多小时讲评了需注意和改进的地方，所谈内容涉及课堂教学的方方面面，甚至于教态。那时的我，显得多么的稚嫩与不合格啊！

记得工作两三个月后，在给同学的一封信中，我曾经写道：现在，我最害怕黎明的到来，每天的太阳似乎都是黑的。如此种种，虽然酸涩得让人难以下咽，但天生不服输的个性却令自己不能选择逃避。我要做的，就是坚持、坚持……

在后面的日子里，我参加了学校成立的“青年教师培训中心”，全体青年教师作为培训中心的学员，既有专门的师傅个别指导，又有集体学习、相互研讨的诸多机会。在这样的环境中，我如一株不起眼的小草，虽然不像红花引人注目，却也享受着珠媚园中肥沃土壤的滋润。通过一段时间的努力，我从只能获得“珠媚杯”各项竞赛的优秀奖，到获得三等奖、二等奖、一等奖，直至代表学校到市里参加教学竞赛。四五年间，我逐渐感受到自己教育生命的成长，逐步拥有了一些为师的自信。

历练催拔节

1997年，我来到了斯霞老师曾经执教的校园——南京师范大学附属小学。德高望重的斯霞老师，弥漫着“母爱关怀”的校园氛围，一个个如斯老师般爱生敬业的教师群体，让我享有了再次成长飞跃的幸运。在领导和老师们的关心之下，我很快适应了环境，并获得了很多成长的机会。从1997年8月到2000年初，短短两年半的时间，我上了数十节公开课，参加了多次赛课，竞赛的级别也从区级、市级、省级，直至全国。在多次赛课、开课的过程中，因为特级教师阎勤老师的悉心指导，因为全校数学教师的出谋划策，因为多位专家的打磨把关，我不仅收获了荣誉，更重要的是在“磨课”中，提高了沟通的技艺，积淀了教学的机智，提升了展示的自信。而这些，才是我教育生命中最为重要的财富。

记忆最为深刻的，是1999年的一次赛课。听说有个教学竞赛，我也就不知天高地厚地报名参加了。随着从区里到市里、省里的一轮轮角逐，我才真正领略到教育艺术的无止境。虽然只是一节课，但

随着一轮轮的筛选，前前后后足足准备了10个月的时间。这一段时间，既有压力之下寝食难安的煎熬，更有巨大收获带来的欢欣雀跃。试教一次又一次，教案一次又一次地推翻，细节一次又一次地更改。为了最后的全国性比赛，10个月中，一共试教了近20次。每一次试教，我都能从别人的指点中悟出好多新的东西来。每次来听课的，少则两三人，多则十几人，像专家会诊一样，逐个地跟你谈想法、提建议，大到教学目标的定位，小到板书设计、语言表达，甚至课堂上的一举手一投足，全都成为专家评议的内容。这一切，让我改掉了很多平常课上没留意的不良习惯，并努力精雕细刻，力求每一个环节都尽善尽美。就在这样的过程中，我不断实现着对自我的超越。

积淀求充盈

在欣喜于教学中的点滴收获之余，我也感到了一种茫然与无力，总觉得自己还是像没根的浮萍、没线的风筝一样飘忽着。什么是数学？什么是数学教育？……我逐渐发现，因为对这些问题缺少深层次的理性思考，于是就缺少了对“自我”的准确把握，也就终究脱不了一个“浅”字。黑格尔有句名言：“人们经常挂在嘴边的名词，往往是我们最无知的东西。”日复一日、年复一年重复的教学行为，却往往成了我们最盲目的举动。

因着这样的认识，我的工作和生活方式也发生了一些变化。每一个清晨醒来，边照料着女儿，边计划着一天的工作与学习；每一个夜晚，把女儿送入梦乡后，将自己拽回到书桌前，或记录工作中的点滴收获与不足，或打开书本，展开与智者们关于教育的对话。每日的反思与回顾，让自己对机械重复的教学行为多了一份警醒，而阅读则让自己有了从实践中抽离出来的机会。就这样，我开始主动去批判那些“熟知而非真知”的东西，开始去追问那些习以为常的东西，不断叩问其发生、发展、变化意味着什么，试图获得一种意义的理解。

我的教学，因理性的思考而发生着行为上的变化；我的思考，因智者的引领而逐渐走向深刻。当我不满于课堂上学生的不会倾听、不会交流时，我开始思考改善的策略，开始追问每一个策略背后折射出的价值和意义。就在这实践与思考的交叉互动中，我开始了“小学数学课堂有效对话策略”的课题研究。教学管理工作的职责，促进教师专业发展的使命，促使我开始思考有效的校本教研管理机制和策略，“对话式教研”“参与式指导”“叙事式研究”等校本教研的方式成了我关注的重点。对实践问题的理性思考与突破，滋润了我的研究生命的成长，也催生了30余篇论文的发表和获奖。这样的忙碌与充实，让我再一次享受到了成长的愉悦。

“人必须成为自己的解放者，并在伦理意义上成为自己的创造者。”教育就是要营造一汪沐浴灵府的深潭，让人沉醉于其中，使人神清气爽，让人们有可能去经营生活、咀嚼生活、品味生活，成为一个性情通达、才智明敏的人。我很欣赏肖川在论述什么是良好的教育时的一段脍炙人口的话：“也许我们很

难基于他一个周全的描述,但我们可以肯定地说：如果一个人从来没有感受过人性的光辉的沐浴,从来没有走进过一个丰富而美好的精神世界,从来没有读过一本令他激动不已、百读不厌的读物,从来没有思索过某一问题,从来没有一个令他乐此不疲、废寝忘食的活动领域,从来没有过一次刻骨铭心的经历和体验,从来没有对自然界的多样与和谐产生过深深的敬畏,从来没有对人类的灿烂文化发出过由衷的赞叹……那么,他就没有受到过真正的良好的教育。”教育如此,对生命意义的追寻又未尝不是这样！浸润其间,感悟其中,痛苦与快乐结伴,挫折与成功同行,这就是人生,这便是芸芸众生对生命意义的叩问与追寻!

领承生命所赐,终将让我在教育之生命中变得充盈起来!

曹勇军

简介

曹勇军，1957 年出生，山东人，1986 年毕业于安徽省教育学院中文系。南京市第十三中学语文教研组组长，江苏省中学语文特级教师，江苏省首批教授级高级教师。长期致力于阅读和作文教学探索；参与高中语文新教材建设，为苏教版高中语文实验教科书编写组核心成员；先后在山东、浙江、江苏等地开设讲座 80 余次；在《中学语文教学》、《语文学习》等刊物发表《追求作文教学的智慧》等论文 70 余篇。

教研感悟

让教科研推动我们的专业化发展

当教科研成为学校和教育主管部门的口号与评价指标后，对教科研的误解也就变得普遍而突出了。许多人认为，教科研不就是写几篇文章，参加一个课题嘛。尤其是一线老师看到那些连课都上不好的人，却连篇累牍地炮制所谓论文时，误解就变成了一种不满甚至否定。不能全怪他们，我们的教科研中，确实存在着许多浮躁的泡沫。有的人热衷于写文章，却耕不好自己的一亩二分田，有的人热衷于玩课题，领个课题挂上名字，最后东拼西凑也能顺利结题……在他们那里，教科研变成一种脱离教学，与教师发展无关的东西，不客气地说，他们败坏了教科研的声誉。但是，我们也不能因为某些人的错误做法而整体否定教科研。在我看来，教科研给我们一种探索的眼光和行

动的智慧，是教师专业化成长的必由之路，它应该成为一个有追求的教师的生存状态。

我校过去一直使用作文稿纸，不便于学生的整理保存。本学期开始，我们打算设计适合我们学生的作文本。如何设计呢？除了常规的格式外，我在封面上加上一行醒目的字："表达生命的智慧，享受写作的快乐"，这是我们的教学理念，把它印在封面上，是告诉学生作文是怎么一回事，也是提醒老师去努力实践这个理念；作文本的封三，我请学生写了一页硬笔书法，抄录的是学生熟悉并且喜欢的《获得教养的途径》这篇课文，通过同龄人的示范，让学生重视书写，同时也提醒他们读书的意义和价值，努力提高语文素养；封四，则列出写作应该养成的七种优良习惯。这些内容是我长期思考的心得，完全可以写成一篇文章，但是我更愿意用作文本的形式展示出来，让它介入学生的写作生活，成为我们的作文教学的一个载体和窗口。作文本印出来之后，师生都爱不释手，因为它熔铸了教科研的汗水和智慧，具有较高的教科研含金量。

期中考试后高一年级开设了《〈论语〉〈孟子〉选读》选修课。为什么要"自讨苦吃"在高一开设校本选修课？这反映了我和教研组同仁的共识：必须在高一、高二学段增加素养型教学内容，拓宽学生的知识面，增加他们的文化积累，这样才能对得起学生的信任。我与备课组教师一起研制了《论孟选读》的课程方案和教学安排，向师生推荐了配合教学的拓展阅读书目，还为全体高一学生开设了题为"《论语》与经典阅读"的讲座。这虽然只是一次常规的教学活动，但因为我们用一种研究的态度来对待它，所以不仅提高了质量，而且品尝到学科的价值魅力，使自我得到提升和发展。

小到一本作文本的创新设计，大到课程的规划安排，教科研并不神秘，它就在我们身边的教学生活中。实践证明：具备不具备教科研的意识、眼光和追求，是能否提高教学质量的关键所在，也是教师能否在专业上获得发展的关键所在。

周而复始、繁重劳碌的教学工作常常使我们泥于"术"而疏远"道"，很少有人自觉地叩问职业母题，也因此无法在职业生涯中获得尊严感。我们的教学是"人学"，认识人、理解人、尊重人、热爱人，是我们职业的价值所在，也是我们职业的尊严所系。在今天的环境中，要获得职业的价值信仰需要你具有一种心胸和眼光，需要你具有思想和心灵的张力，以对抗无所不在的技术化的冲击，成为一个有担当的知识分子，而持续的教科研可以给你这种心胸和眼光，因为在教与研的互为观照与碰撞中，你越来越逼近教育的事实，理解教育的内涵，获得超越现实的视野和行动的智慧，同时它也在改变你，丰富你，充实你，使你的人生得到提升。

2002 年我被评为特级教师后曾一度陷入困惑，要不要往前走，怎样走，这些问题使我面临事业上的危机，后来我发现自己根本无法割舍它，它已经成为我的生存状态，夸张一点说，我的思维、情感、爱好、技能都是围绕它旋转的。走过这段低潮期，我迎来事业的又一高潮。这几年我每年发表 7 — 8 篇论文，保持了比较强的教科研爆发力和势头。

我主要坚持两条：一是坚守一线，二是坚持读书。

教育教学是一门实践性很强的技艺，一个人只有坚守在课堂里，才能获得课堂的经验、课堂的感觉和课堂的思维，课堂不仅提供了丰富的教科研素材，而且可以提升你的教育教学的智慧，使你保持敏锐

的眼光，保持强大的思考力，使教科研具有更多的针对性、前瞻性和合理性。一旦脱离一线就意味着逃离教育现场，就不可能持续产生教育教学的灵感、激情和智慧，也就因此丧失了学术的发言权和公信力。

教科研需要一种心胸和视野，这就需要努力读书。一个人不读书，缺少深厚的智力和学科背景，是难以在专业化道路上走远的。我平时最大的爱好是利用周末去书店淘书，把握读书界的动态，努力追踪读书前沿，推掉不必要的社会应酬，保持相对边缘的思考姿态，让自己静下心来读一点书，我把它称之为“进补”，给自己的思想进补，给自己的知识进补，给自己的人生进补。这几年参加苏教版高中语文教科书的编写，为我的读书钻研提供了更大的空间和更高的平台，收获不小。各种杂书都应该翻一翻，将经典与流行、正宗与旁流、研究与涵养、厚重与轻锐融会贯通，追求一种杂学旁通的阅读效果和境界，有利于思考与创造。俄罗斯有一句谚语：“一个医生如果只是做医生，就不会是好医生。”我觉得至少在读书上是这样。要吃好教育这碗饭，仅仅读教育方面的书是远远不够的。平时我主要看大家的名著和以前想读而没时间读的经典书，不仅自己读，还向同事和学生推荐，努力在校园里营造一种读书的气氛。

目前有一种状况值得忧虑：有的老师只读点教参，备课时在网上下点资料，但是不读原著，不读经典，没有读书生活，缺少由经典阅读磨炼出来的技能、学识和感悟力，这样也就丧失了专业化发展的动力和底蕴。

我的教科研论文写作，努力追求自己的学术品格，追求实践性和原创性。作为中学教师，我们得天独厚的优势在于课堂教学，而我们教科研的最终归宿，也是为了更好地指导我们的教学。我坚持自己的底层视角，论题来自自己教学实践的甘苦，解决问题的思路方法来自独立的思考，目的是在复杂多变的教育现实面前解决实际问题，推动自己的教育教学往前走。我写的东西只是我平时大量思考的一部分，我对自己的要求是不人云亦云，坚持“独立之思想，自由之精神”，让别人读后有启发、有收获，自觉维护自己清正的学术形象。我还花费心血指导帮助组里其他老师写论文，以文会友，以友辅仁，营造一种教科研的风气。我把这项工作当作自己的教科研的延伸，乐此不疲。

我不否定教学技术，恰恰相反，我对任何鄙薄教学技术的做法保持警惕，但我的论文不喜欢“知识技术化”的角度，喜欢采用“知识思想化”的思考视角，决不空谈思想理念，而是由一点牵出一片，通过点滴的技术把握辐射到丰富的人生发展上去，让知识背后具有更多思想的内涵、学理的深度。我觉得前者充其量只是匠，后者才具有知识分子的品格，才能经得起事业人生的追问。

很高兴能当选《南京市教学研究年鉴(2006)》的年度人物，我把它看成是对自己教科研工作的新的要求。我提出三点期望，与朋友们共勉。首先，做一个理想主义者。在中国的教育现实面前，没有理想寸步难行，搞教科研更需要理想，我甚至觉得这种理想近乎是一种宗教情怀，是一种无条件的奉献和付出。其次，做一个“长跑主义者”。短跑需要的是速度和爆发力，而长跑需要的是耐力和坚持不懈的恒心。在教科研上，能不能坚持走下去，可能更需要一种长跑的规划和精神。最后，做一个“机会主义者”。抓住机会，发展自己，充实自己，为教育事业尽一份力量，实现人生的双赢。

朱建廉

简介

朱建廉，1955年出生，江苏盐城人，1980年毕业于淮阴师范专科学校物理系。江苏省中学物理特级教师，教授级中学高级教师，任教于南京市金陵中学，现为校学术委员会主任。

从教以来，一直工作在教学第一线，承担高中物理教学工作。工作中潜心于教育教学研究，取得了较为丰硕的研究成果。主持和参与的各级教育教学研究课题十多个；主编和参编的各种教辅用书数十本；撰写并发表的教育教学论文约200篇；在全国范围内为教师培训而开设的讲座100多个。较为扎实的研究在促进了自身的专业发展的同时，产生了较为广泛的社会反响。

教研感悟

关于教学研究的几点体会

从教二十多年，颇有一些感受。这里谈一谈从教过程中“参与教学研究，实现专业发展”的几点体会，希望能够对同行，尤其是对年轻的同行们有一点点启发。

体会1：教学研究是实现教师专业发展的重要途径。

教师最主要的职业活动是教学。教学是一种由教师的“教”、学生的“学”和作为“教”与“学”的中介的“教学内容”这样三种因素交织在一起的复杂活动。教学活动的复杂性决定了教师的劳动具备着创造性

特征，正是由于教学活动的复杂性和教师劳动的创造性，所以欲切实做好教学工作、实现教师专业发展，就必须积极、主动地参与教学研究。教学活动的复杂性和教师劳动的创造性，一方面提出了教学研究的必要性，另一方面也为教学研究留下了极为广阔的空间。回顾从业的二十多年，针对教材的教学研究，针对教学方法的研究，针对学习方法的研究，针对考试的研究，针对素质教育的研究，针对研究性学习的研究，针对新课程改革的研究等，始终伴随着我的职业生涯，同时也始终伴随着我的专业成长。

体会 2：教学研究应该成为教师的职业兴趣和习惯。

由于教学活动是复杂的，所以针对教学活动的教学研究也应该是复杂的；由于教学活动作为职业行为是教师不得不经常参与的，所以渗透于教学过程之中的教学研究也就自然地成为教师不得不经常参与的职业行为的一部分。正因为教学研究是教师不得不经常参与的复杂活动，所以培养起对教学研究的职业兴趣和职业习惯对每一位教师来说都是非常必要的。在从业的初期我就养成了一种习惯：专门准备一本被我称作“教学拾零”的小本子，用以记载教学活动中的思想萌动和偶发事件，并以此作为进一步深入研究教学行为的基本素材。事实上，在我所发表(或获奖)的那些教学论文中，绝大多数的研究都是从这里起步的。随着教学经历的不断丰富，随着教学研究的不断深入，同时也随着教学经验和教学研究成果的不断积累，我又在所养成的那种将教学研究融入日常教学行为之中的习惯的基础上，逐步培养起对教学研究的浓厚兴趣。我觉得：作为从事复杂教学活动的教师，如果能够自觉地将教学研究融入教学行为，进而使教学研究成为自己的职业兴趣和职业习惯，那么他就能够在一定程度上体验到职业幸福。

体会 3：教学研究的素材应该在教学过程中去发掘。

在和一些同行针对教学研究进行交流时常常听到他们倾诉着一种困惑：教学研究都研究些什么呢？其实，这样的困惑非常容易解开：既然教学研究是研究教学的，那么其素材就应该在平时的教学过程中去发掘；既然教学活动是“教”与“学”以“教学内容”为中介的一种“双边活动”，那么研究教学的教学研究其素材就应该是教学过程中的关于“教”的设计、“学”的方法，和对“教学内容”的理解与处理。总之，教学研究应该实实在在地贴近教学，教学研究应该针对教学中所存在的问题而踏踏实实地展开。记得曾有一位年轻教师向我讨教实施教学研究、撰写教学论文的素材问题，在听了我的“可以针对教材实施研究”的建议后说：“教材有什么可写的呢？”我对他说：“从理论上讲，随意翻开教材的某一页，都可能找到值得研究的问题。”同时随手将他手上的初中物理课本翻开与之共同研读，针对课本中“放大镜的放大倍数一般不超过 20 倍”的描述，我问他：“教学中你注意到这句话了吗？你能说清其中的道理吗？你估计有多少教师对此会感到困惑？你不觉得这里面蕴藏着值得研究的问题吗？”在我的启发下，这位教师通过研究撰写了论文《关于放大镜的两个问题的研究》发表在国家级刊物上。

体会 4：教学研究和其他活动一样也应有规律可循。

这里着重谈一谈教学研究中“教学论文的撰写”和“教学论文的投稿”这两个环节上应该注意的几个问题。

(1) 教学论文的撰写。

教学论文是教学研究成果的一种呈现方式，而撰写教学论文时应该注意如下几个环节：

① 论点的提炼——所谓论文，就应该有论点，教学论文当然也不例外。在实施教学研究、撰写教学论文时通常可以先针对教学中的某个问题收集素材，然后从中挖掘和提炼出值得阐述的论点并着手围绕论点组织材料撰写教学论文。有时也可以先从教学过程中捕捉住某种思想的萌动而从中概括和提炼出某种论点，然后在后续的教学活动中收集和组织相应的素材撰写教学论文。

② 材料的组织——论点正确、鲜明，见解独到、精辟，这只是构成一篇好的教学论文的必要条件。但如不能很好地组织材料，不能把论点、见解有条不紊地阐述清楚，仍然等于零。教学论文不必刻意追求文字的华丽，逻辑严密才是最主要的，而"阐述的次序"和"材料的组织"则是"逻辑严密"的基本保证。

③ 选题的技巧——从理论上讲，选题的技巧很多，也很复杂。这里只想谈一点：选题时应注意"题目宜小不宜大"。这是因为：第一，题目太大不容易把握，写起来比较困难；第二，题目太大必然导致文章太长，而太长的文章又难以发表。小题目，短文章，一篇文章两三千字，说清一个问题，表明一个观点，又好写，又容易发表，何乐而不为呢？

④ 题目的设计——新颖、别致的题目更容易引起编辑的注意；工整、贴切的小标题更容易使编辑相信你的文章质量上乘；对称的形式与实在的内容相结合，更容易过审稿关；这些都是撰写教学论文时必须注意到的。不妨举一实例：我曾写过一篇《浅谈物理解题中的演算技巧》的教学论文，投稿后数月无音讯，于是我就将题目改为"从山重水复到柳暗花明——浅谈物理解题的演算技巧"后仍投该刊物，没两天便接到录用通知说：文章很好，决定录用，只是题目花哨，建议改用副标题为题。

(2) 教学论文的投稿。

从某种意义上讲，论文的发表并不比论文的撰写更容易，有时甚至更难些。这里应该注意的是：

① 提高论文的质量——教学论文的撰写与教学论文的发表这两个环节的难易程度通常是成反比的：呕心沥血写出的高质量论文，发表时相对就会容易些；马马虎虎对付出的所谓"论文"，发表时相对就会更困难。所以，实施教学研究、撰写教学论文、投稿以求发表的关键的一环是要提高教学论文的质量。

② 搞清刊物的宗旨——不同刊物其办刊的宗旨一般是不同的。仅就与中学物理教学相关的刊物而言，像《物理之友》、《中学生物理》、《物理报》等刊物，主要是面对中学生的，这类刊物欢迎的是"概念的辨析""规律的应用""解题的技巧""学法的指导"等类型的小文章；而对于教材、教法等方面的较为深入的研究论文，则可投《物理教师》、《物理教学》、《物理教学探讨》、《中学物理教学参考》、《中学物理》等刊物；而像《物理通报》这样的刊物对论文的理论水准的要求就更高一些。搞清各刊物的办刊宗旨，搞清各刊物对论文的要求，在此基础上有选择地投稿，其投稿命中率就会大大提高。

③ 关注论文的时效——在一般的情况下，刊物所刊登的教学论文都会尽可能与学校的教学进度取得一致，这样就对教学论文投稿提出了所谓"时效性"的要求。我的体会是：教学论文所涉及的教学内容一般以比通常的教学进度快两三个月为最佳。

④ 迎合编辑的“口味”——为了提高教学论文投稿的录用比例，认真研读所投刊物上已经刊登的文章并从中揣摩编辑的“口味”也是非常明智的举措：如果编辑是个“苏州人”，你就可以在端上去的“菜”中放一些糖；如果编辑是个“四川人”，你就应该在端上去的“菜”中放一些辣。

体会5：教学研究应能在不同的深度上分层次展开。

针对教学活动所作的教学研究是一种典型的“行为研究”。通常情况下的“行为研究”应能在不同的深度上分层次展开：第一，通过研究努力对行为本身作出准确认识；第二，通过研究能够从行为当中有所感悟；第三，通过研究可以在对行为的理性感悟基础上提出论点并形成理论。对应着不同层次的教学研究，相应的成果也应以不同的形式来呈现：如教学研究已经深入到第三个层次，则相应的成果通常应以教学论文的形式呈现；如教学研究只局限于前两个层次，则相应的成果就应该以与教学论文有所区别的某种初级形式呈现。

(1) 教学日志：对教学行为的某些片段作准确描述。

教学日志是指针对教学行为中的某些典型片段作出客观性描述而形成的文本。教学日志实际上就是教师的工作日志，是教师对所实施的学科教学行为中某些较为典型的片段的描述性记录。由于教学日志是针对教学行为的片段所进行的细致描述，所以，这样的描述性记录有助于教师细致地认识教学行为而触及其本质。

(2) 教学叙事：对教学行为的某个单元作准确描述。

教学叙事是指针对教学行为的某个单元作出客观性描述而形成的文本。与教学日志一样，教学叙事也是为了帮助实施学科教学的教师对学科教学行为形成准确、深刻认识而对学科教学行为所作的描述性记录；与教学日志不同，教学叙事所描述的是某一个教学单元的整体，而不是从某一个教学单元中选取的某些片段。由于教学叙事是针对教学行为的单元所进行的整体描述，所以，这样的描述性记录有助于教师完整的认识教学行为而了解其结构。

(3) 教学案例：对教学行为作选择性描述并加以评析。

教学案例是指针对教学行为中的某些片段作出客观性描述和简要的评析而形成的文本。教学日志与教学叙事只是针对学科教学行为片段或单元作单纯的描述性记录，教学案例除了要对学科教学行为的典型片段作选择性描述外，还要对所描述的典型片段作简要的评析，通过评析进一步揭示学科教学行为的意义和价值，形成观点，悟出道理，实现从“实践”到“理论”的飞跃。

(4) 教学反思：对教学行为作批判性思维并作记录。

教学反思是指针对教学行为作批判性思考和评判，并将这样的批判性思考和评判的思维活动记录下来而形成的文本。教学日志、教学叙事与教学案例的主要区别是：前者纯粹是对教学行为的描述，后者则是在对教学行为作选择性描述后还将作出相关的评析。教学案例与教学反思的主要区别则是：前者的主体部分仍然是对教学行为的描述，而后者则是针对教学行为的批判性思维活动过程的记录。

年度人物提名

nian du ren wu ti ming

姓名	性别	学科	学校
唐隽菁	女	思想品德	南京北京东路小学
陆生宁	女	体育与健康	南京芳草园小学
蔡肇基	男	语文	南京第一中学
尤小平	男	数学	南京金陵中学
陈久贵	男	数学	江浦高级中学
周　茜	女	生物	南京雨花台中学

唐隽菁

简介

唐隽菁，女，1974年出生，江苏常州人，1994年毕业于南通师范学校普师班。现任南京市北京东路小学副校长，2003年被南京市教育局聘为南京市基础教育课程改革小学品德学科研究与指导小组成员。从教以来，一直从事小学品德、语文学科的教学工作，曾获江苏省、南京市品德赛课一等奖。参与多项"九五""十五""十一五"全国省级品德、语文课题研究，近年来对品德学科活动化教学、开放式课堂、个性化解读教材、价值引导等进行了研究，数十篇研究论文在《人民教育》、《中国德育》、《小学德育》、《香港小学语文教学》等杂志发表，南京市"十一五"个人立项课题"小学品德与社会开放式教学的研究与实践"现已顺利结题，研究成果获市一等奖，曾相继被评为"南京市优秀教育工作者""南京市品德学科带头人""南京市优秀青年教师""江苏省心理教育研究先进个人"。

教研感悟

行动研究：从遗憾开始

教学是一门遗憾的艺术，在扼腕叹息的同时我发现这是一个蕴涵丰富宝藏的富矿。

教学遗憾是不可多得的明镜，它引领着前行的步伐。正是因为它的存在使我从不懈怠，为了不再错过精彩的生成我精益求精加倍锤炼；正是因为它的存在使我更加关注学生，全面了解学情，探寻每个个体的最近发展区；正是因为它的存在使我广交善友，"三人行必有我师"，大家的智慧总能让我茅塞顿开，幡然领悟。面对遗憾，我心存感激。

教学遗憾是弥足珍贵的资源，它承载着研究的动力。带着遗憾我走进了教育专著，在并不宽裕的课余时间进行选择性阅读；带着遗憾我走进了名师课堂，从他们对教材的个性解读、与学生水乳交融般的对话中汲取营养；带着遗憾我开展专题实验，在艰辛的探究中寻找解决问题的策略。面对遗憾，我奋发图强。

善待遗憾吧！让我们的行动研究，从遗憾起步，使课堂真正成为师生成长、发展的理想家园！

陆生宁

简介

陆生宁，女，1975年出生，江苏南京人，1994年毕业于南通师范学校体育班。现任教于南京芳草园小学。南京市第三届优秀青年教师、南京市优秀教育工作者，南京市基本功训练先进个人，南京市鼓楼区第四届小学体育学科带头人。

工作以来，多次获市、区赛课一等奖，积极承担市、区公开教学、送教下乡任务，并获得好评。多篇论文在国家、省、市、区获论文一、二、三等奖，多篇文章发表在国家级刊物上。2006年参加了《江苏省小学体育教师备课用书》及《小学体育与健康》的编写。

教研感悟

教育是遗憾的艺术，少留遗憾是我一生的追求

终生体育思想已经渗透到学校体育的课程体系中，成为影响当代体育课程改革的驱动力。"人本化"体育教育要求教师加强对学生自觉能动性的培养，促使学生的各种素质得到全面发展，同时还要提高创新能力。多年来，从情感教学入手，对学生进行以健全的身体教育和人格教育为目标的体育教育思想，重视爱的教育、美的教育与各项运动所独具的乐趣，强调学习兴趣与创造学习。教学不仅把运动和情感作为实现教学目标的手段，而且视为直接目的。激发学生的体育兴趣，满足他们的学习愿望，着力培养学生自我体育能力与完美的人格，为终生体育奠定基础。从研究学生的情感需要、体育需要、人格需要为出发点，使学生的学习动机建立在自身愿望的需求和对社会的责任感上；把身体锻炼中的乐趣和学习中的成功体验作为追求的目标之一；以浓厚的兴趣、顽强的意志、适宜的方法来调节自己的体育学习和锻炼行为，从而使整个教学过程充满快乐、愉悦、和谐的情感与气氛。既让学生喜欢学、乐于学，又让他们知道学习的目的和意义，自觉主动地发展体育能力和个性，增强体力和智力，培养良好的思想道德品质。快乐体育简而言之就是寓教于乐。这是教育艺术的最高境界，也是成功教育的必由之路。

蔡肇基·简介

蔡肇基，1944年出生，江苏泰州人，1967年毕业于南京师范学院中文系。先后执教于泰县叶甸中学、泰县姜堰中学、南京市第一中学，并担任教研组长等职，具有农村、县城、省城学校教学的丰富经验。1992年评为中学高级教师，1995年评为南京市语文学科教学带头人，1998年评为江苏省语文特级教师，2003年评为南京市首批教授级中学高级教师，1993年、1997年，两次获南京市精神文明建设先进个人称号。

·教研感悟

“靠船下篙”搞教研

教学工作不是仅仅凭借某种知识和技术的简单工艺操作活动，而是充满了丰富的思想性、艺术性和创造性的师生互创活动。

一个中学语文教师不是一般的“工匠”，他不应该有“匠气”，而应该有“匠心”。

加强理论学习，具有一定的研究意识，开展必要的研究活动，不断地反思自己的教学，正是促使教师“匠心独运”，不断提升自身品位的重要途径。

那么，如何进行教学研究呢？我曾经用“靠船下篙”来概括中小学教师的科研特点。

所谓“船”，既是指时代对教育工作的新要求，也是指教学实践中的新矛盾；“靠船”，就是既要立足时代前沿，又要立足教学实际进行研究；“下篙”，就是在着力点正确、方向明确的前提下，切实有所作为。

认识不跟上时代，只能是一个冬烘先生；不着眼于教学实际中的新问题，那又完全失去了置身于教育第一线的中小学

教师的优势；不篙篙着力，那就不能破浪前行。

对“靠船下篙”这句话，我所工作的南京第一中学的几届领导都作了高度评价，第一中学的广大教师也一致认可，这是最令我高兴的事情。

在教学研究工作中，我还注重从学生那里汲取资源，注重收集学生的语文学习经验、优秀习作及对文本的独到见解，这大概也是有意识地扬第一线教师之长吧。

尤小平·简介

尤小平，1962年出生，江苏苏州人，1984年毕业于苏州大学数学系，南京市金陵中学数学教师。先后荣获南京市优秀青年教师、南京市十佳青年教师、江苏省"333"工程第三层次培养对象、江苏省中青年科学技术带头人等称号。中国数学奥林匹克高级教练、江苏省中学数学专业委员会理事、南京市中学数学专业委员会副理事长。2006年受聘为南京师范大学教师教育学院"数学教育"方向硕士研究生导师。在省级以上刊物发表论文30余篇。2004年被评为南京市数学学科带头人。

·教研感悟

与孩子们一起享受生命成长的欢乐

一直记得德国诗人荷尔德林的名言："人，应该诗意地栖居在大地上。"教育的功效之一，就是让人们学会创造充满诗意的美的生活。从这个意义上说，数学是科学，也是艺术。数学教学的根本目的，就是引领学生感受数学的美，创造生活的美。因此，理想的课堂应该能够让学生感受到人性之美、人情之美、理性之美、科学之美、智慧之美，感受到人类所创造的文化的灿烂与辉煌，从而唤起学生生命的激情。为了教育的理想，为了理想的教育，我欣幸于自己仍然能够以虔诚之心和殷殷之情，在教育科研的天地里勤耕不辍。《高中数学课题探究教学的认识与实践》是我对实施课题探究教学的探讨，《研究性学习与高中数学教学》是我在改变学生学习方式上的一些尝试，《关于高中课程标准实验教材使用的若干建议》是我从教育价值取向的高度对教材使用的全新感悟。当我在思考和实践的过程中用课堂唤醒了学生的情感和智慧，激发出学生创造的热情和潜能时，我深深地感受到，其实我也在经验的共享和视界的融合中，与孩子们一起享受着生命成长的欢乐。

陈久贵

简介

陈久贵，1961年出生，江苏南京人，1985年毕业于南京师范学院数学系。现任江浦高级中学副校长，兼任南京市中数会常务理事、副秘书长，南京市高中数学中心组成员。1994年被评为南京市优秀青年教师，1998年被评为南京市学科教学带头人，2001年被评为南京市名教师，2004年被授予江苏省优秀教育工作者称号。主持的省级课题《现代教育技术在高中教育中的优化运用研究》已结题，市级课题《普通高中教学质量保障与监控体系研究》正在研究之中。近三年在《中国教育学刊》等专业杂志上发表论文10余篇。目前侧重在高中数学教学与教学管理方面开展一些研究。

教研感悟

学习＋反思＋科研＝教师专业成长

在教育变革时代，教师不应该仅满足于传统意义的“传道授业解惑”，还应以学习者、反思者和研究者的身份审视教学工作和学生的发展，发现教育的特点和规律，提高教学的效益。换言之，要实现教师的专业成长，应当走学习、反思与科研并举的道路，学习＋反思＋科研＝教师专业成长。

要善于学习。时刻保持一颗谦虚的求知之心，向书本学习，向同事学习，向同行学习，学习先进的教育理念、教学经验、教学方法，把握教学改革的新动向、新变化。

要勤于反思。反思教育理念、教学过程、难点突破、例题设计、学情状况等，在反思中敢于怀疑自己，善于突破自我、超越自我，促使自己不断地开拓创新，向更高层次迈进。

要勤于科研。把学习、反思所得内化为素质、外化为行动，科研是必由之路。要积极投身教学科研，坚持在学习中探索，在反思中研究，在研究中成长，学以致用，研以致用，在实践中突破已有经验，从而促进自己的专业发展，形成自己的教学风格，成为研究型的教师。

周茜

简介

周茜，女，1968年出生，浙江龙泉人，1990年毕业于南京师范大学生物系，南京雨花台中学生物教师，南京市青年优秀教师。现任雨花台中学教科室主任。她认为课堂教学是科学，需要不断研究；课堂教学是艺术，需要求索创新。她坚持“以情境促探究”的研究，不断追求“简约而深刻”的教学风格。近两年，开展市个人课题“高中生物课堂教学中探究情境创设的案例研究”的研究，多次在市、区开设示范课、专题讲座，先后发表《浅谈生物课程中的探究》、《“细胞与细胞工程专题”二轮复习方法初探》、《巧设问题情境的案例分析》、《“噬菌体侵染细菌”实验的问题式探究学习》等研究论文。

教研感悟

感受教学研究的魅力

教师的职业生命在课堂中度过，教师的职业幸福感源于教学研究。

善于观察——教学研究的眼睛。用心留意每天直接面对的每一个教学细节，发现问题，让问题成为课题。

广泛阅读——教学研究的源泉。教学是科学，需要先进的教学理论来指导，需要广博的教学思想来引领，需要丰厚的教学经验来借鉴，阅读是教学研究的源头活水。

自觉反思——教学研究的镜子。教学是一门遗憾的艺术。要揣摩、琢磨、体验、回味自己的教学生活，也要关注、研究、咀嚼、审视别人的教学经验。

真诚交流——教学研究的阶梯。同伴是知音，同伴之间才具有真正的专业对话；同伴是益友，真诚的交流所导致的思想碰撞和交锋，会使我们对问题的认识更加全面和深入。

勤于写作——教学研究的载体。写作会帮助我们整理零碎肤浅的思维碎片；写作会使我们更加用心捕捉教学中的细节；写作能帮助我们积累自己的教学智慧和学生的思维亮点。

教学研究让教师提升智慧，教学研究让教师体验成功，教学研究让教师感受到教学的无穷魅力，从而对教学始终充满激情。

年度论著

nian du lun zhu

《孙双金与情智教育》 孙双金 南京北京东路小学 北京师范大学出版社2006年版

《一元二次方程》 葛 军 南京师大附属实验学校 九章出版社2006版

《电影中的美国历史》 李 炜 南京外国语学校 江苏人民出版社2006年版

孙双金与情智教育

《孙双金与情智教育》是中国教育部为纪念教师节20周年而隆重推出的“教育家成长丛书”中的一本。本丛书收录了基础教育界20位成长中的教育专家的论著，国务委员陈至立同志专门为丛书作了序。

本书分五大部分。第一部分为“我的成长之路”，这部分孙双金老师用叙事的笔调记述了他在从教20多年的历程中，在课堂教学、办学特色和情智校园方面的实践探索。

孙双金老师近照

第二部分为“我的教育观”，这部分孙老师对自己心中的情智教育作了系统阐述，为我们描绘了情智管理、情智教学、情智校园的美好架构和理论框架。在“我心中的语文教育”部分，孙老师对语文的好课标准、境界，情智语文好课特征，以及语文课堂教学艺术作了系统研究。尤其对钻研教材处理教材艺术、设计教学主线艺术、教师读问讲评艺术、教学评价艺术、教学细节艺术、教学空白艺术、质疑问难艺术、情感教学艺术等作了深入细致的探索，能给广大读者诸多启示。

第三部分为“走进课堂”，这部分收录了孙老师近10年来展示的10堂教学精品课。有超文本阅读范例《落花生》，有探究式阅读范例《引游峰的扫路人》，有主题式阅读范例《送别组诗》，有情感式阅读范例《我的战友邱少云》……还有

在全省和全国赛课上荣获一等奖的优秀课例。这些鲜活的课例，为我们研读名师课堂教学心路历程提供了生动和翔实的案例。

第四部分为"社会反响"，这部分收录全国著名特级教师、名校长袁浩先生对孙老师课堂教学艺术的精彩报道。还有语文教学专家朱家珑先生、王松盛先生对孙老师教学风格和教学境界的深度解析。更多地收录教育杂志记者以及孙老师同事和学生对他近距离的素描，为了解他的成长轨迹和发展条件提供了独特的视角。

第五部分为"附录"，提供了孙老师工作以来发表的主要作品和著作，为更大范围研究孙老师提供了方便。

《孙双金与情智教育》，2006 年由北京大学出版社出版。

一元二次方程

作者力图在本书中贯彻自己提出的“生长教育观”，即以文化为“培养基”(取自于英文“Culture”)，以“一切的一，一的一切”为基本思维方式，以一元二次方程的基本知识为主线，以学生学习期望中的心理变化过程为前提，努力实践“轻松学习”“有效学习”。

本书开篇以郭沫若先生《凤凰涅槃》中的片段诗句为引子，寓意数学知识的学习可以起始于简单，起始于一，起始于 a，来展开全书的内容，即“因一生多”“多则归一”。同时每讲起首运用诗句、警句等，对应于本讲数学基本知识的文化意境，如当你学习“一元二次方程的判别式”时，以诗句“羌笛何须怨杨柳，春风不度玉门关”引发你对判别式的作用的基本理解。并且每讲末用“心智体操”(如幽默、史话、趣闻、寓言等)的形式，将读者在每讲的学习与思考过程中所产生的心理压力给予释放，而达到轻松愉悦的效果。

葛军老师近照

本书中一元二次方程知识由三个“板块”构成，第一个板块是认识一元二次方程，即认识求解一元二次方程、方程实数根的判别、方程的根与系数的关系；第二个板块是对于可化为一元二次方程的方程的认识，即认识求解高次方程、分式方程、无理方程和方程组；第三个板块是一元二次方程的若干应用，主要讨论一元二次方程的整数根问题以及关于一元二次方程的实际应用。

每讲内容的编排力求向读者展现新知识是旧知识沿着某个方向“生长”出来的，复杂的问题是由简单的问题“生长”出来的，但解决问题则是沿着其“生长的藤蔓”转化为简单的问题；力求做到由浅入深、明确思路、突出方法；力求做到既便于读者自学，又便于教师用作课外讲座。书中例题或是著名的历史趣题，或是历年来的优秀竞赛题，建议读者在使用例题时，可以把它当作习题来做、来思考，其解答过程则可视为你的自学辅导老师。这样，可以更为有效地提升自己的学习水平。

但愿这本书，可以是“小小的苇笛，你携带着它逾山越谷，从笛管里吹出永新的音乐”。

《一元二次方程》，2006 年由九章出版社出版。

电影中的美国历史

在南京外国语学校，教师们有机会将自己对本学科的兴趣与探索的成果通过选修课展示出来与学生互动共享。作为历史教师，李炜老师开设系列“看电影学世界历史”课程的目的就是想通过电影感知历史，让电影走进历史课堂，让电影带师生走近历史。

《电影中的美国历史》是一部以优秀原版英语电影为媒介，结合中学教学的特点和南京外国语学校高中生较高的英语听说水平而编写的历史选修课校本教材。

李炜老师(中)近照

该书涵盖的内容包括殖民地时期、独立战争时期、南北战争时期、一战二战时期、冷战时期到20世纪末。课堂上通过对经典名片的赏析，萃取其中的历史元素，了解美国历史的发展。书中还配有“探究与延伸”“资料链接”等栏目，以点带面，激发学生主动参与、自主学习，变课堂灌输为积极探求。电影以鲜活的视觉形象再现历史，虽寓教于乐，但毕竟只是对历史的艺术再现，这就要求教师在教学中指导学生不仅观赏精彩的情节，更要对它进行“细读”，捕捉到电影多棱镜所折射出的历史真实。

依托本教材进行学习和探究，有助于学生较好地对美国从殖民地到世界强国的历程以及伴随其间的成败得失，形成比较明晰的、辩证的认识，从而提高对于美国社会、文化、政治、外交等历史和现实问题的观察力和辨析力。

《电影中的美国历史》，2006年由江苏人民出版社出版。

年度论著提名

nian du lun zhu ti ming

《生命课堂》 于世华 南京第十三中学 华龄出版社2006年版

《哲学与创新思维》 汤巧根 南京外国语学校 江苏人民出版社2006年版

《让我们一起学舞蹈》 唐 华 南京第九中学 江苏少儿出版社2006年版

《新课程教学问题解决实践研究(初中美术)》 冉向捷 南京第九中学 中央民族大学出版社2006年版

《中学生活与科学》 周琦峰 南京师大附中 外语教学与研究出版社2006年版

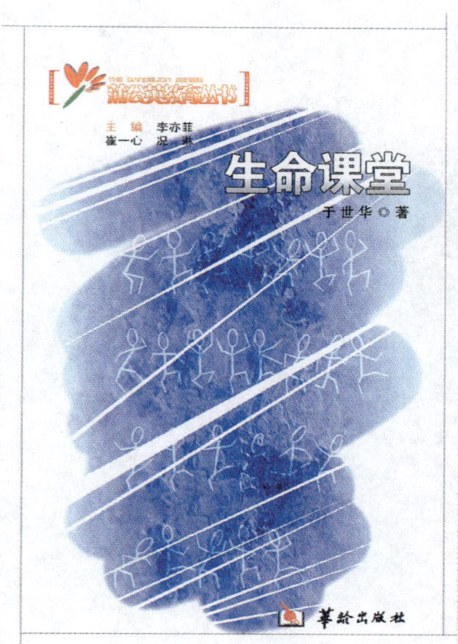

生命课堂

《生命课堂》,2006 年由华龄出版社出版,作者是南京第十三中学于世华老师。

本书基于生命课堂的理念,对新课程教学设计进行探索。第一章试图揭示生命课堂的内涵和特征,主要回答教育中的生命意识是什么,教育的生命意识对教育实践有何意义,生命课堂的内涵是什么,它又有哪些特征。第二章揭示了生命课堂得以生成,教学设计应遵循以学生发展为本、面向学生的生活世界、启发诱导与主动参与相统一、课堂交往多维互动及教材呈现动态生成等基本原则。第三章、第四章与第五章分别论述了生命课堂的教学目标设计,教学内容设计与教学过程设计。着重强调下列观点:重视情感领域的教学目标设计,追求预设性教学目标与非预设性教学目标相融合;教学内容的结构性源于教材内容的结构性,始于教材内容的演绎,终于教材内容的创生;教学过程的设计追求师生交流、教学互动,教学过程是动态生成的。

哲学与创新思维

《哲学与创新思维》，2006 年由江苏人民出版社出版，编著者是南京外国语学校汤巧根老师。

本书为南京外国语学校开发的校本教材之一，它是编著者在近几年开设的选修课基础上撰写而成的。

本书介绍了哲学、思维、创新思维的基本知识，探讨了哲学与创新思维的关系，运用丰富翔实的资料分析说明了如何提高学生的创新思维能力。本书观点新颖，具有一定的独创性，它强调哲学在本质上具有创新特征，哲学思维本质上属于创新思维，哲学与创新在本质上是一致的，这突破了对哲学的传统认识；在写作方式上，力图改变哲学抽象性特征，在注重理论性的同时，注意趣味性、通俗性，既充分考虑了哲学学科的性质，也考虑了学生的兴趣和接受能力，采用多样化的形式，如名人名言、想一想、资料卡片、算一算、读一读、测一测等，从而使得教材变得生动活泼。本书对中学生哲学素养的培养和创新能力的提高将会起到很好的帮助作用。

让我们一起学舞蹈

《让我们一起学舞蹈》,2006 年由江苏少年儿童出版社出版,主编是南京第九中学唐华老师。

舞蹈是一种空间性、时间性和综合性的动态造型艺术。舞蹈以独特的艺术表现手段,反映社会生活,表达人的内心情感,展示人的心灵。人在情绪非常激动,内心情感用语言和歌唱都难以充分表达的时候,会情不自禁地通过手舞足蹈来抒发和宣泄。“情动于中而形于言,言之不足,故嗟叹之,嗟叹之不足,故咏歌之,咏歌之不足,不知手之舞之,足之蹈之也。”舞蹈在揭示人的心灵,抒发人的内心感情方面,具有强大的艺术魅力。它表达感情的方式是心神结合,以感情引起体动,以体动表达感情,给人以生动的直观形象。

舞蹈是中学生非常喜爱的艺术形式,为了中学师生们排练舞蹈节目和课外活动的需要,我们编写了这本舞蹈书。这本书根据中学师生课外排练需要,选编了汉族、藏族、维吾尔族、蒙古族、朝鲜族、傣族等舞蹈,并配有各民族的舞蹈基础知识和训练及舞坛逸事。愿《让我们一起学舞蹈》能给中学师生们在排练和课外活动中一点帮助。

新课程教学问题解决实践研究(初中美术)

《新课程教学问题解决实践研究(初中美术)》,2006年由中央民族大学出版社出版。

《新课程教学问题解决实践研究(初中美术)》以问题为线索,以实践研究为基础,以课标精神为指导,旨在引起广大一线教师对初中美术课改的关注,对初中美术课改中遇到的热点、难点和易产生困惑问题的思考和研究。

该书由南京晓庄学院王昊任主编,南京第九中学冉向捷任副主编,撰写者都是一线教师,他们积极投身课改,努力贯彻落实新课程理念,并使新课程理念具体化和可操作化,不求体系完备,不作空洞说教,而是直接定位于在实践中产生问题,在理论学习中认识问题,在思想提升中解决问题的行动研究态度上。

该书中所有问题,都是撰写者真切感受到的,是在思考、探究和总结的基础上撰写出来的,真实的案例与教学实践方法的原汁原味的呈现是其重要特点。体例设计上采取了较为新颖的案例研究模式,源于实践,再还原于实践,力图给广大中学美术教师更多的借鉴。

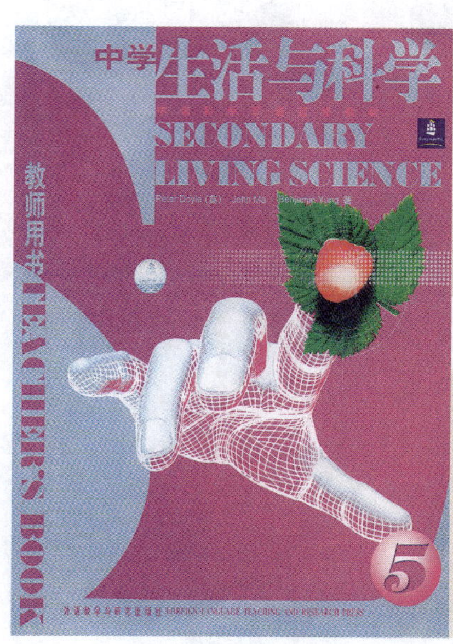

中学生活与科学

《中学生活与科学》,2006 年由外语教学与研究出版社出版,是中学科学双语选修教材,分学生用书和教师用书两个版本,南京师范大学附属中学周琦峰老师是主要编写者。

当我们步入 21 世纪,科技已经渗透到了生活的方方面面,社会的发展对人才的要求越来越高。提高学生的科学素养已成为学校教育的重要任务。本套教材在介绍学科知识及其相关应用的同时,更注重帮助学生认识身边的科学知识,用科学的态度去解决自身学习和实际生活中遇到的问题。同时,教材的双语特点有助于培养学生运用英语这一语言工具进行学习的能力,方便学生在使用英语的过程中提高英语水平。

本套教材内容的选择贴近学生的生活与学习实际,着重培养学生学以致用的能力,从而实现学生从科学世界向生活世界的回归。教材的内容充实,深入浅出,出现的概念多以形象化、通俗化的词语来表述,较少出现晦涩的专业术语,易于学生理解。教材的编写强调在科学学习过程中激发学生的探究能力,既重结论更重过程。注重介绍科学方法及科学探究的步骤,引导学生学科学、用科学,培养学生的观察能力、实验能力、思维能力及自学能力。在知识内容方面,本套教材主要涉及生命科学、物质科学与宇宙科学三大领域。在系统地讲解这三大领域的基础知识的前提下,它侧重从更广泛的范围内对课程进行整体构思,学科内容交叉渗透。版面活泼,图文并茂,实物照片和卡通设计相结合,充分调动学生的创造力和想像力。具有开放性,在学习内容、活动安排、作业与练习、评价等方面给师生提供了选择的机会和创新的空间。同时它还引导学生利用广泛存在于学校、家庭、社会、大自然、网络和各种媒体中的多种资源进行探究性学习,使学生在学习科学的过程中潜移默化地提高英语水平,从而达到双语教学的目的。

年度论文

nian du lun wen

类别	作者	单位	论文题目	发表刊物
小学语文	孙双金	南京北京东路小学	“情智语文”理论与实践的研究	《语文教学通讯(小学)》2006年第12期
	朱　萍	南京北京东路小学	*彰显文本智慧　阅读引导人生——小学语文阅读课的文化追求	《江苏社会科学》2006年第1期
	胡明艳	南京莫愁湖小学	*正确处理好语文课堂教学中的几对关系	《中小学教材教学》2006年第3期
	刘　红	南京夫子庙小学	*让学生在研究问题中学习	《小学语文研究》2006年9月
	林春曹	南京信息工程大学附属实验小学	阅读教学中，追寻什么样的字词教学？	《草根化研究：基于实践的教育智慧》，南京师范大学出版社2006年版
	李　响	南京奥体小学	*让语文课外阅读成为一种自觉的生活方式	《现代中小学教育》2006年第10期
	郭学萍	南京下关第二实验小学	语文，一株美丽的树	《语文教学通讯(小学)》2006年第11期
	杨树亚	南京南化第四小学	品读现代小诗——课外主题式阅读教学设计	《小学教学设计》2006年第6期
中学语文	蔡肇基	南京第一中学	*高中语文课改“国际视野、本土行动”求实谈	《新语文学习(中学教学)》2006年3—4月
	曹勇军	南京第十三中学	*作文教学改革的实践与思考	《河南教育》2006年第4期
	胡云信 王道祥	南京建邺高级中学 南京建邺高级中学	例谈语文课程资源的利用与开发	《语文教学与研究》2006年第9期
	朱德勇	南京金陵中学	改变学习方式，在广泛的语文实践中学习语文	《新高考》2006年第2期
	许宝忠	六合区八百桥镇初级中学	*试论农村初中校本课程开发评价的原则与方法	《农村初中校本课程开发研究》，甘肃文化出版社2006年版
	余一鸣	南京外国语学校	由文学教育的一处硬伤触发的思考	《新语文学习(中学教师)》2006年7—9月
	谢英杰	溧水第二高级中学	语文课堂教学用时摭议	《语文教学与研究》2006年第8期
	周春梅	南京师大附中	*我教《今生今世的证据》	《新语文学习(中学教学)》2006年5—6月
	洪　超	南京第十三中学	《流浪人，你若到斯巴……》课堂实录	《新语文学习(中学教师)》2006年10—12月
	王　艳	南京江苏教院附中初中部	绿色南京——志愿者之歌	《语文教学通讯(初中)》2006年第11期
小学数学	余　颖	南京师大附小	*理解与对话——促进教师专业成长的“金钥匙”	《当代教育科学》2006年第2期
	余　颖	南京师大附小	竞争与合作——校本教研的重要机制	《江苏教育(教育管理)》2006年第10期
	贲友林	南京师大附小	把握转折：从“算术”走向“代数”——“式与方程”和“正比例、反比例”备课解读与难点透视	《人民教育》2006年第13—14期

小学数学	贲友林 张齐华	南京师大附小 南京北京东路小学	＊少些“追风”，多些思辨——关于“创设情境”的一段教学经历与思考	《人民教育》2006年第8期
	鲁宗瑞	南京扬子第二小学	＊将小班教学与“CAI技术”结合起来，促进学生能力提高	《中国教育与教学》2006年第11期
	周　云	南京信息工程大学附属实验小学	＊挑战传统：拓展性作业的两次尝试	《另类课堂（数学卷）》，广西教育出版社2006年版
	滕衍文	南京凤凰花园城力学小学分校	如何编好“数学问题”	《教师教育》2006年第5期
	李　勤	南京同仁小学	《小数除以整数》教学设计	《小学数学备课手册（五年级上册）》，江苏教育出版社2006年版
中学数学	陈久贵	江浦高级中学	新课程标准下开展校本数学教研活动的一些做法与思考	《中国教育学刊》2006年第10期
	尤小平	南京金陵中学	研究性学习与高中数学教学	《中学数学教学》2006年第6期
	朱胜强	南京外国语学校	＊函数的奇偶性数定义的探究性教学	《数学通讯》2006年第23期
	陈立军	江宁高级中学	＊苏教版高中数学新教材若干特点浅析	《数学通报》2006年第11期
	朱永厂	南京师大附中江宁分校	＊例谈数学问题的模型化解题思路	《数学通报》2006年第10期
	张志超	南京第五中学	用课件辅助教学概念教学与解题教学的对比实验	《教育现代化》2006年第1期
	陈　辉	高淳高级中学	＊关于数学知识的有效记忆及其实现途径	《中学数学月刊》2006年第12期
	孔凡海	南京第一中学	澄清概率中的几个认识问题	《中学数学》2006年第5期
	管恒铭	南京第九中学	浅谈英国中学数学教育	《中学数学教学参考》2006年第12期
	饶品炉	南京第十四中学	新课程下高中数学分层次教学的分层方案研究与分析	《现代教育研究学刊》2006年第12期
英语	朱善萍	南京外国语学校	培养面向未来的具有全面素质的新一代	《人民与权力》2006年第10期
	陈昌梓	高淳高级中学	＊英语教学课件设计与使用中的五个问题	《中小学外语教学（中学篇）》2006年第12期
	吕华兵	南京第十三中学	＊情感·语言·思维	《大学英语（学术版）》2006年第2期
	刘小云	南京金陵中学河西分校	＊寓素质教育于英语教学中	《中国教育教学杂志》2006年第18卷

学科	作者	单位	论文题目	发表刊物
英语	吴长宏	南京金陵中学河西分校	* 对西方教育管理理论运动的回顾与简析	《陕西教育》2006 年第 12 期
	乐建新	南京师大附中新城初中	高中英语学习内部动机的调查分析及对策	《南京教育》2006 年第 10 期
物理	朱建廉	南京金陵中学	教学研究成果的四种初级呈现方式	《中学物理教学参考》2006 年第 9 期
	李晓东	南京师大附中江宁分校	* 初中物理课堂教学行为的突破	《中学物理教学参考》2006 年第 11 期
	黄皓燕	南京金陵中学	* 重点中学实施创新教育的现状	《物理教学》2006 年第 1 期
	印 宏	南京大厂高级中学	* 建构主义理念下的物理教学过程	《物理教学》2006 年第 8 期
	孟拥军	高淳高级中学	例谈“磁约束”问题	《物理教学》2006 年第 6 期
	陈建忠	南京第十二中学	水平吹出的肥皂泡能上升吗？——对一道中考题的探讨	《物理教师》2006 年第 1 期
化学	陆 真 李静雯 邹 正 杨守瑛	南京师范大学 南京师范大学 南京外国语学校 南京第三中学	* 信息技术与化学新课程整合的研究——思维导图及 Mind Manager 与化学模块化学习	《中学化学教学参考》2006 年第 11 期
	陆建源	南京第十三中学	2006 年高考化学实验试题剖析	《教学仪器与实验》2006 年第 9 期
	李惠娟	南京金陵中学	突破瓶颈　成功在握——谈高考化学实验复习	《化学教与学》2006 年第 15 期
	蒋金虎	南京第十三中学	《元素周期律》的教学案例	《化学教学》2006 年第 7 期
	熊光发 王庆华	江宁高级中学 江宁高级中学	* 认识和使用好《化学 1》中的有关栏目	《化学教学》2006 年第 10 期
	白 苓	南京第十三中学	* 化学校本课程的开发与实践	《中学化学教学参考》2006 年第 7 期
生物	周 茜	南京雨花台中学	* “噬菌体侵染细菌”实验的问题式探究学习	《生物学通报》2006 年第 9 期
	曹 阳	六合高级中学	回看射雕处——引导学生考后反思	《中学生物教学》2006 年第 11 期
	高学林	南京第十三中学	* 溯源·过程·引领——新课程观下的学科道德教育	《素质教育大参考》2006 年第 2 期
	张 琦	南京师大附中江宁分校	* 生物课本剧教学尝试——人体的消化与吸收教学案例	《中学生物学》2006 年第 11 期
	丁 娟	南京江苏教院附中致远分校	在教育教学实践中如何运用“元认知”理论	《科学教育》2006 年第 1 期
	刘会元	江宁高级中学	试论生物学例外性教学	《中小学教材教学》2006 年第 5 期

学科	作者	单位	论文题目	发表刊物
品德与社会、思想品德、政治思想	唐隽菁	南京北京东路小学	＊浅谈开放式品德教学中的价值引导	《小学德育》2006年第23期
	杨静平	南京第五中学	为明天的人生加分——20年后我们再相聚	《中小学心理健康教育》2006年第7期
	李宏亮	南京第一中学	＊以课程视野探析教材在政治课教学中的角色变迁	《思想政治课教学》2006年第11期
	于世华	南京第十三中学	教学内容的生态化设计	《天津师范大学学报(基础教育)》2006年第2期
	唐隽菁	南京北京东路小学	日本中小学德育关注什么	《上海教育》2006年第21期
历史	徐彦文	南京中华中学	＊基于“现代化”的理念——解读人教版《普通高中课程标准实验教科书·历史(必修)》	《历史教学》2006年第4期
	徐彦文	南京中华中学	基于建构主义的教学理念——解读新课程背景下的初中历史地图册	《当代教育科学》2006第6期
	陈兴海	溧水第三高级中学	＊用新理念指导历史教学设计	《中学文科》2006年第2期
	张建波	南京师大附中	黄仁宇《万历十五年》导读	《中学历史教学参考》2006年第6期
	陈正兰	南京金陵中学河西分校	一次开放自主的教学尝试——以“秦王扫六合”为例	《中学历史教学资源》2006年5—6月
地理	丁　强	南京金陵中学	新课程背景下推进素质教育的断想	《人民教育》2006年第20期
	徐国民	南京师大附中	＊谈新课程理念下的教材使用	《中学地理教学参考》2006年第1—2期
	李　刚	南京金陵中学	气温日较差随海拔的升高是如何变化的	《中学地理教学参考》2006年第9期
	时　倩	南京第四中学	＊“问题研究”《是否可以用南极冰山解决沙特阿拉伯缺水问题》教学案例	《中学地理教学参考》2006年第10期
	赵小华	高淳高级中学	《农业的区位选择》教学案例	人教社人教网2006年10月11日
音乐	谢红娟	南京中华中学	＊升华情感体验，拓展发现空间——《江苏民间音乐风格研究》研究性学习回顾与思考	《草根化研究：追寻教育理想与学校使命》，南京师范大学出版社2006年版
	董　平 马园园	南京汉口路小学 南京芳草园小学	＊对音乐教学中“拓展热”的冷思考	《中小学音乐教育》2006年第2期
	陈　炜	南京晓庄学院附中	如何使音乐成为升华情感体验的桥梁	《新课程教学问题解决实践研究》，中央民族大学出版社2006年第2期

学科	作者	单位	论文题目	发表刊物
音乐	张鲁宁	南京江苏教院附中玉泉路校区	如何有效开展以歌唱为主的音乐综合课教学	《新课程教学问题解决实践研究》,中央民族大学出版社 2006 年版
	王莉莉	南京同仁小学	音乐课中“合作学习”的有效运用	《新课改教育研究》2006 年第 2 期
	傅　艺	南京师大附中	寄情寓志——高中艺术课程《艺术与文化——图形的意味》	《美术教育》2006 年第 2 期
体育与健康	陆生宁	南京芳草园小学	* 浅谈体育教学案例研究	《中国学校体育》2006 年第 1 期
	曹卫民 陆生宁 魏　伟	南京秦淮一中心小学 南京芳草园小学 南京长江路小学	用学生的动作行为将隐性目标显示出来——对小学体育课情意目标表述语的建议	《中国学校体育》2006 年第 10 期
	张红军	六合区八百桥镇初级中学	* 有效教学策略在体育教学准备策略中的运用	《中国学校体育》2006 年第 10 期
	梁龙旭 孟秋菊	南京师大附中江宁分校 南京师大附中	高中体育与健康课程内容的自主构建	《新课程研究》2006 年第 2 期
	陈志山	南京金陵中学河西分校	谈新课程下技能教学细化	《体育教学》2006 年第 3 期
	张桂宁	南京第十三中学	中学田径类教学内容改革与开发策略	《南京体育学院学报》2006 年第 5 期
美术	冉向捷	南京第九中学	* 在教学中，当学生出现错误时，教师应如何进行否定性评价？	《新课程教学问题解决实践研究》,中央民族大学出版社 2006 年版
	赵有强	南京中华中学	* 怎样才能有效地完成国画教学的任务？	《新课程教学问题解决实践研究》,中央民族大学出版社 2006 年版
	朱　晔	南京第九中学	在教学的过程中，怎样激发学生的兴趣？	《新课程教学问题解决实践研究》,中央民族大学出版社 2006 年版
	伏　新	南京第九中学	如何进行校内美术课程资源的开发和利用？	《新课程教学问题解决实践研究》,中央民族大学出版社 2006 年版
科学	单道华	南京师大附小	亲历比什么都珍贵——南京师范大学附属小学美国太空夏令营纪行	《江苏教育》2006 年第 11 期

注：加 * 的年度论文附全文

彰显文本智慧　阅读引导人生

——小学语文阅读课的文化追求

朱　萍
南京北京东路小学

一、解读语文文本智慧，彰显语文文化魅力

（一）语文是内涵极为丰富的文化

语文是最重要的交际工具，是人类文化的重要组成部分。它负载着文化，传承着文化，本身也就是一种文化。语文是储存文化积淀的手段。人类借助语文实现沟通，并且通过沟通和互动创造文化，而文化的各个方面也只有通过语文才能反映和传承。语文是人类特有的文化现象，其丰富的内涵有如浩瀚的大海，而海水的源泉则是高尚的人格、深邃的思想、聪颖的心智和博大的情怀。

（二）语文文本闪耀着智慧的光辉

作为课程的语文，承载着重要的教育责任，是培养学生人文素质的重要内容和途径。语文课程中包括哲学历史、经济社会、人性人情等多种内涵。人们可以从一篇篇课文中深刻地去感知世界、认识人生。它是一个对人的道德修养、人生态度、思维方式、文化品位、审美情趣等全方位培养的过程。可以说，学生人文素养的改造，主要是在语文阅读的实践中，对语文文本的理解、感悟、体验和思考的过程中完成的。

新课程新教材，一篇篇课文都有着丰富的文化背景。例如，在课程标准苏教版小学语文教材中就处处闪耀着人类智慧的灿烂光辉。

伟大的思想家孔子，杰出的政治家孙中山、毛泽东、邓小平，科学巨匠钱学森，文学泰斗鲁迅，民族英雄岳飞、郑成功，巾帼英雄花木兰，发愤著述《史记》的司马迁，卧薪尝胆的越王勾践，虎门销烟的林则徐，七下西洋的郑和，为藏族人民奉献生命的当代楷模孔繁森……语文课本对众多历史人物的生动刻画和对其经历的历史事

件的精当描述，为学生勾勒出一幅跌宕起伏、波澜壮阔的中华历史画卷。字里行间熔铸着中华先哲们的智慧、品格和才华。《大禹治水》《公仪休拒收礼物》《师恩难忘》《游子吟》《陈毅探母》《诚实与信任》等课文彰显的是敬业爱民、清正廉洁、尊老爱幼、孝敬父母、诚实守信的中华传统美德；这一篇篇课文彰显了经典文化和人类精神的魅力，蕴涵着关于生命与心灵的智慧，以理性为主导的批判性智慧——学习知识的根本目的是指导人生道路、明辨是非、掌握真理、批判谬误、勇敢斗争、创造幸福。

《劈山救母》《嫦娥奔月》《牛郎织女》等神话传说表达了中国古代劳动人民对美好生活的向往；《小河与青草》《放小鸟》《美丽的丹顶鹤》都是有关关爱自然的主题，有助于学生了解人类的生存环境，从小关注人类、关注自然。《云雀的心愿》《天鹅的故事》《有趣的发现》《苹果里的五角星》《学会合作》反映的是时代特点和现代意识。《"黑板"跑了》《船长》《给予是快乐的》《特殊的葬礼》等文章打开的是通向世界的窗口，昭示的是尊重多元文化。显然，语文教材的编写显示出的是一种系统的整合性智慧，一种以人类生活生存作为终极关怀目标的智慧，一种不断超越的创新智慧……学生徜徉其间，浸润其中，会从中得到精神的滋养，享受生命的愉悦。

新课程的教材，每一篇课文都具有汉语言文字的典范性，文质兼美，富有民族特点和时代气息，题材、体裁、风格丰富多彩。教材的体例和呈现方式灵活多样，有利于学生在诵读、朗读、默读、精读、略读、速读和浏览等语言实践过程中掌握运用语文的规律，在探究中学会学习。不仅如此，苏教版一至六年级全套语文教材中还收进了凝聚着汉语言人文情韵的中国古典诗词六十余首，选编了中国古代的神话、寓言、童话、民歌、农谚、童谣、对联、民间传说、成语故事，并从我国古典名著中节选或改编了一些文章，如《哪吒闹海》《三顾茅庐》《林冲棒打洪教头》《孙悟空三打白骨精》等，创造条件让学生从中感受汉语言文字的魅力，培育热爱祖国语言文字的情感并吮吸中华母语的营养，逐步掌握运用祖国语言文字获取、处理信息的能力。其间，体现了关于行知合一的实践智慧以及明断选择和高效猎取的智慧。

（三）阅读教学应彰显文本智慧，建构课堂文化

谢慧英先生指出："母语的学习必然承载这些历史的、人文的复合因素，深刻地影响着学生的精神世界，因此，从长远看，语文教育必须超越实用主义的局限，从精神上拓展，从人的发展高度把握，才能领悟语文所包蕴的丰富的内涵。"语文阅读课，作为教师和学生在语文课程中共同生活的基本时空，是学生汲取积累优秀文化营养的重要窗口，承载着让学生逐步建构自己的文化框架的重要任务。为此，在学生学习语文的过程中，我们应解读语文文本智慧，彰显语文文化魅力，重视文化建构的问题。不应把语文学习作为一个只重视语文的基础知识、学习方法和技能的技术过程，而更应把语文学习作为文化建构的过程、"转识成智"的过程——注意对文本的整体把握和美的感受，注意从文本中汲取智慧，日积月累，潜移默化，启迪心智，逐步形成自己的文化。语文阅读教

学，作为一种生活状态和生命创造行为，作为一种文化活动，就应该包含着智慧之爱，就应该着眼于帮助学生塑造精神品格，就应善于进一步创造条件让学生到语文的大海中破浪扬帆，深潜求索，创造出种种充满生命魅力、文化魅力的景观。这种景观集中表现为学生逐渐具有发现真善美的眼睛及与真善美共振的心弦。

然而，在阅读教学的实践中，我们常常有意无意地忽略了这一点。语文阅读课被自然科学化了，只剩下了“知识点”和“能力点”。教师对课堂文化专断，控制着知识和信息的话语权。学生在教师心目中只是接受知识的容器，只有死记硬背、机械训练的资格。本应充满智慧的语文阅读课堂里不是流淌智慧，汩汩而出的只是知识。对知识的顶礼膜拜淡化了甚至吞没了对智慧的渴望，正如有人指出的那样：“语文教学的种种问题，一言以蔽之，是人文价值、人文底蕴的流失，将充满人性之美、最具有趣味的语文，变成了枯燥乏味的记忆之学、知识之学乃至成为一种应试的训练。”在这样呆板机械、单调枯燥的课堂中，作为发展主体的学生个体被忽视了，来自学生群体的学生文化被忽略了。学生渐渐对教师、对课堂失去了兴趣，甚至厌恶、害怕语文课堂和语文学习。

这不是我们要的语文课，不是中国母语教育的优良传统！

语文课堂文化的这种专断现象不能再继续下去了。唯有用智慧重建课堂文化，我们的语文阅读才有出路，语文文本蕴涵的智慧，语文的文化魅力才能得以彰显。

二、坚持“对话—互动”原则，重建充满生命活力的语文课堂文化

课堂文化主要体现为一种氛围，是一种人的精神气象。课堂文化的重建必须在智慧理念层次上，从人的角度出发，体现对人的关怀和重视，建立在心与心的交流和沟通上。

（一）阅读教学应是学生、文本、教师平等的对话活动

“阅读”是读者与作者之间互动对话的活动。根据西方哲学中的阐释学和文艺理论中的接受美学的观点，作品包括已定型的文本和读者阅读过程中的具体化，二者合璧才是完整的作品。没有读者的阅读，没有读者将文本具体化，文本只能是未完成的“作品”，也就是没有“作品”的实现。因而“作品”是作者和读者共同创造的。读者和作者的关系，就其本质而言体现了人与人之间的精神联系，阅读行为就意味着在人与人之间建立一种对话与交流的关系。这种对话与交流是双向的、互动的、超越时空的、互为依存条件的。阅读成为读者与作者思维碰撞和心灵交流的动态过程，所以读者不是消极被动的，读者是阅读的主体，是作品的创造者。

“阅读”是读者的个性化行为。如果将语文课程和自然科学类的课程进行比较，还可以看到，语文课程中有着大量具体形象的、带有个人情感和主观色彩的内容。人们对语文课程中的文本应该有理解一致的地方，否则人际交流将无法进行。但是在很多情况下，由于各人的知识背

景、生活经验、体悟角度等方面的差异，面对同样的文本，特别是文学作品，人们会有不同的理解和感受。正如人们常说的"有一千个读者就有一千个哈姆雷特"，因此，我们说，阅读这种对话活动是阅读主体——读者的个性化行为。阅读教学是学生、教师、文本之间对话的过程。小学语文课程中阅读教学承载着让学生"学会阅读"的任务，因而在文本（作者）、读者（学生）之间多了一个"教者"（教师）。但是，不能因此而破坏读者与文本、作者之间的正常关系。"教者"不应成为文本（作者）与读者（学生）之间的"二传手"、"搬运工"，"教者"应是读者（学生）的导师与朋友，阅读教学则应是"学生、教师、文本之间对话的过程"。

"对话—互动"对人具有"本体论"的意义和"方法论"的价值。就"对话"的本质而言，建构主义理论认为：个体在一定的社会情境（社会文化背景）下，在与他人的互动中，主动建构知识以及对世界的认识，不断成长。人类主体也是通过彼此之间的互动而形成的，因此，人是"对话中的人，即在有意义的语言和超越语言的互动和对话中的人"。"对话—互动"对人具有"本体论"的意义，即它是人之成为"人"的基本因素，人是在"对话—互动"中成长起来的，不存在脱离了"对话—互动"的人。同时，"对话—互动"也是人类、个体获取知识（建构知识），进行学习的基本网络和方法，具有"方法论"的价值。

"对话—互动"是学生生命成长的一种形式。从上述的认识出发，在阅读课堂中，我们不能仅仅把"对话—互动"看成师生交往的形式，通过这一形式，让学生获得语文知识，发展语文实践能力，而应站在本体论、方法论的高度，把"对话—互动"看成是学生生命成长的一种形式，看成学生实现精神自我建构、个性不断形成的基本方式。离开"对话—互动"，学生将不可能真正汲取到文本中的智慧，把优秀文化建构成自己人格不可缺少的一部分，从而不可能获得真正的发展。

叶澜教授指出的"让课堂焕发生命的活力"之所以成为当今教育界最具有感召力的声音，究其原因，正在于它是对人生命价值的尊重，对师生共载的课堂生命质量的关注。改革语文课堂教学，重建语文课堂文化，关键就是要尊重每个学生，让学生真正成为学习发展的主人，让语文教学在师生平等对话的过程中进行，让师生在充满生命活力的语文课堂中，自主参与、共同学习、相互创生。

（二）重视"生本对话"过程，让学生从文本中主动汲取智慧

让每一个学生直接面对文本。在语文阅读教学中存在着多重对话关系，如学生与文本（作者）的对话，学生与学生关于文本的对话，学生与教师关于文本的对话等等。这些都为学生的个性阅读提供了良好的环境和条件。但是，如前文所述，作品的意义是在读者与文本的对话中共同创造的，阅读活动是读者的个性化行为，所以，阅读教学的对话过程，必须以学生与文本对话为前提，以每一个学生个体为对话的中心。学生与文本的对话应该是学生个体与文本直接的、自然的、亲密的接触。为此，我们应把着力点放在引导学生个体与文本对话的过程上，强调学生阅读的自主性和独特性，让每一个学生直接面对文

本，充分阅读，“潜心会文”，体验感悟，在阅读实践中学会阅读，主动积极地从文本中汲取智慧。

怎样引导学生通过对话，从文本里汲取智慧呢？

引导学生熟读深思。孔子说：“学而不思则罔，思而不学则殆。”只有学而且思，才可能免于迷惘和危殆。在阅读教学的对话活动中，引导学生熟读深思，把学问思辨结合起来，正是从文本中摄取智慧的重要途径。与文本对话，在小学，尤其是小学低中年级语文课堂中首先要让文本“开口”说话，让学生通过读书把静默的文字符号转变成有声的话语。小学生能否顺利地完成这一过程，不仅影响现时的阅读效果，而且对其阅读能力的形成与发展也有极其重要的影响，因此，在小学（尤其是低中年级）阅读教学中要特别重视学生认读能力和诵读能力的培养，在正确连贯地、琅琅上口地诵读时，注意感悟、体味作品的内容和情感。

教师要引导学生不但会读，还要会听——倾听自己读出的话，作者写的话，就像倾听自己朋友的诉说。这样，才能从整体把握文本，实现与文本（作者）的对话。

教师要引导学生在读和听的过程中联系自己的生活实际，调集各种相关的知识及经验，开动脑筋、细细琢磨，与文本对话，与文本意义发生碰撞，对文本的话语作出有主见的应答反应，以便与作者进行精神沟通。在阅读教学课堂中，可以从读课题开始，指导学生调动已有知识经验去解释课题；对课文要谈的话题内容进行预测，对自己的疑问和希望了解的内容形成追根究底的阅读期待。这样，学生就能主动地进入文本的话题情境，然后是见闻与观感的沟通。“作者胸有境，入境始与亲”，就是透过文字符号进入文本意境，见作者之所见，闻作者之所闻，调动自己的经验，感悟、思考、联想、想像、理解，逐步对文本中的人与事形成鲜明的情感倾向，作出价值判断。学生通过阅读，与作者在话题、见闻、感受等方面沟通的过程，也是他们与作者在语言上沟通的过程。这一过程中，他们会在不知不觉中学习文本新鲜的语汇和句式，接受文本优秀语言文字的熏陶。教师应该积极营造平等、民主、亲密、和谐的氛围，让学生的精神始终保持自由活动的状态，不受任何束缚。“对话”意味着平等的交流，语文课堂中，教师和学生关于文本的对话，应当在充满了深厚人文关怀的亲密和谐、围炉夜话般的氛围中进行。教师在语文课堂中应建立民主、平等、亲密无间的师生关系，着力创造这样的氛围。在这样的“对话”中，教师只是一个对话环境的创设者、对话教学的组织者，学生表达见解的倾听者、欣赏者与引领者，教师和学生交流的是真体验、真感受。教师不试图去控制这种对话，学生不需要看老师的眼色行事。教师要真诚地面对每一位学生，要善于倾听每一位学生的声音，要以最大的热忱和耐心去感受其内涵，以最大的宽容和信赖对待可能出现的问题。在教师眼里，每个学生的意见都值得珍视。打破了教师课堂文化专断造成的局面，学生就能从各种束缚、禁锢、定势和依附中解放出来，才能最大限度地从文本中汲取智慧，学生的智慧、灵感、才华也才能得以充分的发挥。

鼓励学生独立思考，尊重学生的独特感受。学者冯契说：“只有自尊其心，运用自己的理论独

立思考，才能从熟读精思中取得智慧。”“书是由名言组成的。经过熟读深思，咀嚼消化，透过名言而得其精义，窥其洞见。而此洞见仿佛是我的理性固有的，‘得其精义’即精神之自得。”（《冯契文集》第八卷第352页）在学生与文本的对话中，我们既要注重让其“潜心会文本”，又要鼓励学生富有个性地、有创造性地解读文本，重视学生的独特感受和体验。既然每个学生的生活经验和个性气质都不一样，教师不应该以标准化的解读去规范学生的阅读和理解，而要鼓励学生对阅读内容作出有个性的反应，积极主动地去发现、建构意义，甚至创造意义。如对文本中自己特别喜爱的部分作出反应，提出自己认为特别重要的问题，将自己的独特感受与作者意图进行比较，为文本的内容和表达另作设计等等。尤其在文学作品的阅读中，不要刻意去追求“标准答案”。

（三）认真组织学生间关于文本的“对话”，让学生在与人交流中发展自我

在语文阅读教学课堂文化的重建中，强调以引导学生个体直接与文本（作者）对话，强调个性化创造性阅读并不排斥合作学习。相反，同学之间的相互切磋、沟通交流，反而会互相启发，促进学习。这种合作学习会形成一种“对话场”效应，产生种种难以预设的“偶然性”的生成效果，所以应该积极提倡阅读过程中同学间各种组织形式的关于文本的对话，如全班交流、小组合作学习、组际相互呼应的对话状态，在网络环境下的语文课堂中，学生利用键盘操作，为学习语文而围绕文本中某个话题，进行电子交换式即时对话等等。在这种“生生对话”的过程中，学生既是提问者，又是释疑者，生生对话中的质疑和释疑是学生进入文本，不断叩问、与人交流的过程，是真诚展示自我，愉悦地接纳别人、学习别人、欣赏别人并多方汲取智慧，丰富、发展自我的过程。

三、提高教师文化素养，做智慧人生的引路人

语文教师是阅读课对话活动的参与者和组织者，是学生阅读的促进者，应主动承担起时代赋予的重任，自觉增强自身的文化底蕴，在教育改革实践中做学生智慧人生的引路人。

（一）坚持实践智慧人生路线，在“转识成智”上下工夫

在讨论建构阅读课文化追求时，我们必须站在教育的立场，而不仅仅是语文学科的立场。真正的教育应该包含着智慧之爱，它与人的灵魂有关。雅斯贝尔在《什么是教育》一文中指出：教育是人的灵魂的教育，而非理智知识和认识的堆积。他认为教育本身意味着一棵树流动另一棵树，一朵云推动另一朵云，一个灵魂唤醒另一个灵魂。有灵魂的教育意味着追求无限广阔的精神生活，追求人类永恒的终极价值——智慧、美、真、公正、自由、希望和爱，以及建立与此相关的信仰。小平同志提出：“教育要面向现代化，面向世界，面向未来。”教育是未来的事业，我们教师要有未来的眼光。法国当代杰出的哲学家、教育家埃德加·莫兰谈到未来教育时说：“这个教育的任务不是传授纯粹知识，而是传授使我们据以理解我们的地位和帮助我们进行生活的文化，它

同时促进一种开放的和自由的思维方式。”莫兰在《复杂性理论与教育问题》一书中引用了法国人文主义作家蒙田的名言：“一个构造得宜的头脑胜过一个充满知识的头脑。”有了这样的立场和眼光，我们才会真正认识到“文化智慧是语文教育的灵魂”，才会有面向未来进行改革，重建阅读课、语文课文化的定力，才会坚持实践智慧人生路线，着力在“转识成智”上狠下工夫。

在建构语文阅读课文化的过程中，我们必须充分考虑汉语言文字的特点对阅读和学生思维、人格发展的影响。汉语言文字是世界上最古老又最先进，最丰富又最简洁、最优美的语言文字之一。它是中华民族文化的特殊载体，既融入了世界多元文化，又凸现出中华民族文化的主体特色，具有独特的人文品格。著名语文特级教师于漪说：“语文是民族之根，它无声地记载着本民族的物质文明和精神文明，记载着民族文化的地质层，母语教育必须与民族文化紧密相连。”因此，我们教师必须弄清汉语言文字具有哪些禀性特点，这些禀性特点对阅读教学的方方面面具有怎样的影响。惟其如此，在教学中，我们才能真正抓住汉语言文字——我们民族的根，坚持“转识成智”，着意引导学生于阅读对话、习得语言过程中，走进经典文化，寻求文化熏陶，逐步确立主体文明意识，锻炼独立健全的文化人格，让学生在一个较高的视点上认识世界，认识人生，实践智慧人生的路线，最终确立自我。

（二）用心灵去感受文本，以激情点燃学生情感智慧的火花

阅读课上要使学生直面文本，主动阅读，有体验，教师自己必须先有对文本充分的感受与体验；使学生动情，教师必须先有心灵的震撼。为此，我们教师必须清醒地认识到，自己首先是阅读者，是阅读的主体，要用整个心灵去感受文本，创造性地解读和理解文本。如果教师对文本缺少钻研，或把教参和教案上的别人的感受、理解搬运给学生，或教研组中一人备一个单元，然后相互交换，共享资源前去上课，“以其昏昏，使人昭昭”，就很难引导学生直面文本，充分阅读，主动获取知识，进而转识成智，提高文化素养了。

教师与文本对话，首先要全身心地聆听文本的声音，调动自己对生活的认识、感悟，“披文以入情”，让文本感动自己，在与学生进行关于文本的对话时，教师才能“情动而辞发”，以自己的激情和智慧去点燃学生的情感和智慧的火花，使学生情不自禁地走进文本，主动积极地体验沉浸于语文文化氛围、从文本中探索发现并摄取智慧的愉悦。

（三）全面提高语文文化素养，做智慧人生的引路人

我们语文教师要提高自己的语文文化素养，首先要勤读书、多读书，养成良好的读书习惯，系统地阅读，广泛地阅读，批判地阅读。古语云：“腹有诗书气自华”，“三更有梦书作枕”，“半床明月半床书”。文字的背后有广阔的空间，给思想留下了纵横驰骋的广袤场域。画家张大千说：“作画如欲脱俗气，洗浮气，除匠气，第一是读书，第二是多读书，第三是有选择地读书。”读书对于画家尚且如此，何况对于语文教师！著名教育学家苏霍姆林斯基说：“要把读书当作第一精神需

要，当作饥饿者的食物”，“读书、读书、再读书”。我们教师不但要读自己专业领域的书，要读影响学生成长的古今中外先哲名人的成长故事，要读研究人心理的书，还应广泛涉猎文学、史学、哲学、美学等各方面的著作，多方摄取文本的智慧。

我们在与书本、与大师对话的同时，更要与自己对话，与自己的心灵为友，伴随着读书时的感悟体会，让自己始终保持着一份纯净而又向上的心态，契入现实，介入生活，积极投身于教育改革和教育科研实验，努力创造生活，使思想更加厚重与深刻，自觉地增强自身的文化底蕴，更自主地、理智地热爱语文教师职业和语文教学工作，带着对生活的热情，对学生和语文的钟爱及睿智的思想走进课堂，让语文文化和其包蕴的人类智慧滋润学生的心灵，引导学生的智慧人生。

（选自《江苏社会科学》2006 年第 1 期）

正确处理好语文课堂教学中的几对关系

胡明艳
南京莫愁湖小学

在新一轮基础教育课程改革中，课堂教学仍然是改革的主渠道、主阵地，许多教学工作者和研究者对当今课堂教学持有不同的观点、不同的态度，说法不一。笔者认为，无论是一线教师还是研究人员都有必要静下心来，对新课程下的课堂教学作一些反思，必须正确处理好以下几对关系。

一、自主与引导的关系

自主学习是“新课标”倡导的一种学习方式。让学生自主地选择学习方法、寻找学习伙伴、选择学习内容等，是我们在课堂上经常见到的。这种学习方式的提倡和形成，确实有助于张扬学生的个性和调动学生的学习积极性。

但是，我们也看到，有些课堂上的自主学习似乎有点“放任”，时效性不高。例如，教师说：“这个问题，请哪位同学来回答？”学生们一边举手一边喊着：“我来，我来……”有几个都离开了座位，手举到了讲台前。当教师说：“××，你说。”其他同学的手依然高举着，甚至随意大声地发表起自己的见解来，这是不是缺乏教师应有的引导呢？自主学习不能理解成教师撒手不管的学习，应当是在教师的引导、暗示、有效调控下的自主性学习。教学活动应当是一个生动活泼、主动和富有个性的学习过程，引导学生学会倾听和分享也是非常必要的。如果不能倾听，又怎能分享别人的独特感受呢？高效的课堂不但要鼓励学生积极思维、积极表达，更要引导学生学会倾听，学会思考。如果教师也沉浸在课堂活跃的情境中，而忘记引导学生学会倾听别人的意见，那课堂的高效又从何谈起？

我们追求课堂的生动活泼，不仅是外在的、形式上的，更重要的是追求一种内在的深层次的思维的灵动和方法的掌握。如，在阅读课文时，有的教师说“你想怎么读就怎么读”，“你喜欢读

哪段就读哪段”，学生的读书水平却始终处在原有水平上，不见提高，这大概主要是缺乏教师的指导和点拨。教学过程中，适当的点拨、适当的引导和适当的范读也是非常必要的。请看上海徐善俊老师教《黄鹤楼送别》的片段。

师：读书要读懂、读出感情、读得有韵味。我来读，你们听听到底该怎么读。

（师声情并茂地范读课文1—3自然段，并配上悦耳的音乐。读完，教室里一片掌声。）

师：刚才徐老师读得是否有韵味？

生：很有韵味，您怎么会读得这么好？

师：很简单，一边读一边想，然后进入画面。试试看，你们保证能比徐老师读得好。再自由读读课文，把文中能解释这首诗的有关句子画下来。

徐老师在指导读文时，精彩的范读赢得学生的阵阵掌声，学生在不经意中感悟到读书的方法，感受到阅读的魅力，同时受到了情感的熏陶。这是一种潜移默化的指导，表面看是范读，其实教师指导读书的方法已隐含在其中。所以，课堂上教师的引导非常重要，自主和引导必须“合二为一”、有机结合，只有这样自主学习才能产生实效。

二、生成和预设的关系

新课程非常关注和提倡课堂的动态生成，因为教学过程本身是一个动态建构的过程，教学是主体的、能动的、活跃的人的活动，教学的确定性因素中存在着不确定性因素，不确定性因素中存在着确定性因素，从而构成师生共同参与、共同创造的空间，构成课堂教学中的动态生成美。动态生成的课堂，必定是一个真实的课堂，是学生思维开放的课堂，更是闪动着学生灵性的“活”的课堂。这不但要求教师要有随机应变的能力，更要求教师在随机应变中尊重学生的主体地位。学生充分自主、真情投入，教师悉心聆听，师生在宽松和谐、互动合作、情趣横生的空间里展开心灵的对话，在对话中生成，在生成中引导，在引导中感悟。课堂对话的过程，也是学生互相借鉴、互相补充、互相激发的过程，在教师的点拨下，在同学的启发下，自己突有所感，忽有所悟，这便有了创造，这便有了新的生成。生成的教学不仅是教师教学机智的体现，更是课堂教学质量和效率的要求。

但是，动态生成并不否定预设的重要性，它们之间也并不是互相排斥和“有我无你”的。相反，生成的质量在某种程度上依赖于预设的质量。在教学中，预设也同样重要，因为教学首先是一个有目标、有计划、有组织的活动，教师必须在课前对自己的教学任务有一个清晰、理性的思考和安排。教师在备课过程中，应真正以学生为本，充分了解每一个学生的实际情况，充分考虑到课堂上可能出现的情况，努力使整个预设留有更大的包容度和自由度，给生成留足空间。同时，预设是否巧妙、是否有创意，可以直接影响到课堂生成是否顺利。如，美国一所普通小学的一堂阅读课《灰姑娘》，这节语文课是由教师预设的几个问题贯串始终，这几个问题当然是教师深入研读文本后预设的，每个问题都独具匠心，源于文本而又超越文本。如第一个问题：“你喜欢故事里的谁？不喜欢谁？为什么？”让学生初步感

知文本，表达喜好憎恶。第二个问题："如果你是辛黛瑞拉（灰姑娘）的后妈，你会不会阻止辛黛瑞拉去参加王子的舞会？你们一定要诚实哟！"第三个问题："如果辛黛瑞拉因为后妈不愿意她参加舞会就放弃了机会，她可能成为王子的新娘吗？"第二、第三两个问题体现了教师善于捕捉那些闪动着灵性的生成资源，挖掘文本潜在的人文内涵的特点。教师引领学生学会生活、学会关爱、学会追求，更要学会爱自己。第四个问题："这个故事有什么不合理的地方？"培养的是学生的批判意识。这几个问题是展开个性化阅读、多元化阅读的支点，可以说这是一个预设与生成相得益彰的课堂，更是闪动着学生灵性的"活"的课堂。

三、现代与传统的关系

此次课程改革是在继承前七次课程改革经验的基础上进行的。改革是要继承以往的好经验、好做法，要克服以往的弊端和缺陷。改革弊端需要勇气，继承好的传统同样需要勇气。步入现代化的轨道，我们发现课堂教学变了，静态的文本变成动态的文本，清一色的课堂变成多姿多彩的课堂，单调的声音变成美妙的"交响乐"……这种变化将带给我们什么？带给我们的是思维的启迪、内心的激动和情感的愉悦。在这个变化当中，课的形式美了，课的情趣浓了，语文课的效率高了，语文课的内涵深了……一句话，语文课更精彩了。

然而，任何事物都有其闪亮的一面，也总有其暗淡的一面。在教学改革过程中，我们也发现有的课堂似乎有些变"花"了，变"虚"了，甚至变味了。因为人们在追求"现代"的时候却不知不觉地丢失了传统。其实，现代化的课堂教学仍然应保留传统的成分。比如对知识的看法，不少教师有一种错觉，以为新课程不大需要知识了，这种观点显然是错误的。知识是必需的，否定知识，课程便不复存在。关键是学习哪些知识，怎样去获得知识。以往的教学过于注重口耳相传，教师常常是一味地灌输。新课改倡导学生自主学习、自我构建。教师要善于指导学生利用已有的知识、经验去同化和顺应新知识，从而构建新知识。以往的教学把目标主要定位在认知上，忽视了学生的情感体验。新课改倡导学生直接与文本对话，在主动积极的思维和情感活动中，加深理解和体验，获得思想启迪，享受审美情趣。既要使学生获得知识，提高能力，又要丰富学生的精神世界，努力实现知识与技能，过程与方法，情感、态度与价值观三维目标的有机统一。课堂上，适当的"引导、讲解"也是非常重要的，粉笔加黑板也是一种充满创意的、无拘无束的、显现灵感的、师生互动的重要领地。板书的过程，是释放和记录师生迸发的思维火花的过程，是师生互动、情感交融的过程。它体现的是一种简洁的美、灵活的美、传统的美、艺术的美。

（选自《中小学教材教学》2006 年第 3 期）

让学生在研究问题中学习

刘　红
南京夫子庙小学

在小学语文教学中，教师要特别关注、尊重学生发现的问题，更要引导他们在学习中自主地提出有价值的问题，引导和鼓励他们对“问题”的“探究”、“思想”、“研究”，以唤发他们的问题意识，让每个学生都能自我“想问题”，都能独立思考、判断、评价、创造，在研究问题、解决问题的过程中提高语文素养，培养创新精神和实践能力。

一

当我们用这样的理念来审视当前的语文课堂教学时，从教师的教学行为中不难发现存在着许多问题。粗粗归纳大致有以下两种表现：

1. 只让学生提出问题，不给学生研究问题。

教师看上去尊重学生的问题，经常会让学生寻找并提出问题，却不给学生足够的时间去读、去想。当学生在提问题时，教师往往只是在听，然后说：“提得很好，我们学习课文时来弄懂这些问题。”接下去，按备课计划进行，至于学生的问题，或许是没有记住，或许是压根儿就没打算让这些问题影响自己的教学进程，或是在知识传授过程中，蜻蜓点水式地说一声“这就是刚才同学们提的那个问题”等等。这样的教学对学生意味着什么？意味着学生提了自己感兴趣的问题，正急切地期待着教师的帮助与评判，却不知怎么没了下文，得到的不仅是失望，或许从此也就知道“问题”只是用来提的，不需要研究解决，“我”的问题不重要。久而久之，他们还会有问题意识与探究能力吗？

2. 学生是在研究问题，却是被牵着研究教师的问题。

教师课堂上一个劲地鼓励学生提问，自己则耐心地守候。终于，有学生提了某个问题，教师喜形于色，赶紧出示早已写好的小黑板说：“这个问题提得很好，很有价值，我们这堂课就来研究它。”如果教师没有时间，也没有耐心，那么只好

置学生的一大堆问题于不顾，自说自话地提出一两个问题，不管是否牵强附会，且美其名曰："解决了这几个问题，你们的其他问题就不难懂了。"接下来，教师就把这几个问题紧紧攥在手中，引导学生围着自己的思维开始"探究"了。其实，这些问题原本就是教师需要的问题，是教师认为应该研究的语文书上或教案集上明确写着的问题。这样的教学对学生意味着什么？意味着他们可以不假思索地就提出一大串问题，尽管这些"问题"的答案自己早已知晓，但仍投教师所好，配合着教师"积极地"思考，"热热闹闹"地被教师牵着鼻子又走一遭。久而久之，他们还会有创造的精神和探究的激情吗？

教师的教学为什么不能引导学生在研究问题中学习？从主观方面看原因主要是：(1) 观念转不过来，对"问题"的意义和"让学生在研究问题中学习"的教学过程实质认识不够；(2) 素质和能力跟不上去，缺乏较高的一般能力和专业素质。

二

那么，怎样才能引导、促进学生在研究问题中学习呢？从根本上说，教师必须努力学习，更新观念，提高素养，成为具有高超技艺、开阔视野、创新素质的现代教学能手。从操作层面上说，当前应着力做好以下两方面工作。

(一) 激励学生提出问题，着重引导在"对话"中提出有价值的问题——这是基础

面对一切充满着强烈的好奇心，有着无数个"为什么"的学生，教师在课堂上用平等亲和的态度，用信任热情的语言，让每一个学生都尽可能地提问，并真诚地尊重他们提出的问题，尽可能地引导他们研究自己的问题；同时，也要着力引导他们在"对话"中提出有价值的问题。何谓有价值的问题？这儿是指那些学生感兴趣，有利于引发他们探究动机，同时又需要运用语文知识和能力来实施探究行为，并能促进学生在探究的过程中有所发现、有所创见、有所超越、真正发展的问题。这样的问题从哪里来？是学生在和"文本"的"对话"中生成并提出的。这儿的"文本"是指教学文本，是在教学沟通的过程中生成和接受的，是教师和学生一起合作创造的极其复杂的产物。具体来说，教科书、教学计划、各种资料、媒体信息、板书、教授、讨论乃至学生的操作活动等等都是文本。

教师可以从以下几个方面引导学生提出有价值的问题。

1. 问题的内容——关注"两性"

我们应着重关注并引导学生在学习语言的过程中，通过与文章的倾心对话，结合实际学习的体验，提出体现鲜明的语文学习特色，涉及语文的"工具性"、"人文性"方面的问题。

(1) 体现语文学习知识、能力的问题。鼓励学生勇敢地提出读不懂、学不好的问题。小到一个字、一个标点、一句话；大到识字与写字、阅读、习作、口语交际；具体到某篇课文的某一个角色、某一种情境、某一个知识点；深入到观察力、理解力、表达力、想像力等等。

(2) 体现情感、态度与价值观的问题。鼓励学生针对语文学习，联系自己的生活实际提问

题，提自己真实的问题，暴露自己的情感，阐明自己的观点，寻求教师与同伴的理解或指点。在研究这些问题中，学生不仅逐渐掌握了语言这个交际工具，更领悟到人生的真善美。

2. 问题的思维含量——追求创新

学生会提出很多大大小小的问题，而其中最有价值的是那些有一定思维负荷量的问题。

(1) 可以从不同方向思考的问题。这类问题有很多可能的答案，那么思维就以这个问题为中心，重组所给的和记忆中的信息，并向四面八方自由发散，以寻求众多的解决问题的方法和众多的答案。

(2) 可以张扬个性色彩的问题。这类问题带着鲜明的个性色彩，充分体现出学生个体的认识和智慧，他们在用自己可接受的评价标准去评估课文及他人的观点，不为情境性的暗示所左右，不人云亦云。

(3) 可以创造性想像的问题。这类问题不依据现成的描述或图示，而是根据一定的问题情境，兴趣盎然地、大胆自由地在头脑中独立地创造出新形象。

3. 问题的呈现时机——重视生成

我们激励学生无论是课前、课中、课后都可以随时提出问题，也就是说，对学生而言，任何时刻都是问题的呈现时机。尤其要重视并引导学生在课堂学习的过程中不断地生成问题、提出问题，因为这些问题往往反映出学生的实际学习状态，闪烁着学生思维碰撞的火花，很有研究价值。

(1) 当学习到课文的关键处。课文的关键处是学生需要理解的重点、掌握的新知识点。学生的新旧知识在此发生联系、碰撞，新观点、新方法挑战着原有的思维方式和思维成果，于是，学生的问题便暴露出来，需要教师及时引导他们提出来并加以点拨。

(2) 当学习到课文的精彩处。课文的精彩处是需要学生进入情境，充分品味，有所感悟的。而学生由于自身的经历和认识有限，其直接经验或体验往往和课文所描绘的意境有所距离，不能很好地体会课文的精彩之处。这时，教师应及时引导他们提出自己的困惑并帮助他们“填补空隙”。

(3) 当学习到课文的疑难处。课文的疑难处是学生学习的疑惑点、难点、模糊点。学生对此或是会产生知识性问题，或是会产生理解性问题，或是会产生主旨性问题等，教师应鼓励他们提出来并和他们共同研讨，排疑解难。

(4) 当学习到课文的拓展处。课文的拓展处也许是课文本身所透发的可以扩展、深化的内容，也许是教师提供的拓展性资料、设计的拓展性练习，也许是学生自己搜集的相关信息，确定的感兴趣、想研究的拓展性问题等。这些需要学生综合运用知识、能力来解决，对学生来说，会带来不少问题，这更需要教师的引导。

4. 问题的密度——必须适量

一堂课，学生有可能提出许多问题，当然，这些问题无法一一都在这堂课里研究与解决。为了确保研究的实效，必须在学生自主选择的基础上，引导他们更合理、认真地选择密度适中的问题。

(1) 要选择“整”一些的问题。课堂上要从学习内容的整体性出发，引导学生选择主要问题进行重点讨论研究。主要问题体现了知识结构

的严密性、科学性和条理性，从而给学生清晰的层次感。同时，整一些的问题能给学生充分的空间和时间，便于他们集中精力探究问题，提出新问题。

(2) 要选择“精”一些的问题。那些精当集中、有针对性、能体现学习内容的关键和本质的问题应作为我们一堂课研究的重点。如围绕课文中心提出的问题、蕴藏规律或道理的问题、牵一发而动全身的问题、看似充满矛盾的问题等等。

(3) 要选择“活”一些的问题。有些问题可以有多种思考途径、研究方法，其答案也不是唯一的。引导学生选择这样的问题来研究，能够发挥每个学生的独立性、创造性，让他们按照自己设计的方案进行探究并展示成果。

(4) 要选择“动”一些的问题。应引导学生选择那些不仅需要用自己的脑子思考，而且需要用自己的眼睛看、用自己的耳朵听、用自己的嘴说、用自己的手操作，即用自己的身体去亲自经历、用自己的心灵去亲自感悟的问题。这些重活动、重操作、重实践、重考察、重调查、重经历、重探究的问题才能保证学生的真正参与。

(二) 引导学生围绕问题，主动开展探究性学习——这是关键

1. 给予两个充分

(1) 教师要给予学生充分的时间(包括读书的时间、思考的时间、讨论的时间、操作的时间等)独立地思考问题。对他们的思考成果，教师则应作延缓性评价，鼓励再想想、换个角度想。课堂上的讨论不可匆匆走过场，尤其是四到六人的小组讨论，至少需要六分钟的时间，让每人都有一次发表意见的机会。学生依据自己的思路进行练习、表演等，教师要有足够的耐心对待学生的手忙脚乱、迂回曲折甚至明显错误，给他们一定的时间实现自己的设想，验证自己的成果……

(2) 教师要给予学生充分的自由，诸如表达的自由、选择的自由、思维的自由、活动的自由等等。学生可以选择自己喜欢的学法，选择自己独特的理解，选择自己合适的操作，选择自己需要的伙伴。他们的思维可以或发散、或直觉、或批判、或想像。他们可以在课堂上画一画、演一演、写一写、辩一辩、做一做……

2. 提倡三种方式

(1) 提出设想，大胆验证。学生根据已有的知识经验提出解决问题的可能途径、方法、策略，并能通过实践来检验。这要求教师赞赏学生思维的灵活性，并对他们提出的想法，哪怕是模糊的、错误的，都报以真诚的微笑，对他们说：“孩子，照你想的去试试，别怕失败。一切尝试都很有意义。”

(2) 搜集资料，分析研究。学生课前课后从书刊、电视、网络、专家、家长及同伴那里获取大量信息，学会辨别、筛选、加工、整理，让这些丰富的资料创造性地、综合性地为学习提供启迪与指导。这要求教师将课内与课外，教室与图书馆、网络室，教材与课外书籍，学校与自然、社会相结合，给学生以开阔的视野、深厚的知识底蕴。教师常问学生：“这些知识你们还从哪里了解到的？又有什么想法？你们可以就此做一个专题吗？或是写一篇感言，或是设计一份专刊……”

(3) 讨论交流，全力合作。学生在探究过程中和教师、同伴，就“问题”进行平等的讨论交流，真诚地沟通，互相借鉴、互相吸取、互相补充；来自旁人

的信息为自己所吸收，自己既有的知识被他人的观点所唤醒和激活。在交流与合作中，提高自己的智慧，发展集体的智慧。这要求教师多创设培养学生乐于合作的团队精神的机会，并对学生提出这样的要求："这是一个挺复杂的问题，学习小组的成员互相商量一下，分配好各自的研究任务。先自己读书思考，然后在小组长的带领下汇报各人的想法，并互相帮助解决各自弄不明白的问题。最后请拿出你们小组的综合意见，准备在全班交流。"

3. 重视三个环节

(1) 问题情境设置的环节。所谓问题情境，指出现在人的面前并使人感到不了解或无法解决的那种情况。它促使个体积极思考，运用一系列的认知技能去寻求答案，解决问题。教师要重视"教学开场"，或是运用自身语言的风趣幽默作激情渲染，或是巧妙展示新学课文的疑难之处、矛盾之处、精彩之处，或是通过精心设计制作的多媒体课件，努力营造一种独特的情境氛围，充分调动学生的兴趣，唤醒学生的储备记忆，引发学生的求知欲望。

(2) 问题实质明确的环节。问题的解决首先依赖于在发现问题的基础上，明确问题的实质是什么，它是认清问题的关键。惟其如此，思维活动才会有明确的目标，才能有条不紊地围绕问题的核心展开。尤其是对思维水平相对较低的小学生来说，引导他们明确问题的实质，有利于他们更好地寻找解决问题的方向与途径。教师要引导提问的学生明确自己到底想知道什么，并组织好语言，准确地、有条理地表述出自己的问题；要引导其他学生不仅能逐字逐句读懂描述这个问题的每个句子，也能用自己的话重述问题的条件，达到对问题的字面理解；更要在此基础上，引导每一个学生都达到对问题实质的深层理解：识别问题的类型、区分问题中的有关信息和无关信息，分析问题的要求和条件，寻找其中的联系，把握问题的性质，确定解决问题的方向。

(3) 反思、评价的环节。解决问题的教学是一种反思教学。在整个问题探究的过程中，要不断地总结反思。在探究问题的开始，教师就要指导学生商定用怎样的方式展示学习成果。可以是有感情地朗读背诵、表演、实验、习作、电脑多媒体演示、答辩会等等，使探究问题的目的性、指向性更明确。在提出问题、明确问题、研究问题、解决问题的每一个环节中，教师都要有意识地引导学生思考：我积极参与了吗？我运用的这种方法有没有效果？教师或同学们是怎样学的？我和小组成员合作愉快吗？我收获到了什么？还有问题吗？……并给他们一定的时间整合这些反思，创造机会让大家互相交流感受，使他们在不断地反思中获得更深的理性认识。贯串整个问题探究过程中的还包括评价。评价的主体应该是多元的，可以是教师，可以是学生个人，还可以是学习小组。评价的内容应该是丰富而灵活的，应涉及参与探究活动的态度、在活动中所获得的体验、学习和探究的方法、技能掌握情况、创新的精神等。评价的手段和方法应该是多样的，教师评与学生自评、互评相结合，对小组的评价与对组内个人的评价相结合，定性与定量的评价相结合等。尤其是当教师的评价更注重激励性和个别差异时，那么，评价就会成为学生学会实践和反思，发现自我、欣赏他人、促进发展的过程。

(选自《小学语文研究》2006 年 9 月)

让语文课外阅读成为一种自觉的生活方式

李　响
南京奥体小学

随着课程改革的不断深入，面向生活、面向社会的大语文观已是语文教学改革的方向。学生语文方面的积累不应囿于课本、囿于课堂，而应面向生活、社会中的各个领域。因此在我们的语文教学中，教师不应只重视教授课本上的知识，而应该从更高的角度把握语文学习，以课本为基础，拓展课外阅读，将教材从单一跳到多元，跳到属于每位学生的多元，让学生更多地接触语文材料，扩大学生的信息量，提高学生的语文素养，学生才会拥有一个真正属于自己创造的世界。

课外阅读在学生的语文学习中占有重要的地位，大量的阅读能使学生开阔眼界、增长知识、积累语感、提高阅读能力。小学生正处于人生的起步时期，如一株株刚破土的幼苗，渴望吮吸知识的甘露，以使自己茁壮成长。而这“甘露”的获得，除了靠老师课堂上有限的传授外，更需要学生依靠课外阅读去采集。吕叔湘先生曾指出：“同志们可以回忆自己的学习过程，得之于老师课堂上讲的占多少，得之于课外阅读的占多少。我想大概是三七开吧，也就是说，百分之七十得之于课外阅读。”吕老的这一观点，充分说明了课外阅读在形成学生语文能力方面，起着巨大的作用。

《新课程标准》指出：“语文课程丰富的人文内涵对人们精神领域的影响是深广的……语文又是母语教育课程，学习资源和实践机会无处不在，无时不有。因而，应该让学生更多地直接接触语文材料。”语文不仅仅是一门单纯地教授文字语法的学科，语文世界的内涵是丰富多彩的，有语言文字的训练，有语文学习习惯的培养，有人文情怀的陶冶，有精神世界的奠基等。作为语文学习的一个重要组成部分的课外阅读当然也是一种综合性的活动，它所关注的不是一个单纯方面，而是要注重学生整体语言素质的提高，尤其是要能激发学生一生的向往。从“终生学习”的观念来看，传统的“一张文凭，终生管用”的旧观念已经改变，人的学习过程不会只在课堂内、学校里进行，大量有

效的信息、大量需要的知识和技能都要通过人们未来的阅读来获得，而其中最为关键的是对阅读的态度、对人生的信念，因此课外阅读为学生的人生打好底色，为终身学习奠定坚实的基础显得尤为重要。基于这样的认识，我们应该怎样以新课程的理念去理解和指导课外阅读呢？

一、培植阅读动机，关注个性需求

建构主义学习观认为：知识不是通过教师传授得到的，而是学习者在一定情境即社会文化背景下，借助其他人（包括教师和学习伙伴）的帮助，利用必要的学习资料，通过意义建构的方式而获得。小学生的语文课外阅读活动也是一种学习行为，同样也具备建构主义学习观所提出的这几个因素。因此，在小学生课外阅读指导中，应由过去注重教师的“外部强制”转变为关注学生阅读的内部动力的生成，让学生想读。

动机能引起、维持一个人的活动，并将该活动导向某一目标，以满足个体的某种需要。行为可由需要引起，在某一时刻最强烈的需要构成最强的动机，而最强的动机决定行为。由此可见，只有激发起学生的阅读动机才能使学生产生课外阅读的行为。动机与学生已有的知识结构又是必然联系的，所以不同学生的阅读选择也是不一样的。因此，在课外阅读指导中必须创造条件以满足各类学生不同的阅读需要。

在具体实施过程中，我从多种途径为学生提供适合他们阅读的课外阅读资料，通过反复刺激，激发学生的阅读兴趣。首先高效地利用学校开辟的“书香长廊”这一良好的资源，鼓励学生课间进行阅读；其次我在教室里建立了“小小图书室”，动员学生自己捐书，自己为自己营造阅读场所，让学生一进教室，就能看到书柜上丰富多彩的阅读材料，其阅读的欲望自然就会产生。而事实上学生的积极性相当高，只一天的工夫，班级图书室就成立了。在教室靠窗的柜子上，一排排书籍井井有条地摆放着。经过学生讨论决定，班级图书室不设借书的时间和阅读时间，只要他们乐意，什么时候都可以去借书看，读完后还回去就行了。这样，学生进行课外阅读的条件就更宽松了，他们的阅读兴趣也就相应地提高了。此外，我还通过开家长会这一渠道，对家长讲明课外阅读对学生的益处，使家长提高认识，为学生购买相关的课外阅读资料，并且鼓励家长在家中进行亲子阅读，让学生在家中也能体会到相应的学习氛围，进一步巩固学生的课外阅读动机。

在以往的教学中，我们也都注意指导学生的课外阅读，但是，在指导过程中，往往是教师选择好了书籍，然后布置学生去阅读，而且采用统一的方式，如作一些简单的摘录，写一点读后感等，然后定期进行检查。可是，有时候从我们教师的角度看来是很不错的书籍，并不一定能使学生产生阅读兴趣。随着新课改的推进，越来越迫切地要求教师关注学生的个性，建立起以学生为中心的语文课外阅读观。

首先，教师要根据孩子的年龄特点，为孩子提供其所喜好的读物。比如说，六年级的学生对世界的认识有了一定的基础，这一阶段的孩子开始懂得关心别人、同情弱者，能设身处地为别人着想，逐渐脱离绝对的自我中心，有了较明确的判断能力，能试着从不同的角度看待同一个问

题。因此，我让学生们看像《假如给我三天光明》这一类人物传记，为学生形成良好的世界观和人生观打下基础。而三年级的学生就完全不同了，虽然认识和掌握了大部分常用汉字，已能读懂短篇和中篇童话故事，注意力比较持久了，可以独自阅读较长的一段时间，但是他们的思想容易开小差，易受外界的干扰，因此，我向他们推荐了两本童话书：《飞上天的鱼》和《花瓣鱼》。这两本书节奏感强，情节变化多端，很有情趣，而且语言优美，是孩子们学习语言的好老师。这些适合孩子读的书让学生很乐意接受，所以读起来也是津津有味。其次，对学生自己选择的书也要加以尊重，特别是当学生选择了不合适读的书籍时，教师切不可简单地予以没收。只要晓之以理、动之以情，孩子们会很乐意地接受教师的建议。

学生的学习受多方面因素的影响，其中主要是受学习动机的支配。学生往往对感兴趣、符合自身需要、对自己有重要价值的学科投入很多的时间和精力，也能从中获得较大的满足感。所以，如果教师在激发学生的阅读动机、阅读成就感上多下工夫，并且能关注学生在阅读中的个性化要求，就能促使学生积极主动地参与到阅读活动中，从而满足他们内心对知识的渴求，同时也将伴随着积极的情绪体验。相信这样“由内而外”产生的阅读兴趣，定能为学生的终身学习服务。

二、珍视阅读体验，尊重体验差异

我们怎样面对学生的课外阅读体验？这又是一个很现实、很严峻的问题。因为阅读总有体验，所以我们必须要面对；因为体验的不公正遭遇是会影响阅读动机的，所以我们一定得谨慎。

阅读是一种很个性化的行为，课外阅读更是一种纯粹的学生与文本之间的对话和互动。这种对话受到学生的个性、阅历、知识、经验等因素的影响，因此，其阅读的结果，也就是对课外读物的解读一定是有差异的，有时候这种差异会很大。例如，在《哈利·波特》中有的孩子读到的是智慧，有的孩子读到的是魔法，有的孩子读到的是友情，有的孩子读到的是正义……

面对课外阅读中存在体验的差异，我们应该有正确的认识，即认为这种差异是正常的，也是合理的，是孩子全身心投入阅读的成果，其中包含孩子真的思考、真的体验、真的感悟；同时，我们还应该有明确的态度，即允许这种解读的差异存在，并且要支持和鼓励在课外阅读中的体验差异。只有这样，课外阅读才是鲜活的、有个性的；只有这样，课外阅读才可能成为学生生命的一部分，成为学生成长的动力。

我们要坚决抵制将别人特别是成人的体验强加给我们的学生。《守株待兔》在我看来是一个很美好的故事，小时候第一次读到它，我甚至能闻到兔肉的香味，可是老师告诉我：不要存有侥幸心理。有关阅读的研究报告显示，如果让孩子们在阅读后自由讨论，可以让他们在文化学习方面获得最大的收益。我们应该相信孩子的智慧，应该允许孩子有自己的智慧。我国著名的儿童文学作家张天翼写完了《宝葫芦的秘密》，然后告诉孩子们“这个故事告诉我们不要有不劳而获的思想”，但孩子们读完后却写信告诉张爷爷：“我爱宝葫芦！”

孩子通过课外阅读会产生心理和行为的变

化，这种变化是在对阅读内容的体验和感悟中获得的。例如，阅读了《哈利·波特》以后，有的孩子喜欢手持一根小棒指指点点，有的孩子变得喜欢沉思，有的孩子会聚在一起热烈地交谈书中的情节，发表自己的看法……这一切都是孩子阅读后的兴奋溢于言表、激情真实流露、冲动难于自抑的表现。小孩子都做过"过家家"的游戏，这不也是他们阅读了生活这本大书以后的一种表现吗？

从促进孩子持续阅读的角度来看，有表现就是最好的，有表现就是有热情、有兴趣、有欲望。我们过去犯的错误就是把课外阅读的教化功能看得过重，认为阅读是一件很高尚的事，阅读应该能够指导人的行为变得"健康向上"。现在看来，这种看法实在是太功利了。阅读首先是一种享受，因为得到享受，所以喜爱阅读。阅读的内容只要是没有危害的就是正常的，就是应该被允许、鼓励的。毕竟，表现愉悦是可以有很多方式的。

三、强化课外厚积，催生课内薄发

学生的阅读动机被成功激发了，伴随而来的将是一系列紧张的阅读心智活动。有益的课外阅读对开拓学生的视野、丰富学生的知识、培养和提升学生的语文素养起着不可估量的作用。因为学生有了丰厚的课外积淀，所以我们的课堂教学也就会精彩纷呈。

学生在课堂上的情感体验不是"无本之木，无源之水"，它建立在对语言文字的感悟的基础之上。但是，如果学生仅是依靠教材这单一的文本，那么学生在课堂上的情感体验将是很浅薄的，不可能达到"力透纸背"的效果。如果学生有丰富的课外阅读，那我们的课堂可就是精彩迭起了。

在教学《钱学森》这篇文章时，由于钱学森这个人物对于现在的学生来讲显得遥远而陌生，教学之前，教师有意识地让学生找一些有关描写钱学森的书籍来阅读；在课堂教学时，学生自然而然地就把课外阅读中的收获和文本中的语言文字结合起来了。特别是教师要学生谈谈学了课文的感受之后，学生更是文思如泉涌：

"祖国，我亲爱的母亲！今天，我终于回到了您的怀抱了！20年了，整整20年，我未曾看见您的面貌。20年前，我赴美留学，虽然享受着优厚的待遇，但您的一切都令我魂牵梦萦，您是生我养我的地方呀！常言道：'谁言寸草心，报得三春晖。'我一定会把自己的才干奉献给您。虽然您现在还很穷，但我一定会像辛勤的园丁一样，默默地耕耘在您这片未开垦的荒地上，让您鲜花遍地、果实累累；为您摘掉'东亚病夫'的帽子，让'东方之龙'翱翔于天际。"

"我抚摸着祖国的一草一木，亲吻着散发着芳香的国土，不禁热泪盈眶。祖国啊，母亲，我终于回来了！在外漂泊多年的游子，一刻也没忘记您。20多年来，我拼命地学本领，为的就是有朝一日实现我的强国之梦。今天，我重回您温暖的怀抱，我要用我的智慧与才干来报答您，使您变得更加美好、更加富强！"

"一踏上祖国的土地，仰望湛蓝如洗的天空，我无比激动。20多年是多么漫长的岁月啊！今天，我终于回来啦！亲爱的祖国，在外多年，我始终没有忘记自己是中国人，因为我的血管里永远流淌的是中国人的血液。虽然您现在贫穷、落后，可是俗话说得好：'子不嫌母丑，狗不怨家贫。'您是生我养我的地方，我深深地爱着您，我

要用我这双手、用我的热血和智慧去开垦您这块曾经经受创伤与磨难的土地,让每一位中国人有尊严地活着!”

学生这些发自肺腑的表达,都离不开课外的阅读积淀。是课外阅读为学生敞开了一个新的天地,加深了他们的课堂体验。

这里的精彩,首先取决于学生积累的丰富课外阅读知识,其次取决于相关知识之间的融会贯通。这已是学生课外阅读由单纯的量的堆砌向质的变化发展的特征显现了。量的堆砌,仅仅是学生课外阅读的初始阶段;当奠定了一定的课外阅读量基础,就要引导学生、训练学生如何去互相关联、重新组合、选择提炼。这将是学生课外阅读从低级阶段向高级阶段发展的标志,正所谓融会贯通、一点就通、无师自通、一通百通。我们应该将一通百通作为学生课外阅读的最终目标。

四、营造阅读氛围,搭建表现平台

一个喜欢阅读的家庭更容易培养出一个喜欢阅读的孩子,一个喜欢阅读的老师更容易带出一批喜欢阅读的学生。从这个意义上说,阅读的启动和保持是一种集体行为中个体的无意识行为。美国前总统克林顿先生在全美发起了“挑战阅读”运动,以联邦政府补贴的形式鼓励和号召全美的成人,包括家长、教师、大学生以及各种职业的志愿者走进家庭陪伴孩子阅读,这是一个壮举!举一国之力营造一个良好的阅读氛围,受益的首先是孩子,又不仅是孩子,受益的将是整个国家和民族!

当然,阅读氛围的营造是有一些做法可以借鉴的。

1. 班级读书会

在学习伙伴间形成课外阅读的氛围,让阅读成为像游戏一样的童年生活,这是一种多么美好的境界。“班级读书会”就是可以选择的举措之一。“班级读书会”主要的做法是先引导孩子用一段时间去读一本教师或同学推荐的好书,然后用一个集中的时间由同学和老师以及家长共同对作品进行自由的讨论,其间也可展出一些孩子的读后感或其他作品。

2. 挑战性阅读

为生活和命运而阅读,是一个很诱人的阅读理念。如果我们的孩子能面临这样的阅读情境,那么课外阅读会变得很光明。“挑战性阅读”正是基于这样的思考的一种课外阅读指导方式。首先要在生活中引导孩子自觉地发现“挑战”,这种挑战的任务是需要孩子去补充知识的或经验的空白,那么,阅读就形成了。例如社会的重大事件会引起人们的关注和兴趣,孩子们也是一样的。如美国向伊拉克开战了,我们不是可以向孩子们推荐有关新武器、新战法(比如无人战、导弹战、反恐战)方面的书籍吗?或者是相关的历史书。这不是绝好的机会吗?

3. 影视主题活动

利用影视作品营造阅读氛围是一个很巧妙的办法。现在已经有很多名著被搬上银幕或荧屏了,比如《三国演义》、《水浒传》、《汤姆叔叔的小屋》等,还有动画片《爱丽丝漫游奇境》、《大闹天宫》、《尼尔斯骑鹅旅行记》,孩子们都会特别喜爱的。看电影电视对阅读兴趣很有帮助,如果能和热映中的影视作品同步阅读或比较阅读,效果会更好。

4. 专题性辩论

此外，还可以开展“孙悟空和哈利·波特，谁的本领大”这样的专题辩论性的读书活动，一次活动读两本名著，何乐而不为？有条件的话，还可以尝试双语对照阅读，古汉语、现代汉语、英语……哪两种都可以，让孩子有机会去感受语言之美。找找那些能品味英文美感的英语老师来合作，没准能出奇效。

孩子们喜欢游戏、喜欢表现、喜欢攀比，利用游戏可以创设浓厚的课外阅读氛围。比如设计各种游戏式的活动，在这类活动中，表现的方法就是看谁阅读、背诵、写出文章，谁就获得公认的优秀成绩，谁就成为这个游戏的赢家，就能赢得全班同学最热烈的掌声，并得到老师的赞扬和一定的奖励。如果多一点这种活动，还怕孩子不跟着你“玩阅读”？当然，这样的游戏活动中当然要多设擂台，多设奖项。让孩子捧着“成果”回家，得到长辈的赞扬和笑声，孩子的阅读愿望更会欲罢不能，将会更积极主动地到浩瀚的书的海洋里去遨游，去探索奥妙无穷的大千世界，去欣赏祖国优美的语言文字，去享受知识，享受语文，在课外阅读这个广阔的天地里自由翱翔！

五、重读经典名著，净化孩子的精神世界

阅读经典名著是课外阅读的最高境界，也是一个成熟的阅读者必须经历的一段生命历程。余秋雨先生认为，幼小的心灵纯净空廓，由经典名著奠基可以激发他们一生的文化向往。我们看到，当孩子沉浸在阅读经典名著的喜悦中，目光炯炯、神采飞扬时，我们会感受到：经典名著对于孩子心灵的呵护、精神的滋养已如春雨，点点入土。其实，我们并不期待经典名著能教会孩子学好语文，但它能温暖他们的心灵，打开他们美好而又纯洁的感情世界，激发他们心中善良的、温柔的一面。

对儿童而言，经典名著并不仅仅是中国的《唐诗三百首》和《三国演义》、《西游记》、《水浒传》、《红楼梦》这四大古典名著，也不仅仅是国外的《堂·吉诃德》、《约翰·克利斯朵夫》等，成人世界的经典当然可以成为儿童的经典，但是他们更有自己的经典：《绿野仙踪》、《狐狸列娜的故事》、《木偶奇遇记》、《爱的教育》、《神笔马良》，以及《安徒生童话》、《格林童话》，甚至迪斯尼的动画故事等。一般来说，只有符合儿童的心理和认知发展水平，并能促进他们进一步发展的课外读物，才能净化孩子的精神世界，才能敞亮孩子的心扉，才能成为孩子的经典。

新课程背景下的语文教学十分强调语言和积累，对学生的课外阅读总量作出了刚性的要求。况且语文课文本身就包罗万象，涉猎甚广。要让学生在课外能广泛地阅读，教师在教学中必须加强对小学生语文课外阅读的指导，激发学生的阅读兴趣，引导其养成良好的课外阅读习惯，使课外阅读成为学生内在的需求，成为学生生活中的一种人生体验，成为他们的一种新的自觉的生活方式。

（选自《现代中小学教育》2006 年第 10 期）

高中语文课改"国际视野、本土行动"求实谈

蔡肇基
南京第一中学

这一次普通高中课程改革的基本理念，正如《普通高中新课程方案导读》一书"前言"所指出的那样，在于"国际视野，本土行动"，高中语文课程改革当不例外。

研读《普通高中语文课程标准（实验）》（以下简称《课程标准》），不难看出，与自上世纪初办学校以来任何一次国家或个人所拟语文课程《大纲》、《标准》或相关实践相比，《课程标准》不是师从某一个国别或某一个学者，而是广采博取，具有极为广阔的国际视野和无比阔大的吸纳胸襟，改革的理念之新、程度之深、幅度之大、力度之劲，给人以强烈的震撼。

"国际视野"与"本土行动"，应该是立足于"本土"的实际，吸纳"国际"新理念，把"国际"新理念与"本土"传统教育思想精华有机结合起来，在"本土"实践并最终形成具有鲜明"本土"特色的高中母语教育新局面。其实，"本土"也是"国际"的一部分，"国际视野"里本来就自有"本土"在内。我们不能认为，"国际视野"与"本土"的传统是截然相反的两极；我们也不能认为，"本土"一切"行动"都只能在纯粹"国际"新理念的指导下进行，似乎课程改革就是为了让"国际"理念"本土（中国）"化。当前语文课程改革的现实，确实已向人们提出了这样几个值得深思的问题：强调"国际视野"，"本土"的母语教育传统应怎样看待？强调课程的"选择性"，文本的地位该怎样确定？强调"个性化的阅读"等，应不应该对文章有客观性的准确的理解？等等。教育需要反思，反思应该求实。我们非常希望高中语文课程改革在反思中前进，非常希望我们的母语教育在现在或不久的将来就跻身于世界各国先进之林。

一、传统在《课程标准》中自有某种体现，真正的母语教育不应该也不可能丢弃传统

语文教育的传统是什么？持续两千多年的

"知"和"行"是传统,持续几十年的"知"和"行"也是传统,无论是源自中国,还是从外国舶来,只要实行了一段时间且被大家认可,有了一定的历史地位的,都可以说是传统。

接纳国际新理念,实行课程改革,绝不是不要传统,绝不是要与过去的一切"知"和"行"决裂。认真说起来,语文新课程的精神,不少方面与我国两千多年来的传统教育思想倒是颇为相似的,我们不能不看到这一点。比如,按照《课程标准》,语文学科不能把目标仅仅锁定在纯粹属于语文学科的知识、能力的范围之内,这与两千多年来,甚至办学校以来很长的一段时间我们的语文课程的特点就是一致的。两千多年来,学子读物不是体现"知识体系"的高头讲章,而是启蒙及经典作品;学习的不仅仅是语言文字,而是综合的齐家、治国、平天下;强调的不是"科学精神",而是"文道统一",这些也许就近似于工具性与人文性的统一。就具体的教学思想和学习途径来说,传统的语文教育强调的是"读书"、"行路",是"熟读深思",是"多读多写",是"愤启悱发",是"自求自得",是"涵泳"、"意会",是"举一反三",是"学而时习",是"温故知新",是"教学相长",等等。这许多经典命题,无不体现深刻的哲理和杰出的教育思想,试用《课程标准》精神来衡量,仍是熠熠有光。

特别是我国古代关于学习过程的典型论述——"博学之,审问之,慎思之,明辨之,笃行之",更值得我们在实施《课程标准》时继承发扬。

"博学之,审问之,慎思之,明辨之,笃行之",按照这个过程,首先要广博地学习,正如王夫之所说,"广物之理,非学不知,非博不辨"。第二是继之以问,强调"每事问","不耻下问"。朱熹把有无疑问视为学习有无进步的标志,指出"读书无疑者,须教有疑。有疑者却要无疑,到这里方是长进";王夫之也认为"读书始读,未知有疑。其次则渐渐有疑,中则节节以疑。过了这一番后,疑渐渐解,以至融会贯通,都无所疑,方始是学"。第三是重视思维的作用。孔子非常明确地指出:"学而不思则罔,思而不学则殆。"朱熹则进一步形象地描绘了善思者的形象:"直需反复推究研穷,行也思量,坐也思量;早上思量不得,晚间又把出思量;晚间思量不得,明日又思量。如此,岂有不得底道理!"第四是明辨是非。《论语》提出了"毋意,毋必,毋固,毋我"的重要命题,即不要武断,不要固执己见,不要自以为是。朱熹也曾描写说:"凡看文字,诸家说有异同处,最可观。谓如甲说如此,且捋扯住甲,穷尽其词;乙说如此,且捋扯住乙,穷尽其词。两家之说既尽,又参考而穷究之,必有一真是者出矣。"第五是笃行,切实加以运用,否则,学习就没有价值。如孔子就说:"诵《诗》三百,授之以政,不达;使于四方,不能专对;虽多,亦奚以为?"荀子也认为"笃行"是学习的真正落脚点,是教学过程的高潮,他说:"学至于行之而止矣。行之,明也,明之为圣人。"能够"笃行"就是"圣人"了!这个"博学之,审问之,慎思之,明辨之,笃行之"的学习过程,与《课程标准》力求使学生从"积累・整合"、"感受・鉴赏"、"思考・领悟"、"应用・拓展"及"发现・创新"这五个方面获得发展,确是有颇为相似的要求。"博学",就是"拓展"、"积累・整合";"审问"、"慎思"、"明辨",就是"思考・领悟",关系到"发现・创新";"笃行"就是"应用"。"博学

之，审问之，慎思之，明辨之，笃行之”中没有提出“感受·鉴赏”方面的相应要求，其实我们的古人也非常重视“吟哦”、“涵泳”，既把握内容，也玩味文字。传统的教育经验，我们不能不学习研究、继承弘扬，它有着我们民族的特色，是我们民族自己的东西。了解它，我们更加增添了一份自喜自信，也必将更加自觉自为。

那么，高中新语文课程与传统的语文教育，主要的不同是什么呢？应该说，新语文课程在课程目标、课程结构、课程内容及课程管理等若干方面的构想，是着眼于让学生个体与时代同步发展的整体性思维的产物，一系列的具体设想和举措无不服从于语文课程育人的根本意义，其整体性、现实性、前瞻性和创造性无疑远远超出了传统，超出了过去一次次的课程改革设想和实践。要说高中新语文课程与传统语文教育的不同，应该说是整体性的不同，而不是一点一滴的某些方面的不同。我们应该认为，高中语文新课程既广泛吸纳国际新理念，富于创意，又兼收并蓄了语文教育的一切优秀传统，绝不与过去绝缘。在明确新语文课程根本意义的前提之下，一切好的做法，包括传统的做法，都应该为我所用。反过来，如果不明确语文课程的根本意义，只是在某一点上刻意求新，就势必会偏离新课程精神。要知道，课程改革是一项系统工程，不是某种机械的“修理”和“安装”，更不是贴上一个新的“标签”就行。不全面理解课程改革的基本理念和整体思路，仅仅抓住片言只语，在教学上安装某一个“部件”，是不可能取得成功的。当前的某些公开课、研究课、示范课、比赛课，之所以引起人们的强烈责难，可能就因为只是在某一个“部件”上急功近利地、形式主义地做“修理”文章，过分追求出新、出格，似乎必须与过去彻底决裂，结果不但毫无实际效果，还引起人们的强烈反感，败坏了课程改革的声誉。一位既参加新语文教材编写，又最早投入新教材试点的教师说：“问题就出在那些公开课上。”虽不无一点偏颇，却也不无一点道理。

真正的母语教育不应该也不可能丢弃民族传统，归根到底这是由作为民族生命形式之一的母语的特点决定的，这个常识用不着我们再来加以说明。曾立下“振衣帕米尔，濯足太平洋”的宏大誓愿，颇有一点“国际视野”的语文教育名家王森然先生，在他1929年所著的《中学国文教学概要》中，既广泛摄取了西方教育理论，又对我国传统语文教育进行了深刻的检讨和反思，同时又明确指出：“一国的语言文字，是国民思想感情所由传达的媒介；一国的文学，是国家精神生活的结晶。国文教得不好，学得不好，学校教育怎样还说得改进？在其他各科的教材教法、内容工具似乎都还有可以借鉴于他国先例的地方，独有国文，非由我们自己来探索不可。”我们固然不能认为民族母语教育不可借鉴他方，但却坚决认为民族母语教育一定要尊重民族母语教育的传统经验。

二、文本是语文学习的对象和凭借，是语文教学多方面对话的重要一方，不可淡化

有一个说法，文本是未经阅读的作品；我们这里所说的文本，主要指教科书上的文章，也即所谓课文。

课文有什么作用，这可以从多方面来认识。首先，地位决定作用，地位不同，作用就不相同。有的课文是民族思想史和文学史的瑰宝、民族精神的精华，它就是你学习的对象，掌握它就是你学习的目的。你要想成为具有一定文明素养的人，就必须理解它、掌握它、熟记它、运用它，否则就不能传承灿烂文明，愧对列祖列宗，羞为炎黄子孙。有的课文不具备那种地位，人们以它为桥梁，通过学习它来提高语文素养。第二，体裁决定作用，体裁不同，作用也就不相同。如学习议论类文本，有助于把握观点与材料之间的关系，训练思想的深刻性、观点的科学性、逻辑的严密性、语言的准确性；学习应用类文本，有助于了解其功用和基本格式，满足生活和工作的需要；学习文学类文本，有助于修身、养性、怡情，并得到各种艺术借鉴。第三，编者特定的编选目的决定作用，编选目的不同，作用也就不同。比如苏教版高中语文教科书把模块中的各个专题分为“文本研习”、“问题探讨”和“活动体验”三种类型，一篇课文安排在哪一种类型，相应的就有什么目的，这也是教师不可不把握并重视的。无论怎样，课文对于掌握语文工具，提高人文素养都具有重要作用。叶圣陶把课文称为语文学习的例子，这可能主要是从工具性的角度来理解；我们把课文视为语文学习的对象和凭借，地位比“例子”要高。

课文也是语文教学多方面对话的重要一方。《课程标准》指出：“阅读教学是学生、教师、教科书编者、文本之间的多重对话，是思想碰撞和心灵交流的动态过程。”师生对话不同于问答。在对话中，老师确定的不是“问题”，而是“话题”，师生围绕某一话题展开对话。钱梦龙曾指出：“话题”的特点是：1. 思维空间大，有时候整整一堂课只有两三个话题；2. 学生只是围绕话题发表意见而不是回答老师的问题，所以“答案意识”淡化，交谈获得的认识往往是多元的。那么，话题又是怎样确定的呢？很显然，话题只能基于文本，出自文本，师生围绕文本而对话。上世纪40年代，作家张天翼曾写《说不尽的阿Q——无处不在的灵魂》一文，以直面交谈的方式与阿Q展开对话，概括了阿Q的几个法宝，如精神胜利、忘却失败、在更弱小者那里得到一点形而下的真正胜利等；又指出“你的阿Q伦理学并不是你自己的东西，只是赵太爷他们的”，“你始终没能跳出那个未庄式的生活和文化的箍子。就是你后来的居然想要去革命，也还是没有跳出，也还是在那个箍子里打旋”。最后，作者深刻地指出：“你要是真正做了一个‘人’的话——请容许我重说一遍——那么第一就要你挣脱得出未庄文化的箍子，能够立直起来。”“现在——我们整个民族正是走着这条路，这是跟你阿Q命运正相反的一条路!”全文对话直接依据文本，俏皮中带严肃，幽默中显深刻，体现了对文本的深刻剖析，以及对民族精神振兴之路的准确揭示。如果离开文本而对话，那就是无的放矢；如果曲解文意而论争，那就是强奸文义。

课堂教学的一切活动都要围绕文本，或者说以文本为基点而展开。有时候，一堂课也许能引起哄堂大笑，甚至赢得热烈掌声，但如果教学的内容偏离了文本，或者是对文本的歪解戏说，一笑之余，只会让人更加表示彻底的否定。课堂教学的活力之源究竟在哪里？扬州教育学院华耀祥教授曾经指出，课堂教学的活力之源就在于师

生对文本理解的差异。这句话非常深刻。师生对文本的理解如果没有差异，教师不超出学生，课就不必上，对话就不必进行。而教师要高于学生，就一定要认真钻研文本，一定要有自己的独到领悟。通过对话，学生才能感受到收获的喜悦。当然，在现在的情况下，差异也完全可能是学生高于教师，学生对文本的背景或内容本身有超出一般的认识，这也一样使课堂教学有了活力，实现了教学相长。总之，一切教学活动离开了文本的基点，就失去了存在的意义。

可能有人认为，过去在同一个时期全国只有一部教科书，它是教学的唯一资源和内容；现在有多种教材选用，且被选用的新教科书又是分"模块"编写的，具体的课文又只是供"选择"使用，如此一再选择，如此富有弹性的实施机制，使得重视既有文本意义不大。其实，"选择"与重视文本并不是两个对立的概念，使用教科书某一"模块"中的文章无疑有选择的权利，但对选择出的文本，你仍然应该采取重视的态度，不能在具体教学中又把它淡化。据我的观察，轻视文本的教师对于文本的选择和选择出的文本，一样采取不太严肃的态度，教学时一样不去认真研究文本的深刻内涵，蜻蜓点水地对待文本，因为积习使然。这样，在这些教师那里，还有什么可作为教学的凭借呢？再说，选择也要有眼光，不要丢掉了好的选择了差的。如果要指导学生扩大阅读视野，也应该有一个出发点，这个出发点大体也是教科书上的文本，以教科书上的文本为中心，纵向、横向或正向、反向迁移拓展。如果没有一个正确的出发点，就很难有正确的方向。我个人确实感到教科书选文不易，新语文教科书选文领域广泛，内容新颖，传达了自古以来特别是当代中外思想的精华，大都文质兼美，不予以重视只能是一种损失。一般说来，一个教师对教科书文本的选择性并不大于教科书文本对他的规定性。于漪谆谆告诫广大语文教师："要充分发挥语文教育特点，教师一定要胸中有书，教材要烂熟于心，也就是说教材要熟悉到如出我心，如出我口。"这种甘苦之言，无疑值得我们牢牢记取在心。

三、在理解性阅读、"个性化阅读"、"探究性阅读"和"创造性阅读"中，不妨优先突出理解性阅读的地位

《课程标准》中并没有使用"理解性阅读"这个概念，但我觉得必须补充它。阅读一篇文章，首先要力求全面、准确、深刻地理解，无论是正面的还是反面的文章都是如此。在此基础上，才能是其所是，非其所非。如果说"个性化阅读"、"探究性阅读"和"创造性阅读"都带有某种主观性色彩的话，"理解性阅读"则必须尽可能坚持客观性色彩。两种色彩相比较，客观性色彩是第一位的，阅读实用性文章更是如此。不强调"理解性阅读"，而只谈"个性化阅读"、"探究性阅读"和"创造性阅读"，只有主观性感悟而没有客观性理解，就不能正确吸收；好文章无从正确继承，坏作品无从正确批判。

宋朝朱熹强调读书应该虚心涵泳，并具体提出了几条意见。第一，读书不可先立说。朱熹指出："凡看书需虚心看，不要先立说，看一段有下落了，然后又看一段；须如人受词讼，听其说尽，然后方可决断。"他认为，如果先有一个看法或框

框，那就不可能领会书中的真意；只有尊重原著、探究真意，才能有所收获。第二，读书不可有自足心。朱熹反对那种夸夸其谈、盛气凌人的读书风气，他说："学者先要不得有自足心，此至论也。"他认为读书有"骄"、"吝"两大忌，"骄、吝是挟其所有，以夸其所无。挟其所有是吝，夸其所无是骄"。可见，骄实质上是自满自足，装腔作势，盛气凌人；吝则是自以为是，垄断知识，不以示人。具有这两种消极品质的人，就不可能虚怀若谷地读书学习了。第三，读书不能穿凿附会。朱熹批评当时的学者"读书，多是心下先有个意思了，却将圣贤言语来凑他的意思。其有不合，便穿凿之使合"。他认为这种读书方法只能使人误入歧途，毫无进步。第四，读书不可先责效。朱熹说："读书看义理，须是胸次放开，磊落明快，恁地去。第一不可先责效。"他认为，在不了解读书内容的情况下，不应主观地确定要求和应达到的效果。如果这样做，"才责效，便有忧愁底意"，从而欲速不达，反而没有成效。第五，读书不应心粗性急。朱熹说："读书须痛下工夫，须要细看，心粗性急，终不成事。如看《论语精义》，且只将诸说相比并看，自然比得正道理出来。"古今中外的读书经验都证明，粗心马虎、穿凿附会、曲解文意、急躁冒进是读书的敌人。只有安下心来，认真阅读理解，才能取得良好的读书效果。

当然，理解并不是阅读的最终目的，但它必然关系到阅读的最终目的，即关系到使用、探究和创造。《课程标准》编写组专家曾经强调："探究性阅读和创造性阅读，必须以理解性阅读为基础……如果把创造性阅读理解成不顾作品的基本意义而随心所欲地进行解读，这是一种要不得的'过度阐释'。"个性化阅读不能追求刺激，探究性阅读不能歪解作品，创造性阅读不能无中生有。我们提倡对文本的多元解读，但同时还应坚持"多元有据"。同是阅读《红楼梦》，道学家看见淫，流言家看见宫闱秘事，革命家看见排满，这叫不叫发现？广义上叫，但这显然不是语文教学的目的所在，鲁迅对此就持否定的态度。从古代诗文中发现我国古代气候的变化，这好不好？好，但我们不能向每一个学生提出这样的要求。钱梦龙曾严厉批评对《背影》的所谓创造性解读——"父亲违反交通规则"，指出这是典型的"读者极端中心主义"，它在"尊重读者"的名义下，实际上把文本（作者）完全逐出了对话过程，因而是绝对不能提倡的。只有真正重视了理解性阅读，探究、赏析、创新才有了基础，甚至随之而来，甚至就存在于理解的过程之中。比如鲁迅的《记念刘和珍君》和朱自清的《执政府大屠杀记》两篇文章，都揭露了1926年段祺瑞执政府枪杀游行请愿者的滔天罪行，在描写各种人时都使用了"从容"这个词语，这就要很好地理解它们各自表现了什么：

① 但这回却很有几点出于我的意外。一是当局者竟会这样地凶残，一是流言家竟至如此之下劣，一是中国的女性临难竟能如是之从容。（鲁迅《记念刘和珍君》）

② 司令的是用警笛；警笛一鸣，便是一排枪，警笛一声接着一声，枪声就跟着密了。那警笛声甚凄厉，但有几乎一定的节拍，足见司令者的从容。（朱自清《执政府大屠杀记》）

③ 还有，现在还很有人从容地问："开枪之前，有警告吗？"（同上）

④ 此事发生后，警察总监李鸣钟匆匆来到执政府，说：“死了这么多人，叫我怎么办？”他这是局外的说话，只觉得无善法以调停两间而已。我们现在局中，不能如他的从容，我们也得问一句：“死了这么多人，我们该怎么办？”（同上）

句①的“从容”，表现“中国的女性”大义凛然，慷慨赴死，崇高伟大；句②的“从容”，表现“司令者”即反动军官下令屠杀请愿群众时不慌不忙，有板有眼，完全是职业杀手、冷血动物；句③的“从容”，表现一般国民（对照鲁迅文章，也即是所谓“庸人”们）很快消失了义愤之情，“冷静”地打听惨案的真相，以充实“饭后的谈资”的情况；句④的“从容”，表现段祺瑞执政府的“警察总监”只是以“局外人”的身份来处理问题，忘记了自己也是杀人凶手，更谈不上对死难者有什么同情。这样理解四个“从容”，其实就是探究，就是赏析，就是发现，甚至可以说就是创造。学生充分看到了一个寻常词语的不寻常的含义和巨大的表现力。长期这样训练，对于提高语文素养具有不可估量的意义。

上世纪20年代，胡适曾经指出：“国文要旨在通解普通语言文字，能自由发表思想，并使略解高深文字，涵养文学之兴趣，兼以启发智慧。”可见理解（包括“通解”和“略解”）是整个“国文”学习“要旨”的核心内容。去年《中学语文教学》曾发文介绍PISA（经济合作与发展组织发起的国际学生评估项目）提出的“为学习而阅读”的思想。“为学习而阅读”，就是说“阅读”是“为了”包括母语在内的各个领域知识和技能的“学习”。在学习型社会中，人们必须接受终身教育；一个完成了基础教育的人，今后要独自从各种学习资料中去获取知识和技能。只有具备良好的阅读理解能力，才能终身有效地理解文字、检索资料、评估信息，从而真正适应我们这个知识经济和信息时代的需求。

我在上文就高中语文课程改革“国际视野、本土行动”的根本理念，列举几个问题作了一定的思考，主观上自是想体现“求实”精神，为促进语文课改，避免改革的“钟摆”现象尽一点绵薄之力；客观上也可能片面偏颇，望各方不吝赐教。

“钟摆”是我从一篇评论新诗创作的文章借鉴而来的。如果把近几年语文教育的情况与一百年来的情况联系起来，不难看出语文教育也处于“钟摆”的状态，虽有两千多年历史的语文教育似乎总是处于摇摆不定的草创阶段。语文教育处在自我定位的过程中，不断地选择依傍进行尝试。特别是改革伊始之际，由于种种原因，往往会出现大幅度的倾斜或自由表现的状态，许多课例、模式、方法变成了个人即兴的“一次性”的创作。当然，许多事物都呈现波浪式、钟摆式的发展态势，有时候，矫枉必须过正，但如果向某一方面偏斜过多，也就难免偏离正轨，将会出现一定的强劲反弹。在语文教育的“钟摆”面前，如何总结历史的经验教训，使课程改革健康发展，非常值得我们深思。

（本文关于“博学之，审问之，慎思之，明辨之，笃行之”的解说，以及宋朝朱熹强调读书应该虚心涵泳的几条意见，系根据朱永新教授《滥觞与辉煌——中国古代教育思想史》一书而写，特此说明。）

（选自《新语文学习（中学教学）》2006年3—4月）

作文教学改革的实践与思考

曹勇军
南京第十三中学

上个世纪的作文教学为我们留下了什么？笔者认为，简而言之就是一句口号和两个宝贝：一句口号是叶老的“作文与做人相结合”；两个宝贝，一是写作知识，二是写作训练，而作文课堂教学模式则是二者的不同方式的组合。应该说，这句口号和这两个宝贝发挥了它们应有的作用，使我们的作文教学取得了相当可观的成绩。但随着新课改和素质教育的不断深入，这些做法已越来越不能适应作文教学发展的需要了，我们的作文教学社会不满意，学生不满意，教师更不满意。

这两个宝贝中，第一个是写作知识。目前通行的写作知识，基本上是以主题这一概念为核心的静态语言学、文章学知识。写作是一种语言行为，语言当然有规律可循，但这种规律和数理化学科所揭示的规律不一样，它是多元的，没有唯一客观的标准。因此，以解释语言操作规律为目的的写作知识，其作用也是极其有限的，任何过分的强调和夸大都是对母语习得规律的歪曲，更何况这其中还充斥着大量伪科学和形式主义的东西。现在的写作知识中最大的失误是“主题说”，在作文教学中它基本上是对政治意义、思想意义的霸权式的限定，这也是前些年社会方方面面对语文教学不满的一个焦点。“主题”本来是对文本的评价，是对文本所体现出来的意义的判断，现在却拿来作为写作的普遍性诠释，于是，“主题”这个充满政治、思想意义的预设，就成了对学生丰富多彩的生活和情感的限制，成为对写作主体的约束，使学生难以进入情感和心智活动的自由天地。同时，这也是我们的教师高高在上、忽视甚至轻慢学生真实的生活状态和日常的情感体验的原因。而这一切在教师那儿，也许还理直气壮地认为是“做人与作文相结合”。

第二个是写作训练。我们总是先布置一个题目，学生写完，我们收上来批改、讲评一下完事，高明的教师会在作文前加上一点指导。高一记叙，高二议论，高三综合。一题一题，反反复

复，审题、立意、结构、开头……最后求得一个“但手熟耳”的效果。其实这样训练出来的只是一种技能，而不是能力，更不是素养。技能和能力是两个不同的概念，我们只是通过反复操练让学生掌握了完成写作的动作，而没有使学生在写作中加深对生活的认识、对人生的体验，没有点燃他们的感知、想像、情感、志趣的火花。一句话，没有提高学生的写作能力和素养。也许有人说，上述这些不是在写作知识那一部分介绍过了吗？对，这就是现有作文教学的症结之一。我们不是在写作实践中诱导感动、体验、想像，而是想通过讲授的方式来传授这些知识，不仅如此，我们似乎并不认为这种做法是错误与徒劳的，一次次的失败反而更激发了我们的狂热。当前盛行的写作方式正反映出我们对语文能力、写作能力认识的肤浅、片面和狭隘。

人生活在语言中，人对语言有一种天然的渴望和依赖。语言不仅仅是工具，更是人的生命活动、心灵活动。教学生怎么写作就是教学生怎么做人——教他们怎样感知、怎样体验、怎样想像、怎样思考、怎样待人、怎样律己……记得北京第一次申办奥运会的口号是“给北京一个机会，还世界一个奇迹”。这句口号表现出来的是缺乏自信而又渴望表现的政治激情，反映了当初我们对奥林匹克运动精神的理解和想像，而第二次申奥的口号则变为“新北京，新奥运”。两个平实的“新”字显示了我们对奥林匹克运动精神的理解更深入了。由此可见，话语方式显示的是一种思想方式、生存方式，显示的是一种秩序、一种关系，学会这种表达方式就认同了这种秩序和关系。从某种角度说，语文的人性内涵就隐藏在语言表达之中。作文不仅是语言的实践活动，更是深刻的人生教育、人性教育。作文包括做人的要求，而不是外在的“相结合”的问题。因此，我们必须站在今天的高度去充实、完善对“做人与作文相结合”这句口号的理解。

作文写作本质上不属于文章学，而属于教育学。作文水平的提高，与学生思想的成熟、智慧的发展、情操的升华、人格的成长是同步的，而与作文写作同步发展起来的思想、精神、情操、人格等因素，更是写作能力提高的关键。因此，作文教学应面向学生真实的生活，面向学生的身心发展，使学生作文水平的提高与学生心智的发展协调起来，从而学会智慧地表达生命的智慧。

生活中实际写作与作文写作是不同的。其中最大的不同是，实际写作是为了满足生活的需要，它是一种交际行为，有特定的交际目的、交际对象、交际环境，而作文写作则是在没有生活需要情况下的写作，是一种“三无”产品。正因为如此，大话、空话、废话，伪神圣、伪崇高就很容易滋生出来，而母语学习的经验告诉我们，语言只有在生活中才能学会使用。

怎样在写作课堂上获得一种逼真的生活感，让学生产生写作的需要？答案是，在作文中引入生活因素，构建生活情境，搭建一个生活平台，展开真实有效的写作。

具体方法大致有以下三种。

第一种是事件性引入，即把生活事件引入课堂，使课堂成为社会环境的一部分，赋予课堂真实的生活色彩。一位老师教魏巍的《谁是最可爱的人》之后，印发《人民日报》1990 年 7 月 22 日的《“活烈士”李玉安》一文，让学生给英雄李玉安写

一封信，汇报自己学习课文的体会。老师发给每个同学一个信封、一枚邮票，让学生把信寄给李玉安。我也做过这类成功的尝试。教高一时，我让班级每一位学生的家长给自己孩子写封信，要求家长在信中谈谈对孩子的教育、孩子的成长和对孩子未来的希望。信收齐后，在作文课上我当堂把信交给学生，让学生拆封阅读并写回信。不少学生看着信，眼泪止不住流了下来，被深深地打动了，回信都写得很长，不仅写作中常见的种种困难迎刃而解，更涌现出一批让人感动不已的佳作。2001 年 10 月，南京市教育局组织一批中学生当小记者，采访作家刘墉。一位学生写的《“伏击”刘墉四小时》在报纸上发表，并获一等奖，一时传为佳话。

第二种是过程性引入。课堂写作一般包括命题、指导、写作、批改和讲评这五个环节。其实，这五个环节只是写作整个流程中的一个阶段，在此之前还有一个很长的生活积累、人生积累的“前作文”阶段。“前作文”阶段的积累对于写作是十分重要的。可以说，两个有不同积累的人在写同一篇作文时根本不是在同一条起跑线上。作文讲评之后，还有一个阶段，那就是使学生受到鼓励，以新的眼光投入读书、思考、生活的“后作文”阶段。而过程性引入，就是在设计作文课堂写作时把手伸长一些，伸向“前作文”阶段，让作文写作融入更多的生活实践内容，使作文写作成为审视、梳理、反思生活的一种方式，加速学生的成长和进步。

这方面的例子很多，举个比较经典的。上海的《语文学习》曾举办过“我来当家”系列作文大赛：让学生当一次家，事先制订出当家计划，逐日写下当家日记，最后总结当家的经历、体验和思考，写一篇作文。这既是生活体验，也是写作实践。生活的过程既是体验、思考的过程，也是写作酝酿、构思的过程。我也有类似的探索和成功的实践。高一下学期我班组织了一次关于《唐诗三百首》的写作实践。我校要求高中学生背《唐诗三百首》，从高一的第一天起，学生便人手一册《唐诗三百首》。近一年来晨读夕诵，学生背得很苦，也很有收获，现在已背下了三分之二。这本书成了学生生活的一部分，也是文化积累的一部分。其间学生有酸甜苦辣的经历，有从不喜欢到喜欢的变化，有对诗篇极富个性的解读，有从中获得的人生启迪。最后，我要求学生以这本书为话题，写一篇作文。这次作文通过对诵读积累过程的再体验，推动学生用新的眼光去认识生活，进一步诱发学生对文化价值的解读，让学生从更高的层面去理解学习、理解文化。这次写作实践十分成功，学生笔下那些洋溢着生命活力的佳作，令人目不暇接。这就是运用“过程性引入”的原理来进行写作的例子。

第三种是功能性引入。创设的情境虽然是虚拟的，却是真实的，因此，它与生活的事件具有相同的功能。如英国中学课本中的一个作文题，虚拟了四座岛，列出每座岛在生活、游览等方面的优势，然后教师将班级的学生分成若干个旅游小组，要求学生在一起讨论游览的线路，最后写出详细的汇报。又如，美国老师的一次作文课，是学过一篇小说后，让学生为主人公写一篇日记，等等。这样的写作突破了课堂四面墙壁的限制，也使写作的形式更加多种多样。我在作文教改实践中也做了不少这类尝试。如 2002 年，我

以《我心目中的2005年十三中形象大使》为题，进行作文比赛。作文的背景是：2005年我校有一位同学代表学校，也代表南京市学生，参加联合国主办的“世界中学生论坛”，并在论坛上作专题发言。请你以“我心目中的2005年十三中形象大使”为写作范围，想像、设计这位未来的形象大使。这个题目通过虚拟的情境，表达了对今日教育的认识、思考和对未来教育的憧憬，具有极大的认识空间和思想张力，受到了学生的普遍欢迎。

这些富有创意的作文写作设计，不仅仅是训练写作，更是向生活伸出了一只手，抓住了作文与做人、作文与思想、作文与审美、作文与读书等关系，使作文写作融进了更多“前作文”的生活因素和“后作文”的思想因素。这样有情境、有对象、有目的、有角色、有任务的作文写作，学生有激情、有想像、有个性、有创新，而且听、说、读、写并重，提高了学生的思想、精神、情操，从而从根本上提高了学生的作文水平，使课改的理念、素质教育的目标得到了体现和落实。

这些年来，我们坚持开展作文系列教改实验，探索作文教学的新思路、新领域和新途径，取得了良好的教学效果和丰硕的科研成果，但是离素质教育的要求还有相当大的距离，我们的探索还有许多路要走。今后，我们的设想是：对现有的作文知识进行审视、梳理、化简，剔除其中繁琐的静态语言学、文章学、文体学的知识，适当补充语言、语境和语体的内容，尝试把词、句、修辞、表达手法、写作习惯有机地糅合在一起，搭建若干简便易学的知识平台；每个学年有个大致的序列，引入生活因素，拓展实践活动的时空，使之与学生的生活、心理的成长配合，构建符合母语写作规律而又充满现代气息的写作体系；教学中以人为本，强调兴趣，突出习得，重视灵性的启发和培养，让学生学会智慧地表达生命的智慧，在实践活动中求得发展，在实践活动中求得提高。

（选自《河南教育》2006年第4期）

试论农村初中校本课程开发评价的原则与方法

许宝忠
六合区八百桥镇初级中学

基础教育课程改革以来，课程评价问题就一直困扰着广大教育工作者。如何建立起合理、有效、规范的评价体系，已是目前课程改革的当务之急。国家课程如此，校本课程亦如此；城市初中如此，农村初中亦如此。我校自2002年起进行了校本课程开发研究，积极探索在农村初中如何建立校本课程开发的评价体系。

在实践中，我们始终坚持以下评价原则。

（一）终结性评价和形成性评价相结合

终结性评价是指一门校本课程结束时或一个学年结束时进行的评价。它比较注重总体分析，力图表明课程目标、教学目标的实现程度，并对校本课程的有效性和实施效果作出判断。形成性评价是指贯串于校本课程各个阶段或整个过程的评价。它比较注重细节的分析，旨在寻找原因，及时发现问题，使校本课程更加趋于合理。终结性评价和形成性评价各有长处，在校本课程开发的评价过程中，它们是两种同样重要的评价手段。

（二）定性评价和定量评价相结合

学校和教师要根据不同课程的自身特点，选择合理的评价方式，把定性评价和定量评价相结合，但更应重视定性评价。要对学生学习档案资料和测试结果进行分析，客观地描述学生学习的进步与不足，并提出建议。要用有代表性的事实来评价学生，对学生的日常表现，应以鼓励、表扬等积极的评价为主，采用激励性的评语，尽量从正面加以引导。

（三）自我评价和互相评价相结合

要重视教师对自己教学的评价，也要重视学生对自己学习的评价。同时，让学生参与对教师的评价、对学习同伴的评价，让教师同伴参与对课程实施教师的评价，以此从各个方面对教师和

学生作出客观的评价。在评价时，要尊重教师和学生的个体差异，促进每个教师和学生的健康发展。

我们认为，校本课程开发的评价应该包含三方面内容，即对课程纲要的评价，对教师教学的评价和对学生学习的评价。

一、对课程纲要的评价

为保证校本课程开发的质量，对课程纲要进行合理有效的评价，是学校、教师必须关注和解决的问题。课程纲要是在校本课程开发过程中，教师对课程设置的指导思想、课程的目标、课程内容的选择与组织、课程实施与评价等所作的一种规划和设计，它应该能体现学校的办学理念，实现学校的育人目标。我们把对课程纲要的评价划分为实施前、实施中、实施后三个阶段。

我们设计了一个多主体动态协同评价的校本课程纲要评价模型(如下图所示)。所谓“多主体动态协同评价”，是指评价是由多个主体参与进行的，而且这些主体进行的评价是相互关联的，这使校本课程纲要的设计者可以从多个主体那里获取评价的信息。一个课程纲要，无论设计得多么理想，实施时，都会出现意想不到的问题，暴露出设计中的不足与缺陷。“问渠哪得清如许，为有源头活水来”，因此，非常有必要及时有效地对原初的设计加以修正和改进，以使校本课程纲要的评价和校本课程纲要本身都呈现出发展性的、动态性的、过程性的特点，提高校本课程开发的质量。

校本课程纲要评价模型

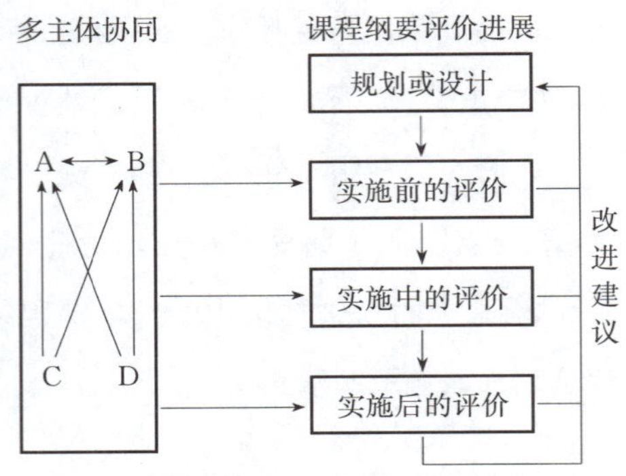

图示说明：A是学校课程开发委员会；B是课程纲要设计者；C是教师同伴；D是学生。A、B是校本课程纲要的决策者，C和D的箭头指向这两者，表示C、D的评价要为A、B提供信息。A、B互指是相互提供评价信息。

(一) 对课程纲要实施前的评价

也可称为原型评价。原型评价的范围包括课程目标、教学目标、课程的构成要素、课程的呈现形式、课程内容组织等诸多方面。事实证明，在校本课程正式采用前实施原型评价，能够产生最大的收益。通过原型评价，校本课程中出现的错误或不足之处可以在它贻误学生之前就被发现并得到纠正。

六合区八百桥镇初级中学校本课程纲要原型评价表

等第 / 项目	评价内容标准指标体系				得分
	A(1)	B(0.8)	C(0.6)	D(0.4)	
课程目标(30%)					
课程组织(30%)					
实施策略(10%)					
课程资源与条件(20%)					
成绩评价方法(10%)					
合　计					
评价意见与改进建议					

对实施前的课程纲要的评价，主要由学校课程开发委员会对课程纲要所陈述的课程目标、课程组织、实施策略、课程资源与条件、成绩评价方法等几个方面的信息作出分析和判断，提出相应的修正、改进或取消该课程的意见。为此，我们制订了《六合区八百桥镇初级中学校本课程纲要原型评价表》(如上图所示)。

(二) 对课程纲要实施中的评价

就是对课程纲要各要素在实施过程中暴露出来的问题及时反馈，教师在充分了解和掌握学校课程开发委员会、教师同伴、学生反馈信息的基础上，对实施中的课程纲要作出修正。

1. 学校课程开发委员会的评价

学校课程开发委员会可以通过听课的方式，就课程实施过程中出现的问题进行观察记录。

2. 教师同伴的评价

教师同伴主要通过教学观摩进行评价。一般来讲，教师同伴的教学观摩需要经历3个阶段：召开教学观摩预备会议，进行课堂观摩，课后讨论交流。在预备会议中要确定观察的重点，选择观察方法，使观察双方达成理解，实现沟通。评价者可以先有针对性地确定观察项目，比如：学生与教师之间的相互交流占多少时间？讲授、全班讨论、小组讨论、活动等各占多少时间？学生之间是如何互相合作、帮助的？评价者要根据预备会议中商量好的观察要求，有针对性地收集信息，可以综合地观察，也可突出观察某一方面。在课后的讨论与交流中，要求双方都对课堂教学进行思考，由观摩者提供观察结果，肯定成绩，指出需要改进的地方。教师再结合自我评价对课程纲要不断改进。

3. 学生的评价

学生是课程纲要实施最直接的感知者，因此，学生对实施中的课程纲要的评价信息是最有价值的。以下是我校自行设计的校本课程平时教学反馈问卷。

校本课程名称：篆刻入门　姓名：王　伟　班级：七(8)班
1. 这节课你有哪些收获？ 这节课我学会了如何握刀，掌握了雕刻时的姿势，知道了各种刀的名称和用法。 2. 你最喜欢这节课的哪一个环节？ 我最喜欢自己实践，我可以自己动印刀。 3. 你认为这节课怎样上更好？ 我认为上课时间应加长或用别的时间再上，最好一周上两节课。 4. 你还想对教师说些什么？ 希望老师多叫一些同学上去做给我们看，让我们学会一些可能比较方便的做法。 5. 这节课你自己认为表现得怎么样？ 我很喜欢篆刻入门这个班，我认为自己各方面都不错，上课很积极。 6. 课后你还有什么打算？ 我以后会好好学习篆刻。

4. 教师自我反思性评价

因为校本课程开发具有过程性、开放性、生成性的特点，因此，我们要求教师在对自己设计和实施的课程纲要进行自我评价时，使用档案袋评价方法。正如杜威所说，只有对我们从事的活动不断反思，才能真正做到“做中学”。教师通过学校课程开发委员会、教师同伴、学生的评价，可从以下几方面来收集具有评价意义的信息和材料：课程纲要实施过程的情况记载，课程纲要在实施过程中的困境与不足，学生在学习过程中的反应，教师同伴对课程纲要实施过程的建议，学校课程开发委员会对课程纲要实施过程的建议，教师自我反思的结论和改进措施。教师收集资料后要进行及时的、恰当的反

思，并在反思中不断改进课程纲要，保证校本课程开发质量不断提高。

(三) 对课程纲要实施后的评价

我们认为，对实施后的课程纲要进行评价，主体应是学生。我校课程开发委员会设计了校本课程实施情况的调查表(如下表所示)，在这门课程全部上完之后让学生填写，为教师改进工作提供信息，同时，也为学校评价教师的教学工作提供一些有价值的信息。我们也鼓励教师自己设计相应的评价工具或通过学生的学习档案袋考查学生经过一学期或一学年学习后的收获，从中获得有益的信息。

六合区八百桥镇
初级中学校本课程实施情况调查表

课程名称：______　　　　______年______月

等级 / 项目	非常赞成	赞成	一般	不同意
	优秀	良好	合格	不合格
这门课我很喜欢				
老师经常让我们参与活动				
老师的讲课能激发我的兴趣				
老师上课很有热情、很投入				
课堂气氛活跃				
我每次上课都有收获				
对这位老师、这门课你还有什么好的建议？请写在下面。				

二、对教师教学的评价

(一) 自我评价

主要是要求教师在上课之后写授后笔记，即教后感，对自己的教学进行反思，内容主要有：

1. 本节课的成功之处

将本节课成功之处记下，作为以后讲同类型课的借鉴。再教时记好“再教心得”。

2. 学生中好的思维方法

课堂上有时学生对问题的分析、理解，超越教师的设想，这是教学相长的有利时机。教师要善于发现学生的思维，特别是创新思维轨迹，从中汲取营养，用于再教时启迪另一些学生的思维。

3. 学生中普遍存在的典型错例

记下错例，用于以错为戒，以错促思，以增强再教时的针对性，不断优化教学过程，提高教学效果。

4. 教学中的明显不足

一节理想的课要及时总结经验，一节不太成功的课也要认真总结，虚心听取别人的建议，找准症结所在，确立弥补的有效途径。避免“岁岁年年人不同，年年岁岁课相似”的现象出现。

总之，在每教一课之后，写一个“有感则长、无感则短”的教后感，是教师水平不断提高的重要一环，对于提高教学质量有着事半功倍的效果。授后笔记要求附在每一课教案之后。

(二) 学生评价

学生是教师教学的最直接的感受者，他们最有权对教师的教学进行评价。学生的评价可以反映出教师的受欢迎程度，教师的教学方法是否合乎学生的要求，教师的教学效率如何，等等。

学生评价的方式我们将在期中和期末分两次以问卷调查的形式来进行。以下是我校问卷调查的样卷。

六合区八百桥镇
初级中学校本课程学生调查问卷

亲爱的同学：

你好！

为了检查我校教师上半学期的校本课程上课情况，也为了使校本课程更好地适应你们的需要，请你如实回答下面一些问题。请注意，问卷上不需要写你的名字。

谢谢合作！

你所学的课程是____________，上课老师是________。请选择你认为合适的答案填在括号中。

1. 这位老师上课迟到吗？（　　）

A. 不迟到　B. 偶尔迟到　C. 经常迟到

2. 你对他(她)的课满意吗？（　　）

A. 满意　B. 基本满意　C. 不满意

3. 老师所讲的内容你能听懂吗？（　　）

A. 能　B. 基本能　C. 不能

4. 老师上课让你们活动吗？（　　）

A. 经常　B. 偶尔　C. 从来不

5. 你对老师的教学方法适应吗？（　　）

A. 适应　B. 基本适应　C. 不适应

6. 班上其他同学喜欢上这位老师的课吗？（　　）

A. 喜欢

B. 有一部分人喜欢

C. 不喜欢

7. 这位老师上课有教案吗？（　　）

A. 有　B. 有时候有　C. 没有

8. 老师布置过作业吗？（　　）

A. 布置过　B. 有时布置　C. 从不布置

9. 你认为上这门课有收获吗？（　　）

A. 有　B. 有一点　C. 没有

10. 你想给这位老师提些建议吗？如果有，请写在下面。

(三) 学校评价

这一任务是由校本课程开发委员会完成的，主要是评价教师的《课程纲要》是否合乎规范，目标是否清楚，内容安排是否合理，是否体现了新的学习方式，是否有创新性等。另外，还要对教师是否准时上交《申报表》、《课程纲要》和相关课程资料进行考核评价。

以上三个方面我们将按照 3∶5∶2 的比例计算出总分。

为了加强对校本课程开发的过程管理，我们通过多次研讨，并广泛听取各方面的意见，制定了《六合区八百桥镇初级中学教师校本课程管理条例》。条例要求教师要认真对待校本课程，像重视语、数、外一样地重视它。要求他们做到：① 没有教案不进课堂；② “按时上课不迟到，认真上课重实效”；③ 及时发现问题，解决问题；④ 每学期至少写一篇有关本课程开发的研究论文。

三、对学生学习的评价

(一) 教师评价

校本课程的学习参与是评价学生学习的重

要指标，我们要求各门课程的教师在拟定评价方案时必须将学生的出勤列入其中，并且要占一定比例。同时还规定书面测试的比重不得大于50%，各门课程还要根据自身的特点，选择合适的方式来评价。如《书法入门》、《篆刻入门》等课程可以把学生平时的练习作品作为评价的重要内容，《小小发明家》将学生的手工发明制作作为评价的一个重要内容，《日常礼仪》和《交际与口才》将学生的社会实践能力纳入评价的范畴，《象棋入门》将学生小组间的竞赛成绩作为学生个人成绩的一部分，等等。总之，我们力求对学生的整个学习过程予以客观公正的评价，以求让每一个学生都能看到自己的进步。

(二) 自我评价

六合区八百桥镇初级中学校本课程学生自我评价表

课程名称：________ 学生姓名：________ 时间：____年____月

评价内容														
课前准备			举手发言			参与活动			合作能力			进步情况		
充分	较充分	无	优	较好	一般	出色	较好	一般	强	一般	欠缺	明显	较明显	不明显

在评价中，学生是评价的主体，学生在学习活动中对师生关系的实际感受、学生的学习兴趣和获得的成功体验等应成为评价的主要内容。学生通过自我评价不仅可以获得学习这门课程的成功体验，而且可以反思自省，不断调整自己的学习行为，使其朝着正确的方向发展，这对于学生今后的学习以至于其他课程的学习都有重要的意义。为此，我们在每学期末要求学生写一份自我小结，并设计了《学生自我评价表》，让学生填写。

(三) 同学评价

这主要适用于采用小组合作学习形式的课程。学期结束时，在学生填写好《学生自我评价表》后，由合作学习小组组长负责主持小组讨论，对小组内的每一位成员逐一打分，填写好《学生学习评价表》。

六合区八百桥镇初级中学校本课程学生学习评价表

课程名称：________ 学生姓名：________ 时间：____年____月

评价内容														
材料准备			课堂表现			作业质量			合作能力			进步情况		
充分	较充分	无	出色	较好	一般	出色	较好	一般	强	一般	欠缺	明显	较明显	不明显
小组留言														

以上三项将按 5∶2∶3 的比例计算出最终成绩。

对学生最终成绩的评定,我们提倡采用优、良、合格、不合格的等级制,不赞成给学生具体的分数。我们要求每一位学生必须至少参加一门校本课程。校本课程成绩不优秀者,不具有参加三好学生、文明学生等各种评比的资格。一个班级如果有十分之一以上的学生校本课程成绩不合格,就不能获得"先进班集体"的称号。我们还明确告诉学生,校本课程的成绩学期末将写进成长册或成绩册。

以上是我校在农村初中校本课程开发评价中的一些做法,其中难免存在着诸如评价标准不高、评价过程不严密等问题,但我们相信,在全体农村初中教育工作者的努力下,农村初中校本课程开发评价这一"瓶颈"问题一定会得到解决。

(选自《农村初中校本课程开发研究》,甘肃文化出版社 2006 年版)

我教《今生今世的证据》

周春梅
南京师大附中

文本研习是比较传统的语文学习方式，如何改进研习过程，落实自主、合作、探究的学习原则，需要我们在教学实践中去探索。近年已有很多教师认识到变革学习方式的重要性，当然，认识和实践、理想和现实之间总还会有一定距离，因此如何在教学中将这些理念落到实处，就成为新课程之“新”的关键。在使用苏教版高中语文必修课教科书的开始阶段，我一直在摸索。今年，我在教《今生今世的证据》时，根据上述理念，作了一些尝试。

于对话中发现

在苏教版高中语文教科书（必修一）“月是故乡明”专题中，有刘亮程的《今生今世的证据》。这篇散文怀念故园，回忆逝去的岁月，抒情细腻而浓郁，议论深刻而精当，文字有丰富而朦胧的美感，可以作多角度的解说。这种思想厚重、内涵丰富的散文给细致的文本分析和学生探究学习以广阔的空间，同时也给研习增加了难度：作为教学材料，学生如何研习文本细腻而深沉的怀想？怎样做到自主、合作和探究呢？这节课的教学设计，我采用了本专题《乡土情结》、《想北平》的点评法。具体方案为：请学生结合本专题其他文章的研读方法，对本文作评点，然后和同学交流。我先布置学生在课前完成预习和评点，与文本作一次认真的“对话”。此前已经对学生作过有关“对话意识”的教育，学生也懂得阅读必须与文本对话、与作者对话，在对话中思考并有自己的发现。学生在自读过程中书面形式的对话，也为其在课堂上与同学、老师的交流作了充分有效的准备。如果没有认真的评点，课堂交流往往会停留在表层，看似热闹，实则收获甚少，很难真正领会文本的精髓；同时，学生由于年龄、阅历、学识的局限，一般很难对作品作全面的、系统的、有理论依据的评说。而同学之间、师生之间自然

亲切地交流评点，能使他们更真切地关注文本，关注作者的心灵世界，能把学生新鲜而活泼、对文字独特的“触摸”和“感悟”从心灵深处带出来，从而形成真正属于自己的“发现”。

在课上，我对学生这样说：“阅读，是一种对话——与作者心灵的对话。这种对话也是一种‘生命运动’，是对作者与自我的双重发现。由此，我们自己的精神层次不断提升，进入更高的生命状态。我们今天的对话，不仅是与文本作者心灵的对话，也是与老师、同学，甚至还有教材编者的对话，因而将更丰富，也会有更多有意思的思想碰撞。”我请学生以小组为单位，交流各自的评点；在交流中把小组同学认为有价值、有意思的评点集中起来，请一位代表发言，跟全班同学交流。我对自己的要求是：结合学生的发言作点拨，不求全责备，不预设答案，当平等有效的对话的主持者、参与者。

学生的评点都很精彩，限于篇幅，仅举几例。

第 2 节中列举了一些细小琐碎的事物，承载记忆和怀念。有位学生把这些事物比作“镜子的碎片”。他的点评是：“镜子的每个碎片都映照出故园的一个画面、一个瞬间，而许多碎片围绕在‘我’的周围，也就如同许多关于故园的记忆叠加、重合、交错、纠缠，它们萦绕着‘我’，无论‘我’往哪儿望去，处处皆是故土，处处皆是乡情。”——这样的比喻中，既有对文本的细致梳理，更有自己对语言、情感的出色理解和把握。

对于拥有和失去、回忆和寻找这样的主题，有学生评点：“当我们学会怀念，我们已经无从怀念。”“身处其中，往往惘然不觉；而离开，成为了解和思念的开始。但我们都回不去了。我们永远‘在路上’，也永远在‘归家的途中’。”这个班有不少外地学生，他们把对故乡的情感和生活的体悟，也融入了评点中，使之深沉而厚重。

第 4 节末尾说：“在那时候，那些东西不转身便正面背面都领受到月光，我不回头就看见了以往。”围绕这句话，不同的小组评论的角度不同，然而评点同样精彩：

“月光是记忆的载体，它承载着过往。在月光之下，自然就看见了以往。”

“月光不仅照在现在，它也照在过去，还将照在未来。这月光是‘恒久明亮’的，我们通过它，可以看见过去，还可以想像未来：以后也会有人像‘我’一样，在月下怀远，忧伤。”

“‘月辉渗浸到事物的背面’，也渗浸到‘我’的背面。而‘我’的背面，其实是隐秘深沉、不为人了解的心灵世界，这世界里，有完整的‘以往’。因此只要在月下，只要沉浸到自己的内心深处，不须回头，甚至无须思想，‘以往’就‘砰’地跳了出来。”

……

这些评点，未必准确全面，但我们可以感受到前面所强调的新鲜而活泼的、不同于他人的对文字的“触摸”和“感悟”，这的确是只属于自己的独特的“发现”；而这“发现”又是建立在对文本的细致阅读和深入探讨之上的，因此绝非不得要领的“自说自话”。更何况在高一阶段就敢于这样评点名作，对建立语文学习的自信、锻炼自己的语言表达能力，都是很有价值的。

有两点需要说明。一是交流中有可能生成新的评点。在交流讨论过程中，一些学生原有的理解得到补充、修正、深化，而其他同学的评点，

又会触发自己作一些新的思考，甚至带来强烈的冲撞，从而形成真正的“对话”。因此学生的发言并非机械地宣读自己的点评，而是不断调整、不断发现。二是教师在这个过程中也是“对话者”之一，要对学生的评点说出自己的理解和建议。教师的发言应当准确、简洁、深刻，最好能引出一些新的角度或问题。这就要求教师在课前做精细的、充分的准备工作；课堂的点拨或引导，其实只是“冰山一角”。这里所说的“对话”主要是口头形式，教师也可以事先准备书面形式的“对话”。比如，我事先也对文章作了评点，做一个平等的参与者，在课上也和学生一样交出自己的“作业”。在听完了学生对文章第 2 节的评点后，我也读了自己的“作业”：“这些细小、琐碎、陈旧的事物，带着时光留下的痕迹，这痕迹，就是今生今世的证据。这提醒我们，过去的记忆其实是附着在‘记忆之物’上的，而文学家的使命正是对‘记忆之物’的捕捉。在这个意义上，我们可以认为记忆就是这些来自过去的断裂的碎片。”学生很专注地听完了我的评点。他们把我的评点作为“评点之一”，而不是“标准答案”。教师的参与调动了学生的学习兴趣，引导学生对问题作了更深层的思考；同时，教师对学习材料的把握和语言表达，也会给学生的学习带来更多的启发。

何必非得“讲完”

使用新教材以来，一些教师遇上了这样的难题：内容多，课时紧，讲少了怕讲不透，讲多了又来不及。如何取舍？我认为既然课改的核心任务是变革学习方式，那就应当围绕这个中心任务来设计教学。要敢于“舍”，有所舍才有所得。舍的方式有多种，要视学生实际的学习能力而定。教材建议自学自读的篇目，学生能运用学到的知识、方法很好地完成自学的，就不需要再花时间去“磨”，可以省出课时来细读经典篇目。集中教学时间，带领学生精读经典篇目，读通读透，可以举一反三，使学生通过学习掌握科学的方法，获得实效。比如通过《获得教养的途径》理解读书和教养；通过《雷雨（节选）》分析人性和命运；通过《一个人的遭遇（节选）》了解战争给人造成的深重的精神创伤以及人的内心世界的丰富……可以说经典作品就是一扇窗，通过有效的课堂教学打开这扇窗，学生在获得语文素养的同时，也拓展了精神视野。

我在教学中还有这样的体验：课堂教学未必需要对一篇作品作自始至终的分析讲解。过去，听到同行们说“这节课没上完”、“这篇课文还有两段没讲”，我也曾认为是“没教完”、“没讲完”，可是明明学生已经懂了，已经会用学到的方法去解析课文剩下的内容，甚至能解析一个陌生的文本了，教师还是“不放心”，画蛇添足地去“教”。有教师说“学生的语文素养不是老师教出来的”，这句话揭示了教学的基本原理，也是变革课堂学习方式的真谛。引导学生关注文本的典范价值，启发他们的感悟与发现，掌握一点学习技巧和方法，这就很不错了。我们都有这样的体验，想全面地分析作品，又受到课时的限制，于是采用一种“面面俱到”而又仅仅“点到为止”的做法，而这种方法往往低效甚至无效。教师匆匆地教，学生急急忙忙地记，教师“讲完”了，而于学生来说，丰富的内容不过是浮光掠影，转瞬即逝。

课堂看似花团锦簇，实则如花店里的花，没有了根的支撑，不能长久，至多能入眼，难以入心。

在《今生今世的证据》教学中，我作了这样的处理：只用一节课的时间，只用评点和交流的方式，让学生进一步掌握评点法；课上没有完成的评点内容或没有提到的问题，大胆舍去。

效果如何呢？那节课后，我在学生中作了一些调查。学生反映，在交流评点的过程中，他们处在一种积极思维的状态：积极地思考，积极地表达；即使没有机会表达，也注意倾听、思考。他们感受到了丰富的、多层次的心灵融会和碰撞。尽管一节课只分析了七八个小节，甚至只抓了一些语句、一些看似零碎的问题，但文章关键，如怀乡、回忆、时间等主题，都已经作了丰富细致的解读，文字的细腻、饱满，浓郁的诗意，也都有所体悟。为验证教学效果，专题教学结束后，我布置过一个作业："作者说，'我就知道一个土坑漫长等待的是什么'。请结合你对文章的理解，展开想像，写一段文字，回答这个问题。请注意使你的想像、叙述语言和原文保持和谐。"从学生作业情况看，他们对文章主题的理解、对语言风格的把握都比较到位。

学生学会了学习的方法，已经开始用起来了，教师就不必再喋喋不休。这时的"舍"，可以给学生留下思考和延伸的空间。《今生今世的证据》这样的作品，交给一个什么都不放心的教师细讲，两节课也未必讲得完。而什么细枝末节都关照到了，学生还能有什么发现？如果在学生初次接触一个作家时，就将其深层次的、本质的精神内涵全部托出，探索和发现的乐趣还剩多少？此外，由于学生年龄、经历的限制或者某些现实环境的制约，有些问题不可能说深说透，与其让学生一知半解，甚至误解、曲解问题的实质，得出一些似是而非的结论，不如教会他们暂且存疑，谨慎观察思考，在生活中、在社会实践中慢慢寻找答案。经典是常读常新的，有些感悟和发现，应当期待他在今后的阅读中获取；而要求他在高一的语文课上全部接受、消化，无异于剥夺他的阅读激情。

这里所说的"舍"，其实是为了更有效地"取"。在表面的"没讲完"中，自有内在的完整，即对一个问题的探讨、一种方法的学习是完整而深入的，而这恰是传统课堂的"完整"里常常缺失的要素。由此造成的学习效果、学习心态的差异，值得我们作更多的实践和研究。

新课程实施以来，各种关于学习方式的新理念层出不穷，但我们的课堂跟以前相比，有了多少不同？这不同是停留在表面，还是确实体现出一种变革之"新"？"新"和"旧"如何区分，如何评价？如果我们能以认真的态度去尝试、体验、探究，一定会有许多有价值的发现。从实践中来，到实践中去，虽是老话，却是至理。我的这次教学尝试，谈不上有什么特别的意义，只希望它能构成我的实践中一个踏实的环节。

（选自《新语文学习（中学教学）》2006 年 5—6 月）

理解与对话——促进教师专业成长的"金钥匙"

余 颖
南京师大附小

近日在学校例行的"推门听课日"中，笔者听了一位教师执教的"立体图形的体积"的复习课。开始，教师让学生在小组交流各自前一天梳理的关于本节课的复习内容，大约2分钟后，教师请一位学生到黑板前展示，再结合这位学生对知识点框架的梳理，以一问一答的形式让全班同学逐条回顾了本单元的各个知识点，并特别提示了需注意的事项，且作了相应的板书。当以上过程结束时，一节课的时间已过大半。

课毕，执教老师在解释其教学思路时，颇显得意地特别提及第一个环节的设计侧重于让学生自主梳理、交流复习内容，教师只是将知识点及重点总的拎一拎就行了，是真正把自己放在一个组织者和引导者的位置上了。但笔者却认为：执教者正是在这个环节的安排上流于形式，未能让学生主体性真正发挥出来。笔者进一步联想到近一两年来所听的课，类似于这样的情况并不鲜见，说课也罢、评课也罢，新理论、大道理是一套一套的，可在课堂上所表现出来的仍是"涛声依旧"。教师的预设定位与现实效果之间的巨大反差，引起了笔者的深思。这种反差的根源究竟在哪儿呢？为此，笔者与教者有了如下对话：

笔者：你为什么把第一个环节处理成让学生课前自己整理、课上交流互补呢？

教者：我觉得对高年级的学生有必要培养这种自主搜集、整理学习内容的能力了，这样的任务对于学生来说并不难，不管是好学生还是学困生，他们多多少少都能想到一些、理出一些东西，区别只是在于完整不完整和有没有条理罢了。每一个学生课前有了这样的准备，课上再听别人说时，他的印象就比较深刻，有助于学生更好地对自己的知识框架查漏补缺。而且，课前学生自己理过了，课上就有充分的时间让他们互相交流借鉴，这样的过程，既培养了学生的数学交流能力，又有助于他们自我完善。

提问从教师感到得意的环节展开，是希望教师能够解除心理上的戒备，并让教师有话说、愿意说、急于说。其实站在执教者的角度便不难发现，她对该环节的设计初衷显然是对的，知道应该立足于学生的已有基础、着眼于学生的发展需要，对教学环节也是作了思考的。当笔者告之，其复习梳理的环节花了二十分钟时，她无奈地说："唉！一放开让学生说，时间就控制不住，这个矛盾总是处理不好。"其实，真正放手让学生说的时间仅占四分之一而已，"当局者迷"，教者显然是处于心行不一的混沌之中，未能或是还无法觉察自己的教学行为与预期目标之间的差距。有鉴于此，笔者准备不急于点破其症结之所在。

笔者：我今天正好带了 MP3，刚才听课时就把你上课的过程悄悄录下来了，你愿意听听吗？

教者(惊讶而略兴奋)：真的啊，还从没听过自己的课呢，也不晓得是什么样子。(面露犹豫之色，稍作停顿后接着说)你先别拷到电脑里放，我带着耳机自己听得了。

笔者：行。要不这样吧，刚才听你的课，我自己班上的作业还没来得及处理，咱们上午就各忙各的，等你听完录音后，下午我们再接着聊？(得到教者首肯后笔者补充)我觉得，今天课上前半段花的时间嫌多了一些，听的时候你也留意一下，在这段整理复习中，小组交流、全班展示、集体确认这三个环节各花了多少时间？每个环节所花的时间是不是都很合理，好吧？

当教师听说课被录下来后，其神色的变化让我感觉到了她因未曾经历、没有把握而带来的紧张和不自信，因此，我提出了延时交流的建议，让她拥有一个心理安全的自我解读的空间。然后，以一个已然存在的客观事实——时间问题作为突破口，试图通过"时间分配不合理"这一显而易见的浅表现象，引导她发现不足，为后面的深入交流作好铺垫。

午后再聚时，该老师以一句真切的感慨"不听不知道，一听吓一跳"开始了我们的交流。

笔者(开玩笑的语气)：怎么就吓了一跳呢？

教者：没想到自己那么啰嗦，几乎一半时间都是我在讲。你说得没错，整理中的三小段在时间分配上是不合理，小组交流就两分钟多一点，那个学生的展示和讲解时间也很短，大多数时间都耗在后面的集体回顾和板书上了。这个地方，我本想只拎一拎的，但是好像每一个知识点不讲一下又不行，又还要板书，不知不觉就耗掉了那么多的时间。唉，其实这个地方就一直没想透，到底怎么去处理才算好？今天，你再往后面一坐，这大脑好像就不做主了，话都随嘴飘了。(笑)

"旁观者清"，果不其然，一个小小的录音设备，让教师能够作为听众重温自己主演的场景，顺利走出了浑然不自知的混浊状态，发现了自己教学中的弊端，并很快找到问题的根源——自己没有把该环节的处理方法想透彻。为什么没有想"透"？可能性之一，是教师备课时就没有细究该以什么样的具体方式，去恰当落实"放手让学生自主整理"的大目标；可能性之二，就是她虽然做了细致的思考，但还没有找到比"逐一回顾，面面俱到"式的复习更让自己信服的策略，这也正是她反观自身教学后产生茫然之感的症结之所在。

笔者：是啊，就是因为每一个知识点都面面俱到的带着回顾了一下，所以肯定费时间。那我们是不是可以考虑一下，为什么每个知识点一定要都要再说一遍呢？有没有什么非说不可的理由？

教者：理由？怎么说呢？就是觉得如果哪个点没说到的话，万一正好有的学生在这一块上有问题呢？所以，不说不合适吧。

笔者：那么，在一开始小组交流，你巡视的时候，是不是发现学生中确实是处处开花，分别在不同的知识点上各有问题呢？并且，有的同组学生还都存在着一些共同的问题呢？

教者：那好像倒没有，基本知识点好像每组也都能凑全了。(似有所悟的)这样看的话，好像是可以不再重复基本知识点，只要挑重点问题集体理一理就可以了啊。

笔者：好主意！这样一定能省不少时间呢！那我们来看看，有哪些重点问题需要拎一拎呢？

教者(沉思一阵后)：这些基本概念和方法的掌握都没问题，那重心是不是该放在几类知识点之间的联系和区别上呢？

笔者：有道理！这样的话，这个地方我们怎么处理呢？

教者：呃，就抓一点：让学生考虑是不是几类图形都可以用底面积乘高来求体积？为什么圆锥不行而那几种形体却都可以？

笔者：太棒了！你自己点到龙睛了。

与告诉式不同，"对话"所追求的境界是影响、是唤醒、是引领。我们不应该强迫教师接受别人世界的各种清规戒律，而应该设法营造适应教师心灵需求的对话情景，促进其内在的教育信念得以合理地释放、外在的影响得以内化和吸收，帮助老师实现对"旧有的我"的解构。显然，通过对话，该教师已经有所醒悟，核心问题也能抓住了，剩下的问题便是如何深化下去了。

笔者：既然最后有这点睛的一笔，那前面两个环节需不需要配合作些调整呢。

教者沉思。

笔者：今天是花了两分多钟小组交流，然后那个学生汇报大概又花了一两分钟，是吧？

教者(沉思一阵后)：从时间上看，交流得是不够充分。

笔者：那有没有值得交流但未曾体现的呢？

教者：啊，对！巡视时看到有些孩子整理的形式蛮有创意的，蘑菇状啊、苹果图啊什么的，是不是可以展示给大家看看？

笔者：是个好想法，那我们可以用什么方式去组织呢？

教者(诧异的表情看着笔者)：什么方式？就拿出来给大家看看啊。

笔者：可不可以做得艺术些？

教者：艺术？(迷惑后恍然大悟状)对了，可以等第一个展示的同学讲完后，让其他孩子去评价、补充或更正，并推荐精彩的复习提纲给大家欣赏。这样是不是更能体现学生的主体性呢？(若有所悟状)有道理！我明天就这么上，您再来听听，怎么样？

笔者：好啊！相信你确定了大的框架后，再细细地考虑好可能出现的情况，一定会出现让你满意的结果的。

诚如笔者所期望和预想的那样，这位教师第

二天所上的课，较好地发挥了学生的主体性，开放适度、疏密有致、张弛有间，显得和谐而充实。

反思：

是什么在指导并左右着教师的教学行为？又是什么能够深刻地影响着教师，并导致教师观念的改变和教学技艺的提升？怎样的校本教研方式才是与教师的专业成长相匹配的？……几乎每个学校管理人员都面临着这些话题所带来的挑战。同样，在这方面，我们为之作出的每一点努力和尝试都是有着积极意义的。

对话，是指导人员与教师双方围绕着共同关心的话题，展开平等、积极、自由的互动与沟通，并在这一过程中，逐步明晰各自的真实想法，共同寻求解决问题的对策。它既有别于自上而下的讲座、指令、教导、安排等，也有别于教师同行间的切磋与交流，而是对话双方聚焦于某一问题进行的共同合作，实现共同意义的建构过程。

对话的前提是理解。因为在客观上，由于身份、角色等方面的差异，要让教师在指导人员面前敞开心扉，暴露自己的不足与缺陷，是需要教师付出很大的努力。这就要求指导人员要放下架子，以一名合作者的身份和心态参与其中，聆听教师的倾诉，体味教师的困惑，深入教师的内心世界，与教师共情、共思、共振。这是对话的先决条件，是与教师互动的基础。

和教师对话还需要讲求方法与策略，这不仅是引发教师以敞亮的心态参与其中的需要，也是促其暴露、促其反思、促其解构的需要。因人而异、因对话的内容而异，指导人员应研制多种对话的方式，如开门见山式、曲径通幽式、故作糊涂式、环环进逼式、天女散花式、潜移默化式……都值得我们作出有益的尝试。

对话的目的在于帮助教师进行反思，帮助教师捉到头脑中那只影响其行动的"虫子"，质疑、批判那些"自以为是"的预设和假定，努力摆脱"已成的我"，实现对旧有认知、信念的解构。

本案例中提到的"心行不一"的问题，在现实环境中并不少见。其产生的根源，恐怕与教师的职业经历有着紧密的因果关联。案例中的这位老师，有着十多年的教龄，虽在实验学校任职多年，但在她的职业生涯中，却鲜有公开教学的经历。应该说，承担公开教学任务的教师最大的收益就在"磨课"的过程，其中的精雕细琢有助于教师大大提高沟通的技艺、积淀教学的机智、提升展示的自信并增强反省的敏感，而这些，对促进老师的综合教学实力大有裨益。但令人遗憾的是，能有幸享受此过程的往往只是作为骨干加以培养的青年教师或是作为学校装饰门面的优秀教师，而大部分的教师，接受"磨课"并展示的机会是极少的。在更多的培训活动中，他们所得到的往往是听讲座、进行理论考试、看示范课等大众式、被动性的指导，在这样的场景中，她们的身份是"看客"，她们的任务是在观赏中学习、在命令中接受，这些通过"接受式学习"得来的理念是否真正实现了内化？笔者无法考证。但可以肯定的是：更多的时候，她们几乎已经能背诵所谓的理念，却并不能外化为她们自身的教学行为。于是，就产生了能"鉴赏"却无力践行的尴尬，出现了预设目标与现实场景大相径庭的矛盾局面。究其因，恐怕就在于缺少了让她们作为"主角"，去亲历与体验反

思的过程、去深刻剖析自己行动背后的“实践性知识”。

反思需要武器，作为教师时刻面临着反思什么、如何反思、拿什么反思的困惑，这就需要专业人士的指导和引领，没有纵向引领的反思只能意味着是低水平的重复。而这种引领主要来自于教师与文本、与专家的对话，在这一交互过程中，教师得以打破原有的思维局限，获得视界的敞亮、理念的澄明，从而对原有的信念进行质疑与批判，在经过“同化”或“顺应”后，重新建构起新的认知，继而得以在新的高度上继续自己的教学反思。

教师的自我重建，同时还会伴随着内心深层次的情感体验，或喜悦、兴奋、激动，或痛苦、焦虑、困惑，而这些情感的体验，其实正是教师不断扬弃、不断生成、不断提升的先兆。了解这一点，有助于指导人员及时给予老师更多的人文关怀，或设身处地、或换位思考，设法帮助教师度过此时的心理冲突和情感危机，陪伴她共同经历这段解构与重建的过程，而这些，同样离不开与教师的真情对话。

与教师对话是校本教研一个重要的话题，不过对这一话题的实质性的研究目前还未真正起步，然而在这一充满艺术魅力的殿堂里，我们有理由为之付出更多的心血和努力，使之真正成为促进教师专业成长的“金钥匙”。

（选自《当代教育科学》2006 年第 2 期）

少些“追风”，多些思辨

——关于“创设情境”的一段教学经历与思考

贲友林　张齐华
南京师大附小　南京北京东路小学

这是我（指第一作者，下同）的一段教学经历。

在一次教研活动中，我选择了“7的乘法口诀”作为教学内容。如何引入？我一直在琢磨。当寻觅的目光聚焦于一个星期有7天时，心中有些“得意”：这和孩子们的生活息息相关，是多么贴近生活的教学素材啊！由这样的现实问题引入，“符合”新课程理念。于是在教学时，我的设计是：呈现问题：一个星期是多少天？两个星期呢？三个星期？并通过填表呈现1～7个星期的天数，继而提问：1个7是多少？2个7呢？“21”是怎么得到的？几个7相加得28？……以此为新课的学习做好准备。

试教如上展开，课堂却不如愿。孩子们时而游离、时而冷漠乃至木讷的眼神告诉我，创设这一现实情境，未能激起他们的一丝兴趣。这给我的激情与期待泼了一盆冷水。课一结束，很是纳闷的我迫不及待地追问他们，为什么在课堂伊始显得没精打采？他们沉默不语。为了打破窘境，我和他们聊起了与课堂无关的话题，在不经意间问他们喜欢看什么电视节目，他们七嘴八舌说到“蓝猫”、“哪吒”、“汤姆和杰瑞（猫和老鼠）”等，尽是动画片中的角色。我若有所悟！回家后又问上二年级的女儿，与7有关的动画片或童话故事有哪些，女儿脱口而出：7个小矮人。课堂引入，我有了新思路。这真是：当一扇门关上时，孩子的话为我打开了一扇窗。

为什么情境“符合”文本要求，却不受儿童欢迎？其实，我们早就明白：我们成人认可，儿童未必认同。创设情境，我们不能一厢情愿、自以为是，要考虑儿童的心理需要，用儿童而不是成人的眼光来观察他们的内心世界和外部环境，用他们易于亲近的、易于接受的途径、方法来设计教学。算几个星期各有多少天，这是现实问题，但这种现实更多地指向成人的现实，对儿童来说却不一定有意义。

再次试教，我的设计改为：先和孩子简略地聊聊“看过哪些童话故事”，然后用多媒体出示白雪公主、7个小矮人的图片，让学生数一数小矮人是不是7个，接着让学生计算7的连加……学生的眼神亮了，小脸红了，片刻之后，他们的神情又回到常态。

我又一次追问自己：如何调整设计，让孩子的注意力集中到数学问题上来？我有了第三次“行动”，有了如下让学生“心动”的教学片段：

屏幕动画先后出示白雪公主和并排站立在草地上的七个小矮人，每个小矮人手里拿一个气球。

师：请看屏幕——森林里，有一位漂亮的公主，是谁呢？她有几位好朋友，又是谁呢？

学生脱口而出：七个小矮人。

师：数一数，七个小矮人都来了吗？

（随着学生数数，小矮人下方依次出示1至7。再依次出现7、14、21三个数。）

师：七个小矮人每人手里拿了一个气球。观察气球上的数，你发现了什么？

生：后一个数比前一个数多7。

生：第一个数是7；第二个数是7加7，两个7相加是14；第三个数是21，3个7相加是21。

师：接着往下写，是哪些数呢？

（学生回答28、35、42、49，屏幕从第四个气球开始依次出示各数，教师追问是怎样想的。）

师：我们一起把这组数读一读。

（学生读。）

师：这些数都与几有关系呢？

生：7。

师：对！这组数都与7有关系！（板书：7）

师：从这组数中，我们能看出：1个7是多少？2个7呢？“21”是几个7？几个7相加得28？……

（学生回答后，教师组织学生看着屏幕中的数说一说：1个7是7，2个7是14……）

师：今天这节课我们学习乘法口诀，将学习——

（教师随着学生的回答完成课题板书：7的乘法口诀。）

上课之后，听了南京大学郑毓信教授的一场报告，他的一段话引发我们对上述教学片段进行对照性反思：好的“情境设置”应满足一个基本要求：就相关内容的教学而言，特定情境的设置不应仅仅起到“敲门砖”的作用，即仅仅有益于调动学生的学习积极性，还应当在课程的进一步开展中自始至终发挥一定的导向作用。

“白雪公主和七个小矮人”对这节课知识的学习并没有太多的作用，至多是蕴涵了7，但对于小学低年级的儿童来说，这块“敲门砖”以喜闻乐见的童话故事为背景，以美丽画面的视觉冲击，成功地起到了组织教学的作用，学生“一见而惊，不忍弃去”。7的连加的准备题改编成找规律、再填空：7、14、21、（ ）、（ ）、（ ）、（ ）；富有挑

战性的数学问题贯穿于儿童熟悉的白雪公主、七个小矮人的故事中。学生快乐地观察、推理、记忆,情绪化地经历着探求几个7叠加是多少的过程,为后继的自编口诀做准备。这是否可以解释为"在课程的进一步开展中自始至终发挥一定的导向作用"呢?

我们又对第二次试教后的失败与第三次教学后的成功进行对照性反思——白雪公主和七个小矮人的故事,为学生的学习活动创设的是场景,而非情境。在这一场景中,呈现"找规律,再填空"数学问题,才让学生步入了我们数学课所追求的有着"数学味"的情境。数学中的"情境"与现实生活中的"场景"是两个内涵不同的词语。场景,更多地指活动主体置身于其间的物质的、外在的、客体的存在对象,注重的是外在的"场"。情境,更多地关涉活动主体所拥有的"心理的、内在的、主体的"体验、氛围,更重视主体内心的感受。如果说场景是物理意义上的存在,那么情境应表现为心理意义上的存在。场景具有客观性,是一个看得见、摸得着的教学背景,它可以是现实生产、生活材料,也可以是学科问题等。当场景切入学生的经验系统,与学生的心理发生与"数学"层面相关地互动,学生也就从场景进入数学教学所要创设的情境。当学生的数学学习活动抛锚在情境中,就会表现为激发学习兴趣,唤起对知识的渴望与追求,伴随着积极的情感体验关注数学问题,并进行思考与求索。由此观之,课堂教学情境不应当只存在于课堂教学伊始,而应是充满课堂教学的整个时空,只要有学习活动的进行,就有相应的学习情境,它应当是多维度、全方位的。由此我联想起王策三教授的一句话:凡是有成效的教学或教育,均需要有与其目标相应的情境,这是规律性的事情。

课堂教学实践画上了句号,但思考添加的却是省略号。对上述教学实践的再度审视与批判,我们读出了这一看似完备的情境的又一个缺口。"7个小矮人与白雪公主"、"找规律再填数"都构成了本情境的必要场景,但问题是,前一场景事实上与数学问题基本没有关联,或者说还是一种油和水的关系,其意义又该如何去把握?如果删除这一场景,而直接通过后一个对学生较有挑战性的数学问题构成的场景引入,课堂又会是怎样的情形?再者,上述教学片段中两个场景之间的连接,是否可以作这样的解释:根据低年级学生的年龄特点和心理特征,借助没有数学意味,却是学生兴致盎然的"题外话"场景,引带出具有数学意味的"正题"场景,从而更有效地引领学生走向数学情境?当然,这"题外话"场景,是一把双刃剑,数学课中应用它,或许在"热闹"中"跑调"了,也许在"情趣"中"步入正道"。这"度",得教师把握!

为什么要创设情境?此刻的思考,在一节课的一波三折之后,已由最初的盲目"追风"走向了思辨。作为一节如何加强学生对乘法口诀理解和记忆的数学课,在口诀编制之前我们需要对口诀中的得数加强感知。情境的创设,是否引发动力支持,提供背景支撑?

我们又追问自己:我对"情境"是如何理解的?一时,我竟不清楚上面的理解是否"有理"?窘迫之际,我钻进书堆,找到如下两段文字:乔纳森在《学习环境的理论基础》一书中,对情境做

过这样的描述:"情境是利用一个熟悉的参考物,帮助学习者将一个要探究的概念与熟悉的经验联系起来,引导他们利用这些经验来解释、说明、形成自己的科学知识。"荷兰数学教育家弗赖登塔尔在《数学教育再探》一书中也提出关于情境的理论,他认为情境可以是以下几种:场所(即一个有意义的情境的堆积);故事(即它可以是一个真实的故事,也可以是一个经典的或虚构的特别例子);设计(即被创造的现实);主题(即一个与现实带有多种联系的数学定向的分科分支);剪辑(即从各种印刷品上发现大量数学的人们遇到的麻烦)。

我们提醒自己:不要囫囵吞枣地接受一些时髦口号或概念,不能装腔作势地搬弄自己尚未真正弄懂的一些术语和理论。"情境",对于我们来说,也许还是未解之结。这样,我们又开始了对数学教学中的"情境"以及"创设情境"的新的思考与探索的旅程。也许正是在这样学习与实践的互动中、行动与反思的结合中,我们逐步走出迷惘。

(选自《人民教育》2006年第8期)

将“小班教学”和“CAI技术”结合起来，促进学生能力提高

鲁宗瑞
南京扬子第二小学

随着教育现代化步伐的加快，多媒体越来越多地进入到小学课堂。多媒体教学，就是利用计算机技术对文、图、声、像等多种信息进行综合处理和控制，从而形成一种全新的教学形式。运用多媒体技术创设教学情境，寓教于乐，可以最大限度地激发学生的学习兴趣和求知的欲望；运用多媒体辅助教学，使学生多角度接收信息，有利于解决教学中的重、难点；利用电脑强大的截取功能，及时调用媒体最新信息，满足学生“喜新厌旧”心理，促使学生积极思考；发挥现代多媒体传播速度快、预设性能好的特点，紧缩时间安排，加大关键要害处的讲授力度，提高知识传播密度；借助多媒体，用不同的交互方式对板书进行美化设计，集中学生注意力，把已知概念、原理与最新的客观实际结合起来制成教学课件进行教学，纠正偏见，激发学生听课兴趣。多媒体手段还能让师生一同平等参与，培养学生参与品质，同时能及时反馈信息，使学生处于最佳思维状态，强化学生的参与情感，形成“百家争鸣”，利于发散思维的形成，使不同层次的学生都感到满足和有成就感，主动学习。

小班化教育是教育发展到一定阶段的必然趋势，在欧美一些发达国家早已盛行，在我国上海、北京等一些地方，小班化教育也早已开展得如火如荼，小班化教育作为一种新的教育潮流和趋势，已经戴着自己精致的面孔走了过来。将“CAI技术”和小班教学紧密结合起来，实际上就是将“最现代化的教学手段”和“最现代化的教学模式”进行了“强强联合”，如果能做到两者的有机结合，那么对于学生能力的提高、个性的发展和教学效果无疑会大有帮助。我校今年实施了小班化教学，小班教室都配齐了完整的一套多媒体设备。在实际教学过程中，我身受其益。

一、尊重天性，培养学习兴趣

兴趣是一个人积极探究某种事物或爱好某

种活动的倾向,积极的思维活动是建立在浓厚的学习兴趣和丰富的情感基础上的。多媒体电脑技术以其鲜明的图像、生动的形象和灵活多变的特点能引起学生注意,激发学生的学习兴趣和动机。采用多媒体计算机手段,能使呈现的教学内容声、画同步,视、听结合,运用多媒体技术图、文、声、像等丰富的媒体表现功能,创设教学情境,使教学形象化,把学生带进与教学内容相应的气氛中,使学生具有一种身临其境之感,最大限度地激发学生的学习兴趣和求知的欲望,使用多媒体能把对知识的学习融入新颖别致的娱乐形式中,发挥寓教于乐的学习优势,使枯燥的学习变得轻松愉快,把学生的认识过程、情感过程、意志表现有机地统一于教学过程之中,使学生对所学的知识、理论去感知、去理解。爱因斯坦说过:"兴趣是最好的老师。"大教育家孔子说过:"知之者不如好知者,好知者不如乐知者。"在小学阶段,兴趣可以说是学生学习的动力,是小学生的天性,是学生进入知识殿堂的向导。而现代化的电教手段,以其悦耳的声音、色彩鲜明的图片、生动优美的画面等形式,在对激发学生的学习兴趣方面有着其他媒体所远远不及的优势,因而,教师要充分利用这一优势,激发学生的学习兴趣。在小班的教学环境里,更应该充分利用多媒体的功能,发挥学生的积极性、主动性和互动性,面向每一个小班学生,以此培养学生的学习兴趣。

二、发展个性,培养审美教育

电化教育以形、声、色、情的优势将教材内容直观形象地展现在学生面前,使学生眼见其形、耳闻其声、受到了美的熏陶,能更好地掌握知识。利用电教手段,旨在优化课堂教学,优化心理气氛,充分调动学习自觉性和主动性,提高学习效果,使电化教育发挥最佳功能。学生课堂学习的心理环境是班级集体在课堂上的情绪、情感状态的直接反映。良好的课堂心理环境是班级集体在课堂中所表现出来的积极情绪、情感状态及其奋发学习的心理体验。教师最大限度地发展学生思维,优化素质教育,就必须为学生创设一个和谐愉悦、新颖刺激的心理环境。在数学教学中,运用CAI手段,可为学生增设疑问和悬念,激发学生主动获取知识的积极性,创设出利于他们开发智力,求知探索的心理环境。

例如在苏教版教材一年级数学教学"认识6-9"时,我先设计了美丽的海底世界,对同学们说:"同学们,你们喜欢大海吗?""喜欢!"随后出现《海底世界图》,"美丽的海底世界有丰富的矿藏,各种各样的海底动物,瞧,它们来了"随后海底先后游来了6只螃蟹,7只海豚,8只海虾,9只鲨鱼……这样学生在赏心悦目的图画中既学会了知识,又感受到了美的教育。再如在教学苏教版教材一年级数学"认识=　＞　＜"时,我先设计了美丽的公园图,图上有五颜六色的花朵和翩翩飞舞的蜜蜂和蝴蝶,问:"同学们,你们喜欢这幅图画吗?""喜欢","你喜欢那些东西呢?"……这样,美的画面和学生生活经验中的自然美融合在一起,欢悦的笑容已经在孩子们的脸上绽开。通过"找一找",找到其中的3朵红花,5棵大树,5朵黄花,6只蜜蜂和7只蝴蝶,再通过"比一比",学生经过讨论后,决定让两种物体分别排队,然后一个对一

个，就把多少比出来了。这样，学生饶有兴趣地学会了一一对应的方法比较两个数量的多少，同时又感受到了美的熏陶。让学生由图中具体的事物知道“3 比 5 小，5 和 5 一样多，7 比 6 大”……

三、培养灵性，提高理解能力

精彩的画面，生动的情景，可以使深奥的道理浅显化，复杂的内容条理化，形象具体，重点突出，帮助学生对知识的理解，使学生在较短时间内获得准确丰富的知识，从而促进学生理解能力的培养。运用 CAI 手段的突出特点就是以生动、形象、具体的表现力，吸引学生的注意力，帮助学生理解知识，优化学生的思维过程。

例如，在设计苏教版教材小学数学第 8 册“平行四边形的面积”这一课时，为了推出平行四边形的面积等于和它等底等高的长方形面积时，采用了“剪—移—拼”的方法使平行四边形变成一个和它等底等高的长方形，CAI 图像显示模拟逼真，生动形象，让人一目了然。从而得出“平行四边形的高就是长方形的宽，平行四边形的底就是长方形的长”，推出平行四边形的面积就是“底乘高”。通过 CAI 的辅助教学，既生动直观，又有助于提高和巩固学生学习兴趣，激发求知欲，调动学习积极性。

再如，教学圆面积时，将圆沿直径平均分成若干份（32 份），然后将其拼成一个长方形（类似），而且圆形平均分的份数越多，拼成的图形越接近长方形，这样就可以将圆形的面积转换成一个长方形，从而推导出圆的面积公式。而如果利用传统的教学方法，就很难达到预期的效果。在实际的教学中，我感到面对小班化的学生，要想高效率工作，将 CAI 技术应用到课堂教学中，这样可以最大化提高教学效果，培养了学生的灵性和理解能力。

小班化的出现堪称优质教育冀求和生源萎缩的现实之间一个最佳结合点。小班改变的不仅仅是班额大小，随之而来的是教育方式和方法的改变，是教师教育思想和观念的转变，是在逐步改变着教育本身。上海实行小班化是为了实现办“一流基础教育”的目标追求：让学生更充分享受各种教育资源，增加接受优质教育的机会，它成为个性化实施素质教育的重要载体，被称为“教学领域的一场革命”。在美国，克林顿政府将缩小班级规模作为提高基础教育质量的一大关键，提出到 2005 年实现小学低年级每班 18 个学生的班级规模。小班化教育在成为一种新的教育发展趋势。如何搞好小班化教学工作，搞好小班化课堂教学工作，是摆在我校面前的一道难题。我认为，教师在课堂教学中，可以借助 CAI 手段，用以优化教学效果和节奏，尊重天性，发展个性，培养灵性，落实素质教育。它对小班化学生主体性的发挥，思能力的培养与发展有着不可估量的影响。

（选自《中国教育与教学》2006 年第 3 卷）

挑战传统：拓展性作业的两次尝试

周　云
南京信息工程大学附属实验小学

动手实践、自主探索与合作交流是学生学习数学的重要方式，学生的学习活动应当是一个生动、活泼、主动和富有个性的过程。显然，传统的作业方式已经跟不上课程发展的需要，这就促使我们必须去探索新的作业方式。

拓展性作业，顾名思义就是对常规的传统作业的拓展。传统作业一般是书面作业，紧紧围绕着课堂教学内容设计，突出重点难点，目的是起到强化、巩固的作用，紧扣双基要求，应试味较浓。大部分学生都是以完成任务的心态对待作业，主动性、积极性不够。而拓展性作业形式多样，有口头的，有书面的，还有社会实践活动，是对课堂教学的拓展、延伸，目的是培养学生的综合实践能力，加强数学与生活的联系，引发学生的数学思考，重视人的后续发展。与传统作业相比，拓展性作业具有开放、灵活、综合性强的优点。所以在研究拓展性作业之前，我一厢情愿地认为，学生一定会喜欢这类作业。可实际情况如何呢？请看下面两个片段：

片段一

有一次，我设计了两道对比练习。常规题：一个篮球 36 元，小明付了 50 元，应找回多少钱？拓展题：一个文具盒 7 元，一本书 10 元，一个篮球 36 元，一辆玩具汽车 20 元。小明带了 50 元，他可以买哪几样东西？学生分别完成、集体交流后，我问："这两道题，你们更喜欢做哪一道呀？"学生面面相觑（没有想到老师会这样问），半晌有人举手："第一道。""为什么？""做起来简单。"这样的回答真让我啼笑皆非。

片段二

还有一次，上《认识人民币》。我布置了一道拓展性题目：寄一封信到外地需买 8 角钱邮票，你可以怎样付钱？这道题答案是开放的，主要是考查学生对人民币的认识和思维的灵活程度。

结果学生完成得如何呢？大约有 1/6 的学生给出了两种或两种以上的答案，5/6 的学生刚得出一种答案就停止对此题的思考了。

分析：以上两个例子说明拓展性作业对学生的吸引力没有想像中大。为什么学生不喜欢拓展性作业呢？从表面上看，最直接的原因是"懒"，学生懒得动脑筋。大多数学生属于被动完成作业，并没有从作业中获得思考的快乐与成功的喜悦。对他们来说，封闭型的常规作业或是开放型的拓展作业没什么区别，认识不到两者的差异。他们的喜好建立在任务的轻重上，作业量少而简单就高兴，反之则唉声叹气，缺少主动钻研的精神。

拓展性作业不受欢迎，真的全归咎于学生的"懒"吗？深入地反思一下，我发现这和老师的设计也有很大的关系。

片段三

同样是关于人民币的认识的内容。课堂上创设出学生熟悉的购物场景：我穿上超市的工作服，讲台上放了八样一元左右的商品，如：果冻、笔、饼干、小玩具……旁边摆上标价牌：都是1元。课就在我卖学生买的热闹气氛中开始了。学生付钱有一个要求：用不同的方法付1元钱。学生参与的积极性特别高，思维也非常活跃，小手举得高高的，有的人都快涌上讲台了，期待老师能注意到自己。最后我准备的商品全卖光了，还有部分学生意犹未尽，因为没买到东西而失望。学生在这一购物活动中，积极主动、善于思考，能灵活解决问题，他们很喜欢这样的拓展性练习。

分析：同样是拓展性作业，同样的学习内容，学生表现的情感、态度却迥然不同，也直接决定了教学效果的优劣。一比较不难发现造成这些差异的原因。前一种拓展性作业学生只能坐在座位上思考、交流，"动"的机会少。而后一种拓展题却给了学生在熟悉的生活场景中亲身经历、充分感知、积极探索的实践机会。学生直观接触到人民币，认识它们的面值，亲自体验购物付币的过程，这样的设计容易激发思维的举一反三、触类旁通。整个环节都在"动"着，动眼、动脑、动手、动口，充分调动多种器官合作参与探索活动。

反思：通过以上的对比研究，我发现要想使拓展性作业真正为学生接受、喜欢，必须要有所改进。可以从以下几个方面入手：

1. 创设情境。新课标提出，学习内容应当是现实的、有意义的、富有挑战性的。拓展性作业应尽可能在学生喜闻乐见的、熟悉的生活情境中展开，才能吸引学生主动参与，对情境的熟悉感，有利于他们思维活动的展开。例如：学习"简单的统计"时，可以筛选出学生感兴趣的话题：最喜欢的体育项目、爱看的动画片、爱吃的水果等，组织学生在课堂上选用适当的方法现场调查、记录数据、整理成统计表，再全班展览、交流。这样的设计学生一定喜欢，收获也更大。

2. 鼓励学生设计作业。要想改变学生被动完成作业的心态，首先要唤醒他们的"主体意识"，使他们能认识到自己是作业的主人，是了不起的创造者，进而在作业中获得成功的愉悦。教师可以适当放手，把部分作业的设计权利交给学

生。如学习完某一类型的应用题后可以组织学生小组合作：每个成员编一道应用题，其余人列式解答、互相交流、评价对错。

3. 改善评价方法。教师的评价应从单纯关注学生的学习结果，转向更关注学生学习的过程。集体交流时，不仅要评价学生完成拓展性作业的对与错，而且要组织学生评价在完成作业过程中的情感与态度，如参与的积极性高不高，有没有独特想法，能否与他人合作……通过评价，能引导学生主动参与，鼓励一题多解，提倡创造性思维。

（选自《另类课堂（数学卷）》，
广西教育出版社2006年版）

函数的奇偶性定义的探究性教学

朱胜强
南京外国语学校

函数的奇偶性是数形结合的一个典型。一方面，函数图象关于原点或 y 轴对称，体现了一种几何特征；另一方面 $f(-x)=-f(x)$ 或 $f(-x)=f(x)$ 则反映了数的关系。在教学中，我们不仅要让学生明白函数的奇偶性的概念，有效地建立数与形之间的密切联系，更要让学生领悟其中蕴涵的数学思想，体验发现问题解决问题的过程。本着这一出发点，笔者在进行奇偶性定义教学时，尝试了探究教学。通过引导学生自主探究获得知识，并运用相关知识解决问题。

1. 创设情境，引出问题

情境 1 如图 1，其中(1)，(2)分别是函数 $y=f(x)$ 与 $y=g(x)$ 的图象，而(3)，(4)则是它们都被污渍覆盖了一部分后的情形。你有什么办法将被覆盖的部分准确还原吗？

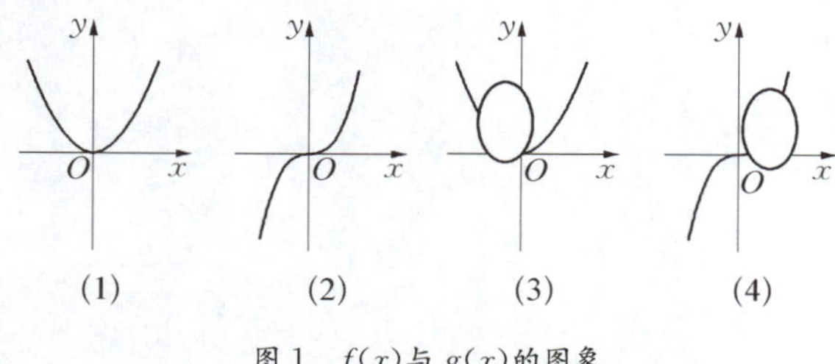

图 1 $f(x)$与 $g(x)$的图象

在展示图象时，让屏幕显示(1)，(2)片刻后，即在(1)，(2)上分别添加覆盖图形，得到(3)，(4)。

经观察，学生发现：函数 $y=f(x)$ 的图象关于 y 轴对称，因此，只要将 y 轴右侧的点关于 y 轴作对称变换，便可将图象还原，同理，$y=g(x)$ 的图象是关于原点对称的。只要将图象在第三象限内点关于原点作对称变换，即可还原图象。

创设情境 1 的目的在于引导学生自主发现函数图象的对称性并用对称性解决问题。

情境 2 屏幕显示函数 $y=\begin{cases}x^3, & x<0,\\ x^4, & x\geqslant 0\end{cases}$ 的图象，如图 2，但不显示函数的解析式，让学生观

察后判断此函数的图象的对称性。

学生异口同声说：关于原点对称。

再问学生，若将第三象限内图象被遮住一部分，能将其恢复吗？

选一位同学操作。他先在函数图象位于第一象限内的部分上取了一点 M。再将 M 绕原点旋转 180°，得点 M'。结果发现 M' 不在图象上（如图 2）。拖动 M，并追踪 M' 轨迹，发现轨迹与函数图象在第三象限内并没有公共点。

同学们顿时意识到。该函数图象并不关于原点对称。

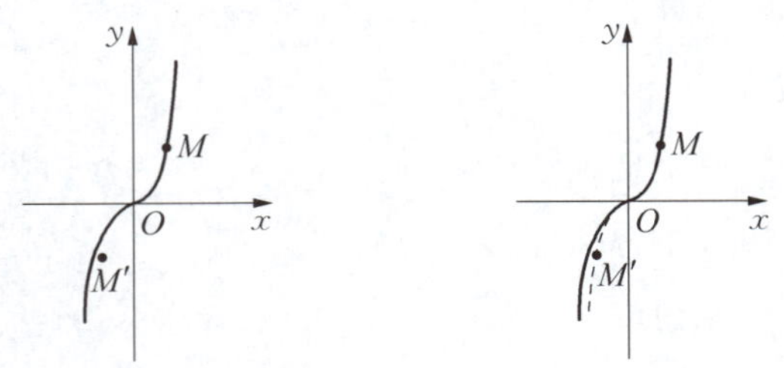

图 2　函数图象　　　　图 3　函数图象

创设情境 2 的目的在于引导学生自主发现，仅凭观察判断函数图象的对称性是靠不住的，从而引发学生探究问题本质的动机。

2. 动手实践，探究本质

如果请你修正，如何改动图象就必定关于原点对称呢？

同学们发现，只要将图象在第三象限的部分擦去，用拖动 M 时产生的 M' 的轨迹取代第三象限图象，则所得图象关于原点对称（如图 3）。

也就是说若函数图象上任意一点关于原点的对称点仍在此函数图象上时，该图象便关于原点对称。

如果没有电脑的帮助，能根据解析式作出判断吗？

教师频频启发，学生积极思考。

不妨设函数 $y=f(x)$，$M(x, y)$ 为其图象上任一点。则 M 关于原点的对称点 M' 的坐标为 $(-x, -y)$。

因为点 M 在函数图象上，所以 $y=f(x)$ 成立。若点 M' 也在函数图象上，则应有 $-y=f(-x)$ 成立。

但对任一函数 $y=f(x)$ 而言，未必有 $-y=f(-x)$。

3. 整理成果，形成定义

虽然通过探究，学生对问题的认识有了突破性进展，但学生所获得的知识还是零散的，缺乏条理的，甚至是不完善的，这时教师还需要引导学生对探究结果进行补充、整理，并用规范的数学语言进行概括。

通过整理，不难获得函数奇偶性的定义：

已知函数 $y=f(x)$，$x\in D$，若对任意 $x\in D$，均有 $f(-x)=-f(x)$，则称函数 $f(x)$ 为奇函数。

同理可以获得偶函数的定义。

易知，奇函数的图象关于原点对称；偶函数的图象关于 y 轴对称。

4. 应用成果，拓展认识

获得奇偶性的定义后，让学生进行了适当的巩固性训练，接下来让学生研究下面的问题。

问题：判断函数

$$f(x)=\begin{cases}-x^2-x-1,\ (x>0),\\ x^2-x+1,\ (x<0)\end{cases}$$

的奇偶性。

思考1 易知函数的定义域为$(-\infty,\ 0)\cup(0,\ +\infty)$。

根据函数奇偶性的定义，

若 $x>0$，则 $-x<0$，所以 $f(-x)=(-x)^2-(-x)+1=x^2+x+1$，有 $f(-x)=-f(x)$。

又 $f(x)=-x^2-x-1$，所以 $-f(x)=-(-x^2-x-1)=x^2+x+1$，有 $f(-x)=-f(x)$。

所以 $f(x)$ 是奇函数。有同学对此提出质疑：因为只判断了当 $x>0$ 时，$f(-x)=-f(x)$ 成立，而对于 $x<0$ 这一关系是否成立，并未论证。所以，题目还没做完，还应考虑 $x<0$ 时的情形。于是又得完善后的解法。

思考2 （前面部分同思考1） 若 $x<0$，则 $-x>0$，$f(-x)=-(-x)^2-(-x)-1=-x^2+x-1$，

而 $f(x)=x^2-x+1$，$-f(x)=-x^2+x-1$。

故 $f(-x)=-f(x)$ 成立。

综上可知，对任意 $x\in(-\infty,\ 0)\cup(0,\ +\infty)$ 均有 $f(-x)=-f(x)$ 成立，故函数 $f(x)$ 为奇函数。

然而，就在看似风平浪静之际，突然有学生指出，思考1解法没错。其一，所得的结果正确；其二，图3中修改图象时，也是依据第一象限的点关于原点对称确定第三象限点，从从而使图像关于原点对称的。

思考1的解法所得结论与正确结果之间究竟是偶然的巧合还是某种必然呢？学生既然发现了问题，就应该将问题尽可能弄明白。

不妨从函数的奇偶性定义的角度来看待一问题。设函数 $y=f(x)\ (x\in D)$ 其中定义域 D 满足 $x\in D$ 时必有 $-x\in D$。

若 $x>0$ 时 $f(-x)=-f(x)$ 恒成立，这也可以看成当 $-x<0$ 时，$f(-x)=-f[-(-x)]$ 恒成立。

若用 x 代替上式中的 $-x$，即为 $x<0$ 时，$f(x)=-f(-x)$，

也就是当 $x<0$ 时，$f(-x)=-f(x)$ 恒成立。

这就是说“$x>0$ 且 $f(-x)=-f(x)$”$\Leftrightarrow$“$x<0$ 且 $f(-x)=-f(x)$”。

类似地，“$x>0$ 且 $f(-x)=f(x)$”$\Leftrightarrow$“$x<0$ 且 $f(-x)=f(x)$”。

因此，判断函数的奇偶性时，也可以按下面的步骤进行：

1) 检验对任意 $x\in D$，是否恒有 $-x\in D$ 成立；

2) 当 $x\in D$，且 $x\geqslant 0$ 时，是否恒有 $f(-x)=-f(x)$（或恒有 $f(-x)=f(x)$）成立。

若1)，2)都满足，则函数便具有奇偶性。

由此可知，思考1得到正确的结果实属必然。当然这样的解法对于解析式有统一表达式的函数奇偶性的判断，意义不大。但对于分段函数的奇偶性的判断，则可简化解题过程，收到事半功倍的效果。

（选自《数学通讯》2006年第23期）

苏教版高中数学新教材若干特点浅析

陈立军
江宁高级中学

2005年秋季,我国高中全面进入新课改。各学科教材打破原来的全国统一模式,由各省市从各科根据《课程标准》编写的多套教材中选用。可见从教材的选用中,充分体现了"自主性、选择性、多样性"的理念。我们选用了由单墫教授主编、江苏教育出版社发行的教材(以下简称苏教版)。下面结合教材必修1、2的实际教学,谈一谈苏教版新教材的特点,但若寄希望于对新教材进行一次全面的评述,恐非笔者之力所能为。这仅是撷取其中感受颇深的若干特点谈一谈自己的想法,不当之处,敬请专家学者斧正。

总而言之,此套教材充分体现《高中数学课程标准》(以下简称《标准》)的基本理念,同时也感受到设计编写者的匠心独具,从而特点鲜明。具体而言:

1. 一个核心(基本教学要求)突出,多个层次、多种选择明显

教材充分考虑学生的不同需求,为所有的学生发展提供帮助,为不同学生的不同发展提供较大的选择空间;教材以基本教学要求为核心,通过这个核心,学生可以获得全方位的发展。学生学好核心内容后,根据需要有多种选择。其中,核心内容的外部呈环状结构,并进行多方位的延伸(示例如图),给课堂教学留下空间,为学生自主性学习提供支撑。

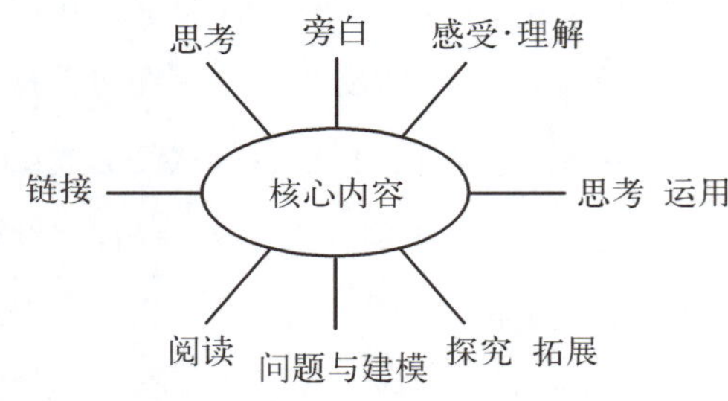

必修1、2中,有限集与无限集,对数的发展,艺术家的透视法与年希尧的《视学》,平面几何与立体几何的类比,解析几何的产生等作为阅读内容呈现;反函数这一历来高中数学的难点之一仅仅在介绍完指数函数、对数函数后作为链接内容

呈现;在研究了函数模型的应用之后链接了借助现代技术运用数学的重要内容之一数据拟合;钢琴与指数曲线作为一个探究案例进行了介绍;而在问题与建模中,则介绍了实际生活中两种如何用近似的方法计算体积:(1) 网格标高法,(2) 平均面积法。这些内容的增设,增强了教学的弹性,可以使不同学生在数学上得到不同的发展。

2. 入口浅、寓意深、前后呼应,整体贯通

教材每一章节的知识内容,力图以入口较浅的、学生能理解的生活实例和其他实例,引发学生思考,激活学生已有的知识体系或生活体验,使学生反复经历同化和顺应的过程,进一步在更高层次上建立数学理解。

例如,必修1函数概念的教学中,教材以三个实例:① 我国人口数据统计表,② 物体下落的距离与时间的关系表达式,③ 某市一天24小时内的气温变化图,激活学生的生活体验,引导学生联系自己的生活阅历,又不必拘泥于教材中的实例,可类似地举出很多实例,使学生在亲自经历的过程中,感受到现实生活中存在着大量的相互依存的变量之间的对应关系,从而形成函数概念。到此,这三个实例并未结束使命,继续焕发活力。在随后的函数表示学习中,它正好对应函数三种表示方法:列表法、解析法、图象法。而在函数单调性研究中,教材再次引入“某市一天24小时内的气温变化图”,启发学生观察图象并概括一天中气温变化的特点,进行数学抽象。为形成单调性概念起到很好的铺垫作用。可以说,这三个引入的实例成为点燃函数学习的火种,并贯穿于函数学习研究的始终。另在函数与方程中,我们首先学习如何根据具体函数的图象判断一元二次方程根的存在性及根的个数,了解函数的零点与方程根的关系。同时,教材补充了借助计算器用二分法求方程的近似解,为后面的算法学习作了思想和方法的准备,起到前后呼应的作用。必修2中学习几何体的基本元素点、线、面及其关系时,教材充分发挥长方体的作用,引导学生观察,逐次归纳出空间两直线的位置关系,直线与平面的位置关系,平面与平面的位置关系。这样,以长方体为载体整体贯通,既形成了知识体系,又发展了学生的空间想像力。

3. 内容组织形式发生改变,促进了教师教学理念的更新,丰富了课堂教学形式

先前的数学课堂教学大多遵循前苏联教育家凯洛夫提出的“五步教学法”,即预习提问、导入新课、传授新课、练习巩固、复习小结。将生动活泼的课堂教学囿于僵硬的模式中,失去了应有的活力。新教材展示了一种新型的内容组织形式,更加注重知识的“来龙去脉”。《标准》中指出:数学课程要讲逻辑推理,更要讲道理。教材内容组织的主要形式及编写意图为:问题情境—提出问题,学生活动—体验数学,意义建构—感知数学,数学理论—建立数学,数学运用—运用数学,回顾与反思—理解数学。这种内容组织形式,使学生完整经历了知识的发生,发展和运用的过程,使数学学习“返朴归真”。

必修1学习函数的奇偶性时,教材首先展示一组对称的建筑物,并要求学生作出函数 $y=x^2$

的图象后对折，发现有何特点。指数、对数函数的情境创设分别引入如何计算细胞分裂后的个数和如何考查古莲子是多少年前的遗物；每一章节，教材都以“思考”的形式提出问题，问题与正文之间留空，暗示学生活动。譬如，映射与函数有什么区别与联系？函数 $y=\log_a x$ 与函数 $y=\log_a(x+b)$ $(a>0,\ a\neq1,\ b\neq0)$ 的图象之间有什么关系？已知直线 $l_1: A_1x+B_1y+C_1=0$ 和 $l_2: A_2x+B_2y+C_2=0$ 相交，那么方程 $(A_1x+B_1y+C_1)+\lambda(A_2x+B_2y+C_2)=0$（$\lambda$ 为任意实数）表示的直线有什么特点？等等。内容组织形式的如此改变，使学生的数学学习成为在教师引导下的“再创造”的过程，其着力点是学生的可持续发展。同时，内容组织形式的改变“逼迫”不同阶段的老师在同一起跑线上钻研教材，领会教材的编写意图，促使老师教学理念的更新。当然，此种内容组织形式的改变，并不意味着对“五步教学法”的完全否定，而是丰富了课堂教学模式。否则，课堂教学将会从一种僵硬的模式陷入另一种僵硬的模式。

4. 数学内容的呈现顺序更遵循认知规律，学习要求更突出对数学思想方法领悟

人们认知能力的发展总是呈螺旋式上升、波浪式前进，数学理解力的发展亦是如此。与旧教材的对比中，新教材“强调本质，适度形式化，突出思想”的特点十分鲜明；“删减繁琐的计算、人为技巧化的难度和过分强调细枝末节的内容”非常具体。

必修 1 中函数学习完之后再学习映射，与原教材相比，遵循了从具体到一般的认知规律，从特殊到一般的思想；同时，削弱了对定义域、值域的过于繁难的要求，目的是为了学生更好地理解函数的基本思想和实质。必修 2 中立体几何的编写也很有特色。与以往点、线、面、体，即从局部到整体展开几何内容的方式不同，教材中按照从整体到局部的方式展开几何内容，并突出主观感知、操作确认、思辨论证、度量计算等探索研究几何的过程。教材首先通过大量的图片，从土木建筑到家居装潢，从机械设计到商品包装，从航空测绘到零件视图——使学生直观感受到空间图形与我们的生活息息相关，激发学生进一步学习研究的欲望。接着，知识内容的呈现顺序先认识空间几何体（柱、锥、台），并补充了几何体三视图的画法，再系统学习几何体的基本元素点、线、面及其相互关系。从实际效果来看，整体大于局部之和。就本质而言，整体思想和方法是数学活的灵魂和精华。解析几何中，斜率的学习较之以往亦有很大的不同，其一，呈现顺序先出现斜率后出现倾斜角；其二，斜率的定义直接类比于生活中楼梯的坡度 $=\dfrac{\text{级高}}{\text{级宽}}$，定义斜率 $k=\dfrac{\text{纵坐标的增量}}{\text{横坐标的增量}}=\dfrac{\Delta y}{\Delta x}$，这既为后面微积分的学习埋下伏笔，又体现了“数学化”的思想。

5. 现代信息技术与数学学习进行了有效整合，对学生数学学习的促进作用凸显

《标准》指出，现代信息技术的广泛应用正在对数学课程内容、数学教学、数学学习等方面产生深刻的影响。高中数学课程应提倡实现信息技术与课程内容的有机整合，整合的原则是有利

于学生认识数学的本质。

例如，在必修1中补充了利用Excel和图形计算器作函数的图象，用Excel作图的本质是描点画图。在实际操作时，宜适度取点，这样既省时、省力，又能使绘出的图像更清晰、美观。继而，可由图像直观感受到函数所具有的性质特征。体现了数形结合的思想。用二分法求方程的近似解和数据拟合，更促进学生对数学本质的理解，借助计算器将学生从繁琐的数字计算中解放出来，关注对算法思想的理解；数据拟合则告诉我们，现实世界中的事物都是相互联系、相互影响的，且反映事物变化的变量之间就存在着一定的关系，而这关系的发现可借助计算机实现。同时，利用信息技术制作课件，可以呈现以往教学中难以呈现的课程内容，如必修2中棱柱定义为："由一个平面多边形沿某一方向平移形成的空间几何体"，利用计算机可以展示"点动成线，线动成面，面动成体"的动态效果，从而更好地理解定义及点、线、面之间的内在联系。另外，计算机的出现为我们创设了网络环境，网络环境为我们提供了丰富的教学资源，如必修2立体几何、解析几何的引入，我们均可从网络上下载大量的图片（如埃及金字塔，九大行星的运行等）营造情境，让学生认识到数学学习的必要性，激发学生强烈的学习需求，使学生的学习态度由被动的"要我学"自觉转化为主动的"我要学"。

（选自《数学通报》2006年第11期）

例谈数学问题的模型化解题思路

朱永厂
南京师大附中江宁分校

中学数学的很多问题表面上看来难以接近或解决，但只要我们能创造性地运用已知条件中的文字、符号、数式、图形等各种信息，以已知条件为原料，所求结论为目标，合理地运用数学知识、数学方法和数学思想，就可以构建出符合条件的已经解决或比较容易解决的数学模型。运用这些数学模型解题，能够收到形象直观、简捷明快、出奇制胜、耐人寻味的效果，而且能够优化思维，探求到好的解题思路。本文着重从数学问题的本质和特征出发，来构建数学模型，探求解题思路。

1 构建平面几何模型

"数缺形时少直观，形离数时难入微"。解题时若能对数学文字语言、符号语言和数式语言有直观的理解，将其转化为图形语言，以"形"助"数"，以"数"思"形"，数形结合，优势互补，就可获得创新的解题思路。

例 1 已知 a, b, c, d, e, f, g, h 都是正数，且 $a+b=c+d=e+f=g+h=1$，试证：$bc+de+fg+ha<2$。

分析 本题用常规方法证明很繁，若观察到条件 $a+b=c+d=e+f=g+h=1$ 的特点，来构建边长为 1 的正方形(图 1)，借助平面几何模型，利用面积法很容易得到 $\frac{1}{2}bc+\frac{1}{2}de+\frac{1}{2}fg+\frac{1}{2}ha<S_{ABCD}=1$，所以有 $bc+de+fg+ha<2$。

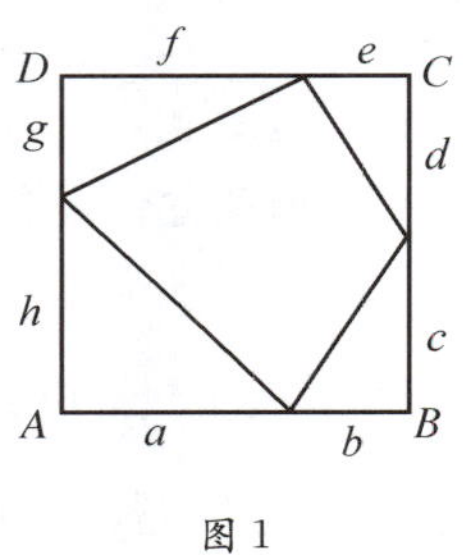

图 1

例 2 若 $a>0,\ b>0,\ c>0$，求证：$\sqrt{a^2+b^2+ab}+\sqrt{b^2+c^2+bc}>\sqrt{a^2+c^2+ac}$。

分析 由不等式被开方数的结构很容易联想到余弦定理，故可构建三角形模型：从一点 O

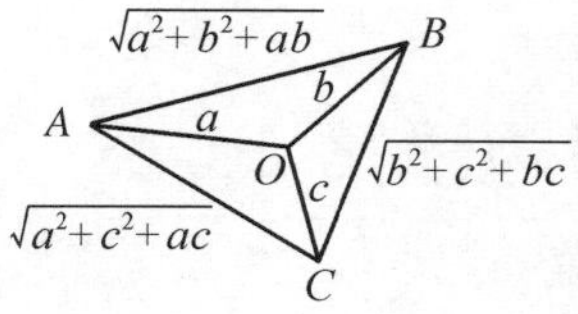

图 2

引三条线段，使它们的长分别为 a、b、c，夹角均为 120°，可构建三角形模型(图 2)，则有：

$$AB=\sqrt{a^2+b^2-2ab\cos 120^\circ}$$
$$=\sqrt{a^2+b^2+ab},$$
$$BC=\sqrt{b^2+c^2-2bc\cos 120^\circ}$$
$$=\sqrt{b^2+c^2+bc},$$
$$CA=\sqrt{a^2+c^2-2ac\cos 120^\circ}$$
$$=\sqrt{a^2+c^2+ac}。$$

而 $AB+BC>CA$，所以有 $\sqrt{a^2+b^2+ab}+\sqrt{b^2+c^2+bc}>\sqrt{a^2+c^2+ac}$。

2 构建立体几何模型

从上述两例可以看出，构建几何模型解题的关键是捕捉问题的信息、分析问题的结构、挖掘问题的本质，进而构建相关模型。而对于立体几何模型构建与其相似，在解题中，如能将问题的立体几何模型构建出来，可使复杂的问题简单化，抽象的问题形象化、直观化。

例 3 一个四面体的所有棱长都是 $\sqrt{2}$，四个顶点在同一球面上，则此球的表面积为( )

A. 3π B. 4π C. $3\sqrt{3}\pi$ D. 6π

分析 抓住四面体的六条棱都相等的特征，可以此四面体的棱为正方体的面对角线，来构建正方体模型。易知此四面体的外接球就是该正方体的外接球，而正方体的棱长为 1，从而外接球的半径为 $R=\frac{\sqrt{3}}{2}$，故球的表面积为 $S=3\pi$，所以选 A。

例 4 若 $a>0$，$b>0$，$c>0$，求证：$\sqrt{a^2+b^2-ab}+\sqrt{b^2+c^2-bc}>\sqrt{a^2+c^2-ac}$。

分析 本题和例 2 极其相似，仿例 2 从一点 O 引三条线段 $OA=a$、$OB=b$、$OC=c$，使它们的夹角均为 60°，则可得 $\triangle OAB$、$\triangle OBC$、$\triangle OCA$，而这三个三角形恰构建成一个三棱锥 O-ABC(图 3)，则有 $AB=\sqrt{a^2+b^2-2ab\cos 60^\circ}$，$BC=\sqrt{b^2+c^2-2bc\cos 60^\circ}$，$CA=\sqrt{a^2+c^2-2ac\cos 60^\circ}$。

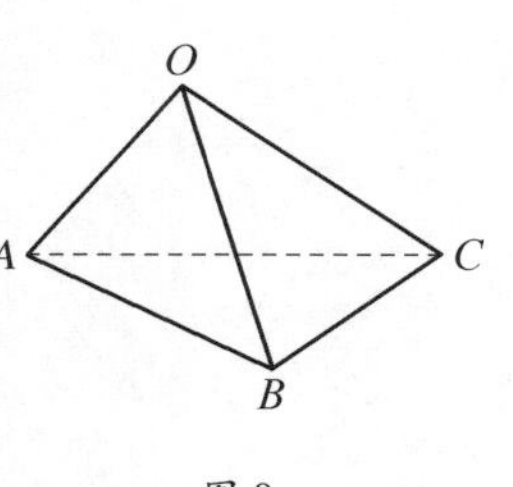

图 3

由三角形性质知 $AB+BC>CA$，

所以 $\sqrt{a^2+b^2-ab}+\sqrt{b^2+c^2-bc}>\sqrt{a^2+c^2-ac}$。

3 构建解析几何模型

在一些复杂的不等式证明和求解中，如能根据题目的结构，挖掘出隐含条件，将其转化为解析几何问题，能收到意想不到的效果。

例 5 已知 $a,b\in\mathbf{R}$ 且 $b^2=4a$，求证：$\sqrt{(a-2)^2-(b-1)^2}+\sqrt{(a-1)^2+b^2}\geqslant 3$。

分析 由 $b^2=4a$ 联想到构建抛物线模型

$y^2=4x$，结构式 $\sqrt{(a-2)^2-(b-1)^2}+\sqrt{(a-1)^2-b^2}$ 可以看作抛物线上点 $P(a,\ b)$ 到 $A(2,\ 1)$，$B(1,\ 0)$ 距离之和(图 4)，由抛物线的定义知 $|PB|=|PM|$，故有 $|PA|+|PB|=|PA|+|PM|\geqslant|AN|=3$，所以 $\sqrt{(a-2)^2-(b-1)^2}+\sqrt{(a-1)^2+b^2}\geqslant 3$。

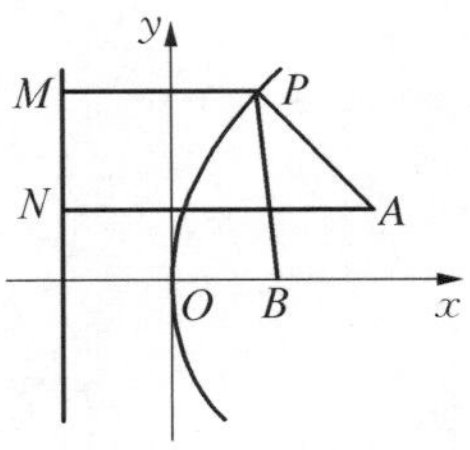

图 4

例 6 解不等式：$1<\dfrac{x^2-2x-1}{x^2-2x-2}<2$。

分析 由不等式结构可考虑在平面直角坐标系的 x 轴上构建三个点 P_1，P，P_2，使其横坐标分别为 1，$\dfrac{x^2-2x-1}{x^2-2x-2}$，2，则有 $\lambda=\dfrac{P_1P}{P_2P}=\dfrac{1}{x^2-2x-3}$，由条件可知点 P 是 $\overline{P_1P_2}$ 的内分点，所以有 $\lambda>0$，即 $x^2-2x-3>0$，解之即得原不等式的解集为 $\{x\mid x<-1$ 或 $x>3\}$。

4 构建方程模型

方程思想在数学解题中的应用尤为广泛，如在证明不等式、解方程、计算和函数求值中，均可通过引进辅助方程，然后将待解决的问题通过转化置于辅助方程中，使问题获解。

例 7 已知 $4\sin\alpha+2\cos\beta+\cot\gamma=0$，$\cos^2\beta-4\sin\alpha\cot\gamma=0$，求证：$4\sin\alpha=\cot\gamma$。

分析 由条件可得：$4\sin\alpha+\cot\gamma=-2\cos\beta$，$4\sin\alpha\cdot\cot\gamma=\cos^2\beta$，此两式为相同两数的和与积，利用方程的思想，以 $4\sin\alpha$，$\cot\gamma$ 为根来构建一元二次方程模型：$x^2+2\cos\beta\cdot x+\cos^2\beta=0$，

而 $\Delta=4\cos^2\beta-4\cos^2\beta=0$，

所以方程有等根，即 $4\sin\alpha=\cot\gamma$。

例 8 解方程 $x^3+2\sqrt{3}x^2+3x+\sqrt{3}-1=0$。

分析 三次方程解起来很困难，若换个角度将 $\sqrt{3}$ 看作未知数，x 看作已知数来构建二次方程模型：$x\cdot(\sqrt{3})^2+(2x^2+1)\sqrt{3}+x^3-1=0$ ①，问题就简单多了，解方程①得：

$$\sqrt{3}=\frac{-(2x^2+1)\pm\sqrt{(2x^2+1)^2-4x(x^3-1)}}{2x},$$

则有 $\sqrt{3}=1-x$ 或 $\sqrt{3}=-\dfrac{x^2+x+1}{x}$，

即 $x^2+(\sqrt{3}+1)x+1=0$，

所以可得方程的三个根为：$x_1=1-\sqrt{3}$，$x_2=-\dfrac{\sqrt[4]{12}+\sqrt{3}+1}{2}$，$x_3=\dfrac{\sqrt[4]{12}-\sqrt{3}-1}{2}$。

5 构建函数模型

函数模型和构建往往是通过引进辅助函数实现的，然后根据函数的特征和性质来解决不等式、方程和求值等问题，通过构建函数模型，常常可以收到出奇制胜的效果。

例 9 已知 $\alpha+\beta+\gamma=\pi$，求证 $x^2+y^2+z^2\geqslant 2xy\cos\alpha+2yz\cos\beta+2zx\cos\gamma$。

分析 由于待证不等式是三元二次不等式，若能把 x 看作未知数，y、z 作为已知数，其形式就与二次函数相同的，这样就可以构建出二次函数模型。

$$f(x)=x^2+y^2+z^2-(2xy\cos\alpha+2yz\cos\beta+2zx\cos\gamma)$$

$$=x^2-2(y\cos\alpha+z\cos\gamma)x+y^2$$
$$+z^2-2yz\cos\beta,$$

因为 $\Delta=4(y\cos\alpha+z\cos\gamma)^2-4(y^2+z^2-2yz\cos\beta)=-4(y\sin\alpha-z\sin\gamma)^2\leqslant 0$,

所以,函数 $f(x)\geqslant 0$ 恒成立,

即 $x^2+y^2+z^2\geqslant 2xy\cos\alpha+2yz\cos\beta+2zx\cos\gamma$。

6 构建向量模型

向量沟通了代数与几何的内在联系,向量也给我们提供了研究数学问题的新方法。对某些含有乘方和或和乘方等的代数问题,均可构建向量内积和向量模的模型来解决,这样可以优化思维品质,培养创新思维能力,寻找到好的解题思路。

例 10 设 $x, y\in\mathbf{R}$,求证 $(x^4+y^4)(x^2+y^2)\geqslant(x^3+y^3)^2$。

分析 不等式左边可以看作两向量 $\boldsymbol{a}=(x^2, y^2)$,$\boldsymbol{b}=(x, y)$ 模平方的积,不等式右边可看作两向量 $\boldsymbol{a}=(x^2, y^2)$,$\boldsymbol{b}=(x, y)$ 内积的平方,所以有:$(x^3+y^3)^2=(\boldsymbol{a}\cdot\boldsymbol{b})^2=|\boldsymbol{a}|^2|\boldsymbol{b}|^2\cos^2\theta\leqslant|\boldsymbol{a}|^2|\boldsymbol{b}|^2=(x^4+y^4)(x^2+y^2)$。

例 11 对于 $x\in\mathbf{R}$,求函数 $y=\sqrt{x^2+x+1}-\sqrt{x^2-x+1}$ 的值域。

分析 由函数的结构,可将其变形为向量模的形式,然后再利用向量模的性质进行解题:

$$y=\sqrt{x^2+x+1}-\sqrt{x^2-x+1}$$
$$=\sqrt{\left(x+\frac{1}{2}\right)^2+\left(\frac{\sqrt{3}}{2}\right)^2}$$
$$-\sqrt{\left(x-\frac{1}{2}\right)^2+\left(\frac{\sqrt{3}}{2}\right)^2},$$

构建向量 $\boldsymbol{a}=\left(x+\frac{1}{2}, \frac{\sqrt{3}}{2}\right)$,

$$\boldsymbol{b}=\left(x-\frac{1}{2}, \frac{\sqrt{3}}{2}\right),$$

则有 $y=|\boldsymbol{a}|-|\boldsymbol{b}|$,

因为 $\boldsymbol{a}-\boldsymbol{b}=(1, 0)$ 且 $|\boldsymbol{a}|-|\boldsymbol{b}|<|\boldsymbol{a}-\boldsymbol{b}|$,

所以有 $|y|=||\boldsymbol{a}|-|\boldsymbol{b}||$

$$<|\boldsymbol{a}-\boldsymbol{b}|=1。$$

所以,函数 $y=\sqrt{x^2+x+1}-\sqrt{x^2-x+1}$ 值域为$(-1, 1)$。

7 构建三角模型

对于那些与三角恒等式有一定联系或相似之处的代数问题,可根据题目的特点,合理进行三角换元构建三角模型,然后再利用三角公式和性质进行解题。

例 12 已知 $a, b\in\mathbf{R}^+$ 且 $a+b=1$,求证:$\left(a+\frac{1}{a}\right)^2+\left(b+\frac{1}{b}\right)^2\geqslant\frac{25}{2}$。

分析 由 $a, b\in\mathbf{R}^+$ 及 $a+b=1$ 联想到三角恒等式 $\sin^2\theta+\cos^2\theta=1$,故可构建三角模型,令 $a=\sin^2\theta, b=\cos^2\theta\left(0<\theta<\frac{\pi}{2}\right)$,所以不等式左边可化为:

$$\left(\sin^2\theta+\frac{1}{\sin^2\theta}\right)^2+\left(\cos^2\theta+\frac{1}{\cos^2\theta}\right)^2$$
$$\geqslant\frac{1}{2}\left(\sin^2\theta+\frac{1}{\sin^2\theta}+\cos^2\theta+\frac{1}{\cos^2\theta}\right)^2$$
$$=\frac{1}{2}\left(1+\frac{4}{\sin 2\theta}\right)^2\geqslant\frac{25}{2}。$$

例 13 已知 $x>0$，$y>0$ 且 $x^2+y^2=z^2$，求证：$x^{10}+y^{10}<z^{10}$。

分析 由 $x^2+y^2=z^2$ 和勾股定理，则可通过引进参数 θ 来构建三角模型，$x=|z|\cos\theta$，$y=|z|\sin\theta\left(0<\theta<\frac{\pi}{2}\right)$，而 $0<\cos\theta<1$，$0<\sin\theta<1$，因此 $\cos^{10}\theta<\cos^2\theta$，$\sin^{10}\theta<\sin^2\theta$，所以 $x^{10}+y^{10}=z^{10}(\cos^{10}\theta+\sin^{10}\theta)<z^{10}(\cos^2\theta+\sin^2\theta)=z^{10}$。

8 构建二项式定理模型

二项式定理 $(a+b)^n=a^n+C_n^1a^{n-1}b+C_n^2a^{n-2}b^2+\cdots+C_n^{n-1}ab^{n-1}+b^n$ 是证明高次不等式的有效途径。通过二项式定理模型的构建可以使复杂、烦琐的不等式证明变得简洁、巧妙。

例 14 已知 $x+y=1$，求证：$x^n+y^n\geqslant\frac{1}{2^{n-1}}$ $(n\in\mathbf{N}^*)$。

分析 由待证不等式 $x^n+y^n\geqslant\frac{1}{2^{n-1}}$ 左右两边的形式看，此式可能与二项式定理有联系，故可将 x，y 进行换元 $x=\frac{1}{2}+t$，$y=\frac{1}{2}-t$ 来构建二项式定理模型：

$$x^n+y^n=\left(\frac{1}{2}+t\right)^n+\left(\frac{1}{2}-t\right)^n=$$

$$2\left[C_n^0\left(\frac{1}{2}\right)^n+C_n^2\left(\frac{1}{2}\right)^{n-2}t^2+C_n^4\left(\frac{1}{2}\right)^{n-4}t^4+\cdots\right]$$

$$\geqslant\frac{1}{2^{n-1}}\ (n\in\mathbf{N}^*)。$$

9 构建概率模型

由于概率的计算与排列组合有密切的联系，因此，可构建概率模型来解某些与排列组合有关的题。

例 15 证明 $\dfrac{C_n^0C_m^k+C_n^1C_m^{k-1}+\cdots+C_n^kC_m^0}{C_{n+m}^k}=1$。

分析 由题目信息可构建概率模型：在一个装有 n 个白球和 m 个黑球的盒中，随机抽取出 k 个球 $(k\leqslant\min\{n,m\})$，则有 C_{n+m}^k 种取法，而取出白球的个数可能为 0，1，2，…，k，分别有 $C_n^0C_m^k$，$C_n^1C_m^{k-1}$，$C_n^2C_m^{k-2}$，…，$C_n^kC_m^0$ 种可能，则每种情形的概率分别为 $\frac{C_n^0C_m^k}{C_{n+m}^k}$，$\frac{C_n^1C_m^{k-1}}{C_{n+m}^k}$，$\frac{C_n^2C_m^{k-2}}{C_{n+m}^k}$，…，$\frac{C_n^kC_m^0}{C_{n+m}^k}$，因为事件“取出白球的个数为 0，1，2，…，k”是必然事件，所以有 $\dfrac{C_n^0C_m^k+C_n^1C_m^{k-1}+\cdots+C_n^kC_m^0}{C_{n+m}^k}=1$。

在数学解题过程中，通过构建数学模型，来探求解题思路是优化思维品质的有效途径，是解题者对问题本质认识的具体体现。通过对数学模型的构建，可以训练解题者理解问题的能力；抽象分析的能力；运用数学工具的能力；类比与联想的能力；转化与化归的能力。而这些能力都是我们数学学习者不可缺少的能力。具体的，构建数学模型还有哪些潜在的教育价值，还有待于我们广大的数学教育工作者去深入探索和研究。

（选自《数学通报》2006 年第 10 期）

关于数学知识的有效记忆及其实现途径

陈　辉
高淳高级中学

无法正确地求解数学问题，常常不是所需的知识不具备，而是记忆系统中的相关知识没有被准确地提取，解答高考题更是如此，所需知识都是考试大纲规定并被反复强化过的。因此，我们通常认为，导致知识不能被提取的原因，从根本上说不是熟练程度的问题，而是数学能力的问题，但这样说似乎笼统、抽象了些，应该可以从记忆系统的角度来考虑，分析有利于提取的有效记忆，寻找实践层面上需要的、操作性强的结论和办法。

1　关于数学知识的有效记忆

1.1　数学知识有效记忆的特征

教育实践表明，数学能力强的学生能把推理或论证的模式记得很牢，而不是去强记一些具体的事实和具体的数据；不是机械记忆，而是对语义结构和对证明方案、基本思路的记忆。如：已知函数 $f(x)=\tan(2x+\varphi)$ 的图象的一个对称点为 $\left(\frac{\pi}{6},0\right)$，求 φ 取值的集合。合理的解法是利用函数 $f(x)=\tan(2x+\varphi)$ 的图象特征，得到 $f\left(\frac{\pi}{6}\right)=0$ 或 $f\left(\frac{\pi}{6}\right)$ 不存在，即 $\frac{\pi}{3}+\varphi=\frac{1}{2}k\pi(k\in\mathbf{Z})$，求出 φ 的取值。此前已学习过“$f(x)=A\sin(wx+\varphi)$ 的图象的对称点是零点”的问题，但有的学生无从下手，有的学生只能得到 $f\left(\frac{\pi}{6}\right)=0$，原因是学习时记住了结论，而忽略了这个结论的推理过程，记忆的有效性不够。

因此，数学知识的有效记忆不是“陈述性知识”的简单堆积，而是在深刻理解知识内在联系的基础上，对操作陈述性知识的方法。步骤——“程序性知识”(或称思维程序)的掌握。

1.2　记忆提取的心理过程

信息加工理论认为，学习的过程是信息加工

的过程，包括贮存信息和使用信息。提取信息大体有两种方式，一是“自动的过程”，外来信息直接激活记忆系统中的相关信息，而不受意识的控制；二是“审视的过程”，外来信息无法激活相关信息，只能在意识支配下，按照一定的规则检索记忆系统。但值得注意的是，自动过程也可能激活类似的无用信息，审视过程所用的“规则”即是思维程序，而思维程序本身也有能否激活的问题。

如：求函数 $y=\dfrac{2-\sin x}{2-\cos x}$ 的值域。合适的知识先是“斜率”，再是“圆的方程”。首次遇到这类问题时，如果学习者对斜率的掌握仅限于“平面上两点连线”，忽略了斜率公式的式子特征，那么提示线索就少了一个，无论是“自动”还是“审视”都无法提取斜率知识，实现数到形的转化。一段时间后再次遇到此类问题，如果记忆不深，则不能“自动”地提取，如果思维程序没有形成或没有激活，则不能“审视”地提取。因此，知识能否提取还取决于两个方面的因素：(1) 记忆痕迹的强度；(2)与提示线索的联系。

总之，数学知识的有效记忆取决于三个方面的要素：一是数学学科特点的记忆结构和记忆内容，不仅记忆知识本身，还需掌握知识的内在联系，以及操作知识的思维程序；二是合适的提示线索；三是足够的记忆强度。

1.3 有效的记忆过程

我们注意到，学习的过程中会涌现大量的信息，其中相当一部分不能进入记忆，一时记住的也可能忘记或难以提取，因此，把握三个要素，实现有效记忆，需要有效的记忆过程。信息加工理论认为，学习中涌现的信息只有经过进一步加工的才能保留在长期记忆之中，这种加工称为“编码”。

然而记忆是心理活动，教师难以深入到每个学生的、带有个性特点的心理活动之中，学生自动记忆的有效性难以保证。因此，有效的记忆过程不是学生自然的、无意识的心理活动，也不单是学生有意识的、自主的心理活动，而是师生共同追求有效记忆的三个要素的教学活动。

2 实现数学知识有效记忆的途径

2.1 在理解的基础上记忆

数学知识的学习强调理解。要求学习者能用自己现有的知识来解释新的知识，知道它是怎么来的，有什么用途，使知识的记忆不是零碎的片段，而是有机的整体，并逐步形成知识网络，以便在提取时能沿着知识发生、发展的脉络和知识的内在联系来检索所需的知识。

2.2 重视思维程序的归纳

思维程序是程序性知识，是提取知识的主要工具，更是数学学科特点决定的有效记忆的关键因素。归纳思维程序有一个经典的范例：记忆三角函数诱导公式的口诀“奇变偶不变，符号看象限”。这个口诀本身不是陈述性知识，而是程序性知识。它通过提取、运用“角的终边”、“三角函数定义”及“三角函数在各象限的符号”等知识，来确定式子“ $f\left(\frac{1}{2}k\pi+\alpha\right)=\pm f^{*}(\alpha)$ ”中函

数名 f^* 和符号。此口诀简明扼要，步骤简捷，易于记忆，因此被广泛地应用。归纳思维程序应以此为例，力求文字简洁，程序准确。

值得注意的是，思维程序本身也是知识，也有激活的问题，因此，应让学生参与归纳程序、提炼文字的过程，并应用到必要的次数，达到理解程序、固化思维、提高记忆强度的目的。

2.3 注重多元联系

"注重多元联系"是2003年国家考试中心在试题评价报告中提出的教学建议，并指出"数学是研究现实世界数量关系和空间形式的科学，养成将一个对象以数字的、符号的、式子的、图形的形式表示的习惯，可以达到启发思维，开拓思路的目的"。如果对一个知识也能从多个角度去理解，揭示它在不同的领域的不同形式，那么提示线索就能更多，被激活的可能性就会增大。如：已知 a，b 为不等实数，求证：$|\sqrt{1+a^2}-\sqrt{1+b^2}|<|a-b|$。常规的证法是分析法或分子有理化。如若把握了距离公式、斜率公式的式子的特点，则该不等式对应于三点 $A(1, a)$，$B(1, b)$，$O(0, 0)$ 为顶点的 $\triangle OAB$ 中的两边之差小于第三边，或对应于双曲线 $y^2-x^2=1(y\geqslant 0)$ 一支上任意两点 $A(a,\sqrt{1+a^2})$，$B(b,\sqrt{1+b^2})$ 连线的斜率的绝对值小于1(渐近线斜率的绝对值)。教学中要求重视数形结合，立体几何的公理、定理要求从文字语言、图形语言、符号语言这三个方面来理解等，也正是这个道理。

2.4 重视知识的概括

高度的概括性是数学学科的本质特征。数学知识的高度抽象性、逻辑严谨性、广泛的应用性都源于概括性，掌握数学知识、实现有效记忆同样离不开概括。一方面，概括的过程是突出共性的过程，合理的概括必然有利于把握知识的内在联系，建立有利于有效记忆的知识结构；另一方面，数学概括是以知识的属性为主的概括，能促进对知识的本质认识，增加知识的提示线索。如高三复习中的一个练习题：将函数 $f(x)=\log_2 x$ 的图象绕原点 O 逆时针旋转 $90°$，得到函数 $g(x)$ 的图象，则 $g(\log_2 5)=$ ________。关键是求 $g(x)$ 的解析式。许多学生将思维集中于利用求轨迹的方法来求解析式，既繁琐又耗时。如果注重概括，就会有：指数函数与对数函数在底数相同或互为倒数时图象全等，只是图象的开口方向不同。因此，开口右下的函数 $f(x)=\log_2 x$ 逆时针旋转 $90°$后应得到开口右上的 $g(x)=\left(\frac{1}{2}\right)^x$。如不注意概括，对两个函数的认识往往集中于"互反函数的图象关于直线 $x=y$ 对称"所造成的差异，而忽视他们在本质上的相同之处，造成非常熟悉、近在咫尺的指数函数知识没有被提取。

教学实践中通常每节课、每个知识点都有概括，如果这些概括彼此独立、互不关联，就会概括越多，记忆越难，反而不利于知识的提取。教学中应注意两个方面，一是概括需要不断深化，概括的范围愈大，形式就愈抽象，对问题的理解就愈深刻，知识的本质属性把握就愈准确，提取就愈准确；二是概括结果简单扼要，方便记忆。如排列、组合复习时，有的学生注意到运算的方式只有"加、减、乘、除"四种，然后进一步归

纳四种运算分别在什么情况下使用，概括出“准确使用加减乘除”一句话，从而对知识的认识跃上新的台阶。虽文字不多，却覆盖面大，网络清晰，方便记忆，准确提取的可能性大大增强。

2.5　增加一些情节记忆

教育实践表明，在知识的学习、记忆过程中，总伴随着一些情节记忆，学习过程中发生的一些事件和身心体验会长久清晰地保留在记忆之中。在回忆某个知识时，大脑中往往先呈现出相关的情节，一些与“印象深刻的事件”有关的知识总是容易唤醒，难以忘记。

真正发挥情节记忆的提示作用在于其强度，在于调动学生的更多感觉系统参与到学习活动中来。教学中应注意动脑与动手相结合，学习与实践相结合，注意利用学生的生活经验，注意发挥图片、模型的作用，注意利用机智幽默的语言和“抖包袱”的方式来呈现知识。还可以利用设计陷阱、经历“失误”等方式，让学生经历知识探究的艰难历程，达到全身心参与，增强记忆的目的。

（选自《中学数学月刊》2006年第12期）

英语教学课件设计与使用中的五个问题

陈昌梓
高淳高级中学

随着现代教育技术的推广和各地办学条件的改善，多媒体越来越多地进入课堂，丰富了教师的教学手段。其中利用 PowerPoint 制成的多媒体演示型课件，因其制作和使用相对简易，已成为课堂上使用最多的课件类型。多媒体课件集声、文、图、像于一体，使知识容量增大，内容更加形象充实。如果教师对多媒体课件运用得当，会极大地提高课堂效率；但如果运用不当，则会适得其反。经过对公开课和观摩课的分析以及对大量英语课件的研究，笔者发现，教师在使用英语课件方面存在以下五方面的问题：

一、以固定模式贯穿整个教学过程，课件使用缺乏灵活性

这是目前课件使用过程中存在的最大弊病。教学过程是师生交流和互动的过程，是一种沟通与合作，富有创造性、开放性、复杂性和多变性（吕良环，2003）。但由于课件是事先做好的，大部分课件覆盖整节课内容，环环相扣，难以变更，这就使课堂教学的灵活性受到很大限制，教师成了播放员和解说员，而学生则成了听众或观众。以这样的课件辅助课堂教学，不仅不能体现学生的主体性，而且教师的主导作用也难以充分发挥，最终会导致形成僵化的课堂教学模式。

开展某一项教学活动时也存在同样的问题。例如，某教师在通过幻灯片开展 Brainstorm 教学活动时，提问学生：How many musical styles do you know? 然后点击鼠标依次呈现各种音乐风格，如 Jazz 和 Rock 等；虽然学生提供了正确答案，但学生的正确答案往往与幻灯片上出现的单词顺序不一致，或者幻灯片上根本就没有呈现。因此，该活动不但起不到 Brainstorm 应有的作用，反而会限制学生的思维。Brainstorm 的目的是"鼓励学生自由讨论，大胆思考，作用是激活学生已有的相关背景知识，补充必要的、新的背景知识，启

发学生对有关话题的思考”(人民教育出版社英语室,2005)。并且,Brainstorm的活动是开放的。

再如,有些教师把问答题和填表题的答案搬上幻灯片,而问答题和填表题的答案往往不是唯一的;即使答案唯一,表达方法也不尽相同。在课件中呈现一个标准答案,师生之间就失去了互动的机会,教师会错失很好的交际教学的机会,学生也会因为担心自己的答案与标准答案不符而不敢作答,这同样会限制学生的思维。

二、以课件取代传统教学媒体,顾此失彼

教学课件通常利用多媒体呈现和描述各种教学信息,并且可以事先制作好,避免即时呈现时可能出现的遗漏和失误(如板书),而且呈现时只需点击鼠标即可,因此与课本、板书、讲义和实物等传统媒体相比具有一定的优势。但是在实际教学中,不少教师过度依赖课件,无论是课本上的图片、表格、问题及答案,还是只需师生口头问答即可确认的选择题、是非题,都要用课件呈现,而且呈现形式花样繁多,令人目不暇接。这不仅耗费了教师大量的备课时间,而且给学生造成额外的视觉负担,还占用了大量宝贵的课堂时间。

实际上,传统教学媒体具有一些不可替代的优势。例如,板书具有即时、自由和灵活的特点,教师可以根据课堂教学的进程和变化灵活运用,其形式可以是文字、符号、示意图和图画等。教师在黑板上加注符号时,可以根据讲解需要以任意形式、灵活地按次序叠加,而不会使学生迷惑不解。这种板书的方法在分析句子时特别有效。

三、为技术而技术,忽视教学目标

教育现代化不等于教育技术现代化,教育技术现代化也不等于教育中的技术,即“媒体”“手段”等的现代化(江苏省电化教育馆,1998)。但是不少教师对此在认识上存在误区,误以为课件用得越多,制作水平越高,教学水平就越高。有些教师每逢公开课必用精美、繁多的PowerPoint。评课者也把有无使用课件作为评价课堂教学质量的重要标准之一。至于授课教师是如何使用课件的,是否有必要使用课件,除课件外有无更好的呈现方式等则很少有人关注。

例如,在教学课文 *The Necklace*(SEFC Book 1A Unit 15)时,有位授课教师为了引入necklace一词,将10张图片呈现在一个繁星闪烁的夜空背景下,各式项链、戒指、耳环、胸针、头饰等图片以各种方式依次呈现出来,然后用一张繁星闪烁的幻灯片呈现了一句话:Do you want to have one of them? necklace虽然是本节课的重点词汇,但也无须用10张图片引出,况且幻灯片呈现的那句话也只需教师口头提问即可。因此,在这样的教学设计中,教学目标反而被忽视或淹没了。

四、过分注重修饰,喧宾夺主

课件中美丽的色彩,漂亮有趣的艺术字,优美的背景音乐和别出心裁的动画可以给学生带来美的享受,使其获得愉快的情感体验,如果运用得当则会提高课堂效率。但许多课件往往过分修饰,反而影响了教学效率。

比如，有的教师在课件中大量使用各种艺术字，而奇形怪状的艺术字只会分散或转移学生的注意力，使学生产生视觉疲劳。当然，对于一些学生熟知的内容，如课文或单元标题等，可以适当使用艺术字，以增加新鲜感。

再如，有一张幻灯片呈现了9个需要加前缀的单词，然而屏幕的近一半面积却被一个flash动画占据。动画由心形图开始，由小变大，变幻成一个向日葵形的太阳，然后花瓣逐个掉落，再长全，周而复始，其间伴随着各种色彩的转换以及太阳面部表情的变化。这样的课件必然会分散学生的注意力。

又如，有一段介绍作者的文字，授课教师在课件中以单词发送的形式呈现这段文字，单词一个接一个地从上而下降落。这样不但不利于学生阅读，反而会增加他们的阅读负担。

显然，以上几种做法与教学目标背道而驰，因而难以提高课堂效率。

五、过度呈现，忽视学生的接受能力

课件可以是文字、图片、声音或影像，由于可事先编制好，因此呈现迅速，为增加课堂容量提供了极大便利。正因为其具有这些特点，许多教师容易陷入过度利用课件的误区，导致课件的大容量和学生有限的接受能力之间产生矛盾。

例如，在教学课文*I Have a Dream*（SEFC Book 2B Unit 14）时，有位授课教师共用了101张幻灯片，平均不到30秒就呈现一张，其中仅Pre-reading部分就用了多达39张，包括了2张图片和大段的文字材料、多个相关人物的生平、问题及答案、讨论、连线题和选择题等。心理学研究表明，在课堂上学生的注意力是有限的（郭享杰、宋月丽，1995）。面对如此繁多、令人眼花缭乱的幻灯片，学生能理解和接受多少呢？一张张闪过的幻灯片使课堂教学显得内容丰富，实质上却违背了教学规律，并没有引发真正意义上的学习，因为学生只是被动地观看、阅读或寻找规定好的答案，而缺少实际的参与。

综上所述，如何合理利用多媒体课件，真正发挥它们的作用，达到提高课堂效率的目的，应引起教师的足够重视。为此，教师首先要认识到课件在教学中的辅助地位。课件本质上是一种教学信息的传播工具，与教科书等教学媒体一样是众多教学媒体中的一种，不应成为教学的唯一手段。其次，教师要认识到，现代化的教育技术手段不等于教育现代化；是否用了课件，用了多少，不是评价一节课好与差的标准，关键还是要看如何使用课件。最后，教师必须对多媒体教学开展深层次的研究。

教师在设计和实施教学时，要根据教学目标、内容和教学策略，在继承传统教学手段合理成分的基础上，适当运用多媒体课件，使两者有机结合，各尽其用，以减轻学生负担，提高课堂效率和教学质量。

（选自《中小学外语教学（中学篇）》
2006年第12期）

情感·语言·思维

吕华兵
南京第十三中学

英语作为一门语言学科其中包含了很多人文的东西。英语教育教学者不但要引导学生学会语言知识，培养他们的跨文化交际意识，以便使他们具有较强的语言交际能力，而且要增强学生在英语课堂上的情感体验，训练学生的英文思维能力。笔者认为有无积极的情感投入是语言学习成败的关键；而英文的思维能力的养成在很大的程度上，是以积极的情感投入和对语言的熟练掌握为前提的。于是情感、语言和思维成为英语教育教学永不能抛弃的三大主题。而理清它们之间的关系，对于英语教学有着举足轻重的意义。

一、积极的情感促进语言学习

现代教育在情感方面存在着两个误区：(1) 重视知识和智力的发展，忽视情感发展，以至于出现“情感空白”。其后果是使受教育者人际关系淡薄、精神方面不健全，身心不能得到全面、健康的发展。(2) 忽视情感与认知之间不可分割的关系。在教育中，过于重视认知能力的培养，而且在培养认知能力的过程中，忽视情感的影响。笔者认为应该是时候重视情感对教育教学的影响了。

那么怎么样才能调动学生积极的情感，而使语言课堂变得高效呢？现浅述几点：

(一) 浓厚的兴趣，积极的参与

俗话说：“兴趣是最好的老师。”在低年级的英语教学中，激发兴趣显得尤为重要。学生在浓厚的兴趣引导下，能够更为积极地参与到课堂中来，从而使课堂的参与度大大地提高，语言课堂的效率提高也就成了必然。当然，课堂效率的高低，不仅仅是课堂上的事情，它贯穿于整个教育教学的过程中，要自始至终地为教学服务。

目前新教材《牛津初中英语》在编写的时候

就考虑到学生的特点。每个单元的第一部分Comic Stripes里引入了两个卡通人物：一条懒惰好吃的小狗Eddie和电子狗Hobo。Eddie和Hobo之间的对话有趣而又幽默，再配以色彩艳丽的卡通图片，极为有效地激发了学生的学习兴趣。在日常的教学中发现学生对这一部分的内容记得特别牢固，而且能积极主动地参与到表演和模仿Hobo有趣的动作和语音中来。在这一过程中，学生的注意力是高度集中的，因此学习效率非常之高。

（二）积极的动机，饱满的自信

学校教育是一种有目的、有计划地对学生施加影响的过程。学校的教育对学生学习动机的形成和发展起着很大的作用。而学校教育又主要是通过教师进行的。因此，教师在学生学习动机形成的过程中，起着特别重要的作用。一方面，教师以自身的严谨的治学态度和对事业的献身精神，为学生树立良好的榜样。另一方面，教师应根据社会和学校的要求以及学生动机形成的规律，培养和激发学生正确而稳定的学习动机。只有有了这种学习动机，课堂才是一种自主的课堂，才会有积极课堂里积极的思维，课堂效率才会得到有效的提高。

学习动机应该有不同层次，教师对学生的学习动机的引导，要从点滴做起。这一点对于学习有困难的同学来说显得尤为重要。要有意识地为他们搭建舞台，让他们产生正面的情感体验，以形成正确的学习动机。在教学的过程中，引入形成性评价可以有效地达到这一目的。在教学的过程中，我们每一个单元的最后都会有一个Main Task，教师可以要求学生去做一个作品，本着鼓励的原则依据学生的态度来给学生打分，一学期以来，我发现有成绩不是很好的学生，在做这些作业的时候，做得特好、特新颖，而我就不时地加以鼓励，学生因此形成正面的最简单的学习动机——获得教师的正面评价。可以肯定的是学生会努力去学，不会放弃。这样一来教学由于有了学生的积极参与，课堂效率的提高也就成为必然。

（三）真实的情景，真实的体验

英语是一门应用学科，强调的是语言的运用，所以在课堂设计的过程中，我们要设计尽可能真实的任务，让学生能积极地参与其中。所谓真实任务就是和学生生活息息相关的活动。由于学生会觉得学会了就能在生活中用得上，所以学习起来特别投入，效率的提高也就不足为怪了。

举例来说，在教授《牛津初中英语7A》一书中UNIT 5　Shopping中的词汇部分的时候，我就曾经让学生讨论过这样一个问题：我们什么时候需要购物？学生在经过短时间的讨论之后，找出了许多种答案，有很多答案连我在备课的时候都没有想到。学生之所以能想到这么多的答案，我想是因为这个问题联系生活很紧密吧！我开始惊叹于学生们活跃的思维了，于是我又提出了这样一个问题：我们可以到哪里去购物呢？学生马上就想到了学校附近的超市以及乐客多购物中心等，因为这些都特别地贴近他们的生活。

（四）和谐的师生情，和谐的课堂

现代教育重视的是学生能力的培养，创新精

神的培养，而这些能力与精神的培养所依赖的课堂应是以学生为主体、师生互动的课堂，即实现师生人际交往的课堂。而要实现师生人际交往，实现信息的交流和相互影响，和谐的师生关系是必要的前提。

有位特级教师有一次对我说："一个老师要做好的第一件是让你的学生喜欢你。"我深刻体会到了这句话的内涵，学生(尤其是低年级的学生)可能会因为喜欢某个教师而学好了一门课。原因就在于有了和谐的师生关系，学生的学习和教师的教学是"同向"的，容易形成更大的教学合力。

二、情感、语言与思维能力的养成

(一) 情感的参与激活思维

在很多的讨论过程中，笔者都发现：一旦学生的情感和所讨论的话题产生共鸣，学生的思维就极易被激活。那些能让学生产生"两难情绪"的话题更能激活学生的思维。笔者曾经给准备初升高的学生开设过这样一堂口语课 *All about Titanic*，这是一堂关于 Titanic 的生死观的大讨论。

首先我让学生欣赏了沉船那一刻许多感人的画面：有毅然选择了死亡的船长和该船的设计师，有为维持秩序而开枪自杀的大副，有临危不惧用死来追求艺术真谛的小提琴手，有在危难时仍然选择了救护小女孩的乘客等。面对生死的抉择他们的选择震撼着每一位同学。然后我们进行大讨论，让学生谈论以下一些问题：

A. Why do these people choose death at last?

B. What do you think about the man?

C. If you are the man, what will you do?

D. If you are Jack, will you choose to die?

当然，以上都是一些正面的东西，那么船上还有为了逃生而不择手段的人——那位偷偷地爬上救生艇而获救的男士。

E. Is he right or wrong?

F. Will you do like this? Why or why not?

结果同学们有很多的话要说，有很多的话可以说，因为他们被震撼了，看了很多的电影，从来没有哪部像这样如此感染过他们，于是思维活跃起来了，也就有了很多很深刻、很独到的见解。最后，我给同学们留下了我的 e-mail，要求学生(允许匿名)用英文回答：If you are on Titanic too, what will you do? Will you choose to die or to live? 写来的信件中，学生继续探讨着关于生死的看法，观点各异，有的同学甚至偷偷地告诉我："Sir, my eyes are full of tears, when I was having this class. I am shocked and deeply moved. I'm afraid I will choose to live, because I am so afraid of death."还有同学告诉我："It all depends ..."当然我并不在乎学生的答案是"对"是"错"。因为在生死的面前，每人都有选择生的权利。但我确信每个人都认真思考过这个问题，并参与到其中来发表自己的观点，这才是最重要的。

(二) 语言的表达反作用于思维

其一，谁都明白思维再好如果没有语言的表

达也是白费，而语言也无时不反映人们的思维和逻辑能力。在英语的学习过程中要培养英文的思维能力，必须注意词汇的积累，因为词汇的积累直接决定你能不能把想法表达得精确无误。

其二，英语的表达强调层次性，它能让听众在乍听的时候，就能轻易地抓住讲话人的重点。我想很多同仁都观看过很多的演讲比赛（大学、中学甚至小学），其实不难发现所有能够得高分的演讲都非常简洁、思路清晰、重点突出，即兴问答部分尤其如此。

以上只是笔者的一些浅见，是对于情感、语言以及思维能力所作的一些思考。只是想多关注一下情感因素对语言课堂的影响，关注一下学生的内心世界，并加以引导，让学生能真正地展示和拥有自信（self-confidence）、创新能力（creativity）以及各自的个性（personality）。而英语课堂也应该成为在正确情感引导下，师生共同努力体验和运用英语的一个平台。

（选自《大学英语（学术版）》2006年第2期）

寓素质教育于英语教学中

刘小云
南京金陵中学河西分校

近年来，广大英语教师和教育工作者为推行素质教育进行了多方面的探索，在实践方面取得了不少成绩。本文将就素质教育、英语素质教育及英语教学中如何贯彻素质教育作浅显的探讨。

一、关于素质教育

素质是指人的先天的生理特点，但素质概念与教育结合起来，其含义就广泛得多了，常被定义为“以人的先天遗传因素为基础，在后天环境和教育的影响下形成并发展起来的生理、心理方面稳定而巩固的属性”。具体来说，人的素质，除了生理素质外，还应包括：文化素质、思想品德素质和心理素质。素质教育是一种面向全体学生，提高每个学生基本素质，“以人为本”的教育。换而言之，就是在这三个方面素质提高的基础上，让学生学会学习、学会做人和学会发展。学会学习这个问题是与文化素质紧密相连的，其重点是学生变对知识技能的被动接受为主动获取，培养并锻炼主动获取新知识、分析问题和解决问题的能力。学会做人，就是培养人的思想品德。使他们的思想情感与人民的幸福、祖国的富强联系起来，成为有理想、有道德、有文化、有纪律的社会主义事业的建设者和接班人。学会发展是一个心理素质的培养问题。良好的心理素质包括能够拥有团结合作、坚韧不拔的意志、艰苦奋斗的精神，能适应社会生活、能独立思考，并具有创新意识的科学精神。

二、关于英语教学中的素质教育

在英语教学中，把英语教学与素质教学相结合，具体体现在以下四个方面：

（一）在文化素质方面，正确掌握教学大纲规定的和教材上出现的英语语音、词汇和语法的知识，具有用英语进行听、说、读、写的初步的交际能力，具有自学英语的能力。

（二）在思想品德方面，具有坚持四项基本原则和全心全意为祖国服务的精神，具有良好的社会公德和高尚的思想情操，能够初步欣赏英语语言文字的美。

（三）在心理素质方面，激发用英语进行交际的强烈欲望；培养学生对英语语音、词汇、语法以及语句、语篇的注意力、观察力和记忆力，能主动积极地学习，保持旺盛的求知欲；培养学生对英语语法结构、文学作品和语言逻辑问题的思维能力和想像力；培养英语学习的正确动机、浓厚兴趣和坚毅的意志。

（四）在生理素质方面，注意开发左、右脑的功能，促进英语“四会”能力的协调发展；培养学生在言语活动中的灵活度、准确度和耐力，促进学生语言器官、部位的发育；培养学生在进行语言习惯和语言训练时的身心统一，使身体、精神处于最佳状态。

三、实施素质教育的途径

大力推行素质教育要求我们广大英语教师更新观念、提高自身素质，探索改革之路；改进教学方法，加强学法指导，提高学生初步运用英语进行交际的能力，把培养和提高学生的素质当作英语教学的立足点和归宿。

（一）提高教师自身素质。教师是素质教育的实践者和实施者，教学是由教师的“教”和学生的“学”两方面组成的，教师的思想、学识和能力直接影响着素质教育的效果。提高教师自身的素质教育是关键。党中央在《关于深化教育改革全面推进素质教育的决定》中专门把提高教师的素质列为一章，并指出这是推进素质教育的基本保证。江泽民同志指出：“创新是一个民族进步的灵魂，是国家兴旺发达不竭的动力。知识创新能力的培养和复合型人才的培养，需要一支高素质的教师队伍。”在新形势下，作为教师光有埋头苦干的精神是不够的。古往今来，教师不仅要“授业”，更应“传道”。要加速现代化的建设，提高全民族的素质，在英语课文教学过程中，如果只教英语语言，不言其他，必将失之偏颇，如果未能深刻领会大纲的意图，必然达不到教书育人的目的。要达到良好的教学效果，教师要做到“在教中学”，应该从“教”向“导”转变，把学生当作学习的主体。变单纯重视智育为促进全面发展，变传统的师道尊严为平等的师生关系，变灌输式为启发式，变各教育环节单打一为以围绕提高素质为目标的和谐教育。同时，教师应在教育工作中研究和探讨教育理论，调查、研究和分析问题，探讨和发现新的教育方式和有效的教学方法。教师还要具有营造和控制教育环境的能力。英语课是跨文化的人文学科，所以，英语教师只有比其他一般学科的教师具有更为丰富的目标语国家的民族的、文化的、历史的以及政治经济方面的社会背景知识，才能创造性地用好教材，才能全面提高学生的政治、文化、心理、技能、身体等各种素质，让他们德、智、体、美都得到生动、活泼、主动的发展。教师只有将素质教育视为己任并将之融于英语教学活动中，才能使英语教学与素质教育相得益彰，才能最终取得预期的教学效果。

（二）建立科学合理的评估体系。传统的教育评价将学生的学习作为唯一的评价对象，将考试分数作为唯一的评价标准。素质教育应当是

对学生的全面评价，即把形成英语能力的各个要素及学生的整体素质作为评价对象。评价的内容除了语言知识和语言技能以外，还应包括品德与科学文化素养、学习态度、学习策略、学习习惯和思维品质等。评价的方式应该是多层次和多形式的，如对学生的学习习惯、学习态度和学习策略等方面的评价可采用问卷调查、教学观摩、采访、表演和课内外作业等方式；对学生的思想品质和文化素养的评价可采用观摩、写作文、口试、角色扮演和小组项目与研究等方式；对语言能力的评价则可采用客观测试、作文考试、口试及汇报表演等方式；对学生的整体评价可采用建立学生档案，将反映学生多方面能力的资料系统地收入学生的个人档案，从而保证评价的全面性、公正性、发展性和有效性。评价的组织形式可以有同伴评价、自我评价、家长评价、观众评价、教师评价以及主观和客观测试等，这样可以使突出性的评价与整体性的评价有机地结合起来。

（三）优化课堂教学模式。在英语素质教育的教学中，优化课堂教学模式既是重点，也是实施素质教育的主渠道。然而，要优化课堂教学，就要求我们教师应做到优化教学目标的制定、优化课堂教学的设计、优化教学方法的组合等，通过优化课堂教学模式，以达到实施素质教育的目的。

1. 优化教学目标的制定。目标教学是构建素质教育的重点，它要求教师必须熟悉、了解、掌握教学内容，明确教学大纲要求达到的教学目标，通过分层教学，因材施教，使目标教学落到实处。可以说，目标教学就是将所有教学内容分解成一个个具体的目标，首先做到完成每课的小目标，尔后完成好单元的部分目标，从而完成总目标。教师在上新课前，首先弄清本课的教学目标、教学用书上提示的教学步骤，再分析学生达到这个目标的难点是什么。并根据学生的学习基础，学习习惯、学习方法以及兴趣爱好，反复钻研教材，明确教学目标，确定每课的重点和难点，同时把教学目标及时呈现给学生，让学生心中有数，从而达到了教有目标，学有目标，指导检查也有目标，使之在课堂上能有的放矢地进行教学，顺利完成制定的教学目标。

2. 优化课堂教学的设计。李如密在《素质教育与教学改革》一文中提出几个结合：即统一要求与因材施教相结合，教师指导与学会相结合，智力因素与非智力因素相结合，课堂教学与课外活动相结合，传统与现代教学手段相结合。这些对我们优化课堂教学的设计是很有启发意义的。课堂教学应努力引导学生从被动接受知识，转为主动探索知识，变“学会”为“会学”。要做到这点必须在培养学生的学习兴趣和动脑、动口、动手上下工夫，让他们主动参与教学活动，以调动他们的学习积极性和主观能动性，形成以学生思维为核心、能力为目标、育人为目的的素质教育教学模式。

在优化课堂教学设计时，可采用“启发式”“学导式”教学法。首先，教师要发挥自己的指导作用，做到深入浅出、画龙点睛、一语道破，起到指导作用，以达到“导”在关键上的目的。其次，在学习课前预习，画出难点，带着问题听课时，或学生在自学中遇到了困难，迫切需要教师解难答疑时，教师应及时进行指导，把握好关键时刻，恰到好处，这时学生的思想集中、全神贯注、认真听讲，可收到最好的效果。当然，除备好课外，教师还应精心设计，分析哪些材料让学生自学，哪些

材料由教师精讲，哪些材料用讲练结合形式进行；考虑精讲火候；研究怎样才可以讲深讲透，讲得条理分明、深入浅出，使讲解富于启发性。同时要避免教师“抱着走”包办代替，唱独角戏，而应把教学的重点从“教”转移到“学”上，使学生变被动为主动，真正成为教学活动的主体。这样可以培养学生独立学习的能力和对所学学科本身的兴趣，激发他们的求知欲，增强学习信心和主动学习的积极性。尤其要培养学生自己找规律，自己作总结，通过独立思考、开发智力，发现问题、分析问题、解决问题，真正以“主人翁”的身份积极主动地参与教学活动。

3. 优化教学方法的组合。在英语教育中目前还存在着费时多、收效低的问题。在教学中看重知识点的讲授和记忆，忽视实际能力的培养，这与“强调基础性以提高全民素质，培养不同层次的外语人才”的原则相违背。要改变这一现状，必须摆脱传统教学的羁绊，改进教学方法，进一步优化教学方法的组合。课堂上教师采用什么教学方法，学生就往往采用相应的学习方法，这直接影响着学生的学习效果。为此，教师在课堂教学上应努力以灵活多样的教学方法，精心设计教学过程中的各个环节，在课堂上创设情景，制造英语氛围，实现把语言知识转化为语言技能，再把语言技能转化为运用语言能力的目标，围绕学生能力素质的发展进行教学。

由于教学大纲要求的教学内容本身就是根据知识技能、顺序、结构和学生的初始能力的特点作出安排的，所以可以直接拿来使用，在此基础上，按照知识技能的相对完整性，可将教学知识技能发展序列分成几个教学环节。一般来说，除了第一节课以外，每一课教师所要进行教学的内容不外乎三个部分：① 复习已教过的语言材料；② 教学新的语言项目如词汇、语音、语法和句型等；③ 进行各种形式的听、说、读、写训练活动。为此，一般采用“五步教学法”；即：复习、介绍、操练、练习和巩固。在每一个步骤当中，教师的作用都有所不同，如采用口头练习、笔头练习、测试、听写、提问等复习方式；利用实物、图片，借助动作、猜谜、接龙式提问、简笔画等介绍新的语言项目；通过分排或分行、两人、小组等进行操练；通过做游戏、扮演角色等方式提高运用语言能力；充分利用“复习要点”和练习册中的练习等加强学习运用的能力，以加深印象，巩固记忆。教师要在教学中自始至终观察全班学生的反应，要随时根据情况变换自己的角色，保证所教的内容学生都能接受，以完成课堂的整体教学任务。教师不仅要随着各个步骤的变换而改变角色，更重要的是要根据学生的接受程度和实际教学的需要来优化教学方法的组合。在具体的教学当中，教师不可能按部就班，也不可能始终如一地进行每一个教学步骤。在“吃透”教材、掌握教法的基础上，灵活掌握、因材施教，在师生间形成一个感情融洽、相互尊重、配合默契的氛围，才能顺利进行教学。

总之，中学英语实施素质教育，是一次面向21世纪教育改革的重大问题，是一项长期的、全方位的系统工程，如何进一步落实马克思主义关于“人的全面发展”要求，还需要社会各界人士的支持和全体教师的共同努力，还有大量艰苦细致的工作需要我们不断探索和实践。

（选自《中国教育教学杂志》2006年第18卷）

对西方教育管理理论运动的回顾与简析

吴长宏
南京金陵中学河西分校

1. 西方教育管理理论运动兴起的背景

20世纪40年代末，管理科学的先驱开始把简化的逻辑实证主义语言转化到教育管理领域中来，以管理学家西蒙、格林菲斯、坎贝尔和社会学家哈尔品、盖茨尔斯等人为代表对传统的教育管理学发起了挑战，从而掀起了教育管理研究的“理论运动”。他们认为在泰罗、法约尔等管理理论影响下成长起来的教育管理学，不能算作科学，只能看作是趣闻轶事和民间智慧。用哈尔品的话说，它属于赤裸裸的经验论。

教育管理理论运动的兴起有其社会背景和学术背景。从当时的社会背景来看，第二次世界大战结束，世界进入冷战阶段——美国和当时的苏联各自代表自己的阵营在科学技术和其他领域进行着激烈的竞争。苏联人造卫星首先上天引起了美国朝野的震动，也引起了美国人对教育的广泛批评，认为杜威等发起的以人为本的进步主义教育运动是导致教育落后和科学技术落后的根源，人本主义管理思想脱离了社会政治发展的实际。不少人开始对人本主义教育管理理论进行批判，认为学校教育要关注社会、政治和文化的发展，一味地强调个人的自由发展只能导致教育质量和效率低下。科学管理重新得到了重视，管理科学的建设在50年代开始加强。

再来回顾一下当时的学术背景。20世纪50年代前美国教育管理思想就其学科水平而言，大多处在经验描述的层面，缺乏理论概括。当时，那些旨在培训教育行政人员的教育管理教学同现代学术思想和研究脱节，教育管理的课程一直由担任过督学的教育行政领导讲授，教学内容几乎都集中于“应该是什么”(what should be)和“如何做”(how to do)这些实际问题，体现出明显的经验描述和实践导向的特点，没有上升到理论的高度，缺乏理论基础、理论指导和理论概括。教育管理作为一门学术性学科的演进是在50—80年代之间。由于受到方兴未艾的行为科

学的影响，这场被后人称为“教育管理的理论运动”开始在教育管理研究中占上风。正如格林菲斯所说，50年代以来“教育管理的研究趋向已着重于理论的探索，不再单纯注重实用而把科学原则排除在外”“这种理论的探索已经不再是个别的摸索，而已经通过全国性的组织从事集体的研究”。这场运动是在那些希望将教育管理地位提升到学术研究领域的大学教授们的主导下开展的，这些学院派人物不满足于20世纪前半叶学校管理中占支配地位的实践性的、非理性的学说，而倡导将社会科学的研究方法应用到教育管理研究中去。这一时期，教育管理研究大量采用定量研究、客观观察、系统假设和检验等方法，各种理论和科研成果也大量涌现。格林菲斯于1959年发表《管理理论：当前教育中的问题》，探讨教育管理之决策问题，提出教育管理决策的六阶段说。盖茨尔斯、利法姆、坎贝尔于1968年发表《教育管理是一社会过程》，明确指出学校是一个社会系统的复合模式。

2. 西方教育管理理论运动的理论基础

教育管理理论运动的理论基础是逻辑实证主义，强调以理性为本。1923年，在哲学家石里克的领导下，诞生了维也纳学派，兴起了众所周知的逻辑实证主义运动。维也纳学派把孔德的旧实证主义和罗素、怀特海的符号逻辑结合起来，并特别强调后者。维也纳学派认为孔德把人类思想发展分为神学、形而上学和实证阶段是非常有意义的。孔德认为神学和形而上学在科学中没有地位，物理学已处于实证阶段，社会科学还处于前科学思维水平，必须用科学探究的方法促进本学科的发展。该学派把新的逻辑看成一种工具，力图创造“假设—演绎系统”，以数理逻辑的语言来表述基本原则，再从基本原则出发，假设可在真实世界中演化和检验。

逻辑实证主义关于理论和科学的观念与过去的观念大相径庭，它在本质上更具有演绎性、更看重理论、更强调数量，概念也更为结构化和标准化。二战前夕，逻辑实证主义的影响开始扩展，这一新的哲学对社会科学和行为科学产生了重大的影响，形成一股研究热潮，理论的追随者们坚定信守逻辑实证主义关于科学理论的三项基本规定。第一，科学理论应有一套环环相扣的可观察的客观主张所构成的有机体系。在这个体系中，最底层的主张常常是一些个性主张，随着主张在体系中所处的地位层级的提升，其概括化、一般性的程度将随之增强。第二，所有主张都可以通过经验加以检验。一般而言，这个理论体系的各种主张都是彼此依赖的，处于该体系中的下位主张通常是从上位主张中推论而来。第三，所有重要的理论术语都应赋予经验性定义，要给予可供操作的界定。管理学决策理论的代表人物西蒙率先把逻辑实证主义运用到管理理论中，他的《管理行为》成为教育管理科学理论运动的奠基之作。西蒙在该书第四版的前言中说，《管理行为》也许属于当代组织理论研究的第二代，第一代就是所谓的以泰罗、法约尔等为代表的古典理论。他在批判古典组织理论的同时发扬了古典组织理论的科学精神。该书把逻辑实证主义的原则作为决策理论的起点，发展了巴纳德的组织理论。西蒙认为传统的古典组织理论是建立在不能测量的、简单的格言上的。他把管理看作是影响组织成员的一种理性决策过程。

他的著作在40年代为管理科学引入到教育管理中提供了直接的渠道。这样,逻辑实证主义也就成为教育管理理论的基础。哈尔品进一步运用范式的方法把科学研究的规范引进到教育管理中,以其独特的经验和技能,把新观念清晰而生动地移植到教育行政领域。而格林菲斯对传统的教育管理研究方式更是极为不满,同时被新科学观所深深吸引,因此他通过著书立说在教育行政领域里极力传播有关教育理论及其新规范的思想,直接把一般科学的观点和管理行为理论运用到教育管理理论中,认为教育管理行为理论是一般人的行为理论的亚系统。他的《行政理论》一书有助于人们理解理论及其逻辑实证主义基础。

3. 西方教育管理理论运动的核心思想

要搞清楚西方教育管理理论运动的核心思想,首先必须对理论运动的核心代表人物有个初步了解。理论运动的代表人物,首推教育管理学家格林菲斯、社会科学家盖茨尔斯和哈尔品等人。格林菲斯和其他一些持结构功能主义主张的学者倾向于将自然科学的原理直接运用到社会科学研究中去。由于深受著名管理学家西蒙《管理行为》的影响,格林菲斯将稍加变动了的西蒙观点整体迁移到了教育管理领域。在《管理理论:当前教育中的问题》一书中,他首先提出"什么是理论"这一根本问题,提出理论不是空想或是某种无根据的推断,不是涉及价值问题的哲学。

盖茨尔斯是最早运用系统理论研究教育管理问题的学者,盖茨尔斯模式即盖茨尔斯社会系统理论结构有三大主题,第一研究个体人格的复杂性,第二分析教育组织中正式与非正式组织,第三是个体价值与团体价值。该理论对学校、学区、课堂以及社会各个层面的教育实践和研究都产生影响。

而另一代表人物哈尔品更是这场理论运动的激进分子。1954年在丹佛市的教育管理教授会议上,哈尔品等几个突出的社会科学家,对教育管理教授作出了很不客气的批评,认为当时的教育管理研究者所做的一切在本质上都是非理论的,而且质量低劣。他们指出:教育管理迫切需要以理论为基础的研究;社会科学是理论的来源;教育管理学教授应该拜社会科学家为师。

关于教育管理理论运动的核心思想,正如南京师范大学张新平教授在其《教育组织范式论》中所推崇的——卡伯特森教授对教育管理理论运动的核心思想所作的概括:理论的功能是描述、解释和预测现象,但不规定现象。教育管理理论和科学不回答"应该是什么"而关心"实际是什么"。这场理论运动的核心思想可概括如下:(1)事实与价值是分离的,教育管理科学只应关注和研究纯粹的教育管理事实,有关管理和管理者应做什么的陈述不应包含在科学理论之中。(2)传统教育管理学对理论的界定和理解过于模糊,理论不应被理解为别的什么,而应被理解为一种"假设—演绎"体系。(3)科学理论并非来源于教育管理实际,而是来源于先行一步的社会科学。因为实际永远只能是经验的、常识的。社会科学理论能够也应该在管理实践中发展,增进人们对组织和社会的理解;管理最好是被看作一种在所有组织中都能存在的普遍现象。(4)科学理论除了其描述、解释和预测功能外,

还能从根本上改造教育管理实践。教育管理科学论的研究者主张科学理论与实践的一个重要划界就是用科学理论再造教育管理实践。(5) 科学理论的作用是超时空的,应该具有广泛的可应用性和操作性。一个好的教育管理理论要便于实际工作者学习、领会和运用,为改进现实提供切实有效的对策和建议。(6) 科学理论重视量化研究,重视测量和数据统计,强调观察、实验的重要性,偏爱借助于图表和模型来说明问题。

4. 对西方教育管理理论运动的评价

对西方教育管理理论运动的评价,笔者比较赞同格林菲斯的观点。格林菲斯认为,理论运动主要产生三大影响:(1) 管理的词汇比 1954 年已有很大不同,教育管理的研究者和研究内容都发生了很大变化。那些从事教育管理研究并有所著述的人,大多来自于其他专业,而不是教育专业或管理专业。很多教育管理的博士论文选题也出现了很大变化,论题性质大多归属在理论运动的核心思想之下。(2) 教育管理的研究和理论文章增长极快。20 世纪后半叶,一个有目共睹的变化是,教育管理领域的研究以及理论文章增长极快,尽管与商业管理相比还存在很大差距。在教育管理的教科书中,讨论的主题和研究的性质也变得越来越具有理论性,越来越指向社会科学。(3) 理论运动使教育管理学由实际技艺的地位逐渐变成有学术地位的科学。使教育管理学科与商业管理、工业管理、公共管理、政府管理等管理学科同样快速发展。

理论运动的出发点是希望通过引进实证研究的方法使教育管理学科富有科学的色彩。该运动对教育管理有很大贡献:首先,它使当时的研究方向发生重要变化,具体体现在科学概念的界定由松散到精确,从强调质量到强调数量,从事实取向转到理论取向。这就推动了教育管理科学理论的发展,使得教育管理理论成为一种独立的科学研究领域,有了自己的概念和体系,提高了教育管理理论的理论化、系统化和操作性,为教育管理培训提供了理论基础。也形成了教育管理研究的重要流派——教育管理科学论。其次,推动了教育管理研究实践的进程。如从 20 世纪 50 年代到 70 年代,短短 20 多年间,教育管理领域出现了大量的理论成果和实验研究,教育管理理论研究机构也雨后春笋般地涌现:1947 年由《学校管理》主编科金牵头,在美国学校管理学会年会之际成立了“全国教育管理学教授会议”;1949 年“全国教育管理学教授会议”接受凯洛格基金会的赞助,支持一项“教育管理合作计划”;1956 年。得益于凯洛格基金会的再次援助,在哥伦比亚大学师范学院建立了“大学教育管理委员会”,这些学术团体的建立进一步推动了教育管理的理论建树,从而大大加深了人们对教育管理的认识。极大地丰富了教育管理学科的内容。

但是理论运动也有其局限性。首先从方法论来看,同人际关系理论一样,它着重解释和说明的是教育和学校组织内部的运作情况,而忽略了外部环境对教育和学校的影响,许多理论和设想过于理想化和纯理性化。这也导致了 70 年代教育管理相关的理论发展缓慢。其次,理论运动所追求的是教育管理理论的科学化和理性化,着重对事实问题的研究,把价值排除于教育管理科学之外。这显然是把教育管理问题简单化了。因为教

育活动最终是人的活动，对人的组织、管理和领导不可能走价值中立的道路，在很多情况下，事实与价值无法分离。特别是联系到六七十年代西方社会出现的一系列诸如反种族运动、越战、石油危机、导弹危机等政治事件，以及由此引发的公众对教育公正、辍学、学生品德下降等教育问题的关注，人们开始从另一层面对理论运动进行深刻反省。

对此，笔者想援引格林菲德的“组织说”和霍基金森“价值说”的观点进一步加以阐述。教育管理理论主观主义代表人物格林菲德认为，组织不是物，不是本体论意义上的现实，而是一种被发明的由人创造的社会现实。既然组织是人创造的存在，也就没有统一的标准化的组织理论；如此也就不能用数学的和定量的方法来研究和分析教育管理问题。他说：“一个人越是仔细看社会现实，越会认为它更少有物质性。组织是人们在行动中创造的，是非物质性的。它们建立在观念、价值和个体的行动上。”

霍基金森反对逻辑实证主义将价值从科学王国中武断地剔除出去的做法，主张对价值问题展开深入研究。他的“价值说”指出管理技术形式的真正本质就是价值，任何决策都包含价值成分。霍基金森认为教育管理学必须抵制盛行于教育管理科学理论中的管理主义，教育管理中的人不是被动的毫无情感的可以任意操纵和控制的机器，而教育管理学也必须抛弃那种在教育管理科学论中广泛接受的纯粹技术性、应用性工具学科的谬见。对霍基金森来说，科学处理的是与价值陈述截然不同的事实性陈述。既然管理实践无法避免地根植于价值，那么就不存在一种适当的和完整的管理科学。他还说：“所有的人类组织，不论它们是简单的还是复杂的，其存在都是为了实现一定的目标。这些目标根源于人类的愿望或价值。”

（选自《陕西教育》2006 年第 12 期）

初中物理课堂教学行为的突破

李晓东
南京师大附中江宁分校

一、情景的设置和问题链的设计

问题是教学活动的中心。在哈佛大学有这样一句名言：教育的真正目的是让人不断地提出问题和思考问题。因此“在什么时机向学生提出问题”“提出什么样的问题”“能否让学生主动发现问题”应是我们课堂教学首先面对的问题。

建构主义教学论认为：复杂的学习领域应针对学习者先前的经验和兴趣，只有这样，才能激发学习者的积极性，学习才可能是主动的。美国著名教育心理学家奥苏伯尔也有过同样的论述：“假如让我把全部教育心理学仅仅归纳为一条原理的话，那么，我将一言以蔽之：影响学习的唯一最重要的因素就是学生已经知道了什么，要探明这一点，并应据此进行教学。”

为此，笔者认为教师在设计课堂教学时，应做到两个“必须”，即：情景的设置必须以学生的生活为背景，问题的设计必须落在学生的最近发展区。例如：

课例1　速度(苏科版八年级上第五章第二节)

学生在生活中已经积累了一些与速度相关的生活经验，有关速度的计算在数学课上也接触过，但对速度概念的认识还存在严重的缺陷，例如对“为什么能用速度来反映物体运动的快慢”“生活中比较物体运动快慢的方法与速度有什么联系”等问题的理解还十分模糊。

如何帮助学生修复这些不足呢？笔者认为，既然问题是在生活中形成的，那么就应该让它再回到生活中去解决。基于这样的认识，笔者在课堂教学中，设计了这样一个与生活场景相似的教学情景——“比较两张大小不同的纸片从同一高度自由下落时，谁下落得快”。在此基础上，再让学生围绕以下一串问题展开讨论，让他们在交流中暴露缺陷，在讨论中修补不足。

师：哪张纸片下落得快？你是怎么比较出

来的?

生:小纸片下落得快,因为下落相同的高度,小纸片用的时间短,即"相同路程比时间"。

师:你还有其他方法来认定小纸片下落得快吗?

生:下落相同的时间,小纸片下落的距离长,即"相同时间比路程"。

师:百米赛跑时,观众和裁判是如何比较运动员运动快慢的?

生:观众是用"相同时间比路程"的方法来比较的,裁判是用"相同路程比时间"的方法来比较的。

师:如果让两张纸片从不同的高度释放,怎样比较纸片运动的快慢呢?

生:可以用"路程/时间"来比较。

师:为什么能用"路程/时间"来比较物体运动的快慢?

生:用"路程/时间"的方法来比较物体运动的快慢实质是"相同时间比路程"。

师:既然如此,还能用不同的比较方法吗?

生:还可以用"时间/路程"的方法来比较,因为用这种方法来比较物体运动的快慢实质是"相同路程比时间"。

师:既然用"路程/时间"和用"时间/路程"的方法都可以比较物体运动的快慢,那为什么人们选择了用"路程/时间"的方法呢?请结合一实例来说明。

生:通过实例表明,如果用"时间/路程"的方法来比较物体运动的快慢,那么物体运动得越快,其比值反而越小,不符合人们的一般思维习惯。

实践表明,以学生的生活为教学的起点,通过再现或放大生活中常被忽视甚至被错误认识的物理现象,使课堂环境与学生生活构成相似情境,有利于纠正学生的前概念错误,将问题解决在概念形成的过程中;有利于学生找到新知识的生长点,建构新的认知结构;有利于在课堂中营造和谐轻松的心理氛围,使学生的心理更安全、更自由,从而更具有问题意识。

二、活动的展开与控制

活动是教学发生的基础。有效的教学活动能充分体现学生的活力和丰富的个性,能充分落实学生的主体地位,是促进学生发展的重要方式。但在传统教学中,我们常将这种活动窄化为单一的行为活动,很少关注学生的思维活动,即便存在有限的思维活动,也被封闭在对结论的追求上,剥夺了学生创造性思维的发展,泯灭了学生的个性。

如何加以突破呢?笔者认为,教师在展开课堂学习活动时,应引导学生遵循两个原则:一是在行为上分工明确,相互协作;二是在思维上相互批判,相互发展。简单地说,行为有序,思维自由。而教师在其间的作用定位在控制规范行为,发现思维火花,帮助排除障碍,引导走向深化。例如:

课例2　探究物体浮沉的条件(苏科版八年级下第十章第一节)

如何有效地展开这一活动呢?笔者作了这样安排:先进行活动"怎样使物体上浮或下沉",然后再展开主体活动"探究物体浮沉的条件"。笔者认为,前一个活动是一个"催生活动",它对学生在主体活动中进行合理的猜想有很好的催生作用。事实上,任何科学猜想都离不开产生猜想的背景,学生的猜想更是如此。没有背景的猜想,将是盲目

的、散乱的、质量不高的，同时也不利于课堂教学的有序进行。因此，教师在安排活动“怎样使物体上浮或下沉”时，一定要让学生的思维充分打开，不要拘泥于教学时间的限制。具体可以这样做：

将学生每四人分成一组，先在组内研究可行性方案，然后推选一名中心发言人在全班交流，接受其他小组的质疑。在此基础上，再让学生思考：从物体受力的角度来看，你们的这些方法分别改变了什么力？是如何改变的？通过交流，学生逐渐“悟”到使物体上浮或下沉的方法虽然各不相同，但本质都是通过改变物体所受的重力或浮力来实现的。

在展开主体活动时，可以先让学生思考交流：① 怎样测量物体所受的重力？② 怎样利用所提供的器材测量或计算物体上浮、下沉、漂浮时受到的浮力？③ 怎样安排可以使实验最优化？然后再让学生分小组设计实验、验证猜想。

需要提醒注意的是，教师在安排这样一些开放度很高的活动时，一定要注意将学生的思维置于群体之中，只有这样才有利于产生思维的冲突，碰撞出思维的“火花”。例如：

课例 3　探究凸透镜成像的规律(苏科版八年级上第四章第二节)

在历史的长河中，人们对规律的探究是艰辛的、漫长的，让学生在短短的一两节课时间内自主地探究出这些规律是不现实的，因此，教师在学生探究这些规律的过程中给予适当的点拨和指导是必要的，给出台阶是应该的。基于这样的认识，笔者对这一活动作了如下规划。

第一步，课前将学生分成若干小组，每组发给一只凸透镜和一份活动提纲，要求他们按提纲进行自主活动。提纲中既有固定的问题，也有开放的内容。(活动提纲：① 你们组的凸透镜的焦距是多少？你们是怎样测出来的？在测量过程中，你们认为需要注意哪些问题？② 用凸透镜由近及远观察一张视力表，你们发现什么？这给你们什么启示？③ 你们还做了哪些活动？有什么意外收获吗？)

第二步，组织各小组交流课前活动成果。

第三步，老师利用光具座展示出凸透镜成像的一种情形，然后向学生逐步抛出这样一串问题：① 这一现象说明了什么？② 你们也能把它调试出来吗？试试看。③ 在调试的过程中，你们组遇到了什么困难？你们是如何解决的？④ 有什么意外收获吗？⑤ 还能调节出与之不同的情形吗？再试试看。⑥ 根据你们的经历，再结合大家的讨论，你们认为凸透镜能成哪些性质的像？⑦ 还能进一步提出什么问题？

第四步，围绕学生提出的问题，让学生思考：① 通过活动，我们知道凸透镜既能成放大的像，也能成缩小的像，既能成实像，也能成虚像，你认为寻找凸透镜成像规律的关键点是什么？② 找找看，这些关键点的位置在哪儿？它们的位置有什么特点？③ 通过这一系列的活动，你对凸透镜成像规律有什么预测？

第五步，让学生通过实验进一步论证自己的猜测，最终形成实验结论。

显然，教师在此过程中向学生提供的不是现成的“果实”，而是在摘取果实的过程中所必须的“凳子”。

三、活动中的交流与评价

交流与评价是教学行为的升华。课堂中诸

要素之间的交流与相互评价，是对学生灵性的展示，有利于学生张扬个性、坚定信心。遗憾的是，在传统教学中，我们常将课堂中的交流与评价扭曲为学生对所学知识掌握程度的反馈和教师对学生完成预定学习任务的评价。这种形式化的结果是，课堂中缺乏宽容和安全的心理氛围，学生只重视结果而不重视过程，只重视权威而不重视事实，久而久之，奴化了学生的人性。

多元智力理论认为，每个人都同时拥有九种智力，只是这九种智力在每个人身上以不同方式、不同程度组合存在，使每个人的智力都各具特色。世界上并不存在谁聪明谁不聪明的问题，而是存在谁在哪一方面聪明以及怎样聪明的问题。

为此，笔者认为课堂中的交流与评价应是多维的、双向的、对等的。其间教师的作用应定位在以下三点。

（1）等待。心理学研究表明，一个创新的想法往往不是在思维的起始阶段，而是在思维的发展乃至最后阶段产生出来的。例如，笔者在让学生设计探究压力作用效果的活动方案时，学生中每形成一种方案，就立即将方案的评价权交给学生，让他们去评价其优劣，进而催生出新的方案。实践表明，这样做不仅为学生营造了和谐轻松的心理氛围，同时也为学生展示自己的智慧提供了机会。

（2）倾听。学生之间的认识和想法是最容易落在对方的“最近发展区”的，让学生展现解决问题的思维过程，有利于相互启发思路。例如，笔者在“速度”一节教学结束时，向学生提出这样几个话题：动物与速度、人类与速度、速度与危害，学生择其一进行交流。有的同学从生存与发展的角度谈“动物与速度”；有的同学从科技发展与人类进步的角度谈“人类与速度”；有的同学用辩证的眼光谈“速度与危害”。在交流中，同学们相互提醒、相互补充、相互发展，不仅锻炼了学生的语言表达能力，丰富了课堂教学的内容，同时也让学生的情感在交流中得以升华。

（3）鉴赏。教育的全部奥秘就在于使受教育者对自己充满信心，对前途充满希望。课堂中多一把“尺子”就会多一批好学生。例如，笔者每上完一节新课，总喜欢让学生做两件事：一是谈谈本节课中的闪光点和自己的收获；二是在本节课的基础上提出新的问题。刚开始学生只能简单地罗列出本节课中所呈现的知识点，只会提出一些浅层次的问题。但由于笔者在此过程中一直采取欣赏、鼓励和期望的态度，一段时间后，有的学生已能把新知识点纳入到自己的知识体系中；有的则能归纳出本节课所采用的物理方法；有的则谈出与他人交流、合作过程中的情感体验；有的则能沿着课堂思路继续发展下去，提出更深层次的问题；更有的则能用逆向思维方法提出更具挑战性的问题。

（选自《中学物理教学参考》2006年第11期）

重点中学实施创新教育的现状

黄皓燕
南京金陵中学

一、重视了物理知识形成过程教学，但创新学习方法的指导不够

知识既可以成为创造力的翅膀，又可以成为创造力的羁绊。传统课堂教学把知识看成是一成不变的绝对真理，在知识的传授上一直侧重于教师讲授，学生静止地接受那些满意的结论。从创新学习的角度看，面向过程动态地掌握知识才具有创新价值。所谓面向过程，是指教师通过教学，不仅让学生理解知识的基本含义，更重要的是能掌握知识的来龙去脉、相互联系，即掌握知识形成的过程，掌握知识的点、线、网交织构成的知识结构，从而建构学生个体的认知结构。这样的知识才是具有创新能力的、活的知识，才是能够用以创造性地思考和解决所面临的学习任务与问题的知识。

在现行课堂教学中，老师们在注重了知识的过程教学的同时，对学生创新学习方法的指导还明显不够。知识经济时代科学知识陈旧的速度加快，这使一个人在今天学习的知识几年后就会过时。因此，学会学习、独立探索就成为21世纪人们必备的基本素质。教师应切实加强创新学习方法的传授，把独立地发现问题、分析问题和解决问题的多种新途径和方法交给学生；把学法指导贯穿于教学全过程，课前备课要兼顾学法，课堂教学要渗透学法，课后辅导要点拨、强化学法，使学生学会唯物地、辩证地分析、认识问题。教师对学生进行广泛的、有针对性的学法指导，能使学生对知识的掌握更具广度，对知识的理解更具深度，对知识的应用更具创造性。

例 1. 关于“万有引力定律的建立”过程的教学

在万有引力定律的导出过程中，可对学生进行下列过程的教学。

(1) 简化模型：把行星绕太阳所做的椭圆运动近似视为圆运动。

(2) 运用规律：根据圆周运动的相关规律写出动力学方程

$$F = m\frac{v^2}{r}$$

(3) 利用关系：注意到圆周运动线速度与周期间的关系

$$v = \frac{2\pi r}{T}$$

(4) 变换形式：把圆周运动的关系代入动力学方程并整理

$$F = 4\pi^2\left(\frac{r^3}{T^2}\right)\frac{m}{r^2}$$

(5) 协同解决：把开普勒第三定律

$$\frac{r^3}{T^2} = K$$

代入动力学方程，得

$$F = 4\pi^2 K\frac{m}{r^2}$$

(6) 提出猜想：在研究开普勒第三定律中的常量 K 时，依次提出两个猜想

猜想1：由于所有行星都是绕太阳做椭圆轨道运动的，且所有行星的椭圆轨道的半长轴的立方与其周期的平方之比均等于常量 K，所以常量 K 应与太阳的某种因素相关。

猜想2：一方面，由牛顿第三定律知，行星对太阳的引力 F' 与太阳对行星的引力大小相等，即

$$F' = F = 4\pi^2 K\frac{m}{r^2}$$

另一方面，考虑到既然太阳对行星的引力 F 与行星的质量 m 成正比，那么行星对太阳的引力 F' 也应与太阳的质量 m' 成正比。

(7) 确定常量：在上述两个合理猜想的基础上确定开普勒第三定律中的常量 K 与太阳质量 m' 间的关系为

$$4\pi^2 K = Gm'$$

其中，G 是与任何因素均无关的普适常量。

(8) 给出公式：由此可得太阳与行星间的引力公式为

$$F = G\frac{mm'}{r^2}$$

(9) 合理推广：把太阳与行星间的引力公式推广到质量分别为 m_1 和 m_2 的任意两个质点间，为

$$F = G\frac{m_1 m_2}{r^2}$$

(10) 实践检验：经过包括著名的“月-地检验”在内的大量检验，上述推广得到肯定。

(11) 最终概括：至此概括出万有引力定律。

这一教学过程的设计，重在对万有引力发现过程的分析，重温了前人的思维过程，涉及抽象、应用向心力知识分析实际问题、合理猜想、归纳、合理推广、实践检验等科学思维过程。

二、重视了问题教学，但对学生问题意识的培养不够

矛盾、困惑的智力背景易引起学生的探求倾向，因而在教学过程中，每一位老师都应设计大量的有一定思考价值的问题。这样的问题设计，

起到了让学生明确学习目标并在一定程度上让课堂“活”起来的作用。

但有些老师只关注自己如何提问，而很少着眼于怎样引导学生提问及培养学生的问题意识，这种片面突出以教师为中心的课堂提问会忽略学生的个体适应性，在这种“生从师问”的局面下形成的学习心理依然是消极的、被动的。因而我们更要注重培养学生的问题意识，科学地引导学生提问，使课堂设问更切合学生的个性心理特征与学习实际，并充分发掘他们的深层潜能和创造性，使学生真正成为学习的主人和探索者。因此，教师首先要注意在教学中做好提问的示范：各模块中经常会有哪些方面的问题？在这一类情形下可能产生哪些问题？针对具体内容可以提出怎样的问题？其次要充分运用“问题情景法”和“探究发现法”等创设“发现情景”，通过精心铺设台阶，把学生引入到“探究、发现、提问、解疑”的主动学习过程中去，让学生以发现者的姿态进行角色活动。第三要积极鼓励学生质疑。可以在初次接触教材时鼓励学生提问；可以在深入学习教材时诱导学生提问；可以在教学结束前留出适当时间让学生提问；可以鼓励学生课后提出问题，师生一起讨论，并将新问题引向课外或后继课程等。要把思维空间留给学生，把学习主动权交给学生。

例 2. “力的分解”教学创设问题情境的方式

在讲“力的分解”一节时，可通过这样的方式创设问题情境：

取一个质量较大的砝码放在桌面上，要用细线把它提起来，问学生是用一根线提易断还是用两根线提易断（如图 1 所示）。学生肯定回答是用一根线提易断，但实验演示结果却完全相反。用一根细线可以将砝码稳稳地提起，而用两根同样的细线（故意使两线间的夹角较大）提砝码时，细线断开了。

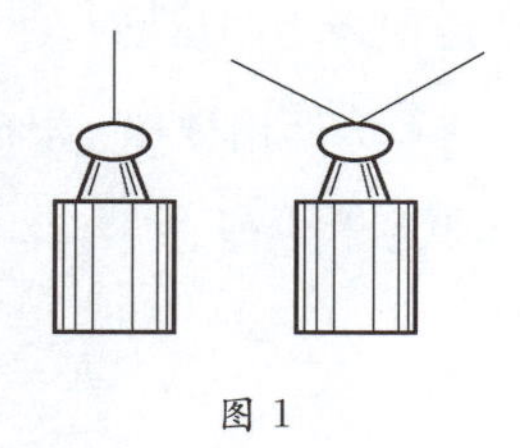

图 1

为什么用两根线提的效果反而不如用一根线提呢？这一“问题情境”的创设在学生的大脑里立即产生了撞击，思维被迅速地激活起来，问题意识很自然地就会产生。

三、重视了对教材的重新处理，但深层次挖掘创新不够

前苏联著名教育家沙塔洛夫说过：“教师的创造性是学生创造性的源泉。”教师的创造性教学是点燃学生智慧的明烛，激起学生创造的热情。

教材为教学提供了基本的内容，教师必须充分发挥自己的聪明才智，结合各种教法的特点，创造性地组织教材，精心地、科学地构思教案的整体结构，认真推敲每一个教学细节，并巧妙地将相关学科知识引入教学，使静态教材内容变为具有探究性的研究问题，诱发学生探索。

例 3. “变压器”中理想变压器原理的教学处理

在“变压器”一节的理想变压器原理的教学中，可将教材做如下处理：

（1）如图 2 所示，要求学生分析：副线圈中有电流吗？并要求学生用实验验证。

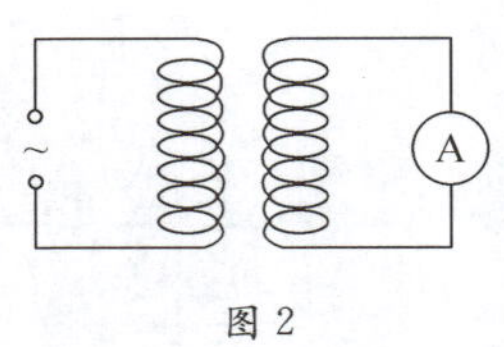

图 2

（2）讨论：为什么副线圈中的电流很小？如何增大电流？如何实现？

（3）用铁芯将磁场进行约束，应该闭合，还是不闭合？并用实验验证。

（4）设计得出变压器模型。

四、重视了媒体辅助教学，尤其是多媒体计算机辅助教学，但对常规的实验教学有削弱的趋势

现代脑科学研究证明，人的大脑左、右半球功能在认知方面具有单侧化特征。左脑擅长语言信息加工和抽象逻辑思维，右脑擅长表象信息加工和发散思维，左、右脑功能的和谐发展与协同活动是创造力发展的物质基础。但中学教育长期普遍存在着只强调利用左脑功能，鼓励左脑活动的单一化倾向，教学过程大多偏重于学生的语文和逻辑训练，使右脑功能的开发利用严重不足，不利于学生创造力的提高。这一问题已引起了教师的重视，在教学中，老师们都能使用多种媒体（包括传统媒体和电子媒体），甚至自编自拍电视录像应用于课堂教学，极大地调动了学生学习的积极性。

在我们经常使用的那些媒体中，语言文字媒体便于教师和学生之间的交流与沟通；直观教具能够以直接的具体事物给学生较强的感性认识；音像媒体依靠画面和声音符号能够给学生以视觉与听觉的综合感官刺激；多媒体计算机能够综合利用文字、声音、图象、动画等视听信息符号，并在此基础上实现“人-机”操作的交互，从而形成声、图、文并茂的多媒体教学系统，进行视、听、触等多种方式的形象化教学，弥补常规媒体在直观性、立体感和动态感等方面不足，实现对学生右脑功能较大限度的开掘利用。

（选自《物理教学》2006 年第 1 期）

建构主义理念下的物理教学过程

印 宏
南京大厂高级中学

在皮亚杰的认知发展理论基础上建立起来的建构主义，不仅形成了全新的学习理论，也形成了全新的教学理论。建构主义的教学理念要求教师由知识的传授者、灌输者转变为学生主动建构的帮助者、促进者，而学生成为信息加工的主体、知识意义的主动建构者。建构主义强调每个学习者应基于自己与世界相互作用的独特经验和赋予这些经验的意义，去建构自己的知识，而不是等待知识的传递。教师的教学应当尊重学生的个性差异，注重学习的互动方式，充分发挥学生的主体作用。简言之，教学过程就是师生沟通、合作、对话、交往、共同建构意义的过程。

一、加强探究，主动建构

建构主义认为，新知识是学生在与环境的相互作用中进行建构形成的。许多学者主张通过问题的解决来建构知识，而解决问题的最好方法就是探究。

新课程目标之一是要求学生学会物理科学探究的一般方法，新教材力图促进学生学习方式的变革，引导学生主动参与探究过程，重在培养学生创新精神和实践能力。

案例 1 “焦耳定律”教学的探究活动安排：

(1) 通过日常生活和生产实际经验感知电热概念，分析出电热 Q 与电流强度 I、电阻 R 和通电时间 t 有关，让学生猜想电热与这些物理量的关系。

(2) 实验探究：首先确定方法，采用控制变量法。当电流 I、时间 t 相同时，研究电热 Q 与电阻 R 的关系；当电流 I、电阻 R 相同时，研究电热 Q 与通过时间 t 的关系；当电阻 R、时间 t 相同时，研究电热 Q 与电流 I 的关系；

(3) 分析实验数据：寻找电热 Q 与 I、R 和 t 的关系。先通过数据的初步分析得出简单实验结论：当 I 与 t 一定时，R 越大，Q 越大；当 R 与 t 一

定时，I 越大，Q 越大；当 I 与 R 一定时，t 越大，Q 越大。其次采用图象法，分析得出焦耳定律。

(4) 应用焦耳定律解决一些实际问题：通过问题设计，让学生通过焦耳定律的应用来体验获得成功的快乐。

二、创设情境，促进建构

为学生创设良好的学习情境，以促进学生进行建构性学习是提高教学质量的重要手段之一。

案例 2 加速度与速度的关系问题，一般同学会认为加速度越大，速度也一定越大。对这种错误认识，我们可借助反例、特例的设计引发学生的认知冲突，把问题的悬念留给学生自己去解决，从而认识到"加速度是速度变化的快慢的物理量"的本质含义。

案例 3 "质子和中子的发现"在中学物理实验中很难通过真实实验来展现卢瑟福和查德威克的发现过程。我们在教学过程中可以通过现代教育技术，模拟这两个实验过程，让学生在具体模拟情境中领略物理学大师的探索经历，使学生在学习物理知识的同时，了解物理研究与探索的方法。

三、引导反思，敢于质疑

建构主义认为，知识不是永恒的、一成不变的。不同的学生对同一问题的认识不一定是一样的，有时甚至差别很大。教师要提出适当的问题，让学生讨论和思考，在学生讨论和动手实验的过程中将问题逐步引向深入；同时，启发和诱导学生自己去发现问题，纠正错误，补充不足，逐步培养学生敢于质疑、善于质疑的良好习惯。

案例 4 环行对撞机是研究高能粒子的重要装置。带电粒子被电压加速后，注入对撞机的高真空环状空腔内，由于匀强磁场的作用，带电粒子局限在圆环状空腔内做半径恒定的圆周运动，粒子碰撞时发生核反应。关于带电粒子的荷质比 q/m、加速电压 U 和磁感应强度 B 以及粒子运动的周期 T 的关系，下列说法中正确的是（　　）

A. 对于给定的加速电压 U，带电粒子的荷质比 q/m 越大，磁感应强度 B 越大

B. 对于给定的加速电压 U，带电粒子的荷质比 q/m 越大，磁感应强度 B 越小

C. 对于给定的带电粒子，加速电压 U 越大，粒子运动的周期 T 越小

D. 对于给定的带电粒子，不管加速电压 U 多大，粒子的运动周期 T 都不变

分析： 这是考查考生理论联系实际能力的一道好题。命题人给的参考答案是 B、D。对于 D 答案的解答，是根据带电粒子在磁场中的周期公式 $T=\frac{2\pi m}{qB}$，对于给定的带电粒子，其荷质比是一定的，故其周期 T 为常量，从而得出结论。在实际练习过程中，有不少学生（甚至是教师）也是这么做的。这时我们引发学生反思其答案的正确性。于是有些学生根据动能定理 $qU=\frac{1}{2}mv^2$，及在环形回旋磁场中运用牛顿第二定理 $Bqv=m\frac{v^2}{R}$，从而导出磁感应强度 $B=\frac{1}{R}\sqrt{\frac{2mU}{q}}$，来进行判断与分析，对于给定的带电

粒子，荷质比越大，则磁感应强度越小，故B正确。对于给定的带电粒子，荷质比一定，由加速电场的动能定理可知，其速度越大，根据周期公式 $T=\frac{2\pi R}{v}$ 可知加速电压 U 越大，其周期越小，C正确。也有一些学生这样思考：对于给定的带电粒子要求其在圆形空腔中做半径恒定的圆周运动，则由前面导出的磁感应强度表达式可知，加速度电压越大，磁感应强度必须越大，对给定带电粒子而言，周期与磁感应强度成反比，同样可以判断其周期越小。综合上述可知本题正确答案为B、C。

四、利用媒体，扩大空间

随着信息技术的进步，现代教育技术为学生学习建构提供了支撑作用。它不仅克服了传统课堂教学受时间、空间限制的不足，同时又为学生提供了个性化的学习环境。因此，物理教学过程应当充分利用现代教育媒体技术，拓展物理教学与学生学习物理的空间。教师应当在对学生有足够了解的基础上，根据教学内容来为学生设计个性化与整体化结合的学习环境，为教学活动提供丰富的教学资源。教师提供一个真实的情境给学生是十分必要的，也是必须的。但有些情境是不可能在中学现有的条件下完成的，利用虚拟的情境来完成也是一个很好的做法，它能扩大学生的思维空间范围。

案例5 在竖直平面内的圆周运动，物体通过最高点的条件。

我们知道当物体在最高点的瞬时速度 $v \geqslant \sqrt{gR}$（R 为轨道半径）时，物体就可以通过最高点。然而无论是高一学生还是高三学生对物体在最高点轨道压力不为零较难理解，因此，教学过程中物理教师可以运用多媒体技术设计一段动画课件，来模拟物体在竖直平面内的运动，使学生通过动画认识实际情况，从感知材料入手，运用理论分析，从物体的受力情况根据牛顿第二定律 $mg+F_N=m\frac{v^2}{R}$，使学生掌握 $F_N>0$ 时，物体通过最高点；$F_N=0$ 时，物体刚好可以通过最高点；物体不能通过最高点时，理论上有 $F_N<0$ 的特点，而 $F_N<0$ 说明物体实际上已经离开圆轨道的最高点。

综上所述，物理教学强调的是在学生原有的知识基础上，培养学生的探究能力和质疑能力。教师和学生成为新课程的有机组成部分，共同参与新课程的开发，是课程的创造者和主体，教学过程因此成为课程创造和开发的过程，成为课程内容持续生成与转化、课程意义不断构建与提升的过程。

（选自《物理教学》2006年第8期）

信息技术与化学新课程整合的研究

——思维导图及 Mind Manager 与化学模块化学习

陆　真　李静雯　南京师范大学
邹　正　南京外国语学校
杨守瑛　南京第三中学

2004 年我国教育部颁布了新的《普通高中化学课程标准》，以必修、选修两类课程模块方式来构建普通高中化学课程体系。以化学必修①、②模块为基础，而后通过“化学与生活”、“化学与技术”、“物质结构与性质”、“化学反应原理”、“有机化学基础”和“实验化学”等 6 个选修模块进一步拓展和延伸化学知识结构，来适应学生不同潜能和发展的需要。要有效实施模块化教学，就需要加强各模块之间以及模块内部各个学习单元的联系，帮助学生通过各个模块的学习，既能从总体上把握学科知识结构，又能根据自身特点和爱好加以选择，逐步建立起较为完善的化学概念体系和认知结构。

2005 年，江苏省进入新课程改革实验区，全面实施高中新课程，全新的课程结构和模块设置必然需要相适应的教学手段、新型的学习方式和教学技术环境支持匹配。这种逐层扩展的结构与当前脑科学研究的应用成果——思维导图(Mind Mapping)极为相似。我们在必修①的教学中，以信息技术与化学课程整合的理念，尝试着应用思维导图和工具软件 Mind Manager 来优化模块教学，将化学模块中的各个知识点有机地融合起来，使学生逐步形成了较为完整和系统的化学知识结构，达到探索新型的学习方式的目的。

一、思维导图及其电子绘制工具 Mind Manager 和化学新课程

思维导图是英国学者东尼·巴赞(Tony Buzan)于 20 世纪 70 年代创造的一种新型笔记型思维方式。通过绘制思维导图可以协调开发左右脑的功能，综合地使用文字、图形、色彩、线条等信息载体，以发散性思维方式进行，在计划、总结、创意思考等方面取得了良好的效果，逐渐受到了人们的关注。

Tony Buzan 参与研发的思维导图计算机绘

制工具 Mind Manager 是信息技术与思维导图结合的产物。它不仅可以解决手绘思维导图受纸张大小限制的问题，还便于修改、传播和展示。同时，由于计算机操作简便、功能强大，大大拓展了思维导图的使用范围和功能，特别是促进了思维导图在理科教学方面的应用范围。

近年来，思维导图在很多国家的中学化学教学改革中得到了关注。德国基尔大学科学教育研究所 Wolfgen Gruebe 博士从 2004 年起，在化学教师培训和“化学工业产品与化学学习”项目中使用与推广思维导图和 Mind Manager，来支持教师培训和学生研究性学习，获得了很好的效果。

依据化学学科学习的特点，化学学习可以分为宏观、微观和符号表征三个相互关联、影响的层次。学生在学习化学知识的过程中，既要注意观察化学反应的宏观实验现象，又要给出合理的微观解释，能够通过化学式、方程式等符号表征进行适当的表达和分析，才能实现有意义的化学学习。

化学新课程模块化设计将化学知识体系中不同层次的学习内容分散到各个模块中，采用螺旋式上升的方式，逐步培养学生的化学学习兴趣和探究能力。在必修模块教学阶段，教师不仅要教授学生一些基本的化学知识，还要传授给他们化学学习方法，培养学生的化学学习兴趣，帮助学生掌握化学知识体系、形成基本的化学观念并发掘其不同的发展潜质。

二、应用思维导图辅导学生进行化学模块学习的实践研究

2005 年 9 月至 2006 年 1 月，我们在南京市第三中学开设了“学海无涯‘图’作舟——应用思维导图学好化学新教材”选修课程，进行了每周一次的化学思维导图的教学训练。

选修课由使用人教版化学必修①的高一年级 12 个班中的 46 名学生组成，在网络教室活动与必修课程教学同步进行，每周 1 次 2 学时。

首先，我们利用电子思维导图的形式和学生一起初步了解思维导图理论及其制作软件 Mind Manager 的特点和绘制方法，然后再让学生欣赏一些大师的手绘及电子思维导图作品，激发学生进一步学习思维导图的兴趣。

然后，我们在网络教室将学生分为 12 个小组，每人一机，以小组为单位，通过交流和讨论绘制出各个知识单元的思维导图，展示出学生本人的科学概念。

教师采用 Mind Manager 制作思维导图式的课件，先整体展示该专题所要讨论的内容，然后对各部分功能进行具体阐述，教会学生使用该课件并通过校园网与电子教室进行文件分发、学生作品批改和交流等，方便地了解选课学生的学习状态。

每个知识单元结束后，要求学生应用 Mind Manager 绘制出相应的思维导图，并进行组间交流和修改，使其了解自己的学习过程从而能主动进行知识建构，帮助学生逐步学会利用手绘或采用 Mind Manager 软件对所学化学知识加以整理、归纳和演绎，并与原有的知识结构相联系，建立各章节的知识网络图。使学生逐步建立系统的化学知识体系，通过多媒体和网络技术及小组活动进行讨论与交流，有效地激发了学生的学习兴趣，初步培养了他们在化学学习

中主动进行探究的能力，并逐渐形成了良好的分析能力、概括能力、组织能力和协作能力，有效地提高了化学成绩，推动了后续课程模块的学习。

选修课临近结束时，我们组织各个小组选择本小组最好的思维导图作了展示、交流和评比，受到了学生的普遍欢迎。

在为期四个多月的专题教学实践中，师生以每个学习单元作为思维导图的中心主题，逐步将零星的化学知识组织起来，最终汇总为化学必修①的模块整体性思维导图。学生在依据个人的理解与知识结构绘制不同思维导图的过程中，整理各学习单元，既完成了纵向的知识学习，又达成了各要点间的横向联系，在愉快的活动中完成具有个性的电子思维导图，同时加深了对抽象的化学知识和理论的理解。这种多维度发散性思考的学习方式已经超越了学科界限，利于学生认知结构的完善和能力的提升。

三、思维导图实践的结果与分析

学期结束时，我们对化学思维导图选修课程的实施情况进行了问卷调查。共发放问卷 46 份，收回有效问卷 45 份。调查显示，平时有 40% 的学生从不或偶尔会进行知识总结，而只有 9% 的学生表示经常会进行知识总结，当问及他们会采取何种方式进行知识总结时，竟有高达 69% 的学生选择“阅读、记忆”，这种方式应付一次考试可能会比较有效，但非常不利于知识的保持和迁移，如图 4、5。

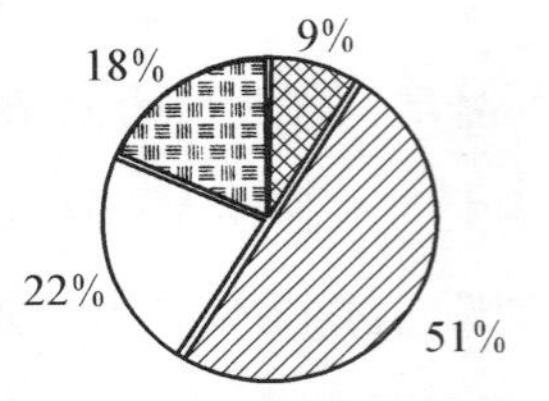

图 4　学生进行知识总结的频率

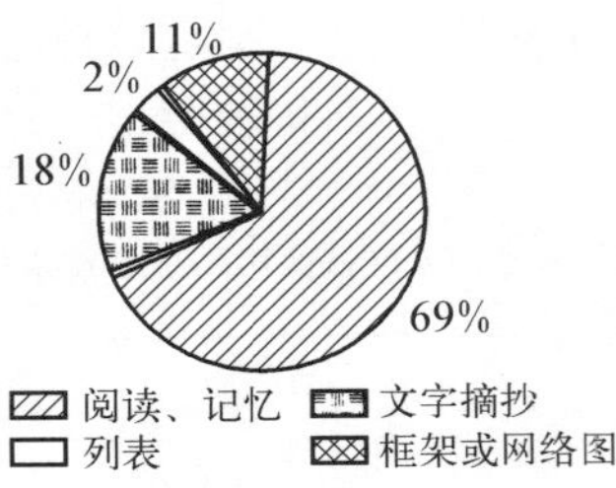

图 5　学生对知识总结方式的选择

有 44 人表示定期绘制思维导图对他们的学习有所帮助，而在绘制思维导图的过程中，有 69% 的学生愿意利用计算机进行机绘，同时有 51% 的学生表示，他们更乐于通过小组交流，以头脑风暴的形式来绘制思维导图，如图 6、7。

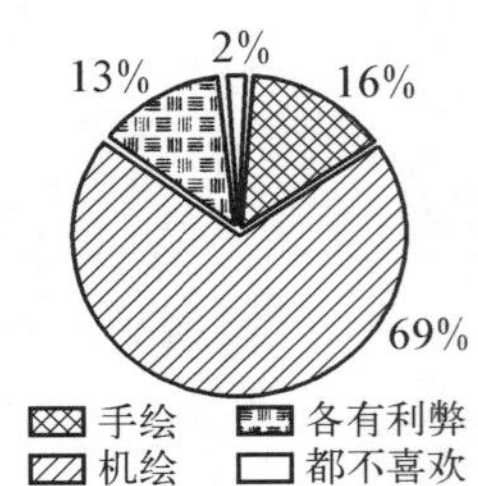

图 6　学生对思维导图手绘、机绘的选择

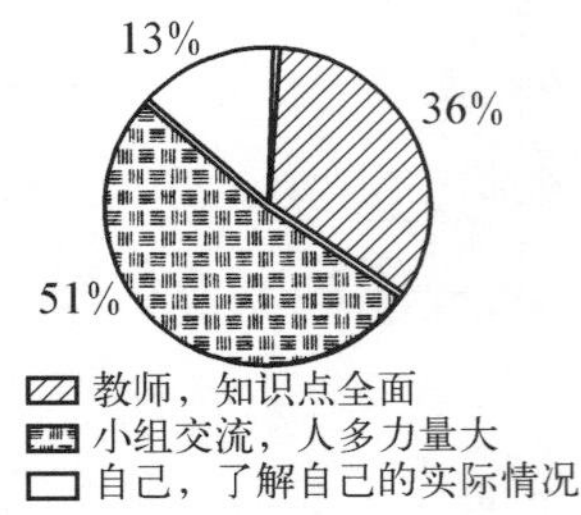

图 7　学生对思维导图绘制方式的选择

同时，我们以参加入学考试和期末考试的高一年级648名学生作为研究对象，选择未参加选修课的学生为对照组（样本容量＝603），参加选修课的学生作为实验组（样本容量＝45），利用SPSS统计软件对他们的入学成绩与期末考试成绩作了分析。

在进行方差齐性检验的基础上，我们对对照组和实验组进行双侧T检验，统计结果可见表1、2。

表1　各组两次考试的平均成绩和标准差

组别	样本容量	入学成绩		期末成绩	
		平均分	标准差	平均分	标准差
对照组	603	85.11	7.27	63.91	16.09
实验组	45	86.09	5.88	69.69	14.19
全　体	648	85.18	7.19	64.31	16.02

表2　各组两次考试的T检验结果统计

成绩类别	方差齐性检验		T　检　验	
	F	P	t	P
入学成绩	0.593	0.441	－0.884	0.377
期末成绩	2.097	0.150	－2.343	0.019**

从表中可以看出，对照组与实验组的入学成绩的方差检验F值为0.593，P＝0.441，方差具有齐性，可得出结论，经由双侧T检验，P＝0.377，大于显著性水平0.05，表示对照组与实验组的入学成绩无显著性差异。而对照组与实验组的期末成绩的方差检验F值为2.097，P＝0.150，方差具有齐性，可得出结论，经由双侧T检验，P＝0.019，小于显著性水平0.05，表示对照组与实验组的期末成绩的差异具有显著性意义。

综合以上数据分析可见，来自同一整体的实验组和对照组在经过思维导图的培训后有显著性差异，在教学中应用思维导图达到了优化化学学习的研究目的。

四、将思维导图应用于模块教学中的意义

思维导图的层次隶属关系十分清晰，师生可以使用思维导图把多个零散的知识点集合在一起，逐步建立各个单元、模块间的联系，加强信息加工和知识拓展。在完成了一个学习单元或模块的学习后，学生可以先把脑海中对学科知识的记忆画出来，再和以前画过的图表进行对比，这样既能加深记忆，又能强化以前的学习，促进知识的保持，也可以利用思维导图把学习的心得和成果展示出来，对学习内容进行总结复习，检查自己的内部认知结构是否稳固，优化总结和复习。

作为辅助师生在教学活动中进行反思的工具，思维导图还可以促进师生教与学的反思，提高学生反省认知过程的能力，最终使学生学会学习。

实践及其结果已经表明，在新课程模块教学中应用思维导图和Mind Manager，既可以激发学生的潜能和学习兴趣，又可以帮助学生从整体上系统地提高化学学习效率与成绩。这是新课程与信息技术整合的一种有效的、积极的新型教学方式，希望能得到进一步的推广和应用。

（选自《中学化学教学参考》2006年第11期）

认识和使用好《化学 1》中的有关栏目

熊光发　王庆华
江宁高级中学

三维目标指导下编撰的新教材，具有丰富多样、功能强大的栏目体系，作为课改一线的教师如何认识这些栏目的特点、用意，最大限度地发掘人教版《化学 1》中有关栏目的使用价值，进而通过转变教的方式，谋求学生学习方式的改变，其重要性、挑战性自不待言。现将使用《化学 1》进行教学试验以来，使用有关栏目的一些具体尝试和思考汇报如下：

1 “实验”、“科学探究”与整合性安排

实现学习方式改变的重要手段是“实验”、“科学探究”，它们是学生学习化学过程中能动的实践活动形式，它们为学生自主获取知识和技能，体验和了解科学探究过程和方法、形成和提高创新意识、树立科学价值观创设了情境和途径。

据统计，《化学 1》中，“实验”栏目共有 25 个，“科学探究”栏目共有 8 个。原课程的大量验证性实验被改为探究性实验、设计实验、实验实践活动等，从内容到形式都具有较强的针对性、开放性、探究性和创新性，非常有利于培养学生的科学素养和创新精神。但面对如此多的实验和探究，若一一都让学生到实验室亲历亲为，探究一番，无论是实验室条件，还是有限的教学时间都不允许。它给学校、教师在提供教学可用资源的基础上留下了选择的空间，在实施教学的过程中，我们总是尽可能地为学生自主探究、亲自动手做实验创设有利条件。我们既不能全部的传授，也不能全部的探究，教学中针对年级班级多(22 个班)，而实验室少的情况，我们做到早计划、打穿插、巧安排，实验内容多，我们就进行选择、集中与整合。实验前指导，要求学生对所要进行的探究方面有更明确的思路和企盼；实验过程中，加强实验技能等方面的个别指导，以及疑难问题的探讨。

另外，提到化学科学探究方法，人们很容易想到自然科学研究的方法，然而学生探究与科学家探究的目的不同。学生的科学探究，一方面要经历科学家一样的探索知识的过程，另一方面的重要任务是接受并掌握相对于他们而言的新知识，将其纳入到原有的认知结构中，最终达到能解释相关化学问题的目的。

中学生进行化学实验探究的真正价值并不仅仅在于实验技能本身，而更在于通过这种让学生重走“长征路”的方式，养成科学的习惯、态度与方法。因而教师要精心选择、设计实验，在有限的实验时间、有限的亲历实验操作中挖掘无限的素质培养的契机，发展学生的个性，造就人才的品格。

2 “学与问”、“思考与交流”与“四度”引导

据统计，《化学 1》中“思考与交流”栏目共出现了 16 次，“学与问”栏目共出现了 9 次。

新教材通过这两个栏目，设置了一系列问题，创设了问题与学习情境，有计划按步骤地引导学生不断用问题解决的行为方式和科学的事实、理由，寻求对问题的解答，在经历的过程中得到方法，进行知识构建，能力形成。但这些目标的达成，需要认识到“教师的职责现在已经越来越成为一位顾问——一位交换意见的参加者，一位帮助发现矛盾论点，而不拿出现成论点的人”。教师在活动中要引导，但要隐藏自己的“权威”(或思维)，要注意掌握好“四度”，推迟评价，一般应在学生思路究尽之时，切不可“强行”向学生推出标准答案，让学生的思维暴露再暴露。所谓“四度”是指：梯度(如设置知识台阶)、跨度(如知识块之间、学科之间的联系)、深度(如要求的难易)、密度(如容量的多寡)。教师要不断地挖掘学生内在的潜能，不断地提醒学生头脑中原有的认识结构且引导他们去与新的知识结构联系起来。

如：教材 p. 47“学与问”：钠表面的氧化物和铝表面的氧化膜都是金属氧化物，它们的外观形态和性质相同吗？对内层金属的保护作用一样吗？

在组织学生讨论之始，可要求学生注意认真审题，首先弄清从哪几方面进行比较(① 外观形态、② 性质、③ 保护作用)，为主要问题的解决适时设置台阶，然后请学生发表意见，进行中再注意引导学生阅读教材 p. 41“资料卡片：铝的氧化膜”，回忆教材 p. 40 的两个“科学探究”以及教材 p. 39 实验 3－1 的过程与结论，以此扩大了学生比较归纳的容量，提高了知识范围的跨度、思维的密度。如果再就学生得出的“对内层金属的保护作用不一样”的结论，给出“证据”，则将学生的思考引向深入。有的学生会从 Na_2O 能溶于水，反应生成 NaOH，而 Al_2O_3 则不溶于水作答；有的学生会从 Na_2O 疏松，对内层金属不能起保护作用，而在空气中铝表面 Al_2O_3 是致密的薄层，对内层铝能起到很好的保护作用并从教材 p. 40两个“科学探究”、“熔而不滴”的结果得到事实的支持；更有一位学生在发言时从一个全新的角度——它们二者的保存方式很不同的事实，找到“保护作用应不同”的理由。

学习方式的探究性，就是不把学习内容、结论与规律直接呈现给学习者，而是由学习者通过

一系列发现行为（如肯定→否定→肯定）去发现并获得学习内容的过程。探究性学习强调在学习过程中学习者的自主性，包括思维等行为的自主性和获得知识的自主性，在一定程度上实现学习方式由单一、被动向自主、合作、探究的转变，达到学生主体性解放。在实际操作中，还必须讲究效益，时间总是有限的，我们必须注意既不能"满堂灌"也不能"满堂问"，要引导学生适时获得结论性、规律性认识，在现阶段尤其要做到"技能与知识的统一"，实现过程中学生的主体作用与教师的主导（四度引导）作用，缺一不可。

3 "实践活动"与作业的开放性

化学习题是化学教科书的重要组成部分，是化学教学过程中组织学生学习、实践活动的一种重要形式。在新课程环境下化学作业的设计、布置与评价已从单纯的巩固知识为目的，转向如何有效地帮助学生形成积极的学习态度，养成科学的探究精神，实现"知识与技能"、"过程与方法"以及"情感态度和价值观"的全面发展。《化学 1》中"实践活动"栏目正是实现上述目的的渠道之一。

据统计，《化学 1》中，共设计安排了六个"实践活动"。

"实践活动"一般比"实验"或"科学探究"包含更多的探究要素，涉及的内容范围、活动的方案和获得的结论具有更大的开放性。在内容选择上，有通过实验进行研究的，如教材 p.82《雨水 pH 的测定》；有通过社会调查和查阅资料撰写论文的，如教材 p.56 写关于合金的小论文；有对社会问题进行分析讨论的，如教材 p.82《分析空气污染的成因》；有通过角色扮演进行辩论的，如教材 p.57《角色扮演：是否应该停止使用铝质饮料罐》……如果这些活动能很好的开展，必将使学生获得探索的经历和体验，习得科学研究的方法，认识化学在社会中的价值，使学生的问题意识（问题→假设→反思）、信息素养（积累→整理→分析→整合）、实践能力（定向→验证→回归）、情感体验（兴趣→自信→执著）、合作精神（寻友→交流→分工共享）等得以全面提升。但由于学生时间精力的有限性（负担仍然较重）、学校教学资源的有限性（上网查难以全面安排）、学校人力资源的有限性（一位化学教师要上四个班课，每个班近 60 名学生，难以很好地指导和评价学生的活动成果）以及学生外出调查安全性问题，都使得实践活动的展开受到极大限制。

面对理想化的设计与现实性的困难总不能无所作为，更不能一概拒绝。我们可以有所选择地让学生去尝试。如教材 p.21 有关制作"树状分类图"或"交叉分类图"的"实践活动"，在教学时我们就曾要求学生用两周时间去完成，汇报活动成果，然后由化学课代表带领一班人出专题墙报展览，调动了学生的兴趣，驱动了学生的自主实践，收到了良好效果。

我们还设计了同类题目替换。如在期中考试后，我就曾布置学生在订正试卷中的典型错题时，各查找出一道同类型题并加以解答上交，同样收到了开放性作业的功效。

4 关于某些栏目某些内容的修改意见

1. 教材的编写要为探究预留恰当的空间。

当前的化学新课程改革，突破口是实验探究，既要探究，教材中就不必把实验的现象描述出来，应留待学生自己动手实验或至少随同老师实验去观察、发现、认知、记录，以更好地实现探究性，如《化学 1》p. 40 的关于铝箔氧化膜存在与性质的两个“科学探究”的现象与结果，最好省略。

2. 我们在教学中要防止把学生弱智化的倾向。像《化学 1》p. 57 的“实践活动”、“思考与交流”，所涉及的内容、能力，学生随着长大成人，要作出有关的判断应该轻而易举，无须现在耗费时间，尽管新教材所供素材，可以选择性使用，但我还是觉得删除为好。

（选自《化学教学》2006 年第 10 期）

化学校本课程的开发与实践

白　苓
南京第十三中学

高中化学新课程的实行，在教育理念上实现了教学方式和学习方式的转变。从关注学术性到重视社会性；从以学科为中心向以学生发展为中心；从单纯的掌握知识向培养多元能力转化。而且，校本课程的开发与实践是新课程中的重要内容。

一、校本课程开发的模式初探

校本课程开发是完全自发、自主的课程开发，我们采用的是“实践—开发—反思—改进”的模式。化学校本课程要充分体现教师的科学探究精神、独创性和学生的差异性，课程的教学应更加丰富多彩。我校化学学科选择了如下切入点：校本课程要有地方特色——收藏与化学（南京为六朝古都）；应结合当地自然和社会条件进行——饮食健康与化学（城市学生偏食，生活条件较好）；每所学校都有其特定的地点，每一地理位置都有自己独特的自然、社会资源——化学实验设计与趣味化学（学生兴趣广泛，学校实验条件较好）——玄武湖水质的研究和测定（研究性学习，我校靠近玄武湖）。学校都是既有优势又有劣势。校本课程的设置应该充分发挥地方优势，发扬学校优良传统，充分利用学校周围的教育资源。

1. 校本课程开发的优势

学校内形成了激励和支持教师的气氛；校内的交流和沟通变得更为容易；教师的专业动机、工作兴趣和职业满意度、科学探究、专业能力都有所提高；形成了教师团队工作的新方式；学生觉得学校的学习更加接近他们的需要；课程的弹性更大，更加容易整合与现实生活相关的新内容。

2. 校本课程开发的弱势

教师参与课程开发和课程决策的能力不能满足校本课程开发的需要；校本课程的质量问题容易引起争议；过多地依赖于人力、物力资源及社区的参与（如在玄武湖水的研究与测定的研究性学习中，过多地依赖学生家长、中科院地理与

湖泊研究所、南京环境保护研究所、南京自来水厂的人力、物力资源);学校之间的差距加大。

在化学校本课程方案的编制过程中,需考虑到课堂与课外相结合的模式,既要有课堂的教师引导、传授和问题的提出,又要有学生课外的网上查询、资料收集,更要有课外的家庭小实验,让学生有动手动脑的机会,学到真正有用的知识和提高解决问题的能力。

二、校本课程实施的作用

学生的兴趣是校本课程设置的重要依据,如果一个学校的学生对某种事情表现出普遍的兴趣,那么就应该考虑开设这门课程(如化学实验设计、饮食健康与化学等)。校本课程的开发本身就是一个教师参与科研的过程,它要求教师承担起研究者的任务,这对于教师研究能力的提高大有裨益。在校本课程开发中,教师不仅要研究学校、学生、自己,还要研究课程制度、课程理论、课程开发方法等;不仅要研究问题的解决,还要研究交往、协调的方法等。如在化学实验设计的课程中,牵涉与实验室协调和实验仪器的添置,及学生参与实验的能力水平问题。校本课程开发强调教师的行动研究,即要求教师思考和系统地评定在一个教室或实验室中正在发生什么,从而采取行动去改进或改变某种情景或行为,并用一种不断改进的科学探究观点去督察和评估这种行为的结果。如在饮食健康与化学课程中,教师将学生的家庭小实验的实验报告及时筛选,将典型案例制成投影给予分析、评价和表扬。使学生的参与性更为强烈,同时,制定化学学习档案袋(包括科学探究活动的设计方案与过程记录;化学知识的阅读和写作;化学实验报告、调查报告;科学探究活动实施结论等)。在实施过程中,教师鼓励学生不断追问和思考问题,就是在这种不断追问和思考中,教师和学生的研究能力将逐步得到提高。

三、校本课程开发的实践

饮食健康与化学课程的开发在化学新课标中属于化学与生活的范畴。由于不少学生喜爱化学实验,特别是喜欢在家里完成化学小实验,我便在收集和阅读了大量资料的基础上向专家求教,经过“实践—开发—反思—改进”初步制定了课堂教学与家庭小实验相结合的化学校本课程——饮食健康与化学,并制定了学习目标和编写出教授章节。具体如下:

学习目标:

1. 学习并了解如何饮食才是健康的饮食,从学过的化学原理和知识中认识身边的化学,关注健康,关爱生命(了解和认识)。

2. 学会并了解基本的生活技能,通过完成家庭小实验,提高动手动脑的能力,明确饮食健康与化学的关系,养成科学的生活习惯(分析和提高)。

3. 在健康的饮食中,关注环境保护,关注生活中的化学,关爱家人,关爱社会,做生活的有心人(改进和创造)。

目录:

绪言

第一章 生命延续的保证——营养素

第一节 百味之首——食盐

第二节　生命之泉——水

第三节　能量之源——(糖类、油脂、蛋白质)食品

第二章　健康饮食与化学

第一节　维生素的作用

第二节　食物纤维素——第七大营养素

第三节　微量元素与人体健康

例如在第一章第二节《生命之泉——水》的教学中,我在课堂教学中主要介绍了水的作用,饮水要适度,水的硬度的概念,以及硬水对工农业生产造成的影响;安排了用软硬水洗脸、洗涤衣物和家庭水壶、水瓶除垢的家庭小实验。布置了收集硬水的危害的有关资料。在学生的实验报告中发现了大量好的除垢方法,同时在实验中采集到南京市各种硬水(井水)样本,并收集了不少有关硬水的知识。

四、校本课程开发的反思

校本课程开发的实践给教师带来了一系列新的观念,通过反思以便不断改进。

1. 以学生发展为本。校本课程开发本身是以学生为本,所以参与校本课程开发有利于教师形成以学生发展为本的理念。

2. 促进教师向研究型教师发展。校本课程开发有利于教师创造潜能的发挥,强化反思意识,使其从教育实践入手,便捷地进行科学探究,逐步拥有教学研究的意识和能力,提升其特有的教学实践性知识,使其发展成为研究型教师。化学校本课程是一种学习提高各种能力的新型教学方式,这给我们老师提出了更高的要求。校本课程开发改变了学生原有的学习方式,使探究性学习成为主流,要求我们改变传统的教学观念,进一步提高自身业务素质,多进行研究探索,不断总结经验,吸取教训,扬长避短,尽快适应新课程标准下的现代化教学。

(选自《中学化学教学参考》2006 年第 7 期)

“噬菌体侵染细菌”实验的问题式探究学习

周　茜
南京雨花台中学

探究学习是新课程倡导的学习方式。如何有效地进行探究教学呢？选择合适的探究方式是重要的环节。“噬菌体侵染细菌”实验不仅充分证明了DNA是遗传物质，而且蕴涵着科学家独特的科学思维方法和实事求是的科学精神，是进行探究学习的极好案例。限于实验条件及学生知识水平，教师通过问题引导探究是较为有效的探究方式。

问题探究教学是以“问题”为教学主线，让学生在问题情境中，通过教师引导和自己的主动探索，发现问题、分析问题、解决问题。问题探究的关键是问题的提出，问题探究的核心是问题的解决。

1　问题的提出

1.1　教师面向学生提问——预设性问题

教师根据教学内容、目标及教学经验精心预设问题，不但能提高教学效率，而且能更好地诱发学生参与和进一步提出问题。提问在教师的讲授和学生的能动思考间起了纽带作用，它将教师要讲授的学习内容转化为学生想学习的内容。教师提出的问题要有支架作用，体现知识结构，有助于学生建构知识；要有画龙点睛的作用，有助于学生解决思维冲突。在“噬菌体侵染细菌”的实验教学中，教师设计是以下7个问题，引导学生阅读教材，结合已有知识，思考、讨论、理解实验是如何证明DNA是遗传物质的。① 选择合适的实验材料是实验成败的关键之一，本实验中科学家选用了什么材料？有何好处？② 根据实验材料，你可以提出几种实验假设？③ 要探究什么物质是遗传物质的关键是什么？科学家用何方法探究的？④ 用何种元素标记噬菌体的蛋白质和DNA分子？为什么？⑤ 离心后，上清液是什么？沉淀物是什么？为什么？⑥ 实验现象是什么？分析实验现象，如何证明DNA是遗

传物质？⑦ 此实验能说明DNA具有哪些特征？

1.2 教师激发学生提问——生成性问题

在强调教师精心预设问题的同时，更要注重课堂生成性问题的启发和引导。在课堂上，教师要为学生提供思考和提问的时间与空间，因为学生自己提出的问题是学生深入思考的产物，有助于深化学习，培养高级思维能力。在学生解决上述问题后，教师利用多媒体演示“噬菌体侵染细菌”的全过程，讲解说明了噬菌体的DNA分子进入大肠杆菌，以自身的DNA为模板，利用细菌的各种物质及结构，合成子代噬菌体的DNA和蛋白质外壳，最后组装成一个个与亲代相似的子代噬菌体，从而证明DNA是噬菌体的遗传物质。讲解完成后，教师留下时间让学生对实验全过程再阅读，鼓励学生质疑。有学生提出了以下几个问题：① 实验中用了同位素示踪法来标记噬菌体的DNA和蛋白质，为什么不直接标记噬菌体，而要先标记细菌呢？② 从理论上讲，标记DNA的实验中，放射性只应出现在沉淀物中，实际结果在上清液中也有少量放射性；标记蛋白质的实验中，放射性只应出现在上清液中，实际结果在沉淀物中也有少量放射性，如何解释这些现象？③ 本实验能证明DNA是遗传物质，能否证明蛋白质不是遗传物质呢？

2 问题的解决

问题解决的过程是学生同化、顺应新知识的过程，是整合建构知识的过程。在问题解决的过程中，学生是主体，教师要发挥其主导作用，既不能放任自流，又不能包办代替。学生能自己解决的问题，要让学生自行解决；学生不能解决的问题，要启发、引导学生解决。

2.1 预设性问题的解决

对于教师预设问题，大部分学生可以通过阅读教材，自行解决，只需让学生回答，教师不必多讲。如实验材料是什么？用何种元素标记噬菌体的蛋白质和DNA？上清液和沉淀物中分别是什么？部分问题学生不易全面回答的，教师可组织学生通过讨论来解决。如选择噬菌体的好处是因为噬菌体的结构简单，只由蛋白质和DNA组成。又如根据实验材料噬菌体可以提出3种假设，即DNA是遗传物质或蛋白质是遗传物质或蛋白质和DNA都是遗传物质。再如本实验的关键在于噬菌体的蛋白质和DNA分子哪一个进入细菌，参与噬菌体的遗传。所用的方法是同位素标记示踪法。

2.2 生成性问题的解决

对于学生提出的问题，教师也要给学生充分思考与讨论的时间，有些问题通过学生间的相互讨论与启发，学生是可以解决的。如为什么不直接给噬菌体标记元素是因为噬菌体是病毒，营寄生生活，不能通过培养基培养，必须生活在活的细菌体中，所以必须先标记细菌，再通过标记的细菌来标记噬菌体。对于教师事先未考虑过的一些问题，教师自己要认真思考，寻求正确答案，并设计小问题，为学生解决问题搭台阶，切忌直接给出答案，否则就是教学资源的浪费，有价值的问题是很好的教学资源，教师应有效利用。如

学生提出的关于实验结果的问题，教师知道实验中可能会产生误差，但未对产生误差的原因进行系统思考，学生提出的问题对教师是极大的挑战。教师在肯定学生善于思考，大胆提问的同时，坦诚地告诉学生教师以往未考虑过这个问题，今天要和学生一道思考，共同解决问题。这样做既鼓励学生质疑，又调动学生探究问题的兴趣，因为他们将要解决教师也未思考过的问题。教师引导学生回顾实验过程，分析可能产生误差的操作步骤。结果发现可能是搅拌离心不够充分，导致标记蛋白质的噬菌体未能完全与细菌分离，故沉淀物中有少量放射性。还可能是侵染时间过短，导致标记DNA的噬菌体未将标记的DNA分子注入细菌，离心后，放射性仍存在于上清液中；或侵染时间过长，导致细菌解体，子代噬菌体已被释放，经离心后，放射性出现在上清液中。这样在师生间的互动中，真正实现了教学相长。

（选自《生物学通报》2006年第9期）

溯源·过程·引领

——新课程观下的学科道德教育

高学林
南京第十三中学

新一轮基础教育课程改革加强了思想品德教育的改造，拓展了学科课程标准的德育空间，开始关注学科的教育性。

德国教育家赫尔巴特较早明确提出知识教学和道德教育相结合的问题："我得立刻承认，不存在'无教学的教育'这个概念，正如反过来，我不承认有任何'无教育的教学'这个概念一样。"前苏联著名教育家苏霍姆林斯基在《全面发展的人的培养问题》中也说："我们认为，物理、化学、生物、地理和天文学的教育作用，在于使这些学科的知识对每个人的精神生活留下终生的印记……通过积极学习这些学科而获得的思想，好像是照亮生活、事物、现象的光源，它的亮光在一个人从学校毕业后的许多年里都会影响着他对待所见、所读的东西的态度，以致影响着他对他的子女在学校里学些什么以及怎样学习的看法。"如果把学校教育比作是一朵花，那么，知识教学就是这朵花的一个花瓣，只重视知识教学而忽视道德、情感、价值观培育就是只取一个花瓣而丢弃了一朵花。

我国新一轮基础教育课程改革第一次从课程功能完整性角度，在各学科课程标准中强调了培养学生积极情感的态度目标，强调了道德及价值观教育的目标，这充分体现了课程观、德育观的重大发展，体现了我国教育理论的进展。

笔者认为，要体现学科课程的道德教育意蕴，教师应注意以下三个方面：

第一，走进玻璃窗外的生活世界，寻找知识的思想源泉。

著名的德国数学家F·克莱因有一个非常独到的比喻，他把中学生比作一门炮，数年中往里装知识，然后发射，发射后，炮膛里就空空荡荡，一无所有了！为什么会出现这种情况呢？因为中学生所获得的是与思想源泉相脱离的知识，是无根的知识，因而也是缺乏生命力的知识。

教育的任务不仅在于教给学生知识，更在于

把他们引入取之不尽的思想源泉。什么是知识的思想源泉呢?学生有两个世界:压缩在教室黑板上的逻辑世界和游动在玻璃窗外的世界。后一个世界对学生更有益、更重要,它是前一个世界的思想源泉,是知识活力的来源——它就是人的生活,就是大自然。

学校在教学的全部时间里,教给学生的不只是科学基础知识,首先应当教他们如何生活。前苏联天文学家B·A·安巴尔楚米扬院士在回答一位听众的"天文学知识对于我们的日常生活到底有什么用"的问题时说:"人不同于猪,因为人能抬起头来观察群星。"教育不只是要把学生培养成医生、技工、律师,而首先是一个人,人是会抬头观察群星的。知识应该是能引导学生融入生活的。而我们的教学常常使学生只会低头记忆。

如果只是教一些有关生物的科学知识,而不能激发学生对周围生命的兴趣与热爱,那学生就只是生活在教室黑板上的逻辑世界里。这样学到的知识就如"装在炮膛里"的弹药,"发射"(指考完试)以后,就"空空荡荡,一无所有"了!要带领学生走进玻璃窗外的那个世界,知识一定要与某种态度相结合,与生活相结合,"把富有思想性的生活同教学结合起来,依我看,这就是学校里人们常说的,也是大家所期望的和谐。"(苏霍姆林斯基语)如在带领学生进行环保调查的实践活动中,不仅要解决技术方面的问题,更重要的是引领学生树立"天地人"合一的思想,形成合理开发和利用自然资源的观念,充分认识到超过自然承受能力的开发不仅是恶的、不道德的行为,更是一种违法行为,从而树立起长远的和整体的道德价值观。

第二,树立课程即过程的观点,挖掘教学过程中的德育资源。

美国著名课程论专家多尔认为"课程不再被视为固定的、先验的跑道,而成为达成个人转变的通道。"(《后现代课程观》)在这里,多尔重视从过程——发展、对话、探究、转变的角度而不是从内容或材料(即跑道)的角度来界定课程。当课程不被局限于学科知识,而被理解为是获取知识的过程时,学科教学的道德教育意蕴便更加得以充分凸显。

人的道德、习惯、情感等是在活动中、经验中渐渐养成的。教学过程中的种种因素如教学的氛围、教学的方法、师生关系等都是对学生产生影响的教育资源。教师应充分考虑这些因素并使其发挥积极的作用,营造和谐的教学氛围,使课堂充满感情和灵性,让置身于其中的学生获得知与情的浑然统一。

课程不再是跑道,而成为跑的过程自身,则学习的意义就在于学习的过程本身,这体现了一种新的学生观。当学生期被视为成年人的过渡期时,当中学生现阶段生活的意义就是为未来做准备时,毫无疑问,学生当下的生活就会被忽视,他们自身的特性会被忽视。人们眼里看到的只是他们与成人相比还缺乏什么,还有哪些差距,学校要做的工作便是填补这些差距。这种一味地强调为未来做准备导致的结果,就是学生被视为知识的容器、有待雕塑的半成品。

中学时期不只是为未来在做准备,而更主要的是今天就应过丰富多彩的生活。只有认识到这一点,教育中的许多理论如"尊重学生、发挥学

生主体性”等才能成为现实而不是空谈。

除了课堂教学活动，丰富多彩的课外实践活动既能丰富学生的感性认识，又能使学生在真实情境中受到深刻的道德教育。学校应开展一些面向社会、面向公众的公益活动。

第三，重塑教师角色，发挥道德引领作用。

新课程中提出教师要作为学生人生的引路人，不仅是知识上的引导，而且要成为学生健康心理、健康品德的促进者和催化剂。

首先，教师对学生的道德引领表现在对学生道德习惯和意识的直接熏陶上。苏霍姆林斯基认为，“教育首先是人学……我们教育学生首先不是靠某种方法或手段，而是靠本人即人格的影响。”品德的形成不是一蹴而就的，而是一个长期的养成过程，一个潜移默化的过程，在这个过程中教师的道德品行对学生具有巨大的影响。

在学生的眼里，教师不仅是知识学习的榜样，而且也是道德学习的榜样。不管教师意识到或没有意识到，这都是一个客观事实。教师对学生道德塑造的手段就是教师自身，教师自身的言行是道德教育的“精神教具”，教师言谈举止中所实际表露的德性品质和价值观对学生的影响是深远的。学科教师要充分认识到自己的角色责任：不仅要教给学生知识，而且要作为学生心理、品德的引领者，引导学生学会自我心理调适，学会自主进行道德选择。

其次，教师道德的感染力还表现在使学科知识成为活的知识、有意义的知识上。培根说过：“知识就是力量。”但是，并不是所有的知识都是力量，只有那种融入了对生命的理解和信念、对自然界的热爱的知识才是有力量的知识。否则，知识是无意义的，甚至是危险的。

用知识教育学生，并不意味着把知识变成成品，然后将它们塞进学生的头脑。知识只有成为学生的信念才是活的知识，而只有当学生愿意以教师为榜样，愿意成为像教师那样的人，知识才能成为学生的信念。“真正的教育者是带着自己的思想接触学生的……教师必须深刻而又严肃地认识到我们是在用思想和知识教育人的这一真理。”（苏霍姆林斯基语）所以每一位教师都应在深入了解当今科学发展的最新成果、站在本学科的前沿阵地上高瞻远瞩的同时，也认识到自己首先是一位教育者，是对学生的人格、情感、价值观产生深远影响的引领者。学科知识绝不是书本上的概念、逻辑，而是一个人丰富的精神生活的有机部分。智慧培养出智慧，道德培养出道德，只有教师自身成为精神生活丰富的人，学生才能成为精神生活丰富的人。要使学生形成良好的道德情操，教师自己首先就得是向善、求善者，只有这样，才能成为真正的教育者！

（选自《素质教育大参考》2006 年第 2 期）

生物课本剧教学尝试
——人体的消化与吸收教学案例

张　琦
南京师大附中江宁分校

1　问题

生物学知识的系统性强，结构严谨，比如人体结构与功能这一部分内容尤其明显。从前，教师通常以讲授为主，但即使采用了多种手段与方法，学生有时还是不完全明白。笔者在教学中，采用课本剧的形式，通过情境理解概念，依靠活动掌握技能，既充分体现了新课程教学模式的特点，又解决了这一难题。

2　实例

“人的消化系统”一节，概念很多：牙齿的结构有 6～7 个名词，加上消化、物理性消化、化学性消化、各种酶、各种消化腺、吸收等；小肠绒毛的结构也有很多名词，学生一节课下来，要接触的名词约二十几个。如果用传统的教学方法，大概需要 3 节课的时间才能把它们学完。新课程教学计划中，本节课时又没有安排这么多，怎么办呢？

2.1　分析

这节课的教学目标：描述人体消化系统的组成及主要消化腺的作用。这一目标又分解为：牙齿的结构和保健；人体消化系统的其他器官——消化道和消化腺等知识点多而集中。

教师怎样在短时间内既激发学生学习兴趣，又使他们很好地掌握知识呢？课本剧也许是个不错的形式，因为教学法的核心就是调动学生的情绪，感官等，使他们产生学习的愿望并体验其中的乐趣。而现代中学生接触的媒体多，见识也广，对这种方式更容易接受。因此笔者设计了下面的教学步骤，充分发挥学生的智能，引导学生小组互动，尽情地演说、讨论，发挥集体的智慧，顺利地克服这一难关，仅用了 2 节课的时间就圆

满地完成了教学任务，达成教学目标。

2.2 方案

在学生阅读教科书课文的基础上，笔者设计了如下活动：

活动一：分小组进行课本剧表演。（每组先简单写一个剧本，互相讨论完善它，然后表演）供选的题目如下：

（1）一颗牙齿的自白（结构）。

（2）我（一颗牙齿）与主人的习惯及健康。

（3）自拟题目。

活动二：课堂调查龋齿的发生率。（分大组进行）

活动三：列表表示出消化道各器官内的消化液及其来源。（在个人档案夹上做）

活动四：根据教材提供的参考内容，分组讨论设计探究口腔内的化学消化实验方案。

活动五：课本剧表演，供选题。（内容：消化系统的组成及作用；要求：小组合作、自编、自演）

（1）比一比谁的功劳大。

（2）围绕"我们是一个大家庭"自拟题目。（以消化系统各器官成员的角色扮演）

2.3 实施

学生投入了极大的热情，自编、自导、自演课本剧。

下面是一位学生写的文字。

一颗牙齿的自白

我是一颗可怜的蛀牙，就是你们所说的龋齿，曾经是人体中最坚硬的器官。我的表面有坚硬的外套——牙釉质，它是人体最坚硬的东西。再往里是牙本质，最里面是牙髓，里头有血管和神经。（表演者一边说一边把外套脱下）可如今，我却是如此脆弱，这都是我的主人不好，每天不给我洗澡，还吃许多零食，滋生的细菌就一口一口地把我吃掉了。这些细菌利用我主人口腔里的食物残渣，产生了好多酸性物质，把我的外套弄了个大大黑洞，敲起来"咚、咚"地响。我原先有洁白牙冠，就是你们大家在牙龈上看到的那部分，可是如今，瞧，变成了黄色的了，如果主人不带我去看医生，黑黑的龋洞就会蔓延牙槽内部的牙根，我的生命就不保了。我强烈要求我的主人：每天正确地刷3遍牙，不吃零食，马上带我去看医生。

我喜欢的一句话：我们的目标是没有蛀牙！

学生一边讲一边表演独角戏，课堂气氛十分活跃，又体现了学生富有个性的创意和情感。

教师进一步引导："这一段独白诙谐幽默，形象生动，给我们很多启示。在课本上，大家还知道了哪些内容呢？"

学生纷纷举手，有的总结牙齿的结构，有的总结牙齿的外形，有的总结预防龋齿的方法。学生对这一段内容处理得多好！接着，教师又给他们提供了一些龋齿危害的资料，学生又一次思考问题的严重性。自然地，接下来进行龋齿发生率的调查，大家积极参与，不到1 min的时间就完成了调查统计任务。

活动三需要学生积极开动脑筋。采用了"小组比一比"的形式，看谁做得快而且有创意。学生各自在档案夹上动手做，组内互相补充完善。有的把消化液与分泌器官绘制成表格，有的把消化液与它目标场所绘制成表格，有的列举分泌器

官、消化液名称和目标场所并做一关系表等。这些具有创造性的作品，展示了学生思维的广度与深度，实现了思维能力训练与合作精神的培养。

活动四实施起来比较容易。由于第一学期同学做过了一些探究实验方案的设计，学生通过讨论，很快就设计出来了。有的提出把馒头磨碎放点水和一和，吐点口水放在里面，过一段时间看一看馒头屑还有没有。别的同学马上提出争议：馒头屑没有了就表示被消化了？它要是溶解在水里并没有被消化呢？最好还是用什么东西能把它显示出来就好了。马上就有人说馒头遇碘会变蓝色，我们在小学就知道了。教师这时提醒了一下，怎样使它跟人口腔里一样快地消化呢？有学生就说保持与人体温一样就行了。接下来学生分组把步骤写一写。教师从中选出一个没有逻辑漏洞的最佳方案，进行了对照实验。在实验等待的过程中，师生进行活动五。

活动五的实施相对来说要复杂些。学生都认真研究了课本的内容，小组内讨论，临时搞出了一个简单的剧本，有的组选择(1)；有的组选择(2)；有的组自拟“一粒花生米的人体旅行”，然后有的组全组出动上台表演，有的组还邀请了其他组同学一起表演。在每组表演结束时，教师及时进行了鼓励性小结，课堂结束前实验的结果也出来了。

3 思考

对一些碎、繁知识点不妨交给学生去处理，可能更好一些，它既可以提高学生的学习的兴趣，又能使学生多方面的能力都得到发展，学生非常欢迎，有的学生下课还来问老师：“老师，下节课我们还表演行吗?”恰如思想家培根所说：“凡是与天性(即兴趣)相合的学科，就不必有什么规定的时间(去学)。因为他的思想会自己做主飞到那方面去的。”只要是学生主动去获取的东西，有的一辈子也不会忘记。

学生探索研究是需要过程的，教师应该给他足够的时间和空间。如果一味地只想把每一件事讲得太多、太清楚，学生没有思考的机会和想像的空间，仍然是“他主”建构的知识体系而非“自主”。同时这种“他主”的探索，会使人兴味索然，留一些未知和出人意料可能更重要。

课本剧这种形式要求的思维强度、深度比较高，它不仅要求学生自己自主地深刻理解概念原理等知识，还要把自己的理解放到一定的情境中表达出来。思维所需的时间比较长，因而必须进行合作学习才能够提高效率。

组内讨论学习形式可以使学生间思维碰撞，激发创新的火花，有利于学生的各方面素质的提高，如语言表达、交流能力，思维创新能力，研究能力，与他人合作能力等都有一定的锻炼和提升。但是组内讨论要有明确主题和一定的纪律约束，否则就会流于形式，白白浪费了宝贵的课堂教学时间。

(选自《中学生物学》2006 年第 11 期)

浅谈开放式品德教学中的价值引导

唐隽菁
南京北京东路小学

品德教育是一种价值教育，品德与社会课堂更是价值教育资源的"富矿"。面对价值多元的社会环境，如何在强调开放性的品德与社会教学中进行合理的价值引导，就成了摆在我们面前的重要课题。

价值标准弹性建构

［背景链接］ 资源的有限性迫使人们树立起新的节约观。但是在多元化的现代社会中，单纯地提倡节约已经不符合时代的要求，国家政策也鼓励合理消费，以拉动经济的发展。在这样的社会背景下，有必要引导学生理清"消费"与"浪费"、"我想要"与"我能要"之间的关系。

［课堂追踪］《我想要　我能要》

师（播放完一段录像后）：假如你是星星，想要玩具猴、刨笔刀，还有那么多好吃的，你会对妈妈说什么？

生1：妈妈，这次我考得好，你该买些东西奖励我。

生2：妈妈你必须给我买，不然我就不走了！

生3：妈妈，我知道你属猴，你看这只小猴多可爱，快买吧！

……

师：大家可真厉害，一下子就讲出了这么多理由。那么，如果你是星星的爸爸妈妈，听了星星的话，又会说什么呢？我们来表演表演怎么样？

生（齐）：好！

师（课件演示超市情境图）：我们三位同学一组，自由组合，分别扮演爸爸、妈妈和星星。首先请选择一个背景家庭（课件出示：① 妈妈下岗了，② 爸爸是公司经理，③ 爸爸妈妈都是工人），然后再讨论表演内容。

（学生自由分组排练后，师指名表演）

第一组表演——

星星：我就要买玩具猴，就要买刨笔刀，就要买吃的！

妈妈：星星，你不是有刨笔刀吗？等用坏了再买，好吗？

星星（坐在地上，大喊大叫）：不，我就要就要！

爸爸（面带愁容）：星星，现在妈妈下岗了，没有工作了，我们一家三口就靠爸爸一个人的工资生活，如果给你买了这些东西，明天妈妈就没钱买菜了。

星星（愣愣地看着爸爸，然后默默地爬起来，跑过去拉住妈妈的手）：妈妈，我是逗你玩的，我不要玩具猴、刨笔刀了。

师：星星，你为什么不要求买这些东西了？

星星：因为妈妈下岗了，家里的钱就少了，我不该再乱买东西了。

师：同学们，你们喜欢星星吗？为什么？

生1：我喜欢星星，因为他是个懂事的孩子。爸爸妈妈一定也很喜欢他。

生2：星星能够想到自己家的实际情况，我喜欢他。

第二组表演——

（家境好的“星星”一定要妈妈买薯片给她吃）

师：同学们，如果你们是这位星星的妈妈，你们会怎么说？

生1：虽然我们家条件好，但不合理的要求妈妈也是不会答应的。

生2：星星，妈妈这也是为你好！报纸上说，薯片是垃圾食品。

……

师：大家想一想，“我想要”的东西什么时候才是“我能要”的？

生：我们提出的要求必须是合理的，而且要符合自己家的实际情况。

[一线反思]

换位观是新教材中所蕴涵的教育观之一。面对“星星想要玩具猴、刨笔刀和很多好吃的东西，她该怎么办”这一生活中常见的问题，老师并未简单地评价孰是孰非，而是把学生置于问题情境中，随着父母与“我”的角色换位，学生的思维空间随之拓展，原有体验随之调动，解决问题的迫切需要也随之产生。更为难得的是，教师给了学生自由的家境选择权，没有将学生的思维桎梏在唯一的标准答案中。这就给了学生广阔的成长空间，让学生在“假如我是你”的换位中积极地思考，根据各自选取的家庭背景自主探讨，从而在正确的价值导向下有弹性地建构自己的观点，形成一定的态度，获得相应的生活能力，发展内在德性。

核心价值观必须坚持

[背景链接] 规则是人类社会性活动顺利进行的必要保障，它对维护社会生活的正常秩序起着重要作用。这样的核心价值观是必须坚持的。在《我不要赖皮》一课教材中有“他要赖皮”的环节，展现了一些学生生活中常见的由于不遵守规则而导致不愉快的场景。教学中，老师并没有依葫芦画瓢，而是另辟蹊径。

[课堂追踪]《我不要赖皮》

（老师与学生蒋世奇下五子棋，通过作弊取

胜)

师(看着大家,不解地问):我赢了,你们怎么不恭喜我呀?

生1(气愤地说):你耍赖皮,不是凭真本事赢的。

师:我耍赖皮了吗?

生2:你耍赖了。下五子棋是要守规则的,你怎么能一个人把棋子都下了呢?

师:下五子棋有什么规则?

生2:五子棋应该两人轮流下,看谁先把五颗棋子连成一条线。不是像你这样下的。

师:照你这么说,不是太麻烦了吗?你看我赢得多轻松!有没有同学同意我的观点?(刚才还高举如林的小手,"唰"地一下全放了下去。但是有一只小手仍然高高地举着。老师走到了他的面前)你同意我的观点?

生3:对,我也觉得遵守规则太麻烦了。

师:好,请你和我一起站在讲台前。还有没有同意的?(台下的孩子们都摇着头)

师:把你的想法说给大家听听。(面对大家)如果你们能说服他,就是等于说服我了。

生3(挺开心):我觉得遵守规则太麻烦,耍赖皮就可以赢。

生2(皱着眉头):你耍赖皮,大家一定不会和你玩。

生3(不急不忙):没关系,我找好朋友玩。

生4(鄙夷地看着他):谁会愿意和一个耍赖皮的人玩?你的朋友也会离开你的。

生3(有些急了):那我就和电脑玩。

生4(步步紧逼):电脑游戏也有规则呀。再说,整天对着电脑,你不觉得自己孤单吗?

生3(原本高昂的头低了下来):那我就和大家玩别的游戏吧。

生(齐问):你耍不耍赖皮?

生3:我不耍赖皮了。

师(故作惊讶):什么?你再说一遍?

生3:我不耍赖皮了!

师:你?

生3:对,我不耍赖皮了!

师:为什么?

生3:因为如果耍赖皮,大家就都不跟我玩,我就没有朋友了。要取胜,就应该凭自己的实力,这样才赢得光荣,大家才玩得舒畅。

师:你还同意我的观点吗?

生3:我同意大家的观点。(说完,开心地回到了自己的座位)

师:大家说服了你,也说服了我。蒋世奇,对不起,刚才我和你玩五子棋时耍赖皮了。你能原谅我吗?

蒋世奇(主动伸出了手):没关系!老师,只要你不耍赖皮,我还是愿意和你玩的。

师(老师紧紧握住蒋世奇的手):谢谢!谢谢!多么宽宏大量的孩子啊。

[一线反思]

核心价值观必须坚持,但这种坚持不是强加,不是灌输,而是在恰当引领下的自主建构。谁说只有老师才是课堂的主宰?我们的课堂应该是学生的,他们完全有能力教育他人、教育自己。我们的老师应该是参与者,参与学生的学习,成为他们的学伴,参与学生的生活,成为他们的玩伴;我们的老师应该是发现者,发现学生蕴藏的巨大潜能、相互之间存在的差异;我们的老

师应该是引导者,引导学生通过活动获取成功、赢得掌声,通过交流弥补不足、提高认知……在实际教学中,作为引导者、参与者、伴随者的教师,一方面必须从现有教材提供的留白出发,尊重学生的独特感受,不局限学生思维,另一方面,在与学生交往、合作、意义共享与协商的过程中,必须潜移默化地引导学生坚持核心价值观,从而使他们在新旧经验的联系中,自我认同,自我遵循,实现积极的意义建构。

正确价值观需要引导

[背景链接]《自画像》一课教材中安排了"猜猜她是谁"的游戏,旨在通过与他人眼中的自己进行对比,矫正自我认识。通过课前调查,我发现大多数孩子对自己的认识存在较大偏差:或盲目自信,或过于自卑。究其原因,一方面是核心家庭为数众多,父母长辈溺爱孩子的现象较为普遍,另一方面也与学校、家庭、社会过分推崇强者,对弱势群体缺乏应有的同情与尊重有关。那么,怎样才能放大孩子们身上的闪光点,帮助他们重塑自身形象呢?

[课堂追踪] 《自画像》

(一位学生从众多的小档案中抽取了一张,放在视频展示台上并高声朗读了上面的内容)

师:你猜他是谁?

倪继春:我猜是尹敏慎。

师:尹敏慎,是你吗?(尹敏慎使劲点着头,老师走到了他的身边)老师想问你一个问题,你可以悄悄地告诉我,也可以说给大家听,好吗?

尹敏慎:好。

师(轻声问):你喜不喜欢自己?

尹敏慎(停顿片刻,含含糊糊地):喜欢。

师:为什么?(尹敏慎沉默不语,老师面向大家)你们喜欢他吗?

生1:我喜欢他,因为他很可爱。

生2:我觉得尹敏慎应该喜欢自己,因为世界上没有第二个尹敏慎了,他是独一无二的。

生3:他不淘气的时候,我也蛮喜欢他的。

生4:他认真听讲的时候,发言特别积极。他还获得过班级"发言之星"!

师:你多么善于观察啊!

生5:他的手工做得特别好,有一次美术课上,他做好之后还来帮我的同桌。

师:看来,敏慎已经走进了你的心田。

……

师:敏慎,虽然有的时候你有些淘气,但大家都把你的进步记在心中。你想不想对大家说些什么?

尹敏慎(充满感激地说):谢谢大家。(教室里掌声雷动)

师:你喜欢自己吗?

尹敏慎:我喜欢自己。(这一次,他昂首挺胸,声如洪钟)

[一线反思]

细细品味教师与学生的对话,深知平淡随意的背后有着怎样的深思熟虑。"人性最深层次的需求就是渴望被人欣赏的赞美。"可惜的是,受赏识、赞许的总是那几位出类拔萃的学生,班级中众多的"灰色人群"、"边缘人群"不仅得不到应有的关注,甚至还成为陪衬、附庸。这一状况必须被打破!我们的老师必须把全体学生看在眼中,

更装在心中。执教老师抓住了这一课堂生成的契机，通过询问个体、群体，引导学生正确地看待自己、看待他人。在此过程中，自尊、自信、自强、自爱也就如润物无声的春雨般，悄悄播洒于心田。

在德育课堂教学中，教师应该关注每一位学生的成长，帮助他们认识自己的优势，释放出更大的发展潜能。总而言之，就是要引导学生形成正确的自我认识和自我期待，缩小与未来目标的差距。

在当今的品德教育中，我们要把学生视为“有眼、有耳、有头脑”的人，引导他们自主思考、讨论，在多元价值的分析与选择中，培养起真正内化的、稳定的价值体系，真正成为“价值富矿”的拥有者。

（选自《小学德育》2006 年第 23 期）

以课程视野探析教材在政治课教学中的角色变迁

李宏亮
南京第一中学

作为课程理念的主要贯彻者，教材（主要指教科书）对政治课的教学起着至关重要的作用，它始终是政治课教学中最为重要的物化要素，新课程改革的推进也正是直接地表现为教材的重新编写。然而在课改实践中，许多政治教师对教材的认识还停留在原地或是表现为无所适从，这对新教材的正确使用和思想政治课程改革的推进形成了阻力。本文试图从课程发展的角度对政治教材的功能定位及其对思想政治课程教与学的影响作出一些思考。

一

传统的思想政治课程以学科中心课程和社会中心课程为重要的课程理论支撑，它注重政治学科知识的系统化传授，强调政治课的社会政治本位。在这样的课程背景下，教材被完全等同于教科书，并且成为课程标准和考试大纲唯一的完整的终端代言。“它是实现思想政治课的教育教学任务的，是教师进行教学工作的蓝本，是学生学习的法定内容，是教学考核和评估的依据，也是使用其他教学媒体的依据。”在这个阶段，教材在政治课教学中居于绝对的中心地位，其角色表现为教与学的“依据”，并且带有明显的法规性质。这一功能定位对政治课教学产生了深远影响。

首先，课程与教材是预设的，分离并先于教学过程而存在，这就决定了政治课的教学过程只是一个对教材的分析、挖掘、再现的过程。它否定了教学过程本身的生成性和创造性，使得传统的政治教材难以走出“繁、难、偏、旧”的怪圈，政治课也成为空洞的说教课。其次，教材被视为法规性的依据，迫使教师把教材作为唯一的教学资源和必须完全接受的对象，教师只是教材内容的宣讲者。教师的全部工作就是“教教材”，评判教师的标准就是能否吃透教材、讲清楚教材。课堂教学成为教师对学生灌输教材知识点的过程，教

学方法表现为从概念到概念、从原理到原理的纯理论演绎，内容陈旧，方法单一，使得传统的政治课难以得到学生们的喜欢。再次，这种以教材为中心的课程观，极大地扼制了学生的学习主动性，“背教材”成为学生政治课学习的主要任务，学习的好坏就是看学生能在多大程度上再认和再现政治课教材的内容。对于教材，学生没有发挥的空间和探索的余地。由于需要花费大量的时间去记忆，学生甚至没有阅读其他相关材料的时间。

二

新的思想政治课程改革偏重于学生中心课程理论，它强调以学生个人的需要和兴趣组织教学，通过解决学生当前认为重要的问题，增强他们已有的兴趣和生活经验。具体表现为思想政治必修课就是要以生活逻辑为主线整合课程内容，选修课是必修课教学的延伸和拓展，要基于学生情趣、兴趣、志趣等方面的选择，为培养学生自主选择的能力、体验人生规划的经历提供机会。在这样的课程理念下，一方面，教材的概念得到了扩展，教材除了教科书这一主要形式以外，还包括教学参考书以及与教科书内容有关的文件、时政材料、经典著作等资料。另一方面，教材的功能也得以重新定位，教材不再是原来意义上的具有法规性的依据，而是作为课程实施的载体，是对课程标准的具体化，其在政治课教学中的角色表现为辅助课堂教学，实现课程目标的主要“工具”。这一功能定位，颠覆了传统的教材观，为政治课教学开拓了崭新的思路。

首先，政治课教学不再孤立于思想政治课程之外，其本身就是课程的主要组成，更是极为重要的课程资源。政治课教学不再是为教教材而存在，教材也只是为达到课程标准要求而可供选择的一种学习资源。所以，今天的政治课教学应该更具有开放性和创造性。在课程标准的指导下，借助教材，实现课程目标预设与生成的有机统一。其次，教材的工具性功能定位决定了教师的工作要从“教教材”向“用教材”转变。具体而言，就是要摒弃以教材为中心的教学观念，树立课程中心的观点，在传授知识的同时，更为注重形式认知结构的优化和基本观点的树立，培养学生的创新精神和实践能力。教学方法不再是单一的知识灌输，而是要注重情境创设、合作探究，更多地激发学生的创造思维，通过师生互动、生生互动，实现教育教学目标。再次，对学生而言，教材不再是唯一的学习资源，而只是可供选择的一种学习资源。所以，政治课学习要从“背教材”向“用教材学”转变，学生通过课堂的互动学习和课堂内外的自主学习，让自己原有的知识和经验与教材和教师展示的新的知识和经验进行对比、整合，从而实现自身知识和经验的增长、结构的优化和能力的提高。总之，今天的思想政治课程改革，使得教材在政治课教学中的地位逐渐弱化，更加凸显其辅助教学的工具意义。这就要求我们广大政治教师要转变观念，转变教的方式，以课程标准为指导，以学生为主体，借助教材，引导学的方式转变，实现课程的三维目标。

三

然而，在课程改革的实践中，关于教材的使

用却出现了这样的声音:“不管你课程怎么说,我们政治一线教师只想知道新教材中哪些知识点是必须教的,哪些知识点需要补充,各个知识点讲到什么程度,考到什么程度。”“有什么好问的?新教材已经没有学科体系了,凡是课程标准规定的内容就重点教,没有规定的就不教。”客观地讲,这两种声音代表了现在绝大多数政治教师的普遍心态。一方面,问题出在教师本身缺乏对思想政治课程理论的深入学习和理解,尚未摆脱应试教育的影响;另一方面,在于新的思想政治课程改革虽然在理论上通过对教材地位的弱化,凸显课程中心和教材的工具功能,赋予了广大政治教师、学校和地方拓展课程的权利,但是,在操作层面上未能给出有价值的指引和建议,特别是对教材的功能定位,只给出了“工具”这一变革方向,未能指出工具的实践范式。这就导致在实践中出现了过去“(用考纲)教教材”到现在“用教材(教课程标准)”的定式化发展。如何解决这一实践中的难题?笔者认为,关键在于深化认识和发展课程建设理论,准确定位教材在政治课教学中的功能。

随着思想政治课程改革的推进,我们应该在课程理论上兼收并蓄,特别是要吸收人本主义课程理论的一些有益观点,重视学科的综合性和课程的整体结构。在教学目标上指向个体的全面发展和自我实现,在注重智力发展的同时,更多地关注能力、伦理、审美和情感的人格发展,实现思想政治课从“以知识为本”向“以育人为本”的转变。在课程改革深入发展的背景下,教材应该成为师生互动的课程平台,这个平台具有两个基本功能。其一是课程目标达成的平台,即教材作为课程的具体化,必然具有工具意义,教材的使用必须有利于课程内容目标的达成;其二是课程资源生成的平台,即教材作为师生选择和对话的文本,是引导学生认知发展、生活学习和人格建构的一种“范例”。教材的使用过程应成为师生共同发展教材、理解达成课程目标、生成新的课程资源的过程。这一功能定位极大地拓展了教材的工具意义,使思想政治课程建设和政治课教学有机融合,在实践层面上明确了教材与课程、教材与教学的内在关系。

首先,教材是课程标准“范例性”的具体化,它否定了教材是法规性依据的传统观点,更是发展了教材是课程内容具体化的初期观点。在实践层面上,把教材理解为为实现课程目标,在政治课教学中可供使用的一种“范例性”的课程资源和学习资源。为此,政治课教学必然突破传统的课堂教学观念,引导师生从学校、家庭、社区、地区等层面发展教材,开发和利用更多的课程资源,教学过程将更多地呈现出互动、生成、发展的特点和趋势。

其次,教材成为师生互动的课程平台,对教师在教学中的作用提出了更高的要求,需要教师更多地发挥引导、开发、整合、协调的作用,更多地使用启发式教学、体验式教学以及合作探究式教学等有利于师生互动的教学方法。一方面,政治教师要积极引导并主要依靠学生对现有教材进行校本化的解构,并在解析与构建的过程中增长知识,发展能力,升华情感、态度和价值观。另一方面,政治教师还要注重自身素质的提高,尝试以课程标准为指导,以现有教材为载体,结合自身和学校、地区的实际,编写富有学校和地方

特色，切合学生实际的校本教材。

再次，对学生而言，政治课学习不再是“背教材”，也不是“用教材背课程标准”，而是表现为与教材“范例”的对话，与老师和同学的合作、探究、交流，用自己的经验和经历丰富教材，生成新的学习资源。学习的过程将更多地表现为学生利用原有和新学的知识去发现和收集自身生活情境中的有价值信息，并整理出来与教材的范例进行对比、整合，领会教材中的课程要求；同时，与其他同学和老师共享自己的成果，并分享他人生活中的有价值信息。最终，在这样的探究、合作中实现课程目标，发展自己，生成新的课程资源。

（选自《思想政治课教学》2006年第11期）

基于“现代化”的理念

——解读人教版《普通高中课程标准实验教科书·历史(必修)》

徐彦文
南京中华中学

一

用现代化理论分析世界近现代历史，就可以发现尽管存在着多条线索，这些线索有交叉、有平行，涉及人类社会的各方面，如生产发展、阶级斗争、思想冲突、政治变革等等，可以用这些线索来观察世界，观察世界上发生过的许多重大事件。但所有这些线索，所有这些事变却都有一个共同的主题，即“现代化”。考察过去几百年中发生的重大变故，包括政治、经济、思想、文化和社会变化等等，无一不是在“现代化”这个主题下进行的。在政治方面，如战争、革命、突变、改良等，这些都是由现代化的进程所引起，最终发展出一个现代的政治体系，其目的是为了整合一个复杂的现代世界。在经济方面，生产力的巨大飞跃，科学的发展、技术的进步，这些也都是现代化过程的一个侧面，表现出现代社会巨大的生产能力，以及对自然的征服力和破坏力。思想、文化和社会的变化要么为现代化创造条件，要么是现代化的直接后果；条件和结果有可能互为因果，现代化就在这递进的关系中滚滚而动，最终席卷了全球。著名学者钱乘旦指出：近现代世界历史的主线就是现代化。

根据经典现代化理论，现代化是一个历史过程，包括从传统经济向现代经济、传统政治向现代政治、传统社会向现代社会、传统文明向现代文明的转变等。现代化不仅是一个历史过程，也是一种发展状态。从本质上说，现代化缔造了一种新的文明，即工业文明。这种变化把全世界带进一个新的历史时期，这个时期就是通常所说的“近现代”。

在不同的领域，政治现代化特点为民主化、法制化和科学化，经济现代化特点为工业化、专业化和规模化，社会现代化特点为城市化、福利化、流动化和信息传播，个人现代化特点为开放性、参与性、独立性和平等性，文化现代化特点为宗教世俗化、观念理性化、经济主义和普及初中等教育。

后现代化理论是西方学者提出的一种社会发展理论。它认为，社会经济的发展不是直线的，20世纪70年代以来，发达国家社会发展方向发生了根本转变，已经从现代化阶段进入后现代化阶段。后现代化的核心社会目标，不是加快经济增长，而是增加人类幸福，提高生活质量。

从农业时代向工业时代、农业经济向工业经济、农业社会向工业社会、农业文明向工业文明的转变过程是第一次现代化；从工业时代向知识时代、工业经济向知识经济、工业社会向知识社会、工业文明向知识文明的转变过程是第二次现代化。

现代化具有一种扩张的本能，从一开始它的扩张性就表现得非常强烈。当现代化还在欧洲推进时，它的强制性就使欧洲国家不得不跟在英国后面实行现代化。第二次世界大战结束后，现代化的浪潮推向全球，时至今日，世界上已没有一个角落没有受到现代化的波及。现代化在各地区表现出很大的差异性，也表现出丰富的多样性。但现代化的方向始终是一致的，其过程也基本相像。总体上看，现代化经历了由欧洲西部向整个世界扩散的过程，自近代以来世界上发生的一切事情几乎都与现代化有关。

现代化这样的历史过程剧烈地改变着人类社会的面貌。关于现代化理论的研究已历时半个多世纪，是热点的学术问题，众多的学者对现代化的历史发展过程进行了深入探讨和研究。现代化理论已逐渐成为分析世界近现代历史演变过程的主流理论，并且这种理论也已经在近年来的中学世界历史的教学改革中陆续体现出来。本世纪初，中国开始了新一轮大规模的基础教育课程改革。在“教育要面向现代化、面向世界、面向未来”的思想指导下，改革涉及课程体系、结构和内容。在高中历史教学领域，教育部颁布了《普通高中历史课程标准（实验）》，依据这个新课标，人民教育出版社编写了《普通高中课程标准实验教科书·历史（必修）》。

二

《普通高中历史课程标准（实验）》的基本理念强调，对学生在知识与能力、过程与方法、情感态度与价值观等三个维度上进行培养。其中指出：“通过历史学习，使学生增强历史意识，汲取历史智慧，开阔视野，了解中国和世界的发展大势，增强历史洞察力和历史使命感。”

普通高中历史必修课分为历史（Ⅰ）、历史（Ⅱ）和历史（Ⅲ）三个学习模块，包括25个古今贯通、中外关联的学习专题，分别反映人类社会政治、经济、思想文化和科学技术等领域的重要历史内容。

人教版普通高中课程标准实验教科书编写的结构和体例是“单元”和“课”。单元：采取中外合编的专题史体例，每个单元集中探究一个比较宏观的历史问题。课：每个单元分为若干课，每课涉及一个或几个比较具体的历史问题。同一单元的各课不是彼此孤立的，而是一个相互联系的有机整体，共同为体现本单元的主题服务。

另有课文辅助部分，包括：“历史纵横”、“资料回放”、“学思之窗”、“学习延伸”、“历史感悟”、“重要概念中英文对照表”和“探究活动课”等，这些栏目既提供与课文有关的内容和丰富多样的各种资料，更提出富于启发性的问题，以促进学

生展开更加积极的历史思维活动。

《历史Ⅰ(必修)》模块共分为9个专题。在世界历史方面，设有4个专题："古代希腊罗马的政治制度"、"欧美资产阶级代议制的确立与发展"、"从科学社会主义理论到社会主义制度的建立"和"当今世界政治格局的多极化趋势"。

政治是经济的集中表现，该模块介绍人类历史上重要政治制度、政治事件及其代表人物等基本史实，人类社会发展的基本规律。提供历史上有关政治活动方面的资料，进行归纳与分析，使学生学会从历史的角度来看待不同政治制度的产生、发展及其历史影响，理解政治变革是社会历史发展多种因素共同作用的结果，对其进行科学的评价与解释。

《历史Ⅱ(必修)》模块共分为8个专题；其中，世界史部分4个专题，"新航路开辟、殖民扩张与资本主义市场的形成和发展"、"罗斯福新政与资本主义运行机制的调节"、"苏联社会主义建设的经验与教训"和"当今世界经济的全球化趋势"。

该模块对人类社会经济和社会生活发展进程中出现的重要历史事件、历史人物和历史现象，结合当时的历史条件，运用历史唯物主义的观点进行分析，以求作出客观的评价。通过对人类社会经济和社会生活发展进程的正确阐述，进而揭示历史发展的一般规律。

《历史Ⅲ(必修)》模块共分为8个专题，其中，世界史部分3个专题："西方人文精神的起源及其发展"、"近代以来世界的科学历程"和"19世纪以来的世界文学艺术"。

作为人类社会生活重要内容的思想文化活动，该模块注意突出世界文化发展历程的基本特征——多元发生多元组合，引导学生认识世界文化发展的多样性，促使学生探究思想文化在人类历史发展中的重要作用及其影响，培养学生理解、尊重世界各地区、各国家、各民族的文化传统，树立自觉传承祖国和人类优秀思想文化遗产的意识。

三

现代化理论指出，在近代世界到来之前，文明的基调是农业(牧业包括在内)，文明的指向是巩固和发展农业社会。然而在中世纪晚期，西欧出现了种种趋向，最终使农业文明走向解体。公元1500年前后，许多事件指向农业文明的解体，例如，农奴制解体解放了人身，文艺复兴解放了人的精神，宗教改革解放了人的思想，地理大发现则把人推向全球，第一次把世界连成一个整体，一种新的追求财富和自由精神发展起来。所有这些都为一种新的文明创造了前提，社会变动的时机已经来临了。在这个过程中，民族国家的出现标志着现代化的起点，社会的发展与根本转型都由此开始。

在近代世界的起点上，欧洲出现巨大的社会变动(农奴制解体、城市与商业的发展、环球航海等等)，出现大规模的文化运动(文艺复兴、宗教改革、重商主义的发展等等)，同时也发生前所未有的暴力活动(国家统一战争、民族独立战争、国家间的争霸战争等等)。这些都标志着世界正进入一个大动荡的时期，而动荡的发轫处就在欧洲。

《历史Ⅱ(必修)》第五单元"新航路的开辟、殖民扩张与资本主义世界市场的形成和发展"包括："开辟新航路"、"殖民扩张与世界市场的拓展"和

"工业革命"三课。阐述于15世纪末开始,为寻求海外财富,西欧国家的航海家们陆续开辟通往世界各地的新航路。在激烈的贸易竞争和殖民地争夺中,世界市场逐步形成。在这样的历史背景下,工业革命首先在英国发生,而后在欧美各国出现。工业革命产生的巨大生产力,把全世界都囊括进资本主义市场经济之中,最终整个世界连为一体。

《历史Ⅲ(必修)》第六单元"西方人文精神的起源及其发展"包括:"西方人文主义思想的起源"、"文艺复兴和宗教改革"和"启蒙运动的兴起"三课。阐述古希腊罗马的文明中萌发了早期人文主义精神,近代以来,随着资本主义的发展和科学技术的进步,人类开始系统论证"人"的价值和力量。在一浪高过一浪的思想解放大潮中,西方人文主义思想得到进一步弘扬,并逐渐发展成熟。

当转型的准备工作完成后,现代化的第一步在政治领域首先迈出。英国革命是建立新政治制度的第一次尝试,英国在光荣革命后就走上了顺利发展的路,工业革命首先在英国发生,说明在一个合适的政治制度保障下,经济会发生飞速发展。美国和法国是紧接其后的国家,它们也都用不同的方式完成了政治变革,而工业化"起飞"也就接踵而至。当这些国家的工业化汹涌澎湃时,其他欧洲国家便感到了压力,于是,被迫实行变革,不得不向现代化的方向迈进。这样,就形成争相实行现代化的浪潮。继英国革命以后,又有法国革命、德国革命、1848年欧洲革命、俄国革命等等;与此同时,则有北美独立战争、德国的统一、意大利的统一等一系列重大事件。这些事件无非就是要追赶现代化的潮流,为经济发展创造合适的政治条件而已。这样,所有的欧美国家都走上了追求现代化的道路。

欧美国家现代化的道路各不相同,在政治领域里,英国走的是和平渐进改革的路,法国走的是暴力冲突革命的路,德国走的是人民革命失败、最终由旧统治者领导现代化的路。其他国家大体上遵循这三种模式,但在具体细节上又各有不同。

《历史Ⅰ(必修)》第七单元"欧美资产阶级代议制的确立与发展"包括:"英国君主立宪制的建立"、"美国联邦政府的建立"和"资产阶级代议制在欧洲大陆的发展"三课。阐述自17世纪后期起约两百年的时间里,资产阶级代议制度在西方国家先后建立起来,包括英国的君主立宪制度、美国1787年宪法、法国的共和制度和德意志帝国的君主立宪制度。

工业化发展起来后,新的社会随之出现,社会发生全面变化。在巨大的变化中,重新进行社会整合变得必不可少,而为了完成这种整合,又经历许多的社会动荡,工人运动、民众造反、种族冲突和利益集团的冲突等等都是整合过程的表现。宪章运动、法国工人起义、美国南北战争等都是如此。这些冲突体现出一个很大的特点,即社会的多样化使利益的不同显得分外显眼,阶级的意识出现了,阶级也相继形成,各阶级为保护自己的利益而进行斗争。19世纪是一个阶级斗争的时代,整合的过程是漫长的,其中充满艰辛和动荡。

资本主义现代化暴露出许多问题,社会主义则是对资本主义的否定。社会主义建构出独特的社会经济制度,用国家的全面控制来推进发展。其目标是避免资本主义的失误,在落后国家

快速推行现代化。十月革命开辟了社会主义现代化的发展道路，而其自身的发展，却也不是一帆风顺的。

20世纪，社会主义成为一大思想潮流，而且，在很多国家成为指导思想。社会主义最初是一种理想，是作为对资本主义的超越而出现的一种更高的社会理想形式。但在现实中，它是落后国家追求高速发展、希望在短时间内完成现代化目标的一种方式。它在执行过程中取得了很大成就，却也出现了不少问题，需要在发展过程中不断地完善。

《历史Ⅰ(必修)》第八单元“从科学社会主义理论到社会主义制度的建立”包括：“马克思主义的诞生”、“俄国十月革命的胜利”和“社会主义制度在中国的建立”三课。阐述马克思主义的诞生，巴黎公社革命和俄国十月革命的情况，中国建立起社会主义制度。

《历史Ⅱ(必修)》第六单元“罗斯福新政与资本主义运行机制的调节”，包括“空前严重的资本主义世界经济危机”、“罗斯福新政”和“战后资本主义的新变化”三课。阐述在1929—1933年资本主义世界的经济大危机中，借助政府的力量，对经济进行积极干预和调节的国家垄断资本主义发展起来，当代资本主义的发展出现许多新变化和新特点。

《历史Ⅱ(必修)》第七单元“苏联社会主义建设的经验与教训”，包括“新经济政策的实施”、“‘斯大林模式’的得与失”和“苏联的改革与解体”三课。阐述社会主义没有现成的模式可以借鉴，列宁、斯大林等人在不同时期进行了探索和创新，其中，既有成功的经验，也有失败的教训。以后苏联开始改革的尝试，均遭到失败。

在第二次现代化过程中，政治、经济、社会、个人和文化等领域的变化是一种新现代化，它与第一次现代化的发展过程有着根本的区别。如果说，第一次现代化的主要社会经济目标是加快经济增长；那么，第二次现代化的主要社会经济目标是提高生活质量。

不同的领域在第二次现代化过程中出现新的特点，政治新现代化为知识化、国际化、平权化和分散化，经济新现代化为知识化、信息化、全球化和智能化，社会新现代化为知识化、网络化、创新化和社区化，个人新现代化为创新、合作、学习化和个性化，文化新现代化为文化多样化、文化产业化、自然主义和普及高等教育。

随着时代的发展，学者们进一步提出了新经济(知识经济、信息经济、网络经济、数字化经济等)、新社会(知识社会、信息社会、网络社会、学习社会等)和新文明(知识文明、非物质文明等)等研究理论。

《历史Ⅰ(必修)》第九单元“当今世界政治格局的多极化趋势”包括：“两极世界的形成”、“世界多极化趋势的出现”和“世界多极化趋势的加强”三课。阐述两极格局的形成状况，欧共体的建立和日本成为经济大国，中国的振兴和不结盟运动的兴起，苏联解体后世界多极化的趋势。

《历史Ⅱ(必修)》第八单元“当今世界经济的全球化趋势”包括：“战后资本主义世界经济体系的形成”、“当今世界的经济区域集团化”和“世界经济的全球化进程”三课。阐述第二次世界大战以后布雷顿森林体系的建立，经济区域集团化的发展状况，经济全球化的趋势。

《历史Ⅲ(必修)》第七单元“近代以来世界的

科学历程”包括:“物理学的重大进展”、“破解生命起源之谜”、“蒸汽和电的革命”和“互联网与信息化社会”四课。阐述近代以来欧洲的自然科学取得巨大成就,并且这些成就也转化为巨大的生产力。两次伟大的技术革命,极大地改变了人类的生活方式和世界面貌。20世纪中期,第三次科技革命开始,其中,信息技术革命使人类的生产和生活发生巨大的变化。第八单元的专题为“19世纪以来的世界文学艺术”,主要介绍了世界文学、美术、音乐和影视艺术领域的发展状况。

四

为达到高中历史课程改革的目标与总体要求,新版历史教科书与现行高中历史教科书相比,进行了突破性尝试。根据课程标准的设计,采取专题体例和中外史合编的方式,采用单元、课、目三级标题的结构。在整个体系中,学习模块的独立性,模块之间的组合化,使学生所学的历史课程、所读的历史课本,成为一个视野广阔、内涵丰富、紧密相连,并适应学生认知水平的历史学科学习平台。这可以使学生深入地了解和探究某一历史专题,同时把中国历史和世界历史有机地联系起来考察。并且使学生学会从不同的层面和视角观察人类历史,学会在发展的彼此联系中了解宏观和整体的历史。

新教材尽量展现历史学科内容多层次、多方位的联系与交叉,注意展示历史发展的纵向联系与横向联系、中国历史与世界历史之间的联系、历史演变与现实生活的联系。并且,积极而审慎地吸取已为史学界普遍认同的现代化理论研究新成果,将历史叙述的下限,延伸到20世纪末21世纪初。同时,在介绍近现代世界历史在政治、经济、思想文化和科学技术方面发展的情况、特点和趋势中,也体现出现代化的发展线索。

当然,由于近现代历史的体系庞大,再加上高中历史是基础性课程,受教学时间的限制,新版教材也出现在“现代化”主题上并不特别突出的问题。如在思想文化领域,现代化理论强调,近代以来的主流思想包括:理性主义、科学主义、民族主义、进化论、民主的理念和社会主义。所有这些思想都和现代化有密切的关联,它们是现代化的支撑思想观念。这些主流的意识形态相互间有吻合,也有分叉,甚至会互相冲突。但所有这些思想都有一个共同特点,即它们都服务于现代化,带着现代社会的深刻烙印。这些思想意识或者因其产生而引导了现代化的出现,或者因其存在而推动着现代化的进展。所以,在近代以后的思想史上显示出一个清晰的脉络,那就是意识形态的现代化。

而新课标在介绍世界文化史纷繁的内容时则指出:“在漫长的历史发展进程中,人类的思想文化经历了由低级向高级发展的历程,并呈现出多元化的特征。在这一过程中,不同特色的思想文化相互碰撞、相互交融,共同发展。”这段指导性的文字简明扼要地概括出世界文化发展历程的最基本特征——多元发生多元组合,但却没有一点提到在这由低到高、多元组合的背后,即“现代化”的力量。在必修教材中,思想文化领域的“现代化”问题几乎没有涉及。这些不足之处,可能会在以后出版的选修教材中得以解决。

(选自《历史教学》2006年第4期)

用新理念指导历史教学设计

陈兴海
溧水第三高级中学

课堂教学设计是一个教师教育思想、认知水平、教学方法、情感态度以及创新意识在教学过程中的体现，是教师实现知识传递的一种智慧化的方式，也是一种艺术化教学的境界。好的课堂教学设计是一节好课的基础。

当前，中学历史课的课堂教学设计要求历史教师学习和运用新的课程理念，在课堂教学中，逐步转变教师角色，改变学生的学习方式，提高课堂教学质量，以适应教学课程改革的需要。

一、找准切入点，激发求知欲

历史学科要求记忆内容多、理解难度大，通常是教师对学生学习历史课积极性不高的托辞。怎样使学生对知识感兴趣，让学生想学，是历史教师在设计教学的过程中首先要思考的问题。18世纪启蒙思想家卢梭曾说过："教育的艺术是使学生喜欢你所教的东西。"中学历史教材内容丰富，知识涉及面广，且许多概念、原理都比较抽象。若教师不研究教学艺术，固守刻板教学方法，生搬硬套，强行灌输，学生就很容易丧失学习的积极性。夸美纽斯曾说："教学艺术的光亮是注意，有了注意，学习的人才能保持他心里不跑野马，才能了解放在眼前的一切事物。"因此，针对课堂教学的内容，精心设计"开场白"，以扣人心弦、富有吸引力的导语导入新课，以激发学生的求知欲，是历史教学设计中重要的一环。

首先，历史教学导入要遵循人的认知规律。学生的学习往往是由已知到未知，再到已知的循序渐进、不断提升的过程。教师在设计教学过程中，既要把握教材知识结构体系，讲求知识的严密与科学，以正确传授知识，同时也要居高临下设身处地，体察学情，置身于学生的生活视野和认知水平，选取能让学生感知、引起学生注意的生动形象的素材作为传授知识的载体，才能产生良好的教学效果。比如，在对"新中国诞生"进行

设计时,可选用影片“开国大典”导入。这样导入新课,必然使学生立即进入学习状态,对教师的教学起到良好的作用。历史学科有的定义比较抽象,设计教学时,功夫花在理论上进行阐释,其枯燥无味不可避免。如果从具体的事例入手,从学生熟悉的事情入手,学生理解就容易得多。

其次,设计课堂教学导入的目标指向要触及学生个体认识中的前沿性问题,即能与学生思维产生共鸣。要通过分析、讨论,让学生体现内心的敞亮,感悟“茅塞顿开,豁然开朗”。正如著名特级教师于漪所说:“在课堂教学中要培养激发学生的兴趣,首先应抓住导入新课的环节,一开始就把学生牢牢吸引住。”

二、突出主体地位,转变学习方式

课堂教学是一种师生双边参与的动态变化过程,每一位学生都是活生生的独立个体,是课堂上主动求知、主动探索的主体;教师是这个变化过程的设计者、组织者与合作者,是为学生服务的。这不仅是对长期以来教师是传授知识的绝对权威与学生只是知识的接受者的角色的冲击,更重要的是对教师教育思想、教学方式前所未有的挑战。

学生学习的过程是获得知识技能的过程,同时也是学会学习的过程。新的课程理念呼唤学科教学要彻底改变学生的学习方式,要求教师把学生当作课堂教学的主体,让学生参与知识形成和发展的过程,使学生获得怎样学习的技能。从这一层面说来,“教已不再是教学矛盾的主要方面。因为从学生个体的发展而言,教师的教是暂时的、阶段性的,而学生的学则是长远的、终身的。”因此,教师在课堂教学设计过程中,应想学生之所想,急学生之所急,把精力放在怎样使学生参与教学中来,从而获得学习的知识与技能。根据历史课教学的特点,教师设计课堂教学应广泛占有各种信息,充分挖掘教育资源,以形式多样、丰富多彩的素材演绎知识发展,让学生主动参与整个学习过程,加深对所学知识的理解。由于教科书已不再是唯一的课程资源,教师在设计教学时,还应思考怎样引导学生走出教材,走出课堂,走向社会,让学生进行实践性和体验性学习。比如学习“抗日战争中日军暴行时”,能否让学生在家乡进行一些调查、走访,或请一些参加过抗战的老同志到校讲自己的亲身经历,使学生在实践中体会日军暴行。

三、引领学生自我超越,培养学生的创新精神

创新是学生主体性的最高表现。在课堂教学中培养学生的创新精神是新的课程标准对教师教学的本质要求。课堂教学中的创新,并非要求我们的教师和学生都像牛顿那样发现自由落体规律,像爱因斯坦那样发现相对论。课堂教学中的创新更多的是对个人而言的创新,是个人的一种自我实现的创造,是一种不断超越自我、不断走向更高境界的状态,这种创造更多要体现为理解性的创造与解释性的创造。比如对同一问题的求异思维,对某一答案不确定性争议等等。

培养学生的创新精神,首先要引导学生善于发现问题、提出问题。亚里士多德曾经说过:“思

维是从疑问开始的，常有疑问，才能常有思考，常有创造。”教师在进行课堂教学设计时，要善于设置问题情境，有意制造悬念，启发学生质疑。比如在学习解放战争的土地改革内容时，教师能否引导学生联系改革开放以来农村土地承包、家庭联产承包制，启发学生思考两者之间的区别和联系。其次要引导学生的创新思维，鼓励学生打破常规，突破传统观念的束缚，充分发挥学生的想像力，让学生在自身的心理水平和认知水平上去创造出“前所未有”的东西，哪怕是奇谈怪论、异想天开。这是因为“想像力比知识更重要，因为知识是有限的，而想像力概括着世界上的一切，是知识进步的源泉。”(爱因斯坦语)因此，教师要为学生创设自由想像的空间，让学生展开想像的翅膀，在驰骋自由想像的过程中生成各种与众不同的构想。要鼓励学生不怕失败，学会从错误中学习，从失败中获得经验，在不断经历错误和总结经验的过程中养成勇于思考的学习品质。

“思想是行为的先导”。课堂教学设计是教师上好一节课的主观设想，是实施教学过程中十分重要的环节。做好课堂教学设计工作，重在切入教学的精彩，难在教师角色的转变，贵在学生学习品质的培养。作为承担抽象性、思想性极强的历史课教学的教师理应站在“课改”的前列，从设计课堂教学做起，确实承担起教师神圣的职责。

(选自《中学文科》2006 年第 2 期)

谈新课程理念下的教材使用

徐国民
南京师大附中

随着高中课改试验的深入，广大教师对课标内涵的理解及教材作用的认识日益成熟，“用”教材，而不是“教”教材，已成为广大教师的共识。如何在教学实践中，科学、高效地使用教材，恰当地处理好“用”与“教”的关系，已成为教师必须研究解决的问题。

一、领会课改精神，正确认识教材作用

课改的目的是为了构建具有现代教育理念的课程结构，全面推进素质教育，满足学生终身发展的需求。与之对应的教材体系随之发生深刻变化，“一标多本”取代“一纲一本”，为打破“教师教教材、学生背教材、考试考教材”的教学模式铺平了道路。教材不再束缚学生思维、禁锢教师智慧。教师在教学过程中可以取舍、补充教学内容，变更教学顺序，更换呈现方式。教材给学生留下参与空间，让学生能观察地理事实、分析地理原理、归纳地理规律、展示自己思想。教材不再“神圣不可侵犯”。

地理专业人士指出：地理教材是“学”的材料，而不是“教”的材料；地理教材不是教学的依据，更不是考试的依据。如何正确领会这种观点，准确把握“学”的材料与“教”的材料之间的联系与区别，正确处理教材非教学依据与学生依据教材学习等方面的问题，直接关系到课改的效果。尽管教师在教学过程中可以发挥主观能动作用，可以补充、变更材料，但教材的核心内容：学科基本原理、理论、规律，都是依据课标组织编写的，是不能随意删减、改变的。因此，不能因为实施新课程，放松对教材的研究。我们应旗帜鲜明地表示：新课程不惟教材，但不能抛弃教材。教材是教师组织教学的蓝本，是学生自主学习的依据，是联系课程标准的纽带，是实现课程标准的桥梁。

二、践行课程标准，高效发挥教材作用

1. 重组教学内容与呈现方式

教材的编写都以课标为准绳，但由于编写教材的各个专家对于课标的理解、对同一内容所用的呈现方式、围绕某原理所选案例材料等方面的差异，每套教材各具特色、各有优势。教学中应根据学生的实际情况，吸取各版本教材的优点，对知识内容、呈现方式进行重组，实现教学效益最优化。例如，有关气候类型的判断，鲁教版以单元活动方式作了专题介绍，且叙述简练、层次清晰、通俗易懂、操作性强；有关全球气候变化对人类活动的影响，中图版教材无论在时空尺度，还是在涉及领域都很好地体现了主题。教学中应充分吸纳、补充完善。

教学内容的重组还包括教材内部。例如，湘教版中有关晨昏线的知识是以阅读方式置于地球公转的地理意义中。鉴于该知识点对于学生技能培养的重要性，从教学顺序来看，可提前到地球自转部分；从教学要求来看，对于参加高考的学生，可适当增加难度，介绍晨昏线图的判读技巧。

首批通过国家教材审定委员会审定，并已发行试验的4个版本地理教材，在呈现方式上既有共性特点（都设有阅读、活动等板块），又各有特色。人教版的“读图思考”栏目，以命令性格式让学生参与教学过程。鲁教版的节首“问题”可以激发学生的学习兴趣，增强探究欲望，“单元活动”则可培养学生技能。中图版的节首“探索”，对于培养学生的探究意识、拓展地理思维、提高探究能力，均起着积极的作用。教学中可根据学生的实际水平及需求借鉴使用。必须注意的是，各种呈现方式都是教材的有机组成部分，彼此相互联系，教学过程中应灵活整合、融会贯通。

2. 突出学生主体地位

依据课标编写的教材，无论是内容结构的建立、素材与案例的选取、教学内容的组织，还是内容呈现方式的确定，都以贴近学生生活、满足学生需要、注重学生参与、符合学生身心特点和接受能力为宗旨。教学中应充分领会教材编者的意图，凸显学生的主体地位。例如，人教版第一章第一节中“地球在宇宙中的位置”板块内容，可让学生在阅读“宇宙是由物质组成的”相关内容，了解宇宙的主要物质组成形式的基础上，根据“天体系统”图，说出地球在宇宙中的位置，最后填写天体系统框图，归纳总结天体系统的层次，宏观把握地球在宇宙中的位置。

突出学生的主体地位，还表现在教师在教学活动中的角色转变、教学方法的改变及评价方法的变化等方面。

新课程理念迫切要求教师角色的变化，即由主角变为配角，在教学活动中充当设计师（设计教学情境、教学过程、教学方法）和组织管理师（调控教学进度、把握教学难度、引导学生思维、协助学生研究、促进能力提高）。教师的职能也应由“传道授业”变为帮助学生“悟道得业”，坚决抛弃填鸭式、满堂灌。给学生提供充足空间，让学生自己看一看、画一画、算一算、想一想、做一做，归纳、总结地理原理、规律，感悟、体验人地思想。总之，教师不能再以“精彩的演讲”赢得教学。突出学生主体地位还表现在评价方法的变

化：一方面应从三个维度，以多种方式评价；另一方面应牢牢把握评价的目的，让学生对地理学习产生兴趣、建立自信。

3. 发挥教师主观能动作用

突出学生的主体地位，并不等于削弱教师在教学中的作用，降低对教师的要求。相反，新课程的实施，对教师自身素质、教学设计组织能力、与学生沟通能力、调动学生学习激情能力等方面都提出了前所未有的要求。

(1) 选择内容，控制难度

“满足学生不同的地理学习需要”是新课程的基本理念之一。教材编者往往要照顾各个层面的学生需要，而每位教师所面对的学生群体，无论是学习基础和自身需求，还是生活环境，都会存在差异。因此，教师在教学活动中，应合理选择教学内容，有效控制教学难度。

“活动”与“探究”等呈现方式，是新课程配套教材的重要特色，教学中应充分考虑其内容的层次性和选择性。如人教版第三章第二节“洋流对地理环境的影响”中所设活动内容，(1)(2)两项可让学生在阅读材料的基础上归纳总结，(3)(4)两项应视课时、学生基础而定。而第一章第一节中活动“确定寻找外星人的方向”，难度明显较大，可不作要求。

(2) 灵活调整教学顺序

课标给出的是高中阶段地理课程的宏观框架、必学内容和学习标准，在此基础上编写的教材可以有不同的结构。如有关可持续发展的概念、原则及协调人地关系的途径内容，课标置于地理必修2中，但从知识的内在联系看，将这部分内容放在地理3，置于区域的可持续发展前讲解效果更好，教学中可灵活调整。事实上，鲁教版教材也是按此脉络结构编写的。

(3) 敢于质疑教材、完善教材

尽管参加教材编写的多为长期从事教材研究的专家、高校教师、省市教研员及少数中学一线骨干教师，但由于种种原因，教材中还是会出现一些问题。教师应在认真钻研的基础上，大胆质疑教材、充实完善教材。如人教版第一章第二节中的活动设计：太阳辐射的纬度差异，导致了地表不同纬度获得的热量差异，要求对照图1.8和图1.9，回答有关问题。但所给的图1.8却是大气上界太阳辐射随纬度的变化图，而图上所注的图名为：一年内太阳辐射的纬度分布示意图，也未注明大气上界，结果给教学造成了混乱；又如，鲁教版必修2第二单元第一节知识窗：西方发达国家城市化进程的三个阶段，文字叙述很简单，根本没必要配插图，但教材中却用了插图，而且与对应文字内容不相配匹，反而起了负面作用。

为了充分阐述地理原理、规律，教材中例举有大量素材，但一个素材只代表一个地域的情况，我国幅员辽阔，沿海与内陆、南方与北方、农村与城市差异明显，教学中教师应大胆地运用当地自然、人文素材及学生熟悉的生产、生活素材，取代教材中的相应内容，形成在课标框架下的最适合于自己的教学内容。例如，课标要求的“以某种自然灾害为例，简述其发生的主要原因及危害”，我们在编写鲁教版教材时，考虑到教改试验区内的主要灾害类型，以及全国自然灾害中，洪灾发生频率高、危害大的特征，选择以洪灾为例。

但对于西北内陆地区来说，则可以干旱为例。不管以哪种灾害为例，重点是让学生初步学会分析这种灾害发生的原因、认识灾害的危害、提高减灾防灾意识。

4. 用好教材所留空间

课标关于教科书的编写建议，要求教学内容的组织为教学提供必要空间。目前进入试验的4套地理教材，都以不同方式积极响应，人教版、湘教版教材直接通过在正文中插入“活动”及“读图思考”来体现。如人教版教材中关于地球自转角速度、线速度随纬度的变化规律，教材没有直接阐述，而是让学生读图归纳。鲁教版教材则在正文(如，你能说出影响气候的其他因素吗?)、情境问题(每节节首)、活动(如，绘制太阳直射点移动示意图)中给师生留下思维空间和动手实验空间。教学中应充分挖掘教材资源，根据当地教学的实际情况，对所留空间进行细化设计，争取最大的教学效果。

新教材的编写引入了案例，案例教学给教师教学设计、学生地理思维的培养保留了空间。如人教版“北大西洋暖流与西北欧气候”，尽管教材提供了北大西洋暖流的深度、水量、55°N—70°N间大洋东岸最冷月均温较西岸高16℃—20℃等材料，但教材编写者的本意显然不是让学生记忆案例本身，而是为了让学生在阅读案例材料的基础上，感性地认识到北大西洋暖流规模大、影响范围广、程度深，对沿岸地区的气候起增温作用。教师在教学实践中，应巧妙地运用案例，精心设计教学过程，让学生根据案例归纳出一般的地理原理、规律。

(选自《中学地理教学参考》2006年第1—2期)

“问题研究”《是否可以用南极冰山解决沙特阿拉伯缺水问题》教学案例

时　倩
南京第四中学

一、从“问题研究”的设计思想看本案例的教学设计思路

人教版新课标教材高中地理必修在每章最后设计了“问题研究”板块，它的设计思想首先是通过过程与方法的变化来改变学生被动接受的学习方式；其次，是注重正文知识的迁移和应用；同时，也注重情感、态度和价值观的综合培养，尤其重视学生解决问题能力和创造能力的培养。

高中地理必修Ⅰ第三章在学生学习了“水循环和水资源的分布规律”之后，教材设计了用南极冰山解决沙特阿拉伯的缺水问题的可行性“问题研究”。为了实现“问题研究”的设计思想，本课采取了以下的教学设计思路。

1. 教学过程中重视知识与技能目标，实现正文知识的迁移和应用

通过探究将南极的大冰山运往沙特阿拉伯的可行性，培养学生综合运用已有的气候和水资源的知识分析问题的能力；通过设计运送冰山的路线，提高学生运用洋流和风带知识解决实际问题的能力。知识的迁移和应用提升了知识的价值，体现了学习与实践之间的本质联系。

2. 改变学生被动接受的学习方式，在探究实践中学会问题解决的思维方法

心理学研究表明，问题解决包括发现问题、分析问题、提出假设、验证假设4个思维过程，专家们认为，这是一种非常具有实践意义的基本思维方法。本课教学以问题解决的思维为主线索贯穿始终：首先，利用情境激发学生发现并提出问题；然后，从影响因素的角度指导学生科学地分析问题，以及在此基础上引导学生提出解决问题的办法；最后，通过知识经验论证方案的合理性，并通过小组的形式，引导学生自主学习和合作学习，实现学生学习方式的转变。

3. 教学过程培养科学思维，渗透情感、态度与价值观的教育

教师引导学生通过类似科学研究的方法来探究如何利用南极冰山解决沙特阿拉伯水资源紧张的问题，培养学生求实的科学精神和严谨的科学态度。

二、探究活动的思维和实践过程

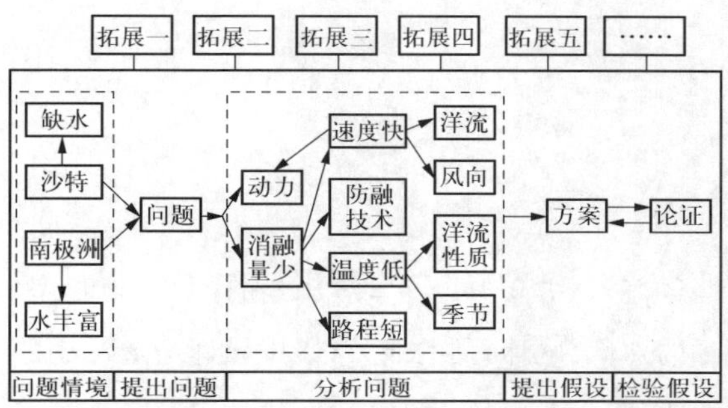

问题解决的思维流程图

[课前情景设置]——渲染地理情感

(屏幕显示)地理之所以是一门有活力、有作用和有兴趣的学科，原因很简单——它有助于你终身欣赏和认识这个精彩的世界。你可以不卷入战争，你可以不过问政治，但你不能不关心环境，除非你拒绝生存。(轻音乐背景)

[问题背景]——序幕开启，角色登场，情境体验

(屏幕字幕滚动)联合国教科文组织国际淡水年特使、沙特阿拉伯王子阿尔索德的《水即生命》。(配音、配沙特阿拉伯的沙漠背景)

目标：让学生了解沙特阿拉伯是一个降水稀少、没有常年流淌的河流的沙漠王国。让学生形成“水即生命”的情感体验。

拓展：沙特阿拉伯缺水的原因是什么？与降水的关系如何？

(屏幕字幕滚动)……在湛蓝的天幕下，在浩渺的海洋上，在阳光的照射中，冰山宛若一座座巨型的汉白玉雕成的海上宫殿，晶莹剔透，绚丽多姿。它动人心魂，给人带来无尽的遐想和憧憬，那迷幻般的色彩和造型，如诗、如画，它是大自然最杰出的艺术品之一……(《世界最大的淡水资源库——南极洲》)(配音、配南极洲风光背景)

目标：让学生知道南极洲是人类最大的淡水资源库，冰山体积巨大，蕴涵着丰富的淡水资源。让学生形成自然界神奇和美丽的心灵震撼。

拓展：南极洲的水资源丰富的原因是什么？与降水的关系如何？

拓展：为什么南极的冰山在形状上多为平顶的，而北极多为尖顶和圆顶冰山？

[发现问题]——情境诱发，问题产生，水到渠成

沙特阿拉伯缺水，南极洲淡水资源丰富，这两个不同的地理情境放在一起，学生自然会产生联想，揣摩教师的意图和本节课的内容。

教师适时点拨，启发学生“说点什么”；继而引出问题：用南极冰山解决沙特阿拉伯缺水问题的影响因素有哪些？怎么实现这一设想？

[问题分析及结论]——剖析影响问题解决的因素，确定探究活动中问题解决的重点

问题产生有其内部的机理，了解问题就是要把握内部的机理，解决问题就是要从内部的机制出发，有针对性地解决其中的矛盾。分析问题是解决问题的前提，正确分析是解决问题的关键。因此，教师引导学生进行讨论分析非常重要。

教师首先要引导学生分组讨论影响因素，再分析各因素存在的影响问题解决的困难和障碍。从问题本身来看，冰山质量大，且冰易融化，因此，需要从动力和控制消融量这两个方面进行分析，具体的影响动力和消融量的因素则由学生讨论。教师的引导使问题解决的思路清晰了，解决问题的思维难度降低了，从而使学生的讨论话题更集中，讨论目标更有针对性。当讨论的任务不是很难完成时，学生讨论的积极性便大大地增强了。

在讨论的基础上，经过教师的认可，学生得出了结论：拉动冰山的动力、冰山的消融量这两个因素与提供动力的技术手段，控制消融的技术，搬运路线中海水的温度、路程的远近、洋流性质和方向、风向、季节等有关。这些因素之间有着内在的逻辑联系。但动力和控制消融的技术目前还难以解决，而海水的温度、路程的远近、洋流性质和方向、风向、季节等因素可以进行选择和设计。

于是，学生参与探究的重点就放在了如何选择时间和设计线路，考虑季节及水温、路程远近、洋流的性质和方向、风的方向等方面，从而通过对这些问题的分析，为解决问题提出了简明的方向和目标。

[基于个例的方案设计]——实战演练，检验知识，提升能力

（个例展示）在65°S、76°E有一冰山，重约10亿吨。计划将其运往沙特阿拉伯，如果到达时能保留冰山的45%，就能解决当地一年的水资源短缺问题。如果动力和控制消融的技术已解决，为了提高效率，如何设计方案？

讨论中，学生通过综合考虑季节及水温、路程远近、洋流的寒暖流性质和方向、风的方向等实际情况，可以创造性地提出不同方案，并为方案的合理性找到理由。最终确认最佳的运送时间，并绘出冰山拖运线路。

然后，各小组初步展示自己的方案，其他小组对这些方案进行质疑和论证，各小组再反思、修改自己的设计方案，从而使知识得到检验和巩固，从中提升知识运用的实践能力。

拓展：从案例中的源地将冰山拖运到目的地，根据船舶的一般速度，大约需要多长时间？

拓展：假如我们大量地将南极的冰山运往热带地区以解决那里的淡水资源短缺问题，将会对全球环境产生哪些影响？

最后，教师布置学生课后以小组为单位将讨论的整个思维过程用小论文或研究报告的形式展示出来。

（选自《中学地理教学参考》2006年第10期）

升华情感体验，拓展发现空间

——《江苏民间音乐风格研究》研究性学习回顾与思考

谢红娟
南京中华中学

引子：又一次担任研究性学习指导教师的思考

受年级组聘任，我再次担任了高一研究性学习指导老师。考虑到高一新生尚不具备提出与真正生活情境相联系，旨在解决现实问题的音乐研究课题的能力，为了避免学生冲着时尚音乐元素涌到我的门下来混学分，我颇为主观地定下了“江苏民间音乐风格研究”的课题，等待学生上门，心想这样偏而难的课题还会有人吗？我大概可以避免门庭若市然而两手空空的遗憾了。接受了指导上届学生研究流行音乐、课程开展失控的教训，我作如斯想。

出乎预料，投到我门下的四位同学来自不同班级，对音乐学习不约而同有着强烈的兴趣。听了介绍，我心头一振，他们真可谓“身怀绝技”：高一(3)班刘潇艳同学，自幼学习钢琴且文学功底扎实，有出色的文字表达能力；高一(2)班沙鹭同学品学兼优，擅长手风琴；高一(2)班顾雯同学自幼学二胡；高一(4)班朱文韬同学喜好竹笛。同时，他们都是音乐课堂教学中的“吃不饱者”，下课后常带着问题缠住老师。

兴奋之余，我不禁反问自己：在这门时间有限的课程上，我有把握尝试让学生深入地探究与他们的“主流学习”——高考科目无关的问题吗？假如研究并不如学生想像的“有趣”、“有用”、“有意义”，那么门庭冷落之外依旧还是师生两手空空，该如何避免这种结局呢？回想我学音乐的经历，决定把这门课的起点定在吸引学生真正参与进来。

一、追随学习兴趣，促进自创课题

赫尔巴特说过：“教育的可能性则取决于兴趣，是兴趣激起学习者发奋，是兴趣使他们将来觉得自己付出的努力是值得的，为了使自己有把

握，他们得具备强烈的兴趣，这样才不会在半道上停滞不前或者觉得所学的东西没有意义。”①既然音乐不能和考试科目争夺功利结果和时间投入，那就从课堂教学激发学生欣赏音乐的兴趣入手吧。我注意到兴趣是学生成长中的能力信号，它因年龄、天赋、经验以及社会机会的不同而有差异。虽然课堂中学生学习音乐的兴趣并不见得有多高、有多整齐，但是绝大多数学生对音乐文化元素的热切关注提醒我，学生的兴趣总是和他们熟知的事物相联系，当我们明确他们的需要和目的，帮助他们利用周围现实的客观条件，将兴趣转化为问题，并以此作为探究的出发点，就能有效地引导学生主动投入到研究性学习活动中。于是，我在课堂上有意识地引入了乡土民乐的背景资料，试图为学生构建研究目标、论证课题，提供感到亲切、自豪、有趣味的情境，以此激发动机，组织好选题的可行性论证。

(一) 激发动机，组织选题

学期初“华夏音乐之光”这一课中提到，古琴音乐发展到明清时期，江苏出现了很重要的几个流派——常熟的“虞山派”、扬州的“广陵派”、南京的“金陵派”。戏曲的鼻祖之一昆曲源于昆山，古琴和昆曲申遗成功，如今在南京的夫子庙、瞻园、甘熙故居都有古琴老师在不遗余力地传授古琴艺术。在“蛰龙飞起舞东方”这一课中讲到民乐二胡时，提到几位最有影响力的二胡大师刘天华、华彦钧、闵惠芬都来自我们素有“二胡之乡”美誉的江苏……因此可以说，课题是在音乐课堂教学中萌芽的，四位同学对课题的第一次可行性的论证讨论，坚定了开展研究学习的信心。我们发现：

1. 从学科教学中发现选题，开展研究性学习可以促进学科教学的深入，可以理解为是对课堂教学的有意义的延伸，至少可以满足课上“吃不饱”的学生的自我提升的需求。利用研究性学习这一开放自主的学习方式，能鼓励学生从学科综合的角度来探究问题，更好地建立我们提倡的“音乐文化”学习观。高一学生掌握一定的相关人文学科基础知识，能试着用整合文化来解释音乐现象。对江苏音乐风格探源的同时，涉及到本省各地历史传统、地理环境、方言特征和风俗习惯等诸多领域，是对江苏地区综合文化的探究，对人文景观统一性的一次学习思考。

2. 我们遵循引导学生在真实生活与实践情境中展开课题这一原则，在乡土情境中开展研究性学习，引导学生对其赖以成长的故土的关注，不仅有利于培养其爱乡、爱国的情感，而且由于对故乡本身具有的丰富体验和认识，可以保证学生在研究性活动中保持长久强烈的探究动机和创作欲望。在世界多元文化交织碰撞的信息时代，在世界重新审视发现东方音乐价值的今天，学生能够了解自己的音乐传统根基，有利于增强民族的自信心、自豪感和文化自觉意识，即发现自己是谁，也发现别人是谁，以自己的方式接受自己和别人，并以自己的方式前进。

(二) 依据兴趣，明确任务

因地区性音乐门类较多，既相互渗透又各具

① [德]赫尔巴特著，李其龙、郭官义主编：《赫尔巴特文集》教育卷(二)，浙江教育出版社2002版，第282页。

特色，成因复杂，面对我们一腔热情的学生，老师要引导他们明确课题含义，了解课题所涉及的学科知识，一一分析现存社会状况等等，然后进行合理的课题分工。我们选取的江苏民间音乐主要集中在民歌、戏曲、民乐等方面，考虑到毕竟不是专业性学术研究，学生也不具备实地采风等研究条件，尊重他们的意见，依据他们各自特长和爱好，自选研究对象。这种课题分工依据兴趣最强点原则，不仅能保证研究落到实处，也利于加强全体参与的责任意识与竞争意识，避免研究沦为个别人的专利，同时也为后面合作交流提供了质的准备。

孔子说："知之者不如好之者，好之者不如乐之者。"(《论语·雍也》)从本课题研究的起始阶段顺利来看，学生知道了自己发展的强项，有利于探究的深入，有利于固化原有的兴趣，有利于在过程中体验成功的快乐。

二、丰富学习体验，升华情感交流

研究性学习强调学生通过亲身体验加深对学习价值的认识，并在思想意识、情感意志和精神境界等方面得到升华。课程的开放性给学生提供了一个有利于人际沟通与合作的良好空间。学生在学习中可以依据自己的兴趣和爱好，在集体合作中既独立、积极、主动思考，又乐于与伙伴互相帮助、彼此协作。在音乐赏析和表达的交流分享过程中，清新纯洁的同窗情谊、朴素深沉的乡土情感都随之交织融合。

以音乐为主题的研究性学习依赖纯粹的兴趣，良好的研究指向是引领学生步步走向成功的关键。基于对研究性学习关于转变知识观是转变学习方式的前提思考，我着重把"丰富学习体验，升华情感交流"作为拓展课程内涵的重要任务。

新课程实施的理论基础之一建构主义学者认为："强调重视学习者的需要以构建他们的知识结构，已经部分地导致了从'灌输'方式向教育辅助下的'发现'方式的转变。"① 来到以学生活动为主要形式的研究性学习课程中，教师显而易见是不能再"灌输"了，但是如何起到帮助者、引导者、同行者的作用，教师必须把握研究性学习的三个目标要素：

"首先，研究性学习要注重培养学生的反思意识和质疑能力。其次，研究性学习要尊重学生对问题的个人化理解。再次，研究性学习要统一探究活动与探究兴趣、探究热情等个体的求知态度。"② 带着这样既清晰又模糊的认识，我和学生开始了发现之旅。

(一) 利用网络和书籍，学会处理信息

在研究性学习中，学生获取大量的学科知识是通过网络得到的。网络查询资料快捷方便，全面详尽。学生时间宝贵，需要查阅书籍的常规研究，用网络查询替代，功效显著。在活动交流信息过程中，学生对有价值的资料都视若珍宝，这种全新的学习方式带来了强烈的成就感和不断探索的动力。在师生讨论怎样有效利用资料的环节上，我强调要对信息进行有效的处理。刘潇艳网上查找中国民歌资料达八万多字，关于民歌的论述从形式到内容无不详尽之极，这些资料是我们研究课

① [美]莱斯利·P·斯特弗、杰里·盖尔主编，高文译：《教育中的建构主义》，华东师范大学出版社 2002 年版，第 332 页。
② 钟启泉、安桂清：《研究性学习理论基础》，上海教育出版社 2003 年版，第 51—53 页。

题最有力的论据，但是如何避免研究淹没在前人的资料堆中？如何避免研究成了网上资料的堆砌？我和他们一起采用主题词＋限制词检索方法，有效地减少要处理的信息量。对网上查询不到的心存疑惑的问题，我也推荐了一些书籍供参考，如茅原的《未完成的美学》、管建华的《中国音乐审美的文化视野》、冯光钰的《中国同宗民歌》等。

（二）注重学习过程，学会建立档案册

开展三周，我发现学生直接地倾向于准备最后成果——论文写作。我借用“沿途的风景是最美的”来提醒他们研究性学习的评价更关注学生参与和体验过程中的质量，包括学生参与学习的主动性、积极性和创造性等，每一个问题的提出、解决到总结都没有现成模式来约束你们，完全是你们的思维在新的学习方式中迸发出的火花，多么可贵啊！我指导学生自备档案册，记录下每一阶段的研究计划（研究内容的确定，查找资料的时间、方式和内容摘要等）；走访记录（走访对象、时间、照片和心得等）。点点滴滴的真实记录，留下了研究性学习的“自己的脚印”，展示个人独特的风格，使学生获得成功和满足，便于回顾自己研究性学习过程中的体验和感悟，促进学习过程和成果的完美结合。

（三）利用社会资源，学会与人交往

本次活动共走访了王谢故居、甘熙故居和江苏昆剧团。刚开始学生比较为难，很想出去调查，却因不认识相关人士屡屡迟疑着，我决定从访问王谢故居找突破口。我们拜访古琴演奏家桂世民老师，他平易近人，热情接待。他是金陵派继承人夏一峰的学生，借王谢故居宏扬古琴艺术已坚持了近十年。他的琴艺传承了中华古老文明之光，赢得了大批海内外古琴艺术爱好者的赞誉，他自述一生孜孜以求学习钻研古琴艺术的艰难经历和理想追求，深深地感染了参与访谈的同学。学生们深入了解到古琴历史和江苏流派，聆听桂老师演奏《酒狂》、《梅花三弄》、《阳关三叠》等曲目，真正大开眼界。成功的经历鼓舞了学生，他们成功地走访甘熙故居和江苏昆剧团。正是在这一次次交流中，他们自发地丰富了对传统优秀文化的精神熏陶和审美体验。学生深感研究性学习能够促使他们学会与人交往，与人协作，共同成长。

（四）加深情感体验，学会创作表达

音乐学科性质决定课题研究的全过程始终有着强烈的情感体验。从最初的欣赏感受到演唱演奏体验到最后的作曲表达，学生都应紧紧围绕预设，提升把握音乐风格能力和内在审美能力。活动中对江苏民歌、民乐、戏曲中的经典作品作重点赏析，第四周通过自娱自乐的音乐会（刘潇艳和沙鹭用钢琴、手风琴合作表演《茉莉花》，顾雯二胡演奏《江南春色》，朱文韬竹笛演奏《姑苏行》），引导他们用是否具有江苏风格的要求进行点评。这种表演与交流让学生找到了自己的“闪光点”，激发了他们进一步参与和合作的内在动力。

为把理论认知化为更直接的音响体验，激发学生的创作思维，第五周开始作“写一段能体现江苏风格的旋律”的准备。最初的困难在于心中有旋律，却不会记谱表达，我们从有关的记谱知识学起，按最基本的起、承、转、合乐句结构旋法，先试着创作一个乐句。学生掌握得很快，我让他

们反复哼唱自己的习作再做修改，然后唱给别人听相互交流。交流中学生认为“没有一定风格要求，初次作品的旋律节奏都还顺畅”，但离“江苏韵味”要求还有很远的距离。经过商量，我们决定从模仿作品开始，重点分析一些民歌旋律，如《茉莉花》，它的线条曲折呈小波浪起伏，节奏细碎密集较规整，乐句旋法也是典型的起承转合。再如《太湖美》，这首创作歌曲借鉴苏南民歌，因它浓郁的地方风格深受人们喜爱。几经反复，他们终于有了自己的作品，这大大激发他们继续研究的兴趣。

根据音乐动机式的旋律加以配器，这是师生在研究中自然产生的目标。在把握风格基础上大胆进行创意，选择合适的乐器音色，学生们逐步弄清楚了弦乐的连绵柔美、吹管的清亮欢快、弹拨的如珠轻盈、打击的热闹欢畅等等。于是选择独奏还是合奏都依据想像的意境而定，借助简单的电脑软件，学生的音乐创作就实现了音响层面的创作目标了。

（五）通过书面总结，提升自我反思能力

论文是课题研究的阶段性成果，但它的意义不止于此。撰写论文，可以提高学生融会贯通各学科知识的能力，激活他们的创造思维，促进心智的成熟。刘潇艳的一万五千字论文，是从这样一个意境中开始探究苏南民间音乐的：

“兰落尽，屏上暗红蕉，闲梦江南梅熟日，夜船吹笛雨潇潇。人语驿边桥……江南不仅具有独特的迷人风景，自南宋起，江南一带的政治、经济逐渐发展，建立在物质基础上的精神领域中的文化艺术也相应发展，直到今天已积淀了深厚的文化氛围。在文化艺术中，音乐的传播较文字更为广泛，深入社会各阶层……”

从“音乐文化”角度去认识音乐，尤其把音乐与文学结合产生的影响进行有一定深度的文艺美学探索，形成一种颇具特色的江南文化艺术的研究，扩大和深化了江南民间音乐风格的研究，一种真诚高尚的情感研究。这说明研究性学习可以拓展学生的认知空间，沟通学科间不同的认知体验，实现自主层面上的意义建构。不仅如此，在应试教育重压下，在周围充斥的流行音乐影响下，她能在静夜孤灯下挥洒美好纯真的才思，追求高洁的精神家园，这种真诚的思考和价值诉求是值得倾听的。

布鲁纳的发现教育理论认为：教学任务的重点应是发展学生的智力，以便对所学的知识进行广泛的迁移。而发展智力的合理教学方法是“发现法”，因为它能够引导学生去发现“观念间的未曾认识的关系和相似性的规律”以及对“本身能力的自信感”。①而这种自信感，即由发现引起的兴奋感，是完成学习任务的重要保障。从刘潇艳同学研究性学习的成功个案中，我们可以发现，每一个学生只要真正体验到成功的愉悦，就一定能实现比预想更高的目标。

三、做“平等中的首席”，师生共同发展

在研究性学习的开发和实施过程中，教师是

---

① ［美］布鲁纳著，邵瑞珍等译：《布鲁纳教育论著选》，人民教育出版社 1992 年版，第 33 页。

首要的解释者,应该是“平等中的首席”。“平等中的首席”这一理念,很好地界定了研究性学习中教师的作用,教师与学生之间的关系。作为“平等中的首席”,教师的作用没有被否定,而是得以重新构建,即从外在于学生情境而转化为与这一情境共存。

在这次研究性学习中,我和四位学生可谓“志同道合”,自己对本课题有浓厚兴趣,也存在着思之未得的疑惑,所以自始至终与学生一道探索:从选择课题、自觉探索到自创作品,我们欣赏音乐、交流资料、畅谈心得、大胆创造,亦师亦友的关系使我们的研究气氛很浓也很自由和谐。

(一) 做研究的先行者,适时解惑

因这一课题是在前人、他人提供资源的基础上开展的,我的生活阅历、专业知识结构明显不足,对学生而言,教师是最直接、最容易提供帮助的人,况且学生还有那么重的学业压力。所以我从确定选题起,就全身心投入先行一步。了解课题可能涉及到的学科知识,预计学生研究过程中的问题,能适时帮助学生解惑,激发他们进一步探索的内在动力。如一开始,学生面对浩繁资料有些茫然,我提醒学生:研究性学习不是汇编资料,而应该对音乐现象和结论多提几个为什么:音乐的渊源是什么?是怎样发展起来的?……这样才符合我们选题的宗旨,我们研究课题的立意才会高。在我的提醒下,同学们调整思路,有模有样地研究开来:如江苏田歌形成的必然条件和风格,苏州评弹的魅力从何而来,江苏山歌风格的形成探究,民间器乐研究与社会文化背景之间的相互关系等等。

(二) 做平等中的首席,适时示范

研究进入表达阶段,学生在创作表达这一环节遇到无法上手做的困难。理论上掌握了一点江苏民间音乐特点,离要自己创作作品(并且是指定风格的音乐作品)还有相当一段距离。但是,障碍主要来自对自己缺乏自信,把作曲看得过于高不可攀。于是我把自己高中的习作、大学的作业和研究开展以来的即兴作品唱给他们听,来启发激励他们。也许经典乐曲的旋律让学生觉得高深莫测,身边老师的创作却能激发他们的创作动力,于是“首肯”之余,他们跃跃欲试,逐步走向成功。首席和乐手之间是平等的,平等的力量就能激励他们。

半学期的研究性学习在师生意犹未尽中结题了,我欣慰这一次的经历没有热热闹闹走过场,没有让学生、教师满怀希望而来,意兴索然而去。回想研究之初,自己反复琢磨的布鲁纳的那句精彩而简单的话,“我们教一门科目,并不是希望学生成为该科目的小型图书馆,而是要他们参与获取知识的过程。学习是一种过程,而不是结果”,对于新课程,现在我有了更清晰的感受。

(选自《草根化研究:追寻教育理想与学校使命》,
南京师范大学出版社 2006 年版)

对音乐教学中“拓展热”的冷思考

董　平　马园园
南京汉口路小学　南京芳草园小学

随着新课改的推进，音乐教学中出现了轰轰烈烈的“拓展热”现象。笔者针对其中“拓展过度”的倾向展开冷静思考，进行诊断分析，追击根本原因；并尝试在实践中追求“拓展”的合理、高效，为突破难点而拓展，为品味音乐而拓展，为发展能力而拓展，为人文熏陶而拓展，为文化视野的开拓而拓展。

“忽如一夜春风来，千树万树梨花开。”当新课改之风吹遍大江南北时，我们的眼前忽然打开了一扇门，万千神奇伸手可触，无数珍宝闪闪发光，随时可撷，随处可采……

曾几何时，我们的音乐课是封闭的，学生围着教师转，教师围着教材转。而如今，音乐课堂“活”起来了，教学可以超越时空，教材可以为我所用，资源似乎从来没有如此丰富过……

一时间，“拓展”成为一个点击率极高的关键词。公开课自不必说，“拓展”往往令听课者眼前一亮，好声一片；就是家常课，也时常让学生上天入地，忙得不亦乐乎……是的，音乐教学应该拓展。正如新课标所说：“要注重跨越领域的学习，拓展音乐学习的范围，通过广泛的实践，提高音乐综合运用能力。”课堂中好的拓展点也许就是这节课的生命线！但是，所有的拓展都有效吗？不妨让我们走进这几个案例冷静地思考。

现象一：在一节题为《热爱地球妈妈》的课上，行至尾声，教师做了这样一个拓展：要求学生回家后“调查居住社区的环境污染状况”，“分析污染可能带来的影响”。

诊断：泛音乐化。

分析：此拓展中哪里看得到“音乐”的影子？拓展的成果主要是对环境污染现状的了解和对调查这种方式的掌握，而在音乐方面的收获，却少之又少，微之甚微；就算有，也是次要的。

音乐教学要打破学科本位，要与学生的实际生活相联系，这并不意味着要用学生的生活实际本身来取消音乐、替代音乐甚至成为音乐学习的

内容。“泛音乐”的实质就是把新课标中关于打破学科本位，与学生生活实际相结合，与社会实践相结合等论述，理解为关于音乐本体的论述，认为音乐学科以外的东西都是音乐。这是极大的误解，不管是在理论上还是在实践上都是十分荒谬的。

“泛音乐”就是“没有音乐的音乐课”，有人称这样的音乐教学已“丧魂失魄”：它已经丧失了自己的本质性内涵了！

现象二：笔者听过一课《春晓》：了解诗人，理解诗意，学唱歌谱，学唱歌词，品味诗情。教学到这儿似乎也就结束了，接下来近 20 分钟就是拓展了。老师说：“其实，描写美好春景的不只是杜甫，还有杨万里、李白，还有朱自清、巴金……除了诗歌、散文，还有电视、电影、流行歌曲、舞蹈……”于是，师生一起唱歌、看图片、欣赏视频……直到下课。

诊断：无中心化。

分析：乍一看，这种“拓展型”的课似乎符合新课标精神，倡导多学科化，倡导与社会相联系。但是，这里触及到一个根本性的问题——文本无边界，教学也无边界吗？任何拓展都应抓住一个中心来延迁、引申，这个中心不是别的，正是音乐本身！否则就是随意的、无效的！团为我们进行拓展的目的，就是要让学生对音乐有更深入的认识和更真切的体验。

现象三：一位教师在执教歌曲《小雪花》时，依次出示了动画片《雪娃娃》，歌曲《雪绒花》，讲解了雪花的形成甚至还带领学生用手撕雪花。希望学生在多种活动中提高对雪花的认识。

诊断：无重点化。

分析：这也是眼下常见的一种现象，有的老师甚至认为拓展得越多越好。殊不知，在有限的教学时间里充斥大容量的拓展，不仅削弱了学科教学的基础性，挤压了学生理应拥有的感受音乐的时间，而且让该掌握的得不到落实，该理解的仍一知半解。这样“喧宾夺主”的拓展置学生的身心特点于不顾，置拓展的效果于不问，从而导致音乐学习的泛滥、浮躁。

看到这些，我们不禁要问：

以上案例中舍本逐末的行为为何教师热衷不已呢？答案就是认识偏离，是个别教师对“拓展”的认识出现了误区！甚至有的还没真正弄明白何为“拓展”，就已投身到轰轰烈烈的实践之中去了！

拓展，是思维活动的扩张。如发掘思维深度，扩大思维广度等，才是扎扎实实的拓展。而绝非形式上的花样增多，内容上的简单堆砌！

从以上的案例中，我们不难发现：这些教师把拓展误解为一种点缀、一种形式、一道工序，就像是“镀金”。他们为了增加课堂上的所谓亮点(尤其在公开课中)，花了大量的时间和精力着墨拓展。好像不拓展，教学就无开放性而言。结果倒是把“宝”押在一些不痛不痒的环节上，导致音乐教学或浮肿变形，或步入歧途，或枝蔓横生，或泛滥浮躁……而教学质量下滑必将是其恶果！

你把握好拓展的“度”了吗？

教学中，如何进行拓展才是合理、高效的呢？

从途径而言，笔者总结出以下两种：把课外资源引入课堂，把课堂学习引向课外。前者可以激发学生的学习兴趣，增加课堂教学容量，显示教师功力；后者可以让学生加深课内所学，实现

得法于课内得益于课外。

鉴于此，笔者认为应该在教学“拓展热”的激情之余冷静思考，分清良莠，择优慎用。在课堂教学中处理好拓展角度、数量和落点等问题。

一、为突破难点而拓展

这样的拓展能帮助学生更深刻地理解、感悟教材所蕴涵的深刻含义。当学生的认知水平与音乐内涵的理解存在差距时，教师应不遗余力，为突破难点而拓展。

《二泉映月》描绘了一位迷茫凄苦的流浪艺人的形象。孩子们能听出音乐情绪的悲凄，却因缺少体验而难以产生情感上的共鸣。要听懂音乐，对于学生而言有一定的难度。我在放完音乐后，给孩子讲述了作者阿炳的生平后，说了这样的一段话：这首乐曲是阿炳依心而为、依心而来、依心而去的一首“依心曲”，他诉说着阿炳的悲怨与感叹，也饱含着阿炳的刚强、抗争与向往。难怪世界著名指挥大师小泽征尔在听了我国二胡演奏家闵惠芬演奏的《二泉映月》后，激动地说：

“断肠之声不禁叫人凄然泪下，只有跪着听才有资格。”

这段生动、鲜活、感人的介绍给学生提供了理解音乐的支撑点，丰满了学生对音乐的感悟。

二、为品味音乐语言而拓展

“心思凝结乃成佳作，独到之处更需斟酌。”音乐课，教师应引导学生抓住主题旋律进行品味；品味旋律，绝不仅仅是课堂上的事，有时课后的拓展更能促使学生涵咏良久，达到余音绕梁之意韵。

在执教土家族民歌《乃哟乃》一课结束时，可给孩子留下这样的作业：这首歌很短，唱得还不过瘾，你们能否也用“S、M、D”三个音写两句添加在歌曲之后吗？

为了写好，学生往往再次与歌曲“会晤”。不知不觉中，自己的理解在进一步品味旋律时得以提炼、深化，取得了很好的效果。

音乐教学不是一个圆形的完整结构，学完了歌曲并不意味着知识学习的结束，而应该是学生学习新知识的又一个开端。而这样的拓展为学生提供了深层次品味音乐的平台。

三、为发展能力而拓展

我在拓展《剪彩波尔卡》时，现场演奏了《闲聊波尔卡》、《单簧管波尔卡》，让孩子概括出音乐在速度与节奏上的特点。学生从不同角度的分析在教学中形成了合力，教学效果非常好。这样的拓展方式，锻炼了学生听辨音乐、分析音乐的能力。

《铃儿响叮当》一课妙趣横生，笔者没有让学生止于唱歌之趣，而是试着又往前走了两步：

让孩子用三度模进的方法为第二段创作二声部。这样“写”的拓展，使学生的创造能力得到了进一步的提高。

四、为人文熏陶而拓展

音乐课程的人文内涵是十分丰富的。教师

应有强烈的人文意识，不仅要充分挖掘文本的人文内涵，更要将人文熏陶延伸至课外。

《共同拥有一个家》是一首很美的歌曲，歌中流露出浓浓的人与人充满关爱的美好情感。在教学快要结束的时候，笔者试着让孩子看看SOS儿童村的录像。看得孩子动情，听得孩子动心。不知不觉中，竟然有人掉下泪来。把孩子从课内带到课外，在更广阔的世界里经受人文的熏陶，这一点我们做到了。

五、为文化视野的开阔而拓展

曾有幸听过李存老师的音乐欣赏课——《走进西藏》，在复听《阿姐鼓》前，李存老师讲述了自己的一个亲身经历："50年代末，我曾参观过一个平息西藏叛乱的展览会，展览会上有一只鼓，是用少女的皮做的。"这真是一个点睛之笔！学生的心灵被深深地震撼了。我看到，学生的目光全都凝视在他的脸上。我强烈地感觉到，在学生的内心涌动着起伏难平的狂潮。此时，李老师又不失时机地推出这节课的第4首歌曲《天唱》，最后的死去和最初的诞生一样，都是温馨时光；最后的晚霞和最初的晨曦一样，都是太阳的辉煌。迎接生命的时候，这一方山水离蓝天最近，送走生命的时候，这里的乡亲高高仰望。让风吹散了年华洒给飞鹰，让云托起身体交给穹苍。

"天葬"这类极其独特的西藏习俗，给学生情感上的冲击无疑是巨大的。这最后一轮"情感冲击波"使学生的神情更加凝重，陷入了深度的冥想与思考之中。这节课的整个过程充满了音乐性，但其意义已远远超出了音乐本身。这种融汇了历史、地理、语文、政治等各类人文学科知识的音乐欣赏课，已经不仅仅是一种艺术享受与审美体验，更是一种心灵的感悟与净化，是一种文化视野的开拓。

"千钧霹雳开新宇，万里东风扫残云。"伴随着新课改的脚步，我们的教学正发生着天翻地覆的变化。教育是一个复杂的问题，行进在教改征途上，面对林林总总、新鲜高深的理论和独特诱人的方法，我们更应冷静思考，钻研透彻；明确目的，投身实践；入乎其内，出乎其外，把握好"度"，这样才能在课程改革中游刃有余，走向成功！

（选自《中小学音乐教育》2006年第2期）

浅谈体育教学案例研究

陆生宁
南京芳草园小学

一、教学案例研究的背景意义

案例研究(又称为教育故事),是当前国内外课程改革背景下广大教师较为流传的一种教育研究方法,是教师行为研究的方法之一。面对理论研究的深奥和复杂,在教学一线从事教学实践工作的教师对从事教育研究常望深长叹,而案例研究的推广,则可让每一位教师成为主动的研究者、探索者。因为,在每一位教师的日常工作中,都有大量的"故事"在发生,这些故事蕴蓄着丰富的教育智慧,如果把它们记录下来并进行适当的反思,我们可以从中得出具有鲜明特色的教育结论,这些结论不同于教育理论研究者的结论,它没有接受现成理论模式的包装,因而带有鲜活生动的生命气息。所以说,案例研究成了教学理论和教学实践紧密联系的桥梁,从教学实践中来到教育理论中去,再回到教学中。

教师进行教学案例研究,是教师不断反思、改进自己教学的一种方法,能促使教师更为深刻地认识到自己工作中的重点和难点,解除疑惑,指出问题,明确方向,这一过程就是教师自我教育和成长的过程。教师进行教学案例研究的过程,是将来自外部的教育理论相互转化的过程,可以为教师特别是新教师的教学提供比较丰富的实际情境,有利于教学中理论联系实际,培养分析问题和解决问题的能力。教师进行案例研究是与同行之间分享经验、加强沟通的有效方式,有利于提高其看、评课等教研活动的水平和

实效。教学案例研究是教师教学行为的真实、典型记录,也是教师教学理念和教学思想的真实体现,因此是教育教学研究的宝贵资源。

二、教学案例及教学案例研究的特征

1. 什么是教学案例。

教学案例从写作的角度来看是“以叙事的形式来描述富有深刻道理的教育教学事件”,它展示特定教学活动发生、发展和效果,包含着具体的处置方式和特有的教学理念,反映的是教师与学生的典型行为、思想和情感。教学案例具体形象、描述真切,给人以真实感和亲近感。教学案例从研究的角度来讲,是课堂某一教学现象为研究样本,通过观察、反思等反复的分析和研究,以案例的形式来揭示其内在规律的科学研究方法。

2. 体育教学案例研究的特征。

体育教学案例研究具有微观性、个体性和行动性的特点,易于操作,符合广大中小学体育教师的工作实际和教研能力。它并不使用特定的假设,也无须验证某种因果关系,研究过程不受限制;教师可以从自己的体育教学实践出发,将理论研究与实践探索紧密联系在一起,促进个体教学行为的优化。体育教学案例研究的主要特征是,体育教师在体育教学实践中发现问题并进行思考与探索,寻找解决问题的最佳方法,并对解决问题的过程进行反思。

三、体育教学案例研究的类型

对于教学案例来说,它的表现形式是多元的,风格因人而异,形式多种多样,而体育教学案例研究常见有以下三种。

1. 意外式的案例研究。在体育教学教师对学生或课堂中出现生成性问题,如偶发事件的处理,教学计划变动等,出乎意料之外,但又在情理之中。其问题比较集中,矛盾突出,故事虽然不复杂,但能以小见大,给人以深刻启示。

2. 主题式的案例研究。在体育教学中包含着教案或教学过程的片段或某个环节,按照作者的需要说明某一个主题,表达某一个思想,体现某一种方法。其主题鲜明,内容新颖,注重专题的研究,富有学术价值。

3. 综合式的案例研究。在体育教学中,运用教材中的一课或一节内容的典型实例,就某一问题或现象引发的思考,从多维度以理论剖析实践为主要内容的一种方式。其体现教学活动的整体性,以师生教学活动为主线,对学生突出表现和教师教学机智给予浓墨重彩的描绘。

四、体育教学案例研究的程序

在体育教学中,除了意外式的案例研究之外,主题式、综合式的案例研究一般要经历四个阶段:

1. 案例的策划阶段(准备部分)。发现问题,选择、分析问题,确定问题的价值度,制订解决问题的方案,通俗说指定研究方向及研究的方法。

2. 案例的展开阶段(实施部分)。尝试解决问题。根据设计的方案,组织实施解决问题的过程。可随时调整方案的某些环节或删改方案的

内容，以求解决问题的效果达到最佳。

3. 案例的总结阶段（提炼反思部分）。对自己解决问题的过程进行反思。问题的解决是一个实践的过程，需要把它总结深化，提高到理论的高度来认识，达到质的飞跃，以便指导今后的教学实践。

4. 案例的撰写阶段（定型部分）。在对案例材料做多角度研究分析的基础上，可按一定的结构进行表述形成教学案例。撰写案例要做到目标明确，描述真实具体，情节合情合理，材料选取适当，案例构思巧妙，文字表达生动。

这四个环节中，前两个是自我实践的环节，后两个是实践后的认识，体现了由感性到理性的认识过程，不仅有利于提高教学的艺术，而且有利于增强教学研究的能力。

五、体育教学案例的撰写

1. 目前撰写体育教学案例没有固定形式，常见的有两种。

(1) 针对教学中的典型事例进行描述。在事例描述过程中，就包含了标题、背景、故事描述、反思与评析。案例的标题，就是故事的名称，案例的背景，也就是故事发生的原因，故事的描述，是故事发生的过程、矛盾的产生、解决方法和结果，案例的反思与评析，也就是在这个故事中得到启发感受或是经验教训。这种撰写形式常用于意外式案例研究，文章一般短小精悍，以小见大。

(2) 将某个问题置于特定的、有针对性的教学案例中进行研究，以研究的问题为主线进行描述。一般是由案例的标题、案例的背景、问题的提出、案例描述、案例的反思与评析等几个程式化的部分组成，每一部分都是以单独的标题和段落存在。案例标题，是写研究什么问题；案例背景和问题提出，是写问题的来源和分析与选择；案例的描述，是写解决问题方法与过程；案例反思与评析，是写对解决问题反思、评析、总结、提炼等。这种撰写形式一般用于主题式、综合式案例研究，文章更趋于理性。

2. 选择教学案例素材的要素。

体育教学案例的来源，可以是体育老师自身经历的，也可以是别人经历的。既可以从自己课堂教学、教育学生、教学研究的过程中，从听课、评课的记录、观察和思考中，从教师、学生交谈的某些内容中，从教师教学、学生学习的成功与失败中收集素材；也可以是在教学音像中寻觅；还可以从电视、课堂教学录像、教学经验介绍的观看、收听中去收集素材。

体育教学案例来自体育教学事例，但并不是任何教学事例都能作为体育教学案例的素材。什么样的教学才能作为体育案例素材呢？

一是要典型。体育教学案例的素材要能反映事件发生的特定的教育背景，能隐含普遍存在、大家关心、比较重要的问题，能体现问题的深刻性，有无穷的回味，有实用的价值。只要有典型意义，宏大的、微小的、粗略的、精巧的、正面的、反面的、成功的、失败的、发人警醒的、达成共识的、存在争议的、思想的火花、错误的行为……都可以收集起来。

二是要生动。体育教学案例应该是一个能够很好地反映某个隐含观点的教育故事，要具

体、生动,要包括一些戏剧性的冲突。

三是寓意要明确。教学案例能够启发大家思考,能够让教师看出"故事"揭示的某些规律和本质,对教育工作有指导作用。

3. 撰写体育教学案例应注意的几个问题。

(1) 内容要真实,情节要完整。体育教学案例讲述的应该是一个故事,叙述的是一个事例;体育教学案例表述文字要流畅,详略地描述一个教学事实,而且要有典型教学情节,并包括一些戏剧性的冲突。它应是生动事例的再现,要有一个中心主题或观点。当然在这中间,对事例的点评与分析也是必要的。

(2) 主题要鲜明,要有启发性。体育教学案例描述的应该是最近发生的教学事件或者是大家共同关注的焦点,主题要鲜明突出,不管是教学策略还是关于师生关系或学生行为都要能反映现实生活和时代要求,具有体育教学案例的基本特征,使大家更愿意接触这样的案例,并从中受到启发。

(3) 评价要合理,分析要准确。体育教学案例不仅要提供论题,而且要有对以往行为决策的评价,包括自己的反思或集体讨论分析的结果,以便为新的操作行为决策提供参考。可见,体育教学案例需要对面临疑难问题提出解决方法。教学案例本身既不是纯理论性的内容,又不是简单的事例,而是包含一定需要思考的内容和问题。案例中的典型事例,都是为了说明一定的问题而设立的,有的反映经验,可供学习,而更多的则是反映弊端,需要对症下药地进行分析。

撰写一篇好的体育教学案例,是教师与学生就某一具体事实相互作用的产物;是以实际教学情景中出现的为基础所展开的讨论。它是关于某种复杂情境的记录,是教师教学成就与成长的记录,是进行体育教学学术探讨的支点,是教育理论发展的源头。

要保证体育课程改革在操作层面得到真正的贯彻和落实,核心的问题依然是一线体育教师的理念问题。理念的转变和提升,是一个长期反复的过程,体育教师以从事教学实践活动为专业,因此,体育教师进行案例研究不是为了理论的本身,而是以创新自己的教学工作,落实和推进课程改革为目的;不是为了求证某些教育命题而研究,而是为了反思、改进自己的教学实践而学习。因此,以叙事的方式,再现教学实践时空中发生的各种有意义的事件及场景,从反思中感悟,得出个性化的结论,是一线体育教师最适宜的研究思路。

作为体育教师要善于学习,学习新的理念,要用正确的理论指导实践;要善于发现,在体育教学中,体育教师要善于发现身边的"故事",捕捉教育教学中的灵感;要善于动脑思考,分析提炼案例中的有效信息;要善于动笔,记录表达作者在某种层次上的感受、想法、态度及思想,并做一定的分析与反思,得出个性化的结论;最后要善于运用成功的经验,解决教学中新的问题,这才是进行教学案例研究的最终目的。

(选自《中国学校体育》2006 年第 1 期)

有效教学策略在体育教学准备策略中的运用

张红军
六合区八百桥镇初级中学

有效教学理念源于20世纪上半叶西方的教学科学化运动，特别是在受美国实用主义哲学和行为主义心理学影响的教学效能核定运动之后，这一概念才频繁出现，它的核心问题就是教学的效益，即什么样的教学是有效的、无效的、高效的、还是低效的。

教学准备策略，主要是指教师在课堂教学前所要处理的问题和解决问题的行为，也就是教师在制定教学方案（如教案）时所要做的工作。教师拿到手后，首先必须解决的问题是教案的设计，教学思路的设计，理念要围绕课标的指导思想，要凸现体育学科的性质，用教学目标来统领整个教学过程，教学方法的选择要适合学生年龄特点，以充分调动学生学习积极性为最佳，以每一位学生的发展为出发点和归宿，现结合本人体育教学经验和对有效教学理念的理解，陈述如下：

一、教学目标的确定与叙述

体育课堂教学目标是教师教学活动的灵魂，也是每一堂课的方向，是判断教学是否有效的直接依据。体育的教学目标要体现三维健康观，就体育学科而言，三维健康观中不是同等重要，五个学习领域不是没有主次的。体育与健康课程是一门以身体练习为主要手段的学科课程，它的课程宗旨或教学目标应以掌握体育运动技能、发展体能，增进学生身体健康是根本，是主体，提高学生的心理健康水平和增强学生的社会适应能力是两翼，在突出以生理机能为特征的身体健康的过程中，提高学生的心理健康水平，增强社会适应能力，以这样目标制定的课堂教学羽翼丰满、展翅高飞，体现了“健康第一”课程理念的学科价值和科学内涵，这样才是真正意义上的体育课，制定的教学目标不贪大求全，围绕学生的实

际，要让教学目标可操作性（学生能理解）和可评价性（让学生能够自我互评，利于教师评价的方式或语言的针对性）。尤其是心理健康和社会适应的教学目标的制定，一定要紧扣教材，千万不能说一个教学内容就能提高学生的团队精神或学会与别人合作。

二、体育课教学教材的选择

《体育与健康课程标准》没有对教学材料作明确、具体的规定。有效教学理论强调教材为教学目标服务，一切有利于实现体育教学目标的内容，都可以选作体育教材，以期达到使学生认知参与、运动参与、情感参与、思维参与，让每一个学生都能获得成功的心理体验和运动的乐趣。在实际工作中选择教材不能依据教师个人的兴趣，而应注重学生的发展和终生体育意识的养成。运动技能目标是课标的学习领域之一，是学习其他领域目标的载体。但是借鉴以往学校体育以竞技运动项目为教学体系存在弊端，就大加否定，认为学不致用。但他忽视了一点，竞技运动项目是体育文化宝库中的一块瑰宝，具有重要的教育和传递作用，不学习它的知识，就不算学习了体育，并且竞技体育中的运动项目，不等于竞技体育，它们一般都有健身与娱乐的功能。许多运动项目学后不一定将来有机会运用，但在系统多样的体育文化的熏陶、教育下，对培养学生的终身体育的兴趣，提高体育文化素养，掌握多种运动技能，对学生的人格塑造，创造力的培养，意志品质的培养等多方面的积极作用，是依靠一两项健身方法不能代替的。

本人认为，首先必须围绕教学目标，对现有竞技体育运动项目进行精选、优选和必要的改造，即所谓的竞技运动项目教材化，如田径运动中的跑，我们重视跑的内容的多元开发，如采用大量游戏来发展学生的奔跑能力，各种形式的合作跑，以及跳出“跑”的概念来发展学生的耐力跑等。

其次，根据教学目标及本地、本校的实际情况，在教学中适当选用健美操、现代舞等新兴运动项目，即新兴项目的引进和改造。再例如，实心球教学中用废旧手榴弹做保龄球瓶，玩“打保龄球”游戏等。再例如，用旧报纸做成圆纸球，用体操棒击打，玩“垒球”游戏等。

最后，我国的民族众多，民族体育文化源远流长。随着社会的进步与发展，各民族交往的进一步深入，民族的互相融合已是大势所趋。根据教学目标整合民族体育项目，充分发扬民族体育的魅力和文化底蕴，开展踢毽子、跳绳、滚铁环、跳皮筋、抽陀螺、射弩等传统体育运动项目，即民族、民间传统体育资源的开发、改造和利用。试问：这样的教学教材，学生参与性、教学的有效性能不高吗？

三、体育课主要教学行为的选择

体育课主要教学行为选择是指教学方法的选择和利用。有效教学理论强调只要是能实现教学目标，有利于凸现学生主体地位，发展学生主体性，任何方法都可以采用。不必拘泥于何种教学模式或方法，取其优点集大成，形成自己的教学风格。德国教育家第斯多惠说：“在教学中，

如果能激发学生的主体性,任何方法都是好的。”

首先,有效教学理论要求我们在体育教学中要加强对学生学法的指导,本人在体育教学中采用以下的教学行为:

1. 提高学生自练、自学的能力。体育教学中应加强指导学生学会看动作挂图或根据动作示意图进行模仿练习,提倡学生在模仿中学习动作,并鼓励学生提高自学、自练能力。

2. 体育教学中要给学生营造合作学习的氛围。在学生自学、自练的基础上,成立学习小组,让学生互相观察、互相帮助、互相纠正错误,使学生在合作学习的氛围中,提高发现错误和纠正错误的能力,不断提高技术动作质量,并在合作学习过程中发展社会交往能力。

3. 体育教学中,教师为学生提供机会,培养学生创造力、竞争力以及迎接挑战的能力。在具体的教学中,可结合新教学内容,不提要求,不说方法,让学生自己尝试练习,激发学生创造和想像能力。

4. 体育教学中发扬教学民主,经常听取学生的建议,与学生一起研究和改进教学方法,让学生以适当的方式对教学过程和结果进行评价。既可以把学到的智慧和力量融入教学中来,又可以让学生在互动的过程中加深理解,不断促进教学工作。

5. 把现代教学多媒体运用到体育的教学中,指导学生学会收集和综合信息,发挥信息资源的整合优势,使信息技术和课堂教学相映成趣,成为学生的学习主要工具之一。

6. 注重课后学习方法的指导及布置适当形式的家庭作业,培养学生的锻炼意识以及对社会健康问题的责任感。可让学生结合教学内容课后搞社会调查,如家人的身体健康状况调查与分析,社区健身场地状况的现状与对策等。

其次,有效教学理论要求我们在体育教学中要加强对教法的研究,提高教学质量,教学方法是提高课堂教学效果重要因素。由于《标准》大大拓宽了原来体育课的学习领域,这对我们体育教师提出了更高的要求,如何在教学中加强对学生心理健康和社会适应能力的关注,如何促进学生运动兴趣的保持和良好行为习惯的养成,是现代体育教师应特别注意研究的重点。初中阶段的教学可根据学生自制力和理解力迅速增强的特点,采用有效的教学方法,促进学生运动习惯的形成和学习能力的提高。要特别加强对新的教学内容和方法的研究,进一步提高教学效果。

四、教学组织形式的确立以及教学方案的形式

当今我国大多数中学的教学组织形式是人数众多的班级授课制。而现在的课改又突出强调学生的主体性教学,还要充分尊重学生个体差异,使每一位学生都能有发展,极端的做法是实行个别教学,这种方法虽然提高了学生的个人学习效率,却降低了班级教学的规模效率,加大了教育的投入,目前我国无论在师资、场地器材上都无法做到(尤其在广大的农村中学)。有效教学理念告诉我们,只有解决了班级教学与个别教学之间的矛盾,教师才能更好地关注教学效益,树立时间与效益的观念,才能在单位时间内关注

学生的学习结果和综合考虑学生的学习过程，做到既经济又高效。根据这一理念，本人在体育教学中，在统一教学内容的情况下，采用班级授课而教学目标分层平台递进的形式，即一个教材一个总目标（主要是运动技能），下分 2—3 个子目标平台，帮助学生选择适宜的学习平台，在完成该学习平台任务后，可以再向更高学习平台进军，直至完成课堂教学总目标。教学的组织形式是同质分组和帮教型分组、友伴型分组相结合。学生分层、目标分层、分层施教与评价、分层矫正与分层提高，从而使层次差异明显的学生都能在各自原有的基础上得到较好的发展和成功的心理体验。既提高了课堂教学的有效性，又充分尊重了学生的发展。

（选自《中国学校体育》2006 年第 10 期）

在教学中，当学生出现错误时，教师应如何进行否定性评价？

冉向捷
南京第九中学

一、问题的提出

在课程改革不断深化的今天，教师的思想观念也产生了很大的变化，表扬激励学生，保护孩子的自尊心已成为教师们最常用的方法之一。确实，这种表扬激励方法使许多孩子深受鼓舞，激发了他们不断进步的勇气和信心。但是，我们也应该清楚地看到滥用表扬所带来的负面影响，有时在教育上也是苍白无力的，也会让学生产生漠视教育的现象。如今，有不少教师面对学生的缺点错误，不知所措，不是轻描淡写，就是干脆回避。因此，当学生出现错误时，教师应如何进行否定性评价，是值得讨论和研究的。

［镜头一］

小强与其他同学发生矛盾，显然是小强错了，别的学生说要告诉老师，小强却满不在乎地说："老师经常表扬我，我怕谁？"

［镜头二］

在美术课上，教师安排学生分小组合作完成纸版画作品的创作。

组长问小华："安排你带的材料你带了吗？"

小华说："噢，我给忘了。"

小丽说："这下糟了，作品完不成怎么办？"

小华说："没事，反正老师也不会批评的。"

［镜头三］

教师对一个平时画得不太好的学生进行指导。

教师："小明，你这张画画得又有进步了，但你还需要把那里改一改。"

教师巡回辅导，又来到小明面前。

教师："小明，你那里怎么还没有改？"

小明："我这次都有进步了，下次再改吧。"

也许我们大家在教学中都遇到过以上镜头，课改以后出现了真实性被淡化、人文性被神化、过多的表扬、泛化的表扬、无原则的奖励和赏识的现象，甚至于有些教师都不会对学生给予正确的批评。因此，当学生出现错误时，教师应如何进行否定性评价，在当前是很值得我们教育工作者研究的问题。

二、问题的讲究

（一）专业学习

教学评价不仅为教师判断自己的教学状况提供了大量反馈信息，而且也为学生了解自己的学习情况提供了直接的反馈信息。通过评价，学生可以清楚地了解自己美术学习的长处短处。通常情况看，肯定的评价测量可以进一步激发学生的学习积极性，提高学习兴趣。否定的评价测量也能让学生看到自己的差距，找到自己的错误所在，以便在教师帮助下及时矫正。另外，有关心理实验表明，否定的评价测量常会引起学生的焦虑，而适度的焦虑和紧张可以成为推进学生学习的动因。

一味地、毫无原则地对学生进行赏识、激励，忽视给学生适度的挫折、指正，这样的教育是不负责任的，是不完整的。俄罗斯著名教育家马卡连柯曾说：“要尽可能地尊重一个人，也要尽量多地提出坚定、明确和公开的要求。”老一辈革命家吴玉章也曾说：“正确教育子女的方法，我认为最主要的应该是爱和严相结合。在生活上既要给予子女适当的父母之爱，在政治上又要严格要求他们，特别要舍得让他们到艰苦环境中去锻炼，在风雨中成长。这才是真正的爱。只有这样才能锻炼出人才，成为真正有作为的人。”

当学生出现错误时，教师应对学生进行正确的批评指正，这是必要和正常的，也是大家都知道的道理。作为教育工作者，更应明白这个道理。

（二）教学实践

案例一

面对镜头一，张老师找小强谈心：“小强，老师经常表扬你，那是为什么呢？是因为老师喜欢你、尊重你，是希望你不断进步，但你也要学会尊重老师和同学。只有学会尊重别人的人才会真正得到别人长期的尊重和爱戴。”经过教师耐心细致的教育，明确指出小强的这一缺点，小强点点头说：“我今后一定注意改正缺点，还希望老师一如既往地关心和帮助我，在我不对的时候，及时对我批评指正。”

案例二：树木盆景的设计与制作

教学目标：

1. 感受我国盆景艺术美，培养爱祖国、爱生活的情怀，体现中国人与自然相亲相和的精神与审美情趣。

2. 了解我国盆景艺术的概况，通过动手制作，培养学生自主学习和合作学习的能力。

教学重点、难点：如何体现树木盆景是生命的艺术，是无声的诗、立体的画，掌握树木盆景的类型与形式，艺术表现与制作的过程。

教学媒体：电脑及课件，树木盆景与制作工

具，传统媒体等。

教学活动及内容：

1. 通过对大自然中的树木及盆景进行提问与讨论，导入课题。

2. 欣赏、感受盆景艺术的类型形式与艺术表现，进入新课。

3. 选择典型作品让学生进行赏析讨论，学生大胆发表自己的看法和体验。教师绘声绘色的引导评析使学生真正在心灵深处体验到生命的艺术、无声的诗、立体的画，感受到自然美、意境美，并尝试勾画出创作草图。

4. 教师熟练地操作示范（树木盆景的简单造型与整枝）。

5. 学生数人一组进行制作，鼓励学生积极参与小组合作。教师巡回辅导，及时指出学生的不足之处。

6. 展示作业，学生谈构思，谈想法，教师归纳总结。

［点评］

1. 教师用盆景的艺术美、造型美去打动和感染学生，激发学生创造美的愿望。

2. 学生通过动手制作，在教师及时帮助下，初步学会盆景的造型方法，为今后美化家庭、提高生活情趣打下了基础。

3. 教师利用自己的长处和现有的条件，挖掘教学内容，是对现行教材的补充和开发。

案例三："礼仪与教化"

教学目标分析：

本课教学目标首先是使学生初步了解在人类进入文明时代之后，美术在规范社会等级秩序方面的作用。其次是使学生初步了解中国商代到魏晋时代两河流域、古埃及、古印度、印第安文明中出现的代表性的美术作品、美术风格以及这些作品产生的具体社会背景。其实这些目标还仅仅停留在认知的层面上，在教学中，我们还应该考虑到对学生的鉴赏能力和情感方面的培养，通过课堂小练习、讨论、发言和交流等，让学生学会在美术鉴赏过程中整理自己的想法，大胆发表自己的看法，逐渐形成美术鉴赏的能力，培养良好的审美情操。

教学过程设计：

第一课时教案

课　　题	礼 仪 与 教 化 （中）
教学目标	1. 了解我国商代至魏晋时期出现的有代表性的美术作品、美术风格及社会背景。 2. 了解人类在进入文明时代之后美术在规范等级秩序方面的作用。 3. 通过教学体验美术作品的艺术美，培养良好的审美情操。
教学重点	了解我国青铜器的发展演变及主要艺术特色。
教学难点	了解人类在进入文明时代之后美术在规范等级秩序方面的作用。
教学准备	教师准备：电脑、教材、课件、相关资料、教案、示范用具等。
学生准备	教材、笔记及小组分头收集的材料等。

续 表

教和学的过程			
过程	教师活动	学生活动	设计意图
导入新课	复习导入。 教师提问： ● 你们知道原始人有什么创造？ 对，原始人在极其简陋的条件下掌握复杂的手工技艺，他们都有些什么创造呢？ ● “文明社会”和原始社会在社会结构上有什么区别？ 教师以实物投影和电脑课件呈现课本资料和课题，并在黑板上板书课题：礼仪与教化（中）。	学生聆听、思考、回忆、回答。 学生聆听教师的讲述，并做同步思考，获得相关感性知识并明确本课学习内容。	教师有目的的提问能帮助学生围绕主题有的放矢地进行思考，为本课的展开做铺垫。 通过上述问题的讲述和提问，使学生对本课的学习目的更加明确，以此来激发学生的学习热情，从而直接切入课题——礼仪与教化（中）。
探索发现与练习展示	讲授新课： 1. 进一步提问：人类社会由原始社会转入奴隶社会以后，美术发生了怎样的变化呢？ 2. 展示《司母戊方鼎》，结合教材内容做比较详细的介绍。 3. 讨论：鼎具有什么样的功能？（炊煮器→礼器；实用物品→祭祀用品。） 4. 学生分组讨论，并派代表发言。 5. 教师总结。 6. 阅读与分析：教师布置学生带着上述问题去阅读教材的18、19页，并填写作业纸，教师对作业进行评价小结。 7. 深入思考： 青铜器的器型和纹饰为什么会发生变化？ 8. 展示《秦始皇兵马俑》，结合教材内容作比较详细的介绍。 9. 阅读与分析：教师布置学生带着上述问题去阅读教材的20、21页，并填写作业纸，教师对作业进行评价小结。 10. 阅读与分析：教师布置学生带着上述问题去阅读教材的22页，并填写作业纸，教师对作业进行评价小结。 11. 教师组织学生代表发言并展示课堂小练习。 12. 教师总结： 统治者在青铜器上主要体现他们的权力的至高无上，宣扬等级观念。汉代“罢黜百家，独尊儒术”，儒家思想就成为社会的主流思想，它所宣扬的忠、勇、孝、节、义也成为美术创作主要的表现内容。	学生思考回答。 学生聆听、思考、认同。 认真观察大屏幕上显示的图例及教师出示的实例，进行分析比较，相互间交流欣赏感受，大胆发现，举手发言。 学生聆听要求。 学生根据教师所提的要求，分组进行讨论，选出代表。 各组代表上台发表演讲并展示小练习。	以问题做先导，层层深入递进，引导学生对问题的思考，调动学生的思维。学生的思维动起来了，是教学活动中的重中之重，同学之间的交流讨论，促进了生生间的互动，变被动学习为主动学习，有利于强化学生对本节课重点的认识和理解。 这一教学过程，教师旨在引导学生经过讨论、思考，进一步深化教学内容，使学生学以致用。并在教师的适时点评中让学生建构正确的审美观，从而较好地解决本课的难点。
归纳小结	教师对学生的演讲予以肯定和表扬，采取自评、互评和师评等多种评价方式进行评价，针对学生演讲中暴露的问题，紧扣重点、难点再次予以强调，从而进一步强化概念，并就本节课的课堂情况进行小结。	学生聆听，互相评价。	通过小结，帮助学生对所学内容进行归纳、概括，强化重点，加深理解和记忆，使学生对本节课的内容有一个系统完整的认识和准确的把握。

续　表

教和学的过程			
过程	教师活动	学生活动	设计意图
课后拓展	教师布置： 1. 下节课的材料准备。 2. 通过上网或其他途径进一步了解礼仪与教化的内容。	学生记下课后要求。	该过程有利于学生为下节课做好准备。通过上网或其他途径进一步开阔视野，以提高学生自主学习的能力。通过相关内容的拓展，以提高学生热爱生活的热情。

礼仪与教化（中国部分）课堂练习

班级：　　　姓名：　　　得分：　　　日期：

时代或地区	典型的美术品	形式特征	所体现的观念	如何为统治者服务	为什么选择这种形式	导致变化的原因
商　代						
秦　代						
汉　代						
魏晋时期						

第二课时教案

课　题	礼 仪 与 教 化 （外）
教学目标	1. 了解外国两河流域、古代埃及、古印度、印第安文明中出现的有代表性的美术作品、美术风格及社会背景。 2. 了解人类在进入文明时代之后美术在规范等级秩序方面的作用。 3. 通过教学体验美术作品的艺术美，培养良好的审美情操。
教学重点	了解古埃及美术造型风格的特色。
教学难点	了解人类在进入文明时代之后美术在规范等级秩序方面的作用。
教学准备	教师准备：电脑、教材、课件、相关资料、教案、示范用具等。 学生准备：教材、笔记及小组分头收集材料等。

教和学的过程			
过程	教　师　活　动	学　生　活　动	设　计　意　图
导入新课	复习导入。 教师提问： ● 前面我们已经了解了在我国“礼仪与教化”对美术创作的影响，那么在中国之外的其他地区情况如何呢？ 教师以实物投影和电脑课件呈现课本资料和课题，并在黑板上板书课题：礼仪与教化（外）。	学生聆听、思考、回忆、回答。 学生聆听教师的讲述，并做同步思考，获得相关感性知识并明确本课学习内容。	教师有目的的提问，能帮助学生围绕主题有的放矢地进行思考，为本课的展开做好铺垫。通过上述问题的讲述和提问，使学生对本课的学习目的更加明确，以此来激发学生的学习热情，从而直接切入课题——礼仪与教化（外）。

续 表

教和学的过程			
过程	教师活动	学生活动	设计意图
探索发现与练习展示	讲授新课： 1. 教师讲解： 古埃及的金字塔、狮身人面像、金面具和奈费尔提蒂头像等。 2. 阅读与思考：教师布置学生带着上述问题去阅读教材的 23、24 页，并填写作业纸，教师对作业进行评价小结。	学生思考回答。 学生聆听、思考、认同。 认真观察大屏幕上显示的图例及教师出示的实例，进行分析比较，相互间交流欣赏感受，大胆发现，举手发言。	以问题做先导，层层深入递进，引导学生对问题的思考，调动学生的思维。 学生的思维动起来了，是教学活动中的重中之重，同学之间的交流讨论，促进了生生间的互动，变被动学习为主动学习，有利于强化学生对本节课重点的认识和理解。
探索发现与练习展示	3. 教师介绍： 古印度及印第安文明等美术遗迹。 4. 阅读与思考：教师布置学生带着上述问题去阅读教材的 25 页，并填写作业纸，教师对作业进行评价小结。 5. 学生分组交流讨论，并派代表在实物投影上展示自己的作业。 6. 教师总结。 7. 教师对学生的演讲予以肯定和表扬，采取自评、互评和师评等多种评价方式进行评价，针对学生演讲中暴露的问题，紧扣重点、难点再次予以强调，从而进一步强化概念，并就本节课的课堂情况进行小结。	学生聆听要求。 学生根据教师所提的要求，分组进行讨论，选出代表。 各组代表上台发表演讲。 学生聆听。	这一教学过程，教师旨在引导学生经过讨论、思考，进一步深化教学内容，使学生学以致用。并在教师的适时点评中让学生建构正确的审美观，从而较好地解决本课的难点。 通过小结，帮助学生对所学内容进行归纳、概括，强化重点，加深理解和记忆，使学生对本节课的内容有一个系统、完整的认识和准确的把握。
课后拓展	教师布置： 1. 下节课的材料准备。 2. 通过上网或其他途径进一步了解礼仪与教化的内容。	学生记下课后要求。	该过程有利于学生为下节课做好准备。通过上网或其他途径进一步开阔视野，以提高学生自主学习的能力。通过相关内容的拓展，以提高学生热爱生活的热情。

礼仪与教化(外国部分)课堂练习

班级：　　姓名：　　得分：　　日期：

时代或地区	典型的美术品	形式特征	所体现的观念	如何为统治者服务	为什么选择这种形式	导致变化的原因
古巴比伦						
古埃及						
古印度						
印第安文明						

[点评]

美术鉴赏课很容易一言堂，教师上面讲，学生下面听。教师在上面往往挥汗如雨，学生在下面无精打采，师生间没有交流，这样的课太失败了。在本课的设计上教师要注意避免一言堂，在教学上力求边教边导，在学生的学习上力求边学边练。教学

是师生的双边活动，学生是教学活动的主体，教师是教学活动的主导，如何调动学生的学习主动性，如何发挥教师的主导作用，是教学成功的关键。因此，教师在教学设计中不仅考虑到自己如何教、教什么，还考虑到学生如何学、学什么，明确各教学活动的设计意图，并通过表格形式呈现出来。在教学过程中，以表扬激励激发学生的学习热情，同时及时指出学生的缺点和不足，帮助学生不断进步。

有效的教学必须是把握学情，抓住重点难点，并有较好的应对策略。“礼仪与教化”这节课不能仅仅是美术史和美术作品的介绍。本课涉及历史、政治、宗教、美术等诸多问题，“礼仪与教化”作为当时社会的要求直接影响着美术创作。美术也是统治者教化民众、维护统治的重要途径。该课内容面广量大，教学时间又非常有限，教师首先从美术作品本质性的话题谈起，如服务的对象是什么、如何进行服务等问题。其次，从东西方的典型作品谈起，如作品的形式特征以及所体现出的思想观念等问题。在教学过程中适当安排课堂练习，以便教师及时了解学生的学习情况，调整自己的教学设计。该教学设计合理，真正达到美术鉴赏的目的，较好地培养了学生的美术鉴赏能力。

三、成效与反思

学生处于成长期，在学习、生活过程中出现这样或那样的问题是正常的，教师应多激励、少指责。显然，传统的评价方式确实存在许多问题，有讽刺、挖苦，甚至体罚和变相体罚学生的现象，这些我们在工作中都应引以为戒。但教师过多的激励性评价会造成学生自我感觉太好，会对学习的困难产生过低的估计，使激励性评价在学生心中贬值。有的学生还经不起挫折，稍不如意就闹情绪。因此，不能忽视指正性、否定性评价的作用。

当我们发现这个学生的行为表现或是美术学习上的缺点错误时，教师第一要冷静，第二要准确，第三要客观，第四要诚恳，第五要委婉，第六要适时地指出学生的不足之处。教师赏识、激励学生时要讲究技巧，批评和指出学生所犯的错误和不足之处时，更应注意技巧。要让学生从心底理解，教师的批评完全是为了他(她)好。批评的形式也可以是多种多样的，可以是谈心式、角色互换式、正面指出式、侧面提醒式等，但要避免简单粗暴，要给学生留点面子，不要在批评时让学生下不了台。

基于上述的认识和理解，在教育教学实践中本着实事求是的态度，并注意方式方法，针对学生的缺点错误适时地给予批评帮助，取得了较好的教育教学效果，也赢得了学生的尊重和爱戴。

四、对话与交流

我对同伴说：

我是一个从教近30年的中学美术教师，教育教学讲究的是实事求是，讲究的是引导学生去发现、去探究那未知的真知灼见。作为美术教师，能在每一个学生心田上播撒美术的种子是我毕生的愿望。面对新课改，我为教育将迎来又一个春天而感到欣慰，我相信“一切为了孩子的成长”的教育理念，将更加深入人心。

(选自《新课程教学问题解决实践研究》，
中央民族大学出版社2006年版)

怎样才能有效地完成国画教学的任务?

赵有强
南京中华中学

国画教学课时少,怎样才能既有效地完成笔墨练习,又有效地传承和弘扬祖国优秀传统文化,以至培养高尚审美情操?

一、问题的提出

(一)问题的现象

1. 在初中国画的随堂教学中,教师往往流于笔墨练习,忽视传统国画强调学养、观念、情感、个性、笔墨技巧的综合表现,忽视其有益于学习做人,有益于创造和谐社会,培养民族精神、民族感情、民族信心这些爱国情感和高尚审美情操的功能,以致学生往往因为缺少情感而影响兴趣,因为缺少兴趣而影响练习,甚至因为个人学养的不足而错误地将个人的喜恶带进教学,如错误地将水墨写意画与写实性绘画乱比,错误地认为水墨写意画造型很随便,于是教学演示草草随便,以致学生跟着胡乱涂抹,马虎了事,不能有效地完成教学任务,也就谈不上国画创新能力的培养,更谈不上传承和弘扬祖国优秀的传统文化,甚至违背了新课标倡导的人文精神。

2. 目前普通中学往往缺少美术专用教室,特别是配备多媒体的国画专用教室。

3. 学生学具准备往往不到位。

4. 许多小学往往受条件限制,少开或不开国画课,甚至迫于升学压力削减美术课程,造成初中生严重缺乏起码的国画基础知识和最基本的造型能力,给初中国画教学造成更多困难。

这些都影响着初中国画教学任务的完成。

(二)问题的思考

怎样才能在现有的教学条件下弥补初中生以往学习的不足,从而既有效地完成笔墨练习,又有效地培养民族感情,增强民族信心,以至培养爱国情感和高尚审美情操,有效地传承和弘扬祖国优秀传统文化,特别是了解传统国画突出强

调诗书画印的有效结合,即强调学养、观念、情感、个性、笔墨技巧的综合表现的特点,了解其有益于学习做人,有益于创造和谐社会的特殊功能,落实新课标倡导的突出人文精神和弘扬民族精神,有效地完成教学任务,更有效地提高教学质量?这要克服很多困难,还要多多深入研究和思考。

二、问题的研究

(一) 专业学习

新课程美术教学改革在教学指导思想上强调了突出人文精神的重要性,注重培养学生健康高尚的审美情趣,提倡引导学生以各种形式主动地投入到教学的各种活动中去,特别是主动获取信息和技能技巧、丰富知识的能力,这对学生一生的发展都具有重要意义。

笔墨技巧本身没有实质意义,脱离表现对象的笔墨技巧训练会很枯燥,只有将笔墨技巧训练与学生的生活经验即他们熟悉的形象结合起来训练才生动有趣,只有将国画的特点,特别是文人画的特点形象生动地展示出来,才能发现它的魅力,只有发挥学生已有的知识和能力,循序渐进地传授知识,才能激发学习兴趣,才能有效地完成教学任务,有效地提高教学质量。

(二) 教学实践

案例:水墨写意画《岁寒三友》

(一) 教材分析

1. 设计思想。

就强调突出人文精神和弘扬民族精神,增强民族信心,传承和弘扬祖国优秀传统文化,培养爱国情感和高尚审美情操而言,传统国画的学习是无可替代的。中国传统国画突出强调学养、观念、情感、个性、笔墨技巧的综合表现,突出强调诗书画印的有效结合,学习传统国画有益于做人,有益于创造和谐社会,有益于传播中国优秀传统文化。因此教学内容、方法、手段的设定无不以此为中心。

2. 教材的选择与分析。

选择松、竹、梅为教学内容,一是因为松、竹、梅的自然形象和艺术形象几乎家喻户晓,人人熟悉。二是因为松、竹、梅历来为文人墨客所崇拜,并被赋予了特殊的文化内涵与精神寄托,是高尚品质、英雄气概的象征,也为广大学生所喜爱,是德育教育的上好教材。三是在精品云集的国画宝库中,松、竹、梅是较能全面反映基本功的国画题材,是笔墨练习的首选教材。

3. 教学方法与教学手段的选择与运用。

(1) 为了设置情境,精心布置与学习内容相关的松、竹、梅字画。播放笔墨表演的精彩片段,及相关作品欣赏。播放《阳春白雪》、《梅花三弄》、《高山流水》、《听松》或相关的诗词歌赋曲。教学中穿插画家轶事以营造宽松愉快的学习氛围。

(2) 用多媒体及课件、电吹风、音像资料及相关字画实物或印刷品、范画及常规国画教学用品用具,特别是当场演示等辅助教学。

(3) 为了突出学生的主体地位和教师的主导作用,在课堂教学及其前后设置了资料的查找、处理和交流,特别是师生相互交流信息资料和合作作画的师生互动、生生互动的实践练习与交流,才艺展示、明星选拔等几项活动,使课堂始终生机勃勃。

教学中围绕人文精神,紧扣教学重点,引领学生感受祖国博大精深的优秀传统文化。

(二)教学内容分析

虽说松、竹、梅的自然形象和艺术形象几乎家喻户晓,人人熟悉,但是,对于松、竹、梅的自然结构和艺术形象及二者的关系却未必清楚。古人云:"书画同源,画竹尚须八法通。"可见用笔是要有一定的基础的。

松、竹、梅之所以历来为文人墨客所崇拜,并被赋予特殊的文化内涵与精神寄托,是因为人们常常把它们与高尚品质、英雄气概相联系,所以也为广大学生所喜爱。

如:松树历来为国人钟爱,因为它是人才、英雄和健康长寿的象征;竹历来为国人钟爱,因为它是虚心和忠诚的象征,还象征有气节、有骨气;梅历来为国人钟爱,因为它是傲骨和忠贞的象征。

松、竹、梅都象征着忠诚、友谊与同心同德,都是美的化身,都是不畏艰难困苦的坚强品格的象征。

在传统国画中,松树往往被塑造得苍然遒劲,斗志昂然,形如蛟龙。用笔与用墨要极富变化。用笔或中锋、或侧锋、或顺锋、或逆锋,用墨或浓或淡,出枝要分前后左右,要有长短穿插与疏密参差,即"树分四歧"之法。还要有盘旋虬劲之势。其针叶则往往中锋逆写,以扇骨形为单位疏密相兼地穿插组合。

竹之枝竿中锋逆写,犹如作书般连贯写出。两支枝竿以上不可平行并节,要有浓淡之别。叶则以"人"、"个"、"川"、"介"、"分"等骨式为单位,疏密相兼地穿插组合而成。

画梅之老枝干是侧锋、中锋并用,嫩枝则是中锋,墨色是浓淡并用。花有单瓣复瓣,先学单瓣五出法。花姿有偃仰向背之态,有将开盛开之别。花瓣可以中锋勾勒,也可以用中锋侧锋及浓淡墨色并用的点裰法。

教学重点:理解国画借物抒情,以升华艺术形象,表达主观世界,从而提高学生人格修养。掌握中锋、侧锋、顺锋、逆锋和浓淡干湿的笔墨方法及其在艺术造型中的灵活运用。

教学难点:笔墨技巧的实践与应用。

(三)教学目标分析

1. 知识目标:理解笔墨是为塑造艺术形象,即为表达情感服务的。理解国画突出强调修养、情感、笔墨技巧的综合表现与个性张扬。理解营造意境、表达精神追求、提高人格修养是中国传统绘画的特点。

2. 技能目标:能用国画基本笔墨方法及其变化塑造艺术形象。

3. 情感与价值目标:明白传承中国美术文化、弘扬民族精神、增强民族信心,是我辈的历史使命。培养爱国情感和高尚的审美情操,形成健康的审美情趣和审美观念,形成对美术终生爱好的情感,以个人独立或集体合作的方式参与各种美术活动,培养坚忍不拔的学习意志力以及乐于合作的团队精神。张扬个性,大胆创新,体验品尝创新的快乐。确立创新是艺术活动的根本,是艺术作品的生命的价值观。

(四)教学准备

教师:多媒体及课件,布置环境的字画,诗词歌赋曲的音像资料。笔、墨、水、纸、印章、印泥、颜料、毛毡、电吹风等。

学生:自备的参考资料、笔、墨、水、纸、毡、试纸、抹布等。

(五)教学过程设计

第一课时:基本笔墨方法与墨竹画法

1. 课前准备。

活动一:课前复习查找、整理有关国画的笔墨、意境等知识,以及松、竹、梅的信息资料,做好知识铺垫。

活动二：学习信息资料交流：教师以《墨葡萄图》、《杂花图卷》、《双鹫图》、《岁寒三友》、《梅竹同心》、《松竹》与学生共同进行诗词歌赋曲的多媒体交流，诱发激情，引领学生感受品味上述艺术形式以及相应的表现语言，特别注意国画语言、形式和表现情感的方式。如笔墨、诗书画印以及意境等。

2. 复习。

(1) 用不同笔、纸、墨、水实验巩固已有的感性知识。

(2) 说说国画的基本用墨方法。（焦、浓、重、淡、清。）

(3) 用墨的关键之一是什么？（用水。）

(4) 国画的基本用笔方法。（中锋、侧锋、顺锋、逆锋。）

3. 赏析例图回答：你能看出《杂花图卷》和《双鹫图》明显的用水迹象吗？如《双鹫图》的云层和《杂花图卷》的芭蕉。如果说乐曲的语言词汇是音符，那么国画语言词汇有哪些？（用笔、墨挥写出的点、线、面。）

4. 新授。

(1) 介绍《墨葡萄图》作者徐渭，赏析《墨葡萄图》：

画中的葡萄形象与你见过的，或印象中的、想像中的、心中的有区别吗？（是野葡萄）放映出徐渭书法题画诗“笔底明珠无处卖，闲抛闲置野藤中”。交代明珠可以引申代指有才学的人。人称徐渭才高八斗，徐渭则自比明珠闲置，自叹不能为国家出力。其实历朝历代都有遗珠之憾。观笔墨，审人生，思性格，度修养，就不难感受其笔墨创造的艺术形象，不正是他人格、信念、情操的升华吗?！高超的笔墨技巧、超人的心灵感受营造了发人深省的意境，这便是中国传统绘画的特点。优秀作品无不如此。

(2) 画竹。

国画借物抒情，托物言志，在松、竹、梅一类的题材中尤为鲜明。

竹深为国人所爱，文人，特别是画家们尤为爱梅。放映出郑板桥书法题画竹诗。边表演画竹边吟诵该诗：一阵狂风倒卷来，竹枝翻回向天开。扫云扫雾真吾事，岂屑区区扫地埃！

鼓励学生背诵一些咏竹诗，谈些画竹名家或名人与竹，如王徽之、刘兼、苏东坡、文同、管道昇、朱若极、郑板桥等。

边演示画竹，边问边讲授：

画竹枝、竹竿用什么笔法？（中锋。）

画叶用什么笔法？（中锋、侧锋并用，但多用中锋。）

归纳：

① 画竹枝、竹竿用中锋，犹如作书法一般连贯写出。画两枝竹枝或者竹竿以上不可平行也不可并节，要有浓淡之别。

② 画竹叶法即所谓“撇叶法”：先演示“度”字的兰叶撇，再演示竹叶笔墨方法及组合法，如“人”、“个”、“川”、“介”、“分”等我国古代传统“骨式”单位，经过疏密相间的穿插组合而成。

(3) 可以先画竹竿而后画竹叶，反之亦可先叶而后竿，但画竿必先竿而后节，再穿插补充，最后落款盖印完成。

(4) 介绍并指出落款内容与书体，介绍并指出印文内容与形式，并指出内容与书体形式都要与绘画风格与内容相和谐，使之有机结合。有时有些部分还是举足轻重而不可分割的。

活动三：练习与指导。

进行画竿、枝、节与撇叶的分解练习。

临摹范画。

5. 尝试整合创造。

（巡回辅导。）

活动四：小结点评习作，评出课堂一星，仿古人评出课堂神品、妙品、能品，并介绍古人画品有关神品、妙品、能品的分法。（播放民乐古曲。）

第二课时：梅花画法

1. 复习基本笔墨方法与墨竹画法。

2. 活动一：教师以《岁寒三友》、《梅竹同心》、王勉《墨梅图》及其他若干梅花图与学生共同进行诗词歌赋曲的多媒体交流。

(1) 以古往今来国人甚爱梅花的事例，引导、鼓励学生背诵一些咏梅诗，谈些名人、名家与爱梅花画梅花的轶事。

穿插放映名家及有关梅花的诗、书、画，如林逋、王安石、陆游、王勉、金农、徐悲鸿、傅抱石等。

(2) 放映出王勉《墨梅图》及其题《墨梅图》诗的书法墨迹："吾家洗砚池头树，个个花开淡墨痕。不要人夸好颜色，只留清气满乾坤。"

(3) 边演示梅花画法边问边讲授：

① 画梅花的干用什么笔墨方法？（侧锋、中锋并用。）嫩枝用什么笔法？（中锋、浓墨淡墨并用。）

② 画梅枝干的"女"字法。

③ 花有单瓣复瓣，先学单瓣五出法。花姿有偃仰向背之态，有将开盛开之别。中锋、侧锋及墨色浓淡并用。可以用勾线法，也可以用中锋侧锋及浓淡墨色并用的点椒法。

(4) 活动二：练习与指导

练习时，可以依笔墨方法自作自画，也可以临摹，巡回辅导中可以请同学上台合作，让其首先大胆自由任意落一两笔，教师随机应变，收拾成画。鼓励更多同学大胆落笔细心收拾。教师可以题写与该同学合作很高兴等款识。

介绍题书款识的有关知识。比如相应的诗文和相应的书体。

盖印，并进一步介绍印的有关知识。

(5) 活动三：小结点评习作，评出课堂一星，仿古人评出课堂神品、妙品、能品，播放民乐古曲，如《梅花三弄》等。

第三课时：松树画法

1. 复习基本笔墨方法，墨竹画法与梅花画法。

2. 活动一：教师以《岁寒三友》、《松竹》、钱松岩《小松图》及其他若干松树图与学生共同进行诗词歌赋曲的多媒体交流。

3. 介绍松树历来为国人钟爱，是人才、英雄、忠诚和健康长寿的象征。

4. 放映出钱松岩赠与少年朋友的《小松图》及题画小松诗的书法，诗曰："岭上栽小松，藐他风雪摧。明日高百尺，好作栋梁材。"

5. 边演示画松树边分析讲解画法：

(1) 画松枝干用的笔墨方法：侧锋中锋并用，浓淡兼施，老干老枝可用干笔。在传统国画中，松树往往被塑造得苍然遒劲，斗志昂然，形如蛟龙。用笔与用墨要极富变化，用笔或中锋、或侧锋、或顺锋、或逆锋，用墨或浓或淡，出枝要分前后左右，要有长短穿插与疏密参差，即"树分四歧"之法。还要有盘旋虬劲之势。

(2) 松叶即松针用的笔墨方法：可以中锋细笔逆写，墨分浓淡干湿。叶的组合可以用我国古代传统的扇骨形为单位疏密相兼地穿插组合。

(3) 可先画叶，亦可先画枝干。

6. 活动二：练习与巡回辅导。可自作自画，也可临摹。

7. 活动三：小结点评习作评出课堂一星，评出课堂神品、妙品、能品，播放民乐古曲《听松》。

总结：（播放《进行曲》）"黑团团里墨团团，黑墨团里天地宽"，"诗是有声画，画是无声诗"。看徐悲鸿的《醒狮》、《哀鸣思战场》，表现的是中华民族的觉醒和不能为国而战的悲凉。苏东坡

用朱砂画竹被友人讥笑“可曾见过赤竹”？他反唇相讥：“可曾见过黑竹？”即无黑竹而能以墨画出，何不能画胸中红竹以朱砂为之！不墨守成规，大胆创新才能令新人新事倍出，社会才能迅速向前发展。创造的益处还在于给人带来无穷乐趣，催人不断奋进。

同学们课后可自由组合，发挥各自的国画、书法、印章、诗文的优势，亦可与老师组合，联手作画，探索新的画法。如撒盐法、兑胶法、兑油法、揉纸法、指墨法、吹墨法……（适当演示或展示相应作品）可合作《岁寒三友》、《梅竹同心》等。

（六）提醒与下一节课相关的课前准备。

（七）教学延伸

组织收集或“选购拍卖”他人或自己的作品，培养慎待艺术品的美好情怀。

（八）教学评价（三个梯度）

1. 理解营造意境、表达精神追求、提高人格修养是中国传统绘画的特点，能认识传承中国美术文化、弘扬民族精神的重要性，增强了民族信心，提高了爱国情感，培养了高尚的审美情操。

2. 能尝试运用国画基本笔墨方法塑造艺术形象。

3. 在笔墨练习中，能发挥个性，大胆创新，体验创新的乐趣。

三、成效与反思

基于本课教学的重要地位，在内容、方法和手段的选择，材料的组织，情境的设置，过程的安排，无不精心。师生合作和生生合作、画家轶事等，营造了宽松愉快的学习氛围，使课堂生动有趣。

多媒体及多媒体课件、音像资料、电吹风及相关字画实物、范画、印刷品，特别是当场演示等，共同增强了教学效果。

课堂教学及其前后的资料查找、处理和交流、才艺展示等几项活动，有效地锻炼了学生。活动中以不断的鼓励、赞赏、表扬为主，让学生感受到了成功的喜悦。

教师的国画基本功、美术基本理论知识和文化修养都非常重要。平时要勤奋练习和积累。因为深厚的功力和学养，熟练而精彩的演示更有利于驾驭课堂，更有利于教学质量的提高。只有这样，才能不辱使命，细致地做好突出人文精神和弘扬民族精神，增强民族信心，传承和弘扬祖国优秀传统文化，培养爱国情感和高尚审美情操的教学工作。

四、对话与交流

我对同伴说：

国画的教学学生是很感兴趣的，这也许是因为血脉里承袭着“龙的传人”，同学们一上到国画课就很用心，一墨一笔都乐趣无穷。我常在教授学生画国画时用一些传统的诗歌，如画“松”，我用陈毅的诗：“大雪压青松，青松挺且直。要知松高洁，待到雪化时。”画“梅”，我用王安石：“墙角数枝梅，凌寒独自开。遥知不是雪，为有暗香来。”让同学们在学画时，能够受到中国优秀传统文化的熏陶。

（选自《新课程教学问题解决实践研究》，
中央民族大学出版社 2006 年版）

年度论文提名

nian du lun wen ti ming

小学语文	唐文国	南京长江路小学	发挥语文在社会主义荣辱观教育中的独特优势	《江苏教育》2006年第6期
	许彩霞	南京汉江路小学	让书香浸润校园	《小学语文研究》2006年第9期
	吴　玲	南京师大附小	语文教学要加强"三意识"	《小学语文研究》2006年第11期
	黄　健	南京芳草园小学	德育,拿什么占据孩子心灵	《江苏教育》2006年第2期
	刘　敏	南京青云巷小学	课堂,因体验而精彩	《南京教育》2006年第5、6期
	韩加留	南京南化第四小学	别让"个性化阅读"误导你	《教学与管理》2006年第10期
	史春妍	南京天妃宫小学	口语交际教学与情境创设	《江苏教育(小学教学)》2006年第11期
	王荣福	溧水第三小学	让阅读照亮每一个孩子的童年——来自农村小学的报告	《小学语文研究》2006年第9期
	胡　红	南京扬子三小	读一本书,融一腔情——指导学生阅读《爱的教育》纪实	《班主任之友》2006年第3期
	李传庚	南京三牌楼小学	关于信息时代阅读几点思考	《南京教育》2006年第9、10期
中学语文	冯　渊	南京第九中学	2006年高考文学作品阅读题述评	《新语文学习(中学教师)》2006年10—12月
	石群英	南京第十三中学	增强整合意识,提高整体效益	《新语文学习(中学教学)》2006年3—4月
	高浩明	六合高级中学	构建阅读教学对话的策略	《中学语文》2006年第7—8期
	蔡建明	南京第五中学	新课程目标——必须理清的三对关系	《新语文学习(中学教学)》2006年3—4月
	邱兼顾	南京江苏教院附中	南京市2005年高中语文第一模块测试卷述评	《新语文学习(中学教师)》2006年1—3月
	张鹏丽	南京雨花台中学	《江南的冬景》、《西地平线上》整合课课堂实录	《新语文学习(中学教师)》2006年7—9月
	袁　源	南京第九中学	唤回作文的生活魂	《语文教学通讯(初中)》2006年第11期
	薛贵亮	六合高级中学	抒写生活作文的真情至性	《中学语文教学》2006年第7期
	熊代厚	江宁高级中学	冷静面对语文教学中的多媒体	《语文学刊》2006年第1期
	孙小燕	六合区双语学校	浅谈口语交际教学	《南京教育》2006年第7、8期
小学数学	余　颖	南京师大附小	在对美的追问中体会数学的精神	《小学教学参考》2006年第10期
	贲友林	南京师大附小	关注学生以探索为主的学习方式	《小学数学备课手册(五年级上册)》,江苏教育出版社2006年6月
	张　明 徐　慧	南京扬子二小 南京扬子二小	算法多样化,促进数学思维发展	《江苏教育(小学数学)》2006年第12期

学科	姓名	单位	题目	发表刊物
小学数学	陈 静	南京北京东路小学	让学生学自己喜欢的数学	《小学教师培训》2006 年第 2 期
	周 艳	南京师大附小	追求富有内涵的数学设计	《小学数学设计》2006 年 11 期
	王 荣	南京致远外国语小学	"认识人民币"教学设计及评析	《江苏教育(小学数学)》2006 年第 6 期
	陈 馨	南京芳草园小学	"比的意义"教学设计	《小学数学教学》2006 年第 7、8 期
	赵功伟	南京红山小学	《生活中的轴对称问题》活动纪实	《小学生数学学习活动实践与研究》东南大学出版社 2006 版
	魏俊晨	南师大附小	"课后延迟研究"与"上课即时解决"	《小学数学教学》2006 年第 11 期
	纪正兵	溧水第三小学	"解决问题的策略"之疑惑与探寻	《江苏教育》2006 年第 7 期
中学数学	孟祥亚	南京第十二中学	高考数学的一个新亮点——猜想题	《数学通讯》2006 年第 11 期
	刘洪璐	南京师大附中	怎样烧开水最省煤气——新课程函数应用的数学建模个案	《中学数学教学》2006 年第 5 期
	朱敏龙	南京师大附中江宁分校	基于建构主义理论的课题学习教学观	《基础教育论坛》2006 年第 12 期
	王俊胜	溧水第二高级中学	参数范围问题的处理策略	《中学数学研究》2006 年第 10 期
	傅 扬	南京第三中学	注重课程性评价　发展学生的个人才能——浅谈英国基础教育体制对我们当前课改的一些可借鉴之处	《中小学管理》2006 年 12 月号
	黄永刚	南京师大附属实验学校	我的高中数学课堂教学观	《现代教育与教学论坛》2006 第 8 卷
	戴志生	南京金陵中学河西分校	让数与形最佳地结合	《数学通讯》2006 年第 12 期
	管雪梅	南京第五中学	有关高中数学新教材的一些想法	《现代教育研究》2006 年第 11 期
	陈 娟	南京江苏教院附中初中部	数学知识在文学中的妙用	《数学之友》2006 年第 12 期
	刘 明	六合高级中学	集合与简易逻辑复习指导	《中学生语数外》2006 年第 1 期
英语	赵成梅	南京江苏教院附中初中部	感受美国中学教育	《南京教育》2006 年 3 月
	李 斌	南京大厂高级中学	结合英语报刊阅读，助力高中写作教学	《英语教学周刊》2006 年 3 月 6 日
	张安忠	南京雨花台中学	加强英语写作指导，增强学词效果	《希望月报》2006 年第 11 期
	印飞雪	南京第六中学	奔跑中，七彩笔下的爱与美	《中小学生创新》2006 年第 1 期
	张 红	南京第一中学	走出阅读误区　理解文章精髓	《新高考》2006 年第 7—8 期

学科	作者	单位	论文题目	发表刊物
英语	曹春宏	南京第十三中学	灵感与创新——英语教学永恒的魅力	《时代英语报》2006年第7期
	郭金芳	南京第十二中学初中部	现代学生必备的伟大细胞	《初中教学研究》2006年第10期
	吴伯兰	南京外国语学校	揭秘高考新题型"对话填空题"	《新高考》2006年第7—8期
物理	朱建廉	南京金陵中学	非线性元件的工作点的研究	《物理教师》2006年第8期
	黄皓燕	南京金陵中学	高中物理教学中学生问题意识的培养	《中学物理教学参考》2006年第1、2期
	孟拥军	高淳高级中学	巧用相对运动分析多普勒血流计与声呐原理	《物理教师》2006年第7期
	丁玉祥	南京第三初级中学	义务教育"苏教版"物理教材的现状调查与对策分析	《物理教学探讨》2006年第2期
	张　峰	溧水第二中学	例析电磁感应现象中感应电量的计算	《物理教学探讨》2006年第2期
	牛学德	南京第十三中学	含非线性元件电路的图像解法	《中学物理》2006年第15期
	祝烨华	南京第三中学	初中生物理学习兴趣调查及研究	《物理之友》2006年第6期
	蔡才福	南京外国语学校	由网上阅卷谈高三物理教学	《物理教学探讨》2006年第6期
	陈建忠	南京第十二中学	新课程标准下中学教师面临的困惑	《物理教师》2006年第5期
	李朝军	南京中华中学	浅谈初、高中物理学习的衔接	《物理之友》2006年第9—10期
化学	陆建源	南京第十三中学	例谈高考化学排序题的十五种类型	《理科考试研究》2006第3期
	邹　正	南京外国语学校	一次关于燃烧的研究性学习案例设计	《化学教与学》2006年第15期
	钱海滨	南京第十三中学	教师的综合素质与专业化成长	《全国教师教育学科建设研讨会论文集》2006年12月
	曹志兵	南京外国语学校	有关离子分析问题中值得注意的三个问题	《化学教学与实验》2006年第3期
	蒋金虎	南京第十三中学	化学新课程理念和科学探究方法实施的案例研究	《中学化学》2006年第10期
	林尤宏	南京大厂高级中学	初、高中衔接阶段培养学生学习化学兴趣探究	《化学教与学》2006年第20期
	顾　晔	江宁高级中学	浅谈有机合成题的解题思路	《化学教学》2006年第5期
	李虎山	南京第九中学	化学创造教育中几种观念的确定和强化	《化学教与学》2006年第15期
	任泽云 张玉杰	六合区程桥高级中学	新课程的实施，教师的教育智慧至关重要——"原电池原理及其应用"教学案例	《化学教与学》2006年第15期

学科	作者	单位	论文题目	发表刊物
化学	厉业余	六合高级中学	跳出题海　发展思维	《化学教与学》2006 年第 20 期
生物	曹　阳	六合高级中学	“诱思探究教学法”在教学中的运用	《中学生物学》2006 第 11 期
	周　茜	南京雨花台中学	巧设问题情境的案例分析	《中学生物学》2006 年第 11 期
	张　琦	南京师大附中江宁分校	认识和使用显微镜的探究式教学尝试	《中学生物学》2006 年第 9 期
	丁　娟	南京江苏教院附中致远分校	模拟“创伤急救”——关键性教学细节设计一例	《中学生物学》2006 年第 7 期
	朱守新	六合高级中学	农村中学生物教学应渗透农业技术和经营教育	《云南教育(继续教育)》2006 年第 6 期
	王　璐	南京第一中学	“细胞的类型和结构”教学案例	《中学生物学》2006 年第 10 期
	韩海燕	南京东山外国语学校	解答生物简答题应注意的问题	《中学生物教学》2006 年第 12 期
	郄银东	南京江苏教院附中	生物实验知识的迁移与拓展	《新高考》2006 年第 3 期
	张从福	南京金陵中学河西分校	高考生物答题技巧与失误分析	《新高考》2006 年第 7—8 期
	文华松	南京金陵中学河西分校	初中生物教学中激励模式初探	《中学生物教学》2006 年第 6 期
品德与社会、思想品德、思想政治	陈旭东	六合区双语学校	假日生活实践指南	《用实践为素质教育求解》，南京师范大学出版社 2006 年版
	唐隽菁	南京北京东路小学	当代信息技术与品德教学整合的几个误区	《小学德育》2006 年第 5 期
	杨静平	南京第五中学	一个有用的谈话技巧	《班主任之友》2006 年第 1 期
	刑永宏 胡　杨	南京中华中学 高淳第三中学	良言一句三冬暖——关注教师的“语言暴力”	《思想政治课教学》2006 年第 8 期
	周智宁	南京东山外国语学校	课堂因学生主持而更精彩	《思想政治课教学》2006 年第 10 期
	王学朝	南京师大附中江宁分校	怎样看待科学家信仰宗教	《思想政治课教学》2006 年第 7 期
	李彰友	江宁高级中学	正确对待学生的过失行为	《中学政治教学参考》2006 年第 3 期
	徐其锐	南京人民中学	思想政治课中的主体性学习研究	《学习理论与探索》2006 年第 2 期
地理	李　虎	南京金陵中学河西分校	等高线地形及地形剖面图的判读	《新高考》2006 年第 12 期
	王海军	南京金陵中学河西分校	课堂模拟实验四则	《地理教育》2006 年第 5 期

音乐	杨　芳	南京第九中学	如何采取多种办法教好难度较大的歌曲	《新课程教学问题解决实践研究》，中央民族大学出版社2006年版
	张　薇	南京第九中学	如何实现音乐与相关文化的同构共生	《新课程教学问题解决实践研究》，中央民族大学出版社2006年版
	沈熙春	南京第五中学	开放的学习，民主的交流	《发现——中国教育思想》专刊2006年11月版
	张　仪	南京第九中学	如何开展课堂器乐教学活动	《新课程教学问题解决实践研究》，中央民族大学出版社2006年版
	符晓梅	南京力学小学分校	巧用现代教育技术优化音乐课堂教学	《希望月报》2006年第12期
	李　静	六合区八百桥镇初级中学	关于《音乐欣赏》校本课程的几点思索	《农村初中校本课程开发研究》，甘肃文化出版社2006年版
美术	钱汉生	南京红山小学	以研究性为抓手构建生态环境教育的办学特色	《中国当代教育思想宝库》，人民日报出版社2006年版
	谈智慧	南京孝陵卫中学	《新课程教学问题解决实践研究》承担了“教学的方式方法”中的“问题6—7”内容的撰写	《新课程教学问题解决实践研究(初中美术)》，中央民族大学出版社2006年版
	田　媛	南京第九中学	《新课程教学问题解决实践研究》承担了“教学评价”中的“问题19—20”内容的撰写	《新课程教学问题解决实践研究(初中美术)》，中央民族大学出版社2006年版
技术	孙　泓	南京第五中学	信息技术课程评价中微型主观题的应用及其命题思路	《中国电化教育》2006年第4期
	顾大建	六合高级中学	对高中通用技术模块中“技术、通用技术、技术素养及通用技术课程”的浅释	《江苏工人报》2006年5月31日
科学	张新娥	南京孝陵卫中心小学	小小紫甘蓝　做出大文章——教《变色花》一课的意外收获	《新课程，你我同行》，光明日报出版社2006年版

教学研究年度综述

jiao xue yan jiu nian du zong shu

小学语文2006年教学研究年度综述

2006年，南京市小学语文教学研究以“既立足课本着力提高课堂教学效率，又关注广泛的课外阅读”为重点，从我市小学语文教学实际出发，加强学习，组织队伍，广泛发动群众开展活动，深入研究小学语文课堂教学的热点问题，积极实施“南京市振兴小学生课外阅读行动计划”，努力创造一种课内与课外良性的循环，全面推进小学语文课程改革、全面提高小学语文教学的质量，取得了喜人的成绩。

一、从2006年度全市小学语文教学研究活动开展的情况和特色看，以下三点最为突出：

（一）现场观摩研讨——组织全市教学研究活动

南京市教研室每学期都要在全市范围内组织几次小学语文课堂教学的和课外阅读指导的群众性的观摩研讨活动，每次都与区县教研部门合作，以学习贯彻《课程标准》精神、交流推广经验、研究解决问题为目的，以“现场会”的形式向全市展示。

从课文课堂教学来说，本年度的几次现场研讨活动，主要围绕了以下一些主题：如何准确把握小学语文各年段的教学目标和要求，如何从学生的实际水平出发，确定课时教学目标和要求，提高教学的有效性；进行“一篇课文两课时教学”的专题探索，进行“一课多教”“同课异构”的比较研究，从繁琐的形式主义教学中跳出来，在提高课堂教学效益上狠下工夫，力求突出重点，简洁明了。

从课外阅读指导来说，本年度的几次现场活动，重点研究了阅读教学如何能让学生“得法课内，得益课外”，如何指导学生阅读各种题材、体裁的课外读物；介绍了学校课外阅读的教研活动、管理措施以及前瞻思考；观看了学生的课外阅读成果，感受学校、班级的读书氛围。

每一次观摩研讨活动都是一批第一线的骨干教师、学校指导教师及区县教研人员对语文教学思考

实践的成果展示。与会的广大教师通过听课、听专家点评，听市教研室分管领导、市小语教研员的辅导讲话，通过反思自己的教学实践，从而学习了新的教学策略、方法，获得新的教学理念。实践表明，全市教学观摩研讨活动成了提升教师教学素养、推进区县语文教学研究、提高语文效益的重要途径。

(二) 网上研讨——办好"大家语文博客网"

"大家语文博客网"是南京市教研室小学语文组于 2005 年度策划、组织建起的小学语文教学专业网站。建站以来，坚持以"师"为本，立足教研，着力服务于语文教师日常教学教研工作，着力满足语文教师专业发展的需要。

在日常教学教研活动中，设计教学预案，研究评价测试，讨论解决疑难，教师乐于上网向同行讨教，与同仁切磋；有了"得意"的教案、实录、试卷、教学反思、体悟，教师能及时地传上网去，与同行交流；网站还专门开辟了"答疑解惑"专页，组织网上研讨，解决疑点、难题。

在每次全市教学研讨活动以后，充分发挥网络优势，把现场研讨延伸为网上研讨，着力拓展教学研究的时间与范围，扩大教学研究活动的效益。譬如，2006 年 2 月，市教研室举办了全市 2006 年阅读课堂教学竞赛，现场展示了 15 节课，每场观摩人数为 220 人左右，参加观摩研讨教师总计为 3 700 人次。"大家语文博客网"将这一活动同步上网，几个月下来，网上共有 26 000 人次点击了这次活动的课堂实录、教学点评；更多的教师上网参与了对这次活动的评价，进行对话交流。在 2006 年里，网站还举办了全市基于网络的议论文教学专题研讨会，广大教师在网上报名上课，发教案，上课后，在网上进行研讨。

在 2006 年这一年内，"大家语文博客网"点击数超过 100 万人次，发表博客日志达 8 000 多篇。这一教学专业网站已逐步发展为我市小学语文合作研究的平台、展示才华的天地，有力地推动了我市小学语文教学改革。

(三) 合作探究——发挥教研团队优势

1. 南京市小学语文品牌教师教研中心组与"小学语文课堂教学改革"。

为了充分发挥我市优秀教师在教学研究中的引领作用，着力为他们的专业发展提供条件，搭建平台，培养我市小学语文品牌教师，市教研室主管小学教研的领导、小学教研员会同市教科所有关同志于 2005 年底策划、组建了南京市小学语文品牌教师教研中心组。这一中心组是一个学习型、研究型的团队，由四名青年小学语文特级教师（刘志春、潘文彬、戚韵东、刘红）、五名市级小学语文学科教学带头人（江和平、林春曹、唐文国、宋非、朱萍）和两名市优秀青年教师（李琳、史春妍）组成。他们都是近些年来，我市小学语文教学研究中最为活跃、卓有成就、特色鲜明的优秀青年教师代表。

在 2006 年里，品牌中心组的 11 位教师针对近年来小学语文教学中出现的种种问题与困惑，认真

学习《课程标准》,深入思考,并从课堂教学、语文教研、语文教学管理和语文教学评价等不同角度进行实践探索与合作研究,积极寻求新的突破和超越。他们的研究成果——系列论文《小学语文教学漫谈》分别从新课程背景下的语文教师个人备课、集体备课、语文校本教研活动、语文教学的教学反思、语文教育与科学素养、语文教学中信息技术的运用以及新课程背景下的小学习作教学、口语交际、语文综合学习等方面阐述了自己的理性思考,展示了自己的实践成果。这一组教学论文被《江苏教育》在2006年分11期全文连载发表,对有效地提高小学语文教学的质量和效益起了积极作用。

2. 四结合的研究队伍与"南京市振兴小学生课外阅读行动"。

在实施"南京市振兴小学生课外阅读行动计划"的过程中,市教研室构建了一支由市、区(县)小语教研员、部分分管语文的学校领导和优秀语文教师代表构成的课外阅读研究团队,同时,还主动争取省教研室、小学语文教材编写组的领导、专家和教研人员参与研究,给予指导。这一团队成员从全市、全区(县)、学校和班级等不同层面,从课外阅读指导课、课外阅读交流、展示、竞赛活动、师生共读、亲子阅读等不同角度积极实践,合作探索,创造了丰富经验。

苏教版小学语文实验教科书教学研究的重要阵地《小学语文研究》杂志(江苏教育出版社出版)于2006年9月发表了"南京市振兴小学生课外阅读行动"这一研究专题11篇有代表性的论文。汪笑梅、芮琼老师的文章分别从整体构想与实践运作两方面介绍了全市的课外阅读振兴行动;应美华教研员总结了在一个区里是如何开展"师生共读"活动从而达到"教学相长"的经验;许彩霞、王荣福两位基层领导写出了"振兴阅读行动计划"在一所学校(城市的、农村的)中的实施成效、研究体会;从刘红、李琳的文章里可以看到,在一个班级、在一堂课中,教师如何指导学生进行课外阅读;在朱家珑主编和省教研员李亮的文章的字里行间,能真切地感受到省里有关同志对我市振兴小学生课外活动的关注、赞赏、建议和期待。

二、从2006年度全市小学语文教学研究关注的领域看,比较集中在以下几个方面:

(一) 关注学生发展

许多教师很重视促进学生全面而富有个性地和谐发展。胡明艳老师在《空则有灵气　宽则生智慧》一文中提出:小学阶段是孩子张扬个性的时期,教师应当抓住这一关键时期正确引导,把课堂还给学生,把主动权还给学生,给学生一个自己的空间,一个选择的机会,一个展示的舞台,一个科学的评价。不少教师十分重视学生个性阅读的研究。林春曹老师在《广玉兰》教学反思中强调"注重充分展现学生个性化阅读的过程,营造一份个性化的阅读氛围,给予学生自主的解读时空,让学生'各展所爱'地选择文字与画面进行品读欣赏""教师在充分听取了学生个性化阅读对话之后,适时地给予文本核心价

值的点拨”。韩加留老师则提请大家注意《别让“个性化”阅读误导你》,他特别指出“要准确理解‘个性化阅读’”“避免误入歧途”“强调尊重学生的个性,决不能随便否定和忽视共性的内容”“发挥学生自主能动性的同时不能推卸教师应承担的责任”。

为了促进学生的发展,有的教师对小学语文教学中如何开展“自主探究”活动进行了积极思考、实践(宋建玲《对小学语文教学中提倡“自主探究”活动的思考》),有的教师对小学生的学习动力进行了有益的探索(刘俐《学习动力来源于什么》),有的教师关注课堂教学中激励性评价的运用(李萍《动用激励性评价的几个“误区”》)。刘红老师在论文《让学生在研究问题中学习》中,强调在小学语文教学中,教师要特别关注、尊重学生发现问题,她以丰富而翔实的教例,阐述了应当如何引导和鼓励学生在学习中自主地提出有价值的问题,如何引导和鼓励学生对“问题”的“探究”“思考”“研究”,从而让每个学生都能自我“想问题”,在研究问题、解决问题的过程中提高语文素养,培养创新精神和实践能力。

(二) 关注语文文化

许多教师都非常重视语文阅读课教学的文化追求,在《彰显文本智慧,阅读引导人生》一文中,朱萍教师旁征博引地阐述了“语文是内涵极为丰富的文化”“在课程标准苏教版小学语文教材中处处闪耀着人类智慧的灿烂光辉”,她指出:“阅读教学应彰显文本智慧,建构课堂文化”,我们应“坚持‘对话—互动’原则,重建充满生命活力的课堂文化”;“让学生从文本中主动汲取智慧”“在与教师、同伴交流中发展自我”;教师应“用心灵去感受文本,以激情点燃学生情感、智慧的火花”,从而“全面提高语文文化素养,做学生智慧人生的引路人”。

孙双金老师在《“情智语文”理论与实践的研究》一文中对“情智语文”作了全面的阐述。孙老师认为有情有智是人的本质特点,是语文学科鲜明的特点,是语文教学的必然要求,是儿童世界对成人世界的呼唤。因此,当代儿童呼唤“情智语文”,语文教学呼唤“情智语文”。“情智语文”在课堂上追求的是儿童生命的灵动,情感的放飞,思想的碰撞,人格的升华。他指出,“小脸通红,小眼发光,小手直举,小嘴常开”是“情智语文”课堂的外显特征;入境——启动情境、感悟——生成情智、交流——发展情智、表达——展现情智是“情智语文”课堂教学的一般模式。2006 年中,孙双金老师还在多篇文章中结合生动的个案,从不同角度对阅读教学中如何实施“情智语文”作了具体介绍。

郭学萍老师在论文《语文,一株美丽的树》中阐述了自己的诗意语文教学观。郭老师说:语文是什么?语文,就是一株美丽的树,她的叶,闪耀着人性的光芒;语文,就是要用教师自身美丽的人性去熏陶和感染学生,她的根深深地扎入生活的土壤。语文,就是要自觉地将生活资源开发成语文资源,她的花,绽放着诗意的笑靥;语文,就是要强调一种诗意之美,引导学生从寻常生活感知美、发现美,她的美,是智慧和性灵的喷发。新课程倡导对话,语文就是要在民主平等的课堂氛围中,让学生的“真本性”“原我性”和“个性”得以充分展现。

（三）关注课堂教学

我市许多小学语文教师都积极投入了语文课堂教学改革的研究，研究成果多姿多彩、美不胜收。如何更好地改进语文课堂教学呢？吴玲老师说，目前亟待加强三个方面的意识：其一是目标意识，即要充分认识到教学目标是课堂教学的灵魂，要确定合理的教学目标，各项教学活动都要为落实教学目标服务，不要过多地追求形式；其二是“首席”意识，即一方面要创设和谐情境，引导学生合作学习，鼓励学生积极参与，主动创新；另一方面面对争议和须引导的话题，要以自己的智慧去打动学生的心灵；其三是效率意识，即把学习主动权交给学生，为学生主动、自觉参与学习创造条件，这是提高语文课堂效率的关键。（吴玲《语文教学要加强“三意识”》）

胡明艳老师主张在课堂中要正确处理好“自主与引导”“生成与预习”“现代与传统”等几对关系。（胡明艳《正确处理好语文课堂教学中的几对关系》）唐文国老师认为着力构建和谐课堂在教学中极为重要，它有利于学生情智的发展，有利于课堂教学质量的提高。在《浅谈构建和谐课堂的策略》一文中，唐老师总结了从平时教学实践中探索出来的策略——一是从“转变表演角色，呈现真实自我”“充当学生角色，呈现真性自我”“担当参与角色，呈现真诚自我”等方面着力转变教师角色；二是从“教师注意欣赏学生”“引导学生学会欣赏同学和老师”等方面努力学会真诚欣赏，营造和谐的师生、生生关系，从而形成和谐的课堂氛围。这种和谐民主的气氛在李树华老师《一堂别样的语文课》一文中显得更为温馨浓烈，令人振奋。有的教师在课堂里着力“引导学生在信息重组中调动”“鼓励学生在发现创新中调动”。（刘敏《在课堂教学中，不断调动学生阅读期待》）有的教师通过教学实践指出在课堂中“问题设置要新，语文评价要准，作业设计要活”。（谢巧丽《让课堂“活”起来》）种种实践表明，这些举措对改革课堂教学、提高课堂效率都有一定的积极意义。

（四）关注课外阅读

2005年起，南京市在小学生中开展了“振兴课外阅读”活动。从市教研室来说，这两年来，主要从七个方面对全市课外阅读活动加强了专项研究和指导：1. 课外阅读，纳入课程；2. 开展活动，培养兴趣；3. 建立基地，研究引领；4. 科学认读，打好基础；5. 推荐书目，拓宽视野；6. 培养教师，加强指导；7. 建好阵地，发挥作用。（汪笑梅《期待一种良性的循环》）2006年里，“振兴阅读活动”在钟山脚下、大江南北取得了进一步的发展。各基地学校用各种方式向教师、家长进行课外阅读宣传，以各种形式开放、盘活学校图书馆，组织丰富多彩的活动激发孩子课外阅读的兴趣，研究总结了许多课外阅读指导方法，开发了各种题材、各种文体的课外阅读指导案例……学校行动起来了，教师、学生行动起来了，社会行动起来了。（芮琼《振兴阅读在行动》）

许多学校开展了建设“书香校园”活动，制定了“书香育人活动总目标，书香育人活动教师目标，书香育人活动学生目标”，从“时间、内容、指导、活动”等方面狠抓落实，从“同伴影响，师长影响，影视作品

影响，时事影响”几方面努力营造浓郁的读书氛围，取得了喜人的效果。（许彩霞《让书香浸润童年》）农村学校则能从实际出发，积极探索各种有效方式，营造课外阅读氛围，创设有书可读的条件，激发兴趣，加强指导，注意学科间协调，共同促进阅读，结合学科教学，引导学生课外阅读，创造了特色鲜明的经验。（王荣福《让阅读照亮每一个孩子的童年——来自农村小学的报告》）区县教研员对教师读书现状作了调查、分析后指出“教师真的需要阅读”，从教师的工作特点出发，研究解决“语文教师阅读什么”，为了引导教师们关注学生所读的内容，促进教师广泛阅读，还在学校里开展了“师生共读，资源共享”的校本教研活动。（应美华《师生共读，教学相长》）

胡红教师的《读一本书，融一腔情——指导学生阅读〈爱的教育〉纪实》。杨树亚老师的《品读现代小诗——课外主题式阅读教学设计》、李琳老师的《体验苦难，感受苦难——力学小学六年级〈青铜葵花〉读书会写真》、刘红老师的《芬芳之旅——小学毕业前课外阅读最后的专题“友情篇”汇报活动》、李响老师的《让课外阅读成为学生的一种自觉的生活方式》等诸多设计、纪实、随笔和论文，从不同角度展示了我市小学生课外阅读活动的绚丽多姿、壮观美妙、精彩纷呈，读后使人荡气回肠并留下诸多启示。

三、从 2006 年度小学语文教学研究的论文、随笔、案例、实验报告的撰写看，尚存在以下一些问题应予以重视：

一是“借”。个别作者所撰文章不是基于自己的教学实践、独立思考，而是满足于用名师们的成功教例，稍作点评（有的还借鉴了他人的点评），施些增删拼调的功夫，作为自己的研究成果。

二是“空”。有的文章题目过大，不切实际，通篇多为众所周知的正确道理，没有自己教学实践的亲身体验和真切体会，缺少实际价值。

三是“浅”。有的文章讲几句“道理”，举一个“例子”，“道理”和“例子”强拼硬贴，缺少联系，缺少分析，缺少一定尝试的理性思考。

四是“旧”。有的文章观念陈旧，思路或方法缺少新意。

针对这种情况，需要进一步强调两点：

一是要真研究。真研究就是要立足小学语文教学实际，积极参加各级教学研究活动，为提高小学语文教学质量和效益，在实践中，发现问题，研究问题，解决问题，交流使用，创造真经验，不要脱离教学实际，硬编文章。

二是要真读书。真读书就是要从语文教学实际出发，为改革语文教学，提升自身专业素养，学习相关理论、新鲜经验，学用结合，学以致用，不要仅为写文章而寻章摘句。

（南京北京东路小学袁浩、南京教学研究室芮琼）

中学语文2006年教学研究年度综述

本年度共收到我市部分中学语文教师提交的公开发表的论文近300篇，绝大部分篇什发表在省级以上正式报刊上，其中有50余篇发表于全国中文核心期刊。这些教学论文，基本上代表了我市中学语文教师的教育教学科研水平，充分显示了我市广大语文教师特别是骨干教师的教科研实力。

学术研究凸现出范围较广、力度较大、视点较新的特点。伴随新一轮课程改革的深入推进，我市广大语文教师在语文教学改革的领域里进行了广泛而深入的探索。有的关注语文课程改革的得与失，为新课改的深入推进提出了真知灼见；有的关注语文新教材的建设，对苏教版高中语文教材的编写和使用提出了建设性的意见；有的潜心于教材分析，重在发掘教材的人文价值个性和艺术表达个性；有的巧于教学设计，呈现给我们的是具有科学性、实践性和可操作性的施教方案；有的记录了一些优质公开课的课堂实况，为高效的语文课堂教学提供了典型的范例；有的介绍课堂教学的艺术和技巧，展示了自己在教学实践中的独到发现；有的撰写校本课程开发的试验报告，以校园文化建设作引领，积极开发语文教学的资源；有的关注中高考命题的改革及语文教学的过程性评价，旨在解决制约课程改革的一些“瓶颈”问题……大部分论文立足阅读教学和写作教学的课堂阵地，就如何处理继承与改革的关系，如何处理语文教学中的三个维度的关系，如何处理人文性与工具性的关系，如何发挥教与学的两个主动性，如何发挥学生的主体作用，如何开展语文综合性学习和语文实践活动，如何使用必修和选修教材等一些带有普遍性而又亟待解决的问题，进行了卓有成效的探索。字里行间留下了广大语文教师求真求实求新的坚实足迹。

文章形式丰富多样。征集的文章中，既有论述严谨的学术论文，也有风格活泼的感言随笔，还有一些趣味性的读物。引人注目的是随笔写作初步形成气候。南京师范大学附属中学周春梅老师发表于2006年第10期《中学语文教学参考》“笔随心舞”一栏的《温暖的雪花》，六合区横梁镇初级中学孙钢老师发表于《成才导报》的《遭遇学生短信“骚扰”之后》，南京外国语学校谢嗣极老师发表于《中学语文教

学参考》的《“差生”黄永玉》，以及发表于《新语文学习（中学教学）》的《鸡蛋何时再发芽》等文章，可谓文笔优美，小中见大，富有内蕴，可读性强。

部分学术论文在全省乃至全国处于领先水平。蔡肇基老师发表在《新语文学习（中学教学）》上的《高中语文课改“国际视野，本土行动”求实谈》一文，放眼宏观，立足微观，烛照我国新课程改革的现状，辩证地分析了“国际视野”与“本土行动”的关系，从语文教学的传承与扬弃、文本使用的重要价值、理性化阅读的地位等方面进行了切中肯綮的阐释。曹勇军老师发表于《河南教育》的《作文教学改革的实践与思考》，就我国作文教学的发展、作文教学改革的现状以及作文教学的科学方法等提出了一些可贵的见解，堪称我市作文教学类论文的代表之作。此类文章虽为数不多，但其上乘的质量值得称道。

语文教学研究开始出现团队式、“集约化”的良好态势。本年度，南京市第十三中学语文组有 9 位教师共提交发表论文 34 篇，且质量较高，占全市提交论文总数的 12%，从一个侧面反映出该校语文教师的强劲实力和教师队伍建设的成功经验。由南京师范大学附属中学王栋生老师领衔，王雷、郝彧、谢嗣极几人参与，发表于《中学语文教学参考》2006 年第 7 期上的一组教育教学随笔，折射出著名特级教师的治学风范和我市语文教师“和而不同”的先进教学理念。2006 年第 8 期的《中学语文教学》“课例研讨”栏目，以较大的篇幅刊载了王亚琦、冯渊、余一鸣、邱兼顾、张曙光、洪劬颉六位青年教师的一组课例点评。这六位教师来自我市的六所学校，他们从不同角度评析了 4 个课例，从而展示了各自的教学才智。这一互动共进的学术研究“沙龙化”“联合体”的形式，值得大力提倡。

一批青年骨干教师在课改中崭露头角。在一些特级教师的带领和影响下，许多青年教师积极投身于新课改，积极投身于教育科研教学研究的行列。许宝忠、周春梅、洪超、王艳、冯渊、华晓隽、王亚琦、张鹏丽、孙晓燕等一批活跃于教学一线的青年教师，朝气蓬勃，才思敏捷，笔耕不辍，论文颇丰。他们发表于全国核心期刊或省级以上期刊的一些论文，视角新颖，见解独到，笔法熟练，可圈可点。

但通览本年度征集的论文，也明显感到一些缺憾。其一，论文着眼于实践层面的偏多，达到一定理论高度的较少；暴露课改问题的偏多，提出建设性意见的较少。不少文章仅着眼于一招一式、一点一滴、一事一议、一课一例，对语文教育教学的一些重大问题缺乏足够的思考，尤其缺少理论的系统性以及对重大问题探讨的前瞻性。相对大气的文章较少，更缺乏能在全国引起轰动效应的文章，与教育大市的追求还有相当的距离。其二，缺乏在一定范围内的有组织的研究行为，缺少大面积集约化团队式攻关型的前沿课题研究。绝大部分教师的教学研究还处于散兵作战的纯自由状态，没能形成南京市教育科研教学研究的合力和特色。其三，语文教学研究开展不均衡，文章大都集中于一些名校，二三类学校提供的论文较少。因而，南京市的特级教师、学科带头人应进一步率先垂范，积极引领，以培养青年语文教师为己任，为南京市的中学语文教学研究和教师队伍建设作出更大贡献。

（南京第十二中学靳贺良、南京教学研究室徐晓彬）

小学数学2006年教学研究年度综述

本年度，南京市的小学数学课堂教学发生了可喜的变化，教师进一步更新了教学观念，改善了教学方式；学生的数学学习过程，机械模仿少了，观察、实验、猜想、验证的数学活动多了，课堂上学生的发言踊跃，思维灵活，有时还闪烁着智慧的火花；学习成绩也有了明显的进步，在全省的绩效考试中我市名列前茅；教师的课堂教学水平也有了显著的提高，在全省、全国的课堂教学评比中，我市均获得了一等奖。

这些都得益于南京市教研室对小学数学课改方向的正确把握，教研活动的扎实有效，对学科带头人等市级骨干评比的精心组织。以上这些工作充分调动了广大数学教师从事数学教研的积极性。本年度我市小学数学教师在全国教学期刊杂志上发表的文章有百余篇，其中，有很多真知灼见，在这里我们想先谈三个问题：

1. 校本教研

本次课改把建立以校为本的教学研究制度和教师培训制度，既当作是课改的一个组成部分，又当作推动课改的一个重要保障。由于市教研室组织的教研活动和视导工作的引领，使不少学校的校本教研搞得有声有色。如南京师范大学附属小学的余颖老师，以学校管理人员与教学一线教师的对话为切入口，开展校本教研工作，她发表在《当代教育科学》2006年第2期上的《理解与对话——促进教师专业成长的金钥匙》一文，对人很有启发。文章中作者以听一位教师执教《立体图形体积》复习课后与教师的交流为例，以一名合作者的身份和心态，聆听教师的倾诉，体味教师的困惑，深入教师的内心世界，与教师共情、共思、共振。她帮助教师进行反思，给予教师人文关怀，设身处地换位思考，质疑那些自以为是的预设和假定，帮助教师重建了自我，实现了在新的高度上的自我提升。

余颖老师的另一篇文章《竞争与合作——校本教研的有效机制》发表于《江苏教育(教育管理)》

2006年第10期，写得也很有分量。文中对怎样使教师形成一个“研究的共同体”，民主、平等地合作；怎样引入竞争机制、怎样通过专家的引领、以反思为主线将竞争与合作拧成一股绳，相互扬长补短，构建成一种高效益的教研机制，作了很好的阐述。以上两篇文章使我们看到了我市学校小学数学校本教研的一个缩影。

2. 教学设计

在发表的文章中，教学设计有数十篇之多，这些教学设计能够较好地体现课标的理念和教材的编写意图，有一定的质量。

如南京同仁小学的李勤老师所设计的教学预案《三角形内角和》，教学过程的第一个环节，是创设情境，激趣引思。具体的做法是让学生量出两个角的度数，由教师猜出第三个角的度数，这种活动形式一方面能激发学生探究知识的欲望，另一方面让学生初步感知到三角形内角存在某种联系，给学生留下较为深刻的印象。第二个环节是自主探索，获取新知。学习新知时，让学生在量三角形的内角和与算三角形的内角和的活动中，发现好些三角形的内角和都是180°，在此基础上学生自然而然地产生疑问，是不是每个三角形的内角和都是180°？通过自主探索，运用不同的方法，最终发现了三角形的内角和都是180°。这样的安排符合学生的认知过程。第三个环节是应用知识，解决问题。当学生获得“三角形的内角和是180°”这一知识后，让学生运用该知识解决简单的实际问题，完成书上的“想想做做”。在用三角尺拼三角形的实际操作中，给了学生较大的空间，让学生自主拼、说、算、想，在活动中进一步体会到任何一个三角形的内角和都是180°。第四个环节是综合运用，延伸扩展。让学生在交流中体会到，求直角三角形一个锐角的度数，用90°减另一锐角的度数比较简便。在讨论一个三角形会不会有两个钝角时，教师鼓励学生用不同的方法证明自己的想法。该预案的另一个特点是非常重视培养学生的思维品质，设计者想通过一系列的综合练习活动，使学生进一步明确三角形的内角和与三角形的大小无关，发展思维的深刻性，从体会求直角三角形的一个锐角可以直接用90°减去另一个锐角的度数，培养思维的灵活性，对三角形内角的构成有更清晰的认识，锻炼学生思维的敏捷性。另外李勤老师所设计的教学预案《利用商不变的规律进行除法简便计算》、《化简含有字母的式子》入选苏教版小学数学四年级上册的教师用书，《三角形面积计算》、《小数减法》、《小数除以整数》入选苏教版小学数学五年级下册的教师用书。

3. 创设情境

课改以来，数学课一下子变得课课都由情境引入，仿佛没有创设情境就不是好的数学课。而有些数学课创设的情境过于繁杂，削弱了数学思考，使得有的数学课出现了“课堂上热热闹闹，下课后学生头脑空空荡荡”的现象，教师对“创设情境”产生了困惑。“数学课要不要创设情境?”“怎样创设情境?”成了不少教师十分关注的话题。面对上述情况，南京师范大学附属小学的贲友林老师、南京北京东路小学的张齐华老师在《人民教育》2006年第8期发表了《少些“追风”，多些思辨——关于“创设情境”的

一段教学经历与思考》、《“情境”之义再辨》两篇文章，他们不仅学习了荷兰数学教育家弗赖登塔尔和美国学者乔纳森关于“学习情境”的论述，而且结合他们自身的经历指出：“我们有时在数学课上自认为给学生创设的是情境，其实还停留在场景的层面上。”场景与情境是既有联系又有区别的概念。场景，《现代汉语词典》中解释为“泛指一定场合下的情景”，而情境的解释是“情景；境地”。从含义本身看，情境包含着场景，它依赖于特定的场景，并在场景中展开、生成。但数学教学中的“情境”并不简单等同于我们通常所说的“场景”。众所周知，情境依赖于特定的场景，如同“现实情境”需要具体的现实生活画面或场景作支撑。读了他俩的文章，可以使教师明白：“一个即使没有现实背景，但能有效吸引特别年龄阶段、特定认知水平的学生参与数学思考的场景，能够构成有效的情境；而一个即使充盈着丰富现实意义，但却不能有效引发学生的数学思考与认知介入的场景，无法构成真正意义上的情境。”要使场景转化为情境，首先要对场景进行加工，使它能唤起学生认识的不平衡感、问题意识和认知冲突；其次是科学合理地引导，通过引导引发学生的思考，使场景发生质的变化，让思考给场景注入活力，使原来看似平实的场景成为学生思维激荡、智慧迸发的数学情境。除此以外还有关于教材教参编写、探讨学习方式、解读教材、研究数学实践活动、讨论小班化教学、教育信息技术、教学机智等不少佳作，限于篇幅，恕不一一赘述。

对于下一步的小学数学课改及教学教研，我们想提两点很不成熟的建议，求教于各位同行：

1. 关于“本土化”

课改的目的是为了中华民族的伟大复兴，这就必须重视“本土化”——守护自己的精神家园，养护自己的民族文化，让课改从本土文化中获得丰富的营养。重视“本土化”就要尊重本土人，必须一切从中国的实际出发，必须适合中国的教师和学生，必须充分尊重中国的政治经济制度和生产力发展水平，尊重中国的课程与教学的优良传统。对我国好的教学方式不能采取虚无主义的态度，如有意义接受就是我国很多优秀教师行之有效的教学方式，应该得到传承。

随着课改的推进，很多教师都采用了自我探索的学习方式，但有些教师却完不成课时教学内容，只得想方设法找时间补课。这其中的一个原因是西方数学课时的知识容量比我们少。据有的西方学者告知：他们小学1—6年级所学的知识容量大体相当于我国小学1—4年级的知识容量，我国不少五、六年级的教学内容西方要到初中一、二年级才学。因为西方的知识容量少，所以适合采用自主探索、活动化、游戏化的学习方式，而我国课时的知识容量比较大，课堂教学节奏比较快，教学效率要求也比较高，因此就不一定需要每课必探索。所以我们在钻研教材进行教学设计时，应该从教学内容、教学对象、教学目标等各种因素，全面综合地进行考虑，引导学生用恰当的学习方式进行学习。该用探索学习的就用探索学习，该用有意义接受学习的就大胆地采用有意义接受学习。即使在同一节课内，两种学习方式也可兼而有之、相互补充、相互配合。如果我们在自主探索与有意义接受互助互补、和谐配合这方面积累起经验，作出成绩，那也许可以称得上是一种真正具有“中国特色的学习方式”。

2. 关于思维训练

大家都知道"数学是思维的体操",数学教学的一个重要目标就是要帮助学生学会数学地思维。从人的创新能力的形成来看,主要依赖于知识的掌握、思维的训练、经验的掌握,而其中核心要素是思维训练。关于知识的掌握,我国的基础教育已经有了一套比较系统的经验,为奠定学生坚实的知识基础作出了重要贡献。而思维训练却是我们的一个弱项。课改前不少教师作了一些有益的尝试,取得了一些初步成果。课改以来,在报刊上却很少看到在数学教学中怎样进行思维训练的文章。我们认为,在数学教学中不重视思维训练,不仅很难教好数学,而且将制约着学生数学素养的提高。在小学数学中以下四个关于思维训练的问题是否有必要进行研究,提出来供大家参考:

① 逻辑思维与形象思维互助互补的训练;

② 求同思维与求异思维的训练;

③ 分析思维与直觉思维的训练;

④ 归纳思维与演绎思维的训练。

(南京江宁区教研室詹明道、南京教学研究室朱宇辉)

中学数学 2006 年教学研究年度综述

为了加快中学教育事业发展的步伐，加大新课程改革的力度，表彰我市中学教师教育教学研究的成果，彰显南京市教科研实力，2007 年南京市教研室组织编纂《南京市教学研究年鉴(2006)》。本次活动共征集到中学数学论文、论著 96 篇(部)，经过认真评审，评出年度论文 10 篇(约占 10.6%)，年度论著 1 部(约占 1%)，年度论文提名 10 篇(约占 10.6%)，年度人物 2 人。这些论文、论著反映了 2006 年我市中学数学教育教学研究中的丰硕成果，涉及新课标、新课程、教育教学、教学管理、学习评价、计算机辅助教学等多个领域，研究的深度和广度都有所提高。许多论文理论与实践相结合，定性分析与定量分析相结合，科学性强，对今后的教育教学有一定的指导意义。

一、论文的亮点

这批送审论文、论著涉及的领域很多，大部分是教师们关注的当前教育教学中的热点问题，从总体来看有如下亮点：

1. 倾力课程改革

能在认真学习新课标、实施新课程的基础上，研究教育教学理论，探索评价方式方法，开发形式多样的校本课程，研究和指导学生进行研究性学习。

2. 注重教法研究

能在原有的基础上，重点研究教学设计、教学模式、课题学习、研究性学习和案例分析。特别在情境设计、探究性学习方面作了有益的探索。

3. 重视解题教学

问题是数学的心脏。广大教师在数学解题教学中对分析题意、探索思路、总结解法、提炼思想、拓展延伸等方面作了大量的研究，这也是本次提交论文中分量最大的。

4. 探究手段更新

运用现代教学手段辅助教学的研究更加深入，这与近年来各级课件展评活动的推动有关。这次提交的论文中此方面的论文质量上有所提高。其中南京第五中学张志超老师的《用课件辅助概念教学与解题教学的对比实验》入选年度论文。

5. 关注比较教育

许多论文能放眼世界，比较当代外国教育的理论和实践，反思国内教育。随着国际交流的不断深入，一批青年教师有了到国外学习和交流的机会，他们带回了国外先进的教育理念，同时也格外关注国内教育的发展。其中南京第九中学管恒铭老师的《浅谈英国中学数学教育》就入选了年度论文，南京第三中学傅扬老师的论文《注重课程性评价　发展学生的个人才能——浅谈英国基础教育体制对我们当前课改的一些可借鉴之处》获得年度论文提名。

6. 倚重中坚力量

中、青年教师的研究论文比重进一步增加。现在各学校青年教师已经唱主角，他们也成了数学教育教学研究的主力军，本次获年度提名的论文基本上是青年教师的研究成果。

二、研究的成绩

近几年来，我市广大教师在探索“教”和“学”的规律、教学策略、教学模式、教学方法、学生的认知规律、心理特征以及教学评价等方面作了许多研究，取得了许多成果，这次提交的论文充分反映了这一趋势。更令人欣喜的是不少教师还在其他方面作了有益的探索，从而为今后的研究展现了更加宽广的空间。

从论文的内容来看，教师们的主要研究成绩有：

1. 贴近教学实际，凸现新课程理念

新课程要求我们的教学使不同的学生在数学学习中都得到发展，为学生的终生学习打好基础。教师们已经在教学中充分体现了新课标精神，同样在论文中也进行了深入研究，取得了一定成果。针对不同教师在教学实际中观念等方面的差异，南京江浦高级中学陈久贵老师在《新课程标准下开展校本数学教研活动的一些做法与思考》一文中以校本教研为平台，大力开展“说”的活动，因地制宜地开展“纵横”交流活动，教师交流备课体会，实施二次备课，开展“磨课”开课活动，倡导教师撰写教学日记等，全面提升教师的新课程理念。针对学生在学习中存在差异这一普遍现象，为了因材施教，南京第十四

中学饶品炉老师在《新课标下高中数学分层次教学的分层方案研究与分析》一文中从五个方面(课程分层、学生分层、目标分层、实施分层、评价分层)结合新课程进行了较深入的分析,再经过实验后列举了分层教学所取得的成绩,最后还就分层教学在实践中出现的误区提出了相应的对策。

2. 关注教学热点

教学中的热点很多,如情境、对话、思维、课题和研究性学习等都是当前教学中的热点,这方面的论文也较多。高中的研究性学习如何与高中数学教学相结合的问题,是教师们在进行新课程教学中十分关注的,南京金陵中学尤小平老师的论文《研究性学习与高中数学教学》指出研究性学习是学生数学学习的一个组成部分,它更关注学生的学习过程和学习方法,开放型教学和研究性学习的核心是创新教育、能力教育。尤老师还阐述了开放式教学、开放题与数学研究性学习的相互关系以及具体做法。情境教学在当前教学中受到广泛重视,教师们在教学中充分展示了聪明才智,提交的论文中有许多是教师们智慧的结晶。南京外国语学校朱胜强老师在论文《函数的奇偶性定义的探究性教学》中不仅设计了数学情境,而且论述了如何进行数学抽象,以及对数学知识的运用和拓展;南京江苏教院附中初中部陈娟老师的论文《数学知识在文学中的妙用》就列举了几个有趣而新颖的问题情境。

3. 关注学生能力发展和认知规律的研究

学生能力的发展和学生认知规律的研究直接影响到教学效果的好坏,对实际教学帮助很大,教师们在这方面的研究也是比较多的。南京高淳高级中学陈辉老师在论文《关于数学知识的有效记忆及实现途径》中不仅从理论层面分析了数学知识的有效记忆,而且从实践层面给出了实现有效记忆的途径,读来备受启发;南京师范大学附属中学江宁分校朱敏龙老师的论文《基于建构主义理论的课题学习教学观》从理论到实践强调了“做数学”的课题学习教学观。

4. 解题策略与方法的提炼,对教学有指导意义

解数学问题的策略和方法是否得当,直接影响到数学问题的解决,这是所有教师特别关注的,因此,这方面的文章是最多的,但对教学有较大指导作用的文章却不多见,这次提交的论文中同样存在这个问题。当然,我们也发现了几篇较好的论文,如南京师范大学附属中学江宁分校朱永厂老师在论文《例谈数学问题的模型化解题思路》中就有较高的见解,朱老师总结出九类构建模型解决数学问题的方法;南京溧水第二高级中学王俊胜老师在论文《参数范围问题的处理策略》中较详细地阐述了高中数学教学中如何处理参数问题的范围。

5. 关注新课程教材建设

新课程教材是在新课标下编写的全新教材,由于版本较多、教师对教材编写的意图没完全吃透等因素,还需要完善、解读和培训,因此,教材建设和培训远没有结束。我市许多教师在这方面做了很多积极而富有成效的工作,如南京师范大学附属中学陶维林、南京师范大学附属实验中学葛军、南京第一中学孔凡海、南京师范大学附属中学刘洪璐等老师直接参与了教材的编写工作,还有许多教师为完善

教材也做了许多开拓性工作。南京江宁高级中学陈立军老师在论文《苏教版高中数学新教材若干特点浅析》中就为教师们浅显地解读出“一个核心突出，多个层次、多种选择明显”等五个特点；南京第五中学管雪梅老师在论文《有关高中数学新教材的一些想法》中总结出高中新教材的四个创新点，并对如何使用新教材提出三点好建议；孔凡海老师在论文《澄清概率中的几个认识问题》中列举了高中数学教学中教师需要面对的六个问题，并给出了相应的解决方法。

6. 关注数学思想方法的教学

数学思想方法在数学教学中的地位是不言而喻的，但数学思想方法是以数学知识为载体的，它蕴涵在教学内容之中，如何恰当地渗透是一个难点，这方面的论文历来较多，这次提交的论文中也很有特点。刘洪璐老师在《怎样烧开水最省煤气——新课程函数应用的数学建模个案》一文中通过教学过程和教学反思两大方面，结合贴近学生生活的实例展示了建模思想，同时论文还对教学方法作了较深刻和有益的探索；南京金陵中学河西分校戴志生老师在《让数与形最佳结合》一文中通过例题分析了如何在解题中充分运用数形结合思想。

三、存在的不足

综观本批论文、论著，虽有部分高水平、高质量的，但仍存在一些问题值得大家注意，主要表现在以下六点：

1. 有关解题教学的论文中，就题论题的较多，对题目的深入分析、思考和研究不够，对题目的拓展引申以及更深层次的思考不够。

2. 理论水平有待提高，不少论文没有相应的理论支撑，这样的论文不容易达到较高层次。

3. 校本研究、课改实验报告类型的论文较少。新一轮课程改革中，广大一线教师亲身实践做了大量的工作和积极的探索。他们既有成功的喜悦，也有失败的教训，其中不乏具有生命力和指导性的生动案例，也有理论探讨的必要。这方面论文少的原因之一是平时不注意积累和研究，实为憾事。

4. 作者群体面不广，各区县发展不平衡，不同学校之间差距大，像尤小平、陈久贵、孔凡海、戴志生等水平较高且“多产”的作者太少，像南京师范大学附属中学、南京师范大学附属中学江宁分校、金陵中学河西分校等群体参与的学校太少。

5. 高水平的论著奇缺，本次评出的年度论著是葛军老师的《一元二次方程》，其他的论著与之还存在一定的差距，这也是今后我市要重点关注的问题之一。

6. 初中教师提交的论文太少，而且水平不高。我市广大初中教师在繁忙的工作岗位上不仅要能教书育人，而且要善于总结，加强学习，积极投身于教学科研之中去，这样既可以提升自己的理论水平，又能够促进自己教学水平的提高。

四、我们的建议

虽然我市在中学数学教科研方面取得了令人瞩目的成绩，许多方面在我省甚至在全国都处于领先地位，但是发展是不均衡的，仍有不少问题需要我们努力探索、深入研究。

为此，我们建议：1. 各级主管部门要更加重视教科研，特别是各学校要从进一步提升教育教学水平的高度、从培养名师的角度加大人力、财力投入，提高青年教师积极参与各级教研和教科研活动的热情；2. 广大教师要加强教育教学理论学习，提升自己的理论水平，用现代教育教学理论指导教科研，使自己的教学实践和研究有相应的理论支撑；3. 教师们在实际工作中要注意教学与科研相结合，即理论联系实际，靠船插篙，在教学中发现课题，深入研究课题，努力获取对教学有较高指导作用的研究成果；4. 各级教研部门要加强培养青年教师的力度，不仅要进行新课标、新教材的培训，而且要加强与教科研有关的理论和实践方法的培训，手把手地带领他们走进教科研天地，教会他们用科学的态度和科学的方法去从事教学和研究，大面积提高我市青年教师的科研水平。

我们相信通过广大教师的努力，我市的教育教学和科研在不久的将来必将再上一个新台阶，必将取得更加丰硕的成果。

（南京外国语学校陈光立、南京第一中学何炳均、南京教学研究室朱建明）

英语 2006 年教学研究年度综述

2006 年是“十一五”规划发展的第一年，也是中国基础教育事业继续迅速蓬勃发展的一年。《义务教育法》的修改充分体现了党和国家对于青少年成长的关注与支持，由教育部以及各省市教育主管部门直接管理、组织、支持的各类新课程教师培训如火如荼地在全国范围内展开。江苏省是教育大省，一直走在基础教育改革的最前沿，南京作为江苏省省会城市自然也不例外，市教育局以及各级主管部门一直坚持全面素质教育的理念，从 2005 年开始就由高师处、教学研究室、南京晓庄学院等部门或单位牵头，充分利用南京的高等学校资源，在各中小学名校的全力支持下开展了系统的教育教学通识培训以及分学科的新课程培训、教材教法培训、评价与测试培训，使得广大学校的领导与教师的专业素养得到迅速的提高，教育教学成果显著，教师论文、论著写作的质与量以及发表层次或获得奖励的级别都有了明显的提高。

笔者在通读了南京市中小学校申报到南京市教学研究室的 2006 年正式发表的教师教育教学论文与论著以后，对南京市中小学教育研究有了一些比较粗浅的了解。现将论文、论著中所反映出来的教学研究情况大致综述如下：

一、南京市中小学英语学科教学研究的热点

从发表的论文、论著来看，南京市中小学英语教师教学研究的热点主要集中在以下方面：

1. 英语学科教学中的德育，其中包括赏识教育、快乐教育、激励教学、道德教育的重构、教育中的爱与美、现代学生的素质等。

2. 英语学科教学中教师与学生之间的对话和英语语言的交际性的研究。

3. 英语学科教学中学习者学习动机的调查分析与对策，其中包括如何调动和保护学生学习的积极性等。

4. 英语学科教学中学生主体意识的培养以及新课程标准下英语教师角色的转变等。

5. 英语学科教学与素质教育的糅合及其在英语课堂教学中的实践。

6. 英语学科课堂教学中灵感与创新思维的培养。

7. 英语学科教学中的情感教育，其中涉及快乐教育、赏识教育、激励教育等多方面。

8. 英语学科教学中中小学教材编写以及教法的研究，重点是教育部审查通过的江苏等地区现行《牛津英语》的教材研究。

9. 建构主义理论在中学英语学科教育中的实践尝试，其中涉及的领域有英语词汇教学、英语课文教学以及教学案例的研究。

10. 英语学科教学中英语听说读写译技能发展的研究，如交际能力、阅读能力、写作能力、报刊阅读能力等。

11. 英语学科学习中学生学习策略的发展研究，如中小学英语词汇学习有效学习策略的研究等。

12. 英语学科教学中测试与评估的研究，涉及中考、高考测试中诸方面的研究以及应试技巧等。

13. 英语学科教学中多媒体课件设计与使用中的问题等，提出了课件制作的科学性、美观性、实用性等。

14. 中国和美国基础教育阶段学科教育比较。

15. 西方教育管理运动的回顾与简析。

二、英语学科教学研究的特点与成效

纵观本年度的论文与论著，其教学研究的特点有以下六个方面：

1. 时代性

充分体现了时代性和广大教师理念的更新与提高，范围广阔，立意新颖，涉及课程建设、建构主义理论、新课程理念、赏识教育、激励教育、幸福对话、激活乐趣、主体意识、灵感与创新、教师教学的个人魅力、情感教育、学习策略、有效学习、阅读教学中的语篇意识培养、英语交际能力、英语报刊阅读等诸多方面。

2. 多元性

英语学科教学研究的切入点和视角呈现出多元状态，研究从英语课程建设、德育与情感教育、教材教法、测试与评估着手。

3. 科学性

部分中小学教师的教育教学研究已经开始逐步走出过去的经验型研究的狭窄天地，开始学会利用

历史研究法、实证研究法等科学方法，并开始学会用理论指导自己的实践，注意资料与信息的整合与分析，再逐步从实践层面向理论层面进行升华。

4. 国际性

部分教师的视野不再限于自己的小天地，而是将视野投向国际，论文中涉及西方教育管理制度的纵时性研究和对于美国基础教育的共时性研究。

5. 综合性

教师教学研究的跨学科意识日益浓厚，开始注意学科教学中的德育、情感教育、灵感与创新能力的培养以及其他素质教育的多方面等。

6. 实践性

大部分教师将教学研究深深植根于自己的课堂教学实践中，这种草根化的研究充分体现了教师在日常教育教学中对于教育事业的热爱与关注，体现了良好的职业道德与风尚，他们的论文或论著等对于其他教师的教育教学实践有着可以直接“拿来”的作用。

三、英语学科教学研究不足之处

1. 教师系统教育教学理论储备缺失

在阅读了上述的文章及论著以后，总体感觉部分教师不仅缺少心理学、教育学、心智发展机制、脑科学等方面的系统的教育教学理论储备，而且对于情感教育和道德教育的概念范畴还缺少系统的扎实的知识储备。

2. 教师的大家风范欠缺

教师面临着教育教学理念与研究的提升，缺少对于中外教育教学大家如孔子、杜威等的思想与理论的了解。人们常说“读书破万卷，下笔如有神”。迁移到教育教学研究的领域，应该是“读书破万卷，教学如有神”。所以融古今中外大家的思想与理论于自己的教学实践，再进行反思总结，会缩短摸索的时间并且可以大大提高教学研究的效果。

3. 课程意识的缺乏

一些教师没有在英语学科课堂教学中建立宏观以及微观的英语课程意识，因此对于教材教法的研究有“见木不见林”的感觉。其实小学六年、初中三年、高中三年应该有强烈的阶段性的英语课程建构意识，应该呈现出正金字塔状的重基础积累，而不是倒金字塔状的应试教育模式。

4. 智力发展方面的研究缺乏

根据苏联的教育理论，人的智力包含记忆力、注意力、想像力、思考力和观察力五方面。根据美国哈佛大学零点项目负责人加德纳的多元智力理论，人的智能应该包含语言智能、空间想像智能、逻辑思

维智能、运动智能、音乐智能、内省智能、交际智能、观察智能等。联合国又提出生存智能的新理念。

但本年度的论文论著中很少涉及以上内容，而人的心智能力的发展对人的终生发展以及可持续发展有着不可忽视的巨大的作用。智力发展方面的研究缺乏，与重应试、轻思维有关。

5. 科学研究方法缺乏

(1) 部分教师的教学研究方法与水平有待提高。

(2) 缺少教学实践中的实证。

(3) 不少论文取材立论空泛。

(4) 个人的经验性和主观性色彩比较强。

(5) 缺少整体研究(如分学段、分年级或一定学龄研究对象的研究很少)，更多的是缺少普遍意义的个别性研究等。

(6) 缺少数据的归纳与分析。

(7) 点状的分析比较多，缺少历时的比较研究、缺少共时的大面积的调查与资料分析研究，因此结论的可信性缺少足够的支撑。

6. 论文的格式不规范

(1) 选题切入点太大或太小。

(2) 标题冗长或啰嗦。

(3) 论文、论著缺少独立思考。

(4) 论文内在结构缺少逻辑性。

(5) 语言欠精练。

(6) 应试教育研究的痕迹比较重。

四、英语学科教学研究的趋势

一般来说，影响英语学科教学研究的主要因素有许多方面，如国际大环境、国内新课程的大环境、教育教学研究主管部门的重视与引领、单位领导对于教学研究的重视、管理与引领、教师学历与能力水平的普遍提高、教师评价体制的改进、教师教学研究主体意识的强化和兴趣的激发、时代对于教师的要求等。南京市英语学科教学研究应该根据上述因素进行设计。

近年来，国家、江苏省以及南京市各级教育教学主管部门针对以上诸方面不仅加强了宏观管理与调控的力度，而且在人力、物力、财力等方面也给予了积极的支持。同时由于正确的引领作用，广大中小学教师的教学科研意识与主体意识日益增强，因此参与教学科研的积极性日益高涨。

另一方面，南京市在中小学教师用人制度上实行的“逢进必考”、教师的强制性全面继续教育、教育

硕士培养制度等，将会导致教师学历与学位的提高和教师专业素养的提升。随之而来的是教师的教育教学研究将必然会更加深化、更加成熟、更加新颖、更加普及。

而且，南京作为国际化程度越来越高的城市，随着各级国际交流的增加，南京的教育教学研究将进一步与国际接轨，多元文化的渗透和多元视角将使得南京的教育教学研究更加丰满。

因此我们有充分的理由相信：南京中小学基础教育教学研究之花会开得更盛更美。

（南京外国语学校朱善萍、南京教学研究室曹荣苏）

物理2006年教学研究年度综述

《南京市教学研究年鉴(2006)》共征集到27位中学物理教师所送审的78份稿件,除去在以学生为对象的报纸杂志上发表的稿件,以及教辅、练习册,只有书名(或目录)没有具体内容无法审定的一些著作(包括主编的校本教材、参编的实验教材、教参等),实际参加评审的稿件只有46篇。这些送审稿件的作者,既有声名远扬的直属学校的教师,也有区、县知名中学的教师,还有名不见经传的农村学校的教师;既有经验丰富、硕果累累的特级教师、教授级高级教师,也有年富力强、比较成熟的高级教师,还有工作刚七八年、三十才出头的一级教师。

纵观本次所征集到的论文,可以粗略看出2006年南京市中学物理学科教学研究具有以下三个特点:

1. 对课程改革的研究更加深化

2006年,初中物理课程改革已经经历了四个年头。一方面,课程改革全面推进,不可逆转;另一方面,由于种种原因,关于课程改革的争论也愈演愈烈,乃至"理想化""形式化""功利化"等指责铺天盖地而来。在这种形势下,初中物理教师继承我市教学科研的优良传统,不轻信、不盲从,积极行动、认真调查、深入研究,发表了很多有价值的教研论文,如南京第三初级中学的丁玉祥老师对《义务教育"苏教版"物理教材的现状调查与对策分析》,如南京第三中学的祝烨华老师对《初中生物理学习兴趣调查及研究》,他们从教材和学生两个侧面了解改革现状,研究出相应措施。特别是南京师范大学附属中学江宁分校的李晓东老师在《新课程理念下,对初中物理课堂教学行为的突破》论文中,从情境的创设和问题链的设计、活动的展开和控制、活动中的交流与评价三个层面提出了教学行为突破的原则和行之有效的办法,达到了更深刻的境界。

2006年,高中新课程改革实验区在江苏已经进入到第二届,南京金陵中学物理教师黄皓燕老师的

论文《重点中学实施创新教育现状》与《高中物理教学中学生问题意识的培养》，南京大厂高级中学印宏老师的论文《建构主义理念下的物理教学过程》，从不同的角度反映了我市物理教师所进行的实践探索和理论建构。

我市有许多教师参加了新课程教材与教参的编写工作，得到了课程标准编写组、高等学校资深专家当面教诲，是我市课程改革推进的生力军。但是，课程改革还困难重重甚至有举步维艰的感觉，南京第十二中学陈建忠老师的论文《新课程标准下中学教师面临的困惑》，提出了一些当前亟待解决的问题，也许代表着许多教师的心声。

2. 对学科自身内涵的挖掘更加深刻

深刻钻研教材，善于挖掘学科自身内涵是教师的基本功底，也是我市在多年的教研工作中所形成的优良传统。2006 年，我市中学物理学界不仅有南京金陵中学朱建廉老师身先士卒，先后公开发表《非线性元件的工作点的研究》、《“没有”与“为零”的区别》等 7 篇论文，还有南京高淳高级中学孟拥军老师发表了论文《例谈“磁约束”问题》、《巧用相对运动分析多普勒血流计与声呐原理》，南京溧水县第二中学张峰老师发表了论文《例析电磁感应现象中感应电量的计算》，南京第十二中学陈建忠老师发表了论文《水平吹出的肥皂泡能上升吗？——对一道中考题的探讨》等。这些论文抓住平时教学中瞬时而过的“闪光点”“疑惑点”，从理论上、实验中去进一步挖掘和钻研，从而得到了升华。做教学研究的有心人——朱建廉老师所撰写的论文《教学研究成果的四种初级呈现方式》应该是这方面经验的总结和概括，相信其深刻性对广大同仁特别是青年教师会有所裨益。

3. 对学科各类考试的研究更加深入

考试是对中学学科教学评价的重要手段之一。深入研究考试，以使我们的课堂教学更加科学、更加有效，是 2006 年科学科研的重要方面。朱建廉老师所撰写的论文《关于“2005 年江苏高考物理试卷压轴题”的研究》、南京外国语学校蔡才福老师所撰写的论文《从网上阅卷谈高三物理教学》等，从试题的科学性、考查功能、答题的规范和技巧几方面阐述了我们在平时教学中应注意的问题，很有启发性。

事实证明，我市教学科研的形势很好，而且还大有潜力可挖，建议在当前教学科研的大好形势下进一步重视以下几方面的研究：

一是要重视中学物理的课程结构的研究。例如：怎样开设选修Ⅱ校本课程？怎样开展研究性学习？选修Ⅱ校本课程与研究性学习对必修和选修Ⅰ课程的关系和作用是什么？……加强这方面的研究，变目前的直线型（或平面型）课程结构为立体型课程结构，可能对学生的学科教育更有效。

二是要加强对课堂教学的案例研究。课堂教学的有效性需要我们对新课程中的一节一节课、一个一个细节去会诊、去反思，需要我们通过一个个案例去寻找或总结解决问题的办法。特别是在实施探究性教学的问题上，浮在表面、泛泛而谈是不行的。

三是要强调物理学科的实验性，加强对物理实验以及物理教学手段的研究。例如：如何开发课堂

小实验？如何将 DIS 系统引入课堂？如何正确地使用教学课件？等等，都具有很重要的指导意义。

值得指出的是我们有些教师所撰写的“论文”，只是物理试题的简单罗列与堆砌，最多是物理情景的简单概括，但对情景之间的深刻联系分析不到位，找不到变化情景中所具有的更深层次、更本质的联系。这些“论文”，没有能将宝贵的第一手资料中的深刻内涵充分地挖掘出来，应当说是一种浪费，这是非常遗憾的。

其实，最重要的还是学习。认真学习教育理论、认真阅读教育教学杂志，看看人家是怎么说的，怎么写的，想想自己是怎么做的，从而找出差距，找到前进的方向。尽管这对于繁忙工作在一线的教师是一种苛求，可也正是我们一线教师可持续发展必不可少的前提。

（南京师大附中江宁分校杨树崎、南京教学研究室许志）

化学2006年教学研究年度综述

为了激励广大中学教师的教学科研热情，提高广大中学教师的教学研究水平，推动新课程改革的不断深入发展，南京市教学研究室开展了《南京市教学研究年鉴(2006)》的评审工作，其中中学化学学科送审的在各级报纸杂志公开发表的论文38篇，论著或教材教参6本，通过评审组的认真审查和严格评审，初步评审出年度论文6篇，年度论著2本，年度论文提名11篇，年度论著提名2本，年度人物2人。现就本次送审的论文、论著的研究特点综述如下：

一、本次送审的论文、论著所涉及的研究范围

本次送审的论文、论著所涉及的研究题材较为广泛，涉及中学化学教学改革的多个方面，主要有以下几类：

1. 试题研究类：此类论文所占比例最大，共有11篇，占送审论文总篇数的29%。
2. 实验探究类：此类论文共7篇，占送审论文总篇数的18%强。
3. 教学案例类：此类论文共5篇，占送审论文总篇数的13%强。
4. 校本课程类：论著4本，论文1篇：其中校本课程类论著占送审论著的2/3。
5. 知识归纳类：此类论文共4篇，约占送审论文总篇数的11%。

另外还有信息技术类2篇，教材研究类2篇，习题集2本，教法研究1篇，高考复习1篇，教师成长1篇，培养学习兴趣1篇，班级管理1篇，域外教育报告1篇。

二、2006年化学学科教学研究热点

从上述统计情况看，虽然论文的题材涉及范围较为广泛，但是其分布不太均衡，其中最为显著的研究热点是关于试题的解法研究，其次是实验探究类和教学案例类的研究。应该说这种分布是有其原因的，首先因为我们大多数中学化学教师工作量大，用于备课、课堂教学、做各类试卷和批改试卷的时间太长。其次也由于教学理论水平的不足，导致研究教材甚至新课程改革的理论问题时力不从心，而对与教师朝夕相处的试题、教案设计和化学实验的改进与探究等问题相对要得心应手一些，而刊载试题研究类论文的报纸杂志（含针对教师和针对学生为阅读对象）的种类和栏目又较为丰富，所以公开发表的机会也就相对偏多。由此可见，这三个研究方向仍将是今后中学化学教师教学研究的热点。

三、2006年化学学科教学研究所取得的成绩

实际上，我市全体化学教师在2006年度所取得的教学研究成果远不止以上这些，由于消息不灵通、动员不到位、收集不全面等原因，有相当一部分教研成果没有统计上来，而仅就统计上来的现有成果看，已足以让我们感到由衷的高兴和兴奋。

首先，这些论著或论文的数量并不是教师们实际撰写的数量，而是正式出版或在全国各类刊物上公开发表的数量，据我们所知，我市好多区县每年都在搞综合性或学科性的论文评选或论文竞赛，甚至有的规模较大、办学质量较高的学校自已也会搞一些校内、校际的学术交流活动或论文评比活动，这就为在广大教师中广泛开展教学研究提供了“孵化器”，并为提高教学研究论文的数量和质量提供了“催化剂”。比如南京第十三中学每年开展的“金秋论文”评选活动，每年都能催生出一批有价值的教学研究成果，这从本次“年度论文目录”和“年度论文提名目录”中可见一斑，该校有3篇论文获“年度论文”，有3篇论文获“年度论文提名”。而在每年名目众多的市级、省级的综合论文评比和学科论文评比中，更是有一大批获奖论文还没有在本次的年度论文中体现出来。

其次，涌现了一批发表于国家核心期刊的具有较长篇幅和较高质量的论文，提升了我市化学学科的教学研究层次。比如由南京师范大学的陆真、李静雯与南京外国语学校的邹正、南京第三高级中学的杨守瑛四位老师合作完成的《信息技术与化学新课程整合的研究——思维导图及Mind Manager与化学模块化学习》一文将“思维导图”及“电子绘制工具Mind Manager”与“新课程中化学的模块化学习”进行有机整合，有理论、有实践、有总结、有反思，既具有教育理论的前瞻性，又具有教学实践的可行性，充分体现了新课程标准中培养学生的思维能力和科学素养的精神。这是一篇很难得的高水平论文，发表于国家核心期刊《中学化学教学参考》2006年第11期。再比如由南京第十三中学陆建源老师

撰写的《2006年高考化学实验试题剖析》一文，将2006年全国各地高考试卷中的化学实验试题进行归纳总结，抽象出“实验操作”“实验改进”“实验设计”“思维推理”“物质提取”和“实验探究”等六种类型的实验题型，并对每一种题型的解题思路、解题方法和注意事项进行了有益且有效的指导，还对每一种题型进行了精辟的点评，点明了每种类型的实验题的命题思想、命题意图和将来可能的命题趋势，对中学实验教学和高考实验复习具有鲜明的指导意义，是一篇不可多得的实用价值很高的考题研究型论文，该文发表于《教学仪器与实验》2006年第9期，后被人大复印资料《中学化学教与学》2007年第1期转载。与此相当的高水平论文还有南京金陵中学李惠娟老师的《突破瓶颈　成功在握——谈高考化学实验复习》、南京第十三中学蒋金虎老师的《〈元素周期律〉的教学案例》、南京江宁高级中学熊光发老师的《认识和使用好〈化学1〉中的有关栏目》、南京第十三中学白苓老师的《校本课程的开发与实验》等多篇论文，这些论文都公开发表在国家核心期刊或重点期刊上。这里需要说明的是南京六合高级中学毛长亮老师的《干洗铜丝》应该归属于小型的实验探究类，由于篇幅太小(600字左右)而未能入选年度论文或年度论文提名，但是这篇小文章思维灵活、构思奇巧，充满了智慧的闪光，发表于《化学教育》2006年第1期。

再次，在校本课程的教材编写与使用上取得了突破性进展，使校本课程不再停留于备检查、充门面的层面上，而是能实实在在地根据本校学生的特点和学校自身的条件对学生进行个性化的培养，从而树立学校自身所独有的办学特色。比如南京外国语学校邹正老师所编写的由江苏人民出版社出版的《SAT高分入门》，就是针对南京外国语学校的特点，为外国语学校的学生参加美国的高考并取得高分而编写的指导性教材，该校本教材的编写与使用对南京外国语学校的校本教学与研究来说具有很强的针对性和实用性，并在实践中取得了令人瞩目的成绩，可称得上是校本研究的典范。当然，将《SAT高分入门》归功于校本研究成果是可以的，但是若只将其服务于校本教学则局限了它的作用，它对于本科期间即有留学美国志向的高中生可能都有一定的指导作用。再比如南京师范大学附属中学周琦峰老师参编的，由外语教学与研究出版社出版的中英文双语教材《中学生活与科学》，既适合南京师范大学附属中学本校部分学生进行校本课程学习的需要，又可以作为许多普通高中进行校本课程开发的参考，具有比较强的辐射作用。

最后，我市化学学科的教学研究所涉及的题材广泛，共涉及试题研究、实验探究、教学案例、校本研究、知识归纳、信息技术、教材研究、教法研究、高考复习研究、教师成长、培养学习兴趣、班级管理、域外教育报告等十多种研究类别。虽然有的研究领域论文的数量还很少，质量也有待进一步提高，但是，只要打开了这些领域的大门，大量挖掘其宝藏的日子也不会太远。

四、2006年化学学科教学研究存在的不足

1. 在研究方向上，较低层次的解题研究偏多，大多数论文的标题是“关于××××的计算”“关于

××××的讲解”“××××的解题方法小结”等。当然，并不是说这类论文不需要，应该说他们在指导学生学习方面起到了积极的作用，但是这类论文所涉及的解法、指导或小结等实际上是我们多数教师一直在教学实践中应用着的，只是多数教师懒得动笔或是觉得这样的东西写出来也很难发表，所以就与它们失之交臂了。发表这类论文的刊物通常是面向学生读者，且对于青年教师的成长很有帮助，但是对已经有丰富教学经验的老教师则帮助不大。作为还处于新课程标准实施初级阶段的我市广大教师来说，与新课程标准的实施密切相关的教材研究、教法学法研究、培养提高学生探究能力和科学素养类的论文数量明显偏少。这类研究将是未来几年甚至多年内长久不衰的研究热点。

2. 在研究层次上，多数教师还处于相对较低的层次，有的甚至停留于表面的一管之见，缺乏对问题内涵的深刻挖掘和对内部规律的归纳整理。严格来讲，论文应该属于论说文的范畴。既然是论说文，就要有论点、论据和论证过程。论点要鲜明、论据要可靠、论证要有力。应该说我们有些教师的论文与这个要求对照还有一定差距。

五、新课程标准的实施为我们创造了广阔的研究和发展空间

新课程标准的实施给我们广大教师带来了许多困惑：不知道新教材怎么教，不知道教到什么程度恰当，不知道如何进行个性化教学、如何进行探究性教学，不知道如何培养学生的探究能力和科学素养，不知道如何才能变学生的被动学习为主动学习、变学会为会学……所有这些问题都是需要我们在自己的教学实践中不断探索、不断研究才能得到解决的，也就是说，存在的问题就是可研究的课题，没有存在问题也就没有可研究的课题。所以说，新课程标准的实施为我们的教学研究储备了丰富的研究题库，也为我们提供了广阔的研究和发展空间。

由于我们的水平所限，对2006年度送审的论文、论著的评审和评价可能存在不当之处，特别是可能存在对一些优秀论文的漏评、漏选现象，对此，我们向相关论文的作者表示歉意，并对那些给予我们的工作理解和支持的教师表示感谢！

（南京第十三中学钱海滨、南京教学研究室刘江田）

生物2006年教学研究年度综述

2006年度生物学科共收到部分一线教师在正规刊物上公开发表的教育、教学研究论文17篇，教学案例2篇，参编的苏科版初中生物教材3册，参编的《高中生物新课程创新教学设计》1本。现根据提交的论文、论著，并结合南京市中学生物教学研究的现状，从以下几方面作一综述：

一、研究热点

本年度提交的生物学科教育教学研究论文及案例所涉及的热点主要体现在以下几个方面：

1. 探究性学习——永恒的研究课题

倡导探究性学习是生物新课程的一个基本理念，探究是学生认识生命世界、学习生物课程的有效方法之一。因此探究性学习理论和实践的研究多年来一直成为广大生物教师研究的热点。本次提交的论文中也有多篇涉及探究性学习和教学的内容，与以往相比研究的层次有所提高，实践性较强，有一定的新意。其中，南京雨花台中学周茜老师的《"噬菌体侵染细菌"实验的问题式探究学习》一文针对教材中生物学史的一些经典实验因实验条件和学生知识水平的限制，不便直接进行实验探究，特提出了问题式探究的学习模式：以"问题"为教学主线，让学生在问题情境中，通过教师引导和学生的主动探索发现问题、分析问题、解决问题。文中总结的提出问题和解决问题的有效做法具有很好的实践性和借鉴意义。南京六合高级中学曹阳老师的《"诱思探究教学法"在教学中的运用》一文从发展学生思维、培养学生创新能力出发，结合伴性遗传的教学实例，阐述了诱思探究教学法的提出问题、作出假设、验证假设、讨论分析、总结和运用提高六个教学步骤的具体应用，理论联系实际，有一定的新意。南京师范大学附属中学江宁分校张琦老师的《认识和使用显微镜的探究式教学尝试》一文中对"认识和使用显微镜"这一

节课的教学设计由传统的教师演示、学生操作的教学方式改变为以学生活动为主的探究式学习，通过提出问题，学生实践、小组合作讨论、组际交流、比赛等一系列的活动，学生很轻松地认识和学会了使用显微镜。

上述三篇论文的作者对不同的教学内容、不同课型如何实施探究性学习进行了认真的研究、思考和实践，所提供的方法和案例对广大生物教师有一定的指导和借鉴作用。

2. 考试研究——教师关注的焦点

高考是为了高校录取和选拔人才而实行的全国性统一考试，备受学生、家长、学校、教师以及社会各界的高度关注；高考成绩是衡量学校教学质量的重要标尺，是评价教师教学水平和教学效果的重要指标。因此围绕高考的研究如命题研究、解题研究、复习研究历来都成为广大高中教师关注最多、研究最多的课题。本次提交的论文有多篇属于此类。其中南京金陵中学河西分校张从福老师的《高考生物答题技巧与失误分析》一文选择了多年高考中得分率较低的试题，从考生的心理素质、知识水平、解题规范等方面详细分析了失误的原因；同时总结、提炼出了高考生物的答题技巧。曹阳老师的《回看射雕处——引导学生考后反思》一文结合实例，从思审题、思知识、思思路、思规律和思演变五个方面总结了在教学中引导学生进行考后反思的方法，有效指导了学生的学习方法，培养了学生的思维能力。文章视角新，有创意。南京东山外国语学校韩海燕老师的《解答生物简答题应注意的问题》一文针对学生解答生物简答题中常出现的问题，提出了五宜、五不宜的解题方法指导，即概念上宜小不宜大、结构上宜细不宜粗、功能上宜多不宜少、表述时宜专业术语化不宜俗语或口语化、表述生理过程时宜靠船下篙不宜舍近求远。由于广大教师重视对考试的研究，高考毕业班的生物教学质量有了明显提高，在近几年的生物高考中，取得了良好的成绩。

3. 教法研究——教学研究之根本

新课程带来的教师观念的改变、角色的转变、教学行为的改变归根到底主要具体体现在课堂教学方式的改变上。因此教法研究是教学研究之根本。张琦老师提交的《生物课本剧教学尝试——人体的消化和吸收教学案例》对初一生物教材中"人体的消化与吸收"一课的教学进行了全新的创意，采用课本剧的形式进行教学，通过情境理解概念，依靠活动掌握技能，较好地体现了新课程倡导的自主学习、合作学习，有利于学生各方面素质的提高，让人耳目一新。南京江苏教院附中致远分校丁娟老师的论文《模拟"创伤急救"——关键性教学细节设计一例》以血管一课为例，对教学过程中的一个片段中的一些细节进行了精心的、创造性的设计——模拟"创伤急救"，使学生主动、积极地参与课堂教学，理解、应用所学的知识。细节决定成败，关注教学细节的设计、制造教学亮点，这是值得更多教师去研究的课题。南京金陵中学河西分校文华松老师的《初中生物教学中激励模式初探》一文依据教育学和心理学的原理，阐述了体验式激励、分层式激励、赞许式激励、信任式激励、宽容式激励等激励模式在生物教学中的运用，有利于构建和谐的课堂教学氛围，激发学生的学习兴趣。研究教学方法，改变教学方式，营造生动活泼的生物课堂，已成为越来越多的生物教师追求的目标。

二、不足之处

1. 本年度提交论文的数量偏少，提交论文的教师不到南京市一线生物教师的5%，一线的不少教师对教学研究不够重视，对教育科研的认识存在一定的误区，认为教科研是务虚，只能增加教师的负担，教学才是务实，压根不清楚教科研与教育教学的关系。有些教师虽然认为教育科研重要，但觉得很难，不知道如何开展教学研究。

2. 教学研究的水平不够高，参加评奖的论文多，在正式刊物上发表的论文少，在核心期刊上发表的更是寥寥无几。提交的论文多为教学经验的总结，有些选题较陈旧，教学研究的层面较窄，教科研的方法单一，创新性不够。

3. 教学论文、案例、叙事等的写作不够规范，有的将案例写成教案。

三、研究趋势

1. 提高认识，重视教学研究

随着近年来在各项业务评审中对教科研要求的提高，各级教育主管部门对教学研究的重视，教学研究必将成为教师教学工作的一个重要组成部分，教师专业化发展的必经之路，教学研究将越来越受到广大教师的重视和关注，在教学中研究，在研究中教学，将逐步成为教师的自觉行为。

2. 拓宽视角，选好研究课题

选准、选好教学研究课题是教学研究的关键，选题的视角要宽，可从教学面临的突出问题、教学的疑点或困惑、成功的教学经验中提炼课题，在学习教育理论或他人的研究成果中发现课题；选择的具体课题宜小不宜大，应遵循价值性原则、创新性原则、可行性原则、优势性原则。新课程背景下学生学习方式、教材教法、教学手段、学习过程的评价、中高考研究、研究性学习、科技创新等仍将成为广大生物教师教学研究的热点。

3. 掌握方法，提高研究水平

教学研究的方法一般包括教学经验的总结研究：要求总结的经验事实是可靠的，解释要符合逻辑，总结出的结果具有学习和指导实践的可能性。教学调查研究：包括现状调查研究、发展研究、相关研究、因果关系的比较研究，其方法是调查取样、收集资料、分析资料、作出价值判断、提出意见建议。教学实验研究：主要是通过调控一些影响教学的因素（变量）来观测被试的变化和教学效果，以此推断这些教学因素与教学效果之间的因果联系，揭示其中的教学规律。教师应注意学习和掌握这些教科研的方法，并有计划有步骤地去实践，克服教学研究的随意性，以提高教学研究的水平，提升研究成果的档次。

（南京玄武区教师进修学校程莉君、南京教学研究室岑芳）

品德与社会、思想品德、思想政治 2006 年教学研究年度综述

时间是绵延的，又是间断的。往往背景悄然隐去，而那些亮点，吸引着人们的目光，体现着水准，标志着高度。回首 2006 年品德与社会、思想品德和思想政治学科的教学研究成果，一旦把原生的散落的珍珠，用一根丝线串联起来，就会发现那是一串美丽的项链。

首先，跃入眼帘的是优秀的课堂教学案例。它携带着泥土的气息和沁人心脾的芳香，扑面而来。在开放中坚持引导，在选择中形成判断，在过程中生成价值，是这些教学案例的重要特色。

如何区别消费与浪费，辨析我想要与我能要的关系，这对小学生来说是很抽象的。如何突破这个难点。教师给出一个情境，让学生畅言"我想要"的东西，率真地表现自我的欲望。接着让学生选择三个不同背景的家庭，又选择扮演父母与子女的角色，再来表达"我想要"时，就实现了"我想要"向"我能要"的转换。这里有不同家庭背景的换位思考，也有父母与子女的换位思考。于是"价值标准的弹性建构"就实现了。经过教师的独特创造，将观点情境化，在情境之中通过角色定位和角色互动，就可以生发出许多的行为和观点，在行为和观点发生矛盾的时候，就面临着选择，任何一种选择都必然体现着价值，而一个选择的改变就是新价值观的生成。在这其中，外显的是情境的变换和角色的互动，而内隐的是心理的位移和价值的形成。

如果说上面是价值观的空间位移的教学案例，那么，下面则是价值观的时间位移的教学案例。《为明天的人生加分——20 年后我们再相聚》，这本身就是一个情境。通过理想与现实之间的张力，将自我置身于张力之中，完成自身统一的裂变。可这不是目的，而是手段。只有裂变，才能通过理想的自我反观现实的自我，批判现实的自我，进而提升现实的自我，最终实现理想的自我与现实的自我的聚变。这个过程的核心点就是新价值观的生成。请看她的精彩片段：先让学生填写"20 年后的我"的职业、家庭生活、业余生活和社会贡献状况，让学生"感受快意人生的喜剧气氛"。接着引入杂色人生的情境，嬉

戏与欢笑的面容，变色于"失意人生的悲剧气氛"之中。如何为明天的人生加分成了迫切的问题。教学自然转入第三步：为人生打分。仍以上述的职业、家庭生活、业余生活和社会贡献四个维度针对不同的角色命运分别打分，综合四项得分为生活质量总分。这个第五维度的引入，实际上是要学生树立全面健康和均衡规划人生的意识。然而，这里没有留下教育的痕迹。最好的教育是不留痕迹的教育，是"春风化雨"，是"润物细无声"。

这两个教学案例表明，道德教育已经实现了从传统向现代的转型：即从理性伦理转向叙事伦理，从知识转向故事，从灌输转向对话，从感悟转向实践。

《传统文化的继承》一课，是一堂成功地体现新课程理念的课堂教学。师生不同的人生发展轨迹，交汇于中国的传统文化，激扬着情感的旋律，迸发出思想的火花，可谓浑然一体，精彩纷呈。课堂结构体现生活逻辑和理论逻辑的统一。生活之树长青，它是我们一切认知、情感、意志、行为的发祥地。生活逻辑是理论逻辑的起点，理论逻辑是生活逻辑的本质。教师从元宵节观花灯引入新课，接着又讨论元宵的寓意，引出中国人对美的追求。从家庭的墙，单位的墙，到城市的墙，引出中国传统的"墙文化"。"元宵"和"墙"成了意象，它是生活的，又是逻辑的，让学生在不知不觉中实现生活逻辑和理论逻辑的统一。教学资料的开掘基于书本，既在情理之中又在预料之外。中国孩子和伊拉克孩子之间的对比，传统戏曲和现代歌曲的呼应，和谐世界和大同世界的辨别，材料的声音与图像的结合，加之教师个人的艺术修养，既生发于教材之中，又溢出教材之外，使教材这样的平面纸制媒介，自然地、亲切地走入学生的心中。师生互动是认知活动与情意活动的统一。认知是行为的方向，情意是行为的动力。无情意的认知是枯燥的，无认知的情意是混沌的，师生互动的最佳状态是认知活动和情意活动的统一。在品味吴冠中先生的画《四合院》，在聆听京剧《捉放曹》，在思辨"不患寡而患不均"的过程中，师生体味到四合院的温馨，捉放曹的悲凉，以及智慧的收获。

道德教育寓于文化之中，是高中思想政治课的一个新动向。道德是文化的灵魂，文化是道德的载体，道德与文化的交融，展示了道德教育无限广阔的发展前景。

其次，中小学教师的名字出现在教科书上，出现在教学论的论著上，出现在校本课程上，赫然在目，熠熠生辉。

初中《思想品德》课教科书，《哲学与创造性思维》、《心海导航》、《模拟联合国教程》等一批校本教材，《新编思想政治(品德)教学论》论著，不仅彰显着作者们的劳动创造，更重要的是体现了课程与教师的关系发生了改变。

日本教育学著名学者左藤学解构与批判了传统的传递中心的课程定位，技术熟练者的教师定位，教育工厂的学校定位，指出在这种课程、教师和学校定位中，课程与教师的关系形成了指挥与服从、任务与执行的关系。他明确提出由作为传递中心的课程转变为对话中心的课程；由作为技术熟练者的教师转变为反思性实践者的教师；由作为教育工厂的学校转变为作为学习共同体的学校。这种后现代意

义上的教育理论的贡献突出地表现为两个方面:第一,教师作为课程的主人。第二,课程作为教师的实践经验。(参见钟启泉《教师是课程的主人,有义务建构自己的课程》,《中国教育报》2003 年 11 月 20 日。)新课程的教育理念,决定了这些教师是以他们的实践经验的优势介入课程建设,是课程的创建者之一。只要课程是一个不断开放的体系,那么,我们可以说,将会有越来越多的在实践中涌现的经典教学案例,进入教师课堂教学的课程中,而且,也必然会有更多的经典教学案例,进入教科书。同时,教师与课程的关系还展现为教学中教师与教材的关系:"政治课教学不再孤立于思想政治课程之外,其本身就是课程的主要组成部分,更是极为重要的课程资源。政治课教学不再是为教教材而存在,教材也只是为达到标准要求而可供选择的一种学习资源。""教材的工具性功能定位决定了教师的工作要从'教教材'向'用教材'转变。"(见谢树平等《新编思想政治(品德)教学论》,华东师范大学出版社 2006 年版。)这些观点是有助于推进新课程改革的。

再次,关注道德教育中系统思维与关键细节的统一。

从他者的眼光,返观自视,克服"不识庐山真面目,只缘身在此山中"的局限。日本中小学德育关注什么?关注细节——协调道德规范与德行培养,例如清扫活动,是学校管理的细节,正是关注了一个又一个细节,日本基础教育阶段的德育使受教育者在形成内在的德行的同时,超越了外在的强制,达到自觉与自愿的同一;关注家庭——协调德育中业缘和血缘因素,例如家庭日活动,这一天,每家每户要以家庭为单位,参加社区的公益劳动,形成学校教育的场所,家庭教养的场所,社区实践的场所的统一;关注全体——协调德育中的教育与活动,课内的道德教育课以故事叙事为主,与课外的实践活动相得益彰,如小厨师活动,远足活动等。

网络环境下的品德教育有没有误区?克服信息技术与品德教学整合的几个误区是,整合=教师讲解+教材电子化;整合=品德教学+信息技术化;整合=学习自由化+网络无限化。这些误区都是天天发生在课堂教学中而不自觉的。在网络学习环境下,只有将品德与社会课教师的角色定位为教学情境的创设者、学生运用信息技术的指导者、运用学习工具的帮助者,以及意义建构的促进者,才能真正达到信息技术与品德教育融为一体的境界。

随着全球化进程加快,生态危机也成为一个人类共同面对的问题。人们逐渐认识到,解决生态危机不能仅仅依靠治理污染、适度开发资源、环境保护技术的提高这些补救的技术来解决,而必须触及现代文明所固有的二元对立思维方式、人类中心主义等深层的文化弊病。于是,生态文化运动逐渐演变为一种全球范围内的批判,反思现代文明,并致力于文明重建的文化运动。它经历了从自然科学到社会科学,再到人文精神领域,以及经历着一个从技术到制度再到精神领域的日益深化的发展过程。这个背景也折射到思想政治课堂教学领域,提出教学内容的生态化设计的课题。作者引文指出教学内容的生成分为三个阶段:一是教学设计前的静态文本,教科书是静态文本的核心部分。二是教师教学设计的成果,即教案中的教学内容,它是对静态文本的加工物,含有师生互动的形式。三是教学过程中创

造的教学内容，它是师生通过教学过程中的现场操作而创生的。作者基于自身的实践表述了教学内容生态化设计的原则和实施步骤：第一，整体性。整体性的教学内容是一个境域，知识技能、过程方法、情感态度价值观的统一。第二，生长性。不是知识在生长，而是通过知识的境域的呈现，师生共同探讨活动，使师生的教学主体性生长。第三，结构性。教学内容生态化设计的形式：并列性——情景综合；逻辑性——对话推进；深入性——问题探究；发展性——案例分析。这些有益的探索，虽然还不够丰满，但是，它毕竟是创新的必要过程。

最后，统观 2006 年学科教学研究的成果，是否还有不足呢？答案是肯定的。比如：强调在情境中活动，在问题探究中学习，这些虚拟的道德情境和问题冲突，能不能激发真实的道德情感，挑战道德认知，进而生成生活的意义，是值得深入研究的课题。鲁洁教授指出："生活意义不是来自抽象概念的逻辑推演，它原本发生于主客体相互作用的生活实践中，生活实践是它的原生点，它在生活的场域中发生、显现、实现；生活意义也不是表现为空泛的言论和思想，它实在地表现为一系列的生活联系、生活事件、生活故事。德育课堂关注儿童的基于自身生活实践的生活经验，把它看作重要的课程资源，看作是儿童意义世界生成的基础。"我们认为这是解决情境设计和问题设计中诸多难题的关键所在。

（南京师范大学附属中学陈履伟、南京教学研究室陈宗杰）

历史 2006 年教学研究年度综述

自从 2002 年南京市初中进入新课程、2005 年江苏省高中整体进入新课程以来，中学历史教师的教育教学活动中，教育科研的含量越来越重；2006 年度南京市历史学科的教育科研成果，新课程气息浓烈。尽管是第一次进行这样的工作，资料收集不全，但是，从目前征集到的资料看，2006 年的历史教师的教学研究成果主要集中在以下五个方面：

一是很多有经验的教师，结合新课程新教材的备课，将自己的教学思考整理成学生的学习资料和教师的备课参考，发表了大量教学指导类文章。江浦高级中学的历史特级教师马学松作出了积极表率，一年中，他发表了 7 篇文章，内容涉及中国古代、近代历史；在教学思考上，马老师奉献了自己多年的教学经验和历史思维，例如《从不同角度评价和分析春秋争霸的影响》、《全面评价和亲政策》、《分析认识董仲舒的新儒学》等，都显示出有经验的历史教师引导学生层层剖析、逻辑思辨的教学功底。

二是不少教师参与了初中和高中新课程的教材建设，包括参与教学用书的编写，为新课程实践中多样化的教材建设贡献教学智慧。2006 年，我市一批教师参加编写了人民教育出版社的高中历史教学教师用书，包括胡玉娟、朱曰忠、肖英、马莉、周立新、丁翀、孙建新、顾勤、陈红、鲍芳、李华等老师；大厂中学的王飞老师参加编写了高等教育出版社的教学资料《图说历史课程标准》初中部分。这些都为广大中学历史教师提供了权威的历史教学资料和教学设计思想。

三是因为新课程模块教学以专题组织教学，与以往按通史组织教学相比，对专业的需求更多，不少历史教师对历史专业知识的探究有一定成果。高中实施新课程以来，教师们按照政治专题、经济专题、文化专题进行教学，促使大家对历史知识作更深入的学习，因此，不少教师撰写了历史知识类论文。南京师范大学附属中学的张建波老师《黄仁宇〈万历十五年〉导读》向大家介绍了这本历史专著的主要内容，如何借助这本书进行教学，以及读书后的“启示”。还有南京六合高级中学的徐林老师撰写了《世界

银行成立的背景及作用》、《中国历史上的七首国歌》等文章，都是教师历史专业知识学习的积累。

四是符合新课程需要，中学历史校本选修课程的教材开始增多，适应了学生选择的需要。根据国家课程计划，学校选修课程应当围绕学校所处地区的社会、经济、文化发展情况和学校学生的需求，进行课程建设。实施新课程以来，不少学校已经开设或正在重新调整学校选修课程。南京外国语学校李炜老师的《电影中的美国历史》、朱曰忠老师的《楹联知识》，就是2006年由江苏人民出版社出版的。教师编写教材，还适应了新课程对教师开发课程能力的需要，因为通过教材编写，教师可以对于课程、教材和教学评价有更深刻、更全面的认识，并得到锻炼。

五是根据当前教育教学理论指导撰写历史教学论文，历史教学实践从经验型向研究型过渡。一些年轻教师自觉应用教育教学理论，进行教学思考，例如南京中华中学的徐彦文老师发表在《历史教学》杂志上的《基于“现代化”的理念——解读人教版〈普通高中课程标准实验教科书・历史〉》和发表在《当代教育科学》杂志上的《基于建构主义的教学理念——解读新课程背景下的初中历史地图册》，以及溧水县第三高级中学陈兴海的《用新理念指导历史教学设计》、《习惯，一根拴住命运的缰绳》。

从上述成果看，2006年南京市历史教师的教学研究体现出的第一个特点是充分实践新课程，广大教师的教学研究和教学实践活动都围绕着新课程，并体现新课程的要求，符合历史教学“时代性”的要求。表现出时代性的中学历史教学，应当有许多表现，有很多内涵，但是至少可以有2006年南京市历史教师教学研究成果中表现出来的下列成就：用历史学界共识的“现代化”发展趋势解释历史发展，徐彦文老师从现代化结构看中学历史教材结构的视角，正体现了这一普遍现象；在教育教学理论日趋多元化的价值观下，陈正兰老师《一次开放自主的教学尝试——以‘秦王扫六合’为例》代表着开放的、自主的历史教学模式的探索；徐彦文老师《基于建构主义的教学理念——解读新课程背景下的初中历史地图册》一文，还反映了当前教育心理学领域的研究在学科教学中自觉应用的案例。南京市历史教师的教学研究体现出的第二个特点是教师的课程角色发生变化，从课程的执行者，变成课程的开发者。自从高中实施新课程以来，为了适应历史教学“选择性”的要求，南京市很多历史教师投入教材建设的成果显著，2006年也如此。一些学校组织教师编写校本选修课程教材，一些历史教师参加编写国家审定的教材和与之配套的教师用书，还有一些教师积极积累备课资料和经验总结，都为新课程“多样化”的教材建设作出了积极贡献。

中学历史教学是中学教育的重要课程，也是中学素质教育的重要组成部分。中学历史教学研究的方向，除了要顺应历史学科研究的方向，顺应当前指导教学的教育教学理论前沿成果，更要顺应中国基础教育改革的方向。从2006年的成果看，南京市的中学历史教学研究适应了当前新课程内容和方式的基本要求，部分地体现了“时代性”“基础性”“选择性”（见2003年教育部《普通高中课程方案（试行）》）的要求。基础教育改革的方向，除了深化教学内容方式的改革外，还应当积极研究历史学科的考试改革和教育教学质量评价方法（见2007年中国共产党十七大上胡锦涛报告），这是当前提高学生综

合素质的重要改革方向。为了顺应中学历史教学改革方向，应当在下列几个方面进行尝试：探索中学历史课堂教学与社会发展中的“现实”相结合的问题式教学模式，缩短课堂与社会、历史与现实的距离，提高学生学习兴趣和理解能力；探索围绕与社会发展密切相关的专题学习课程方式，尝试学科综合、课堂内外结合的历史教育教学方式并形成操作方案；探索体现当前历史研究方向的教学整体设计和反映历史研究动态的教学基本环节尝试；尝试通过体现“时代性”“基础性”和“选择性”的考试题、通过过程评价的方式，让评价方式促进历史课程达到时代性的要求。

（南京师范大学附属中学卢新建、南京教学研究室袁廷虎）

地理2006年教学研究年度综述

2006年南京市地理教学研究热点集中在三个方面，一是推进素质教育，二是进入新课程改革实验，三是普通高考。

一、推进素质教育

论文主要从理论和实践两个层面进行研究和探讨。例如丁强老师的论文《新课程背景下推进素质教育的断想》，以一个地理教师、金陵中学校长的角度，从教学管理方面来探讨推进素质教育的问题，提出了“绿色高考”和两个建立，一是建立一支德才兼备的教师队伍，学校和教师在目前阶段特别要重视学生个体的创新精神、实践能力、团队精神与合作能力的培养；二是建立一支强有力的教师督导队伍，克服地方保护主义，保证国家教育方针的贯彻，规范学校的办学行为，指导中小学的课程改革。

二、进入新课改实验

论文集中在对新课改实验教材的理解和教学方法的改进上，以期达到提高课堂教学质量的目的。例如南京师范大学附属中学江宁分校徐国民老师的论文《谈新课程理念下的教材使用》提出了在教学实践中处理好“用”教材和“教”教材的关系，根据学生的实际情况吸取各种版本教材的优点，对知识内容呈现方式进行重组；教学中应充分领会教材编写者的意图，凸显学生的特点；教师应合理选择教学内容，有效控制教学难度，灵活调整教学顺序，在认真钻研教材的基础上大胆质疑教材、完善教材；充分根据教材资源，根据当地教学的实际情况，教材所留空间（活动、读图思考、案例等）进行细化设计，争取最

大的教学效果。

三、普通高考

这方面论文更多的是对高考解题思路的分析，例如金陵中学河西分校李虎老师的《等高线地形及地形剖面图的判读》，六合高级中学陈贻标老师的《如何在太阳光照图中寻找太阳直射点》等论文。

总的来看，来自基层领导和一线教师的论文，论述的大多是与教育教学实践密切相关的问题，对地理教学有一定指导意义和借鉴作用。不足的是，提交的地理论文篇目较少，不能完全反映南京市地理教学研究现状。不可否认的事实是，一线地理教师的教学研究意识还不十分强，教学研究的积极性还未充分调动起来，教学实践中的成绩未能及时总结，并上升到理论层面。但在进入新课改、推进素质教育方面，无论是新课程理念的逐步形成，课堂中教师的主导作用和学生主体作用的发挥，课堂教学方法的改革，信息技术手段的推广、运用，还是丰富多彩的课外实践活动，地理活动周、研究性学习的开展，选修课和校本课程的开设等方面，南京市的地理教师都进行了有益的探索。研究高考方面，抓住地理思维能力和读图能力的培养，着力提高课堂效率，使近年来南京市地理高考成绩逐步上升。实践的东西未能及时在教科研成果中反映出来，与地理教师们的课时多、负担重、高考压力大等因素有关。这中间原因是多方面的，但我们地理教师本身教学研究意识不强，对教学研究能提高课堂效率，减轻学生负担，同时也减轻老师自己负担，推进素质教育的重要作用认识不足是重要原因，应该充分认识到只有通过研究，静下心来认真思考才能发现地理教学规律，才能更好地认识地理教学本身，才能提高自我，做一个合格的地理教师。

（南京中华中学李伯珏、南京教学研究室陆静）

音乐2006年教学研究年度综述

2006年度南京市音乐学科的教师在市、区教学研究室的领导下，进一步认真学习、贯彻《义务教育音乐课程标准》的精神，大力开展音乐教学研究，取得了不少可喜的成果，提升了音乐教师的专业素质和业务能力，提高了音乐教学的质量，推进了素质教育。

一、音乐教学研究的热点

2006年度中小学音乐教师大力开展音乐教学研究，其热点主要是针对目前音乐教学中出现的一些问题和误区，研究如何正确理解与深入贯彻《义务教育音乐课程标准》等问题。

热点一：音乐学科的综合。在传统的音乐教学中，过于注重音乐学科本位的学习，过于注重知识的传授和技能、技巧的训练，忽略了音乐与相关文化结合的因素，因而学生对音乐不感兴趣、不能深刻地领悟音乐的人文内涵，所以在《义务教育音乐课程标准》中提出了"提倡学科综合"的基本理念。实施音乐课程标准以来，老师们在这方面作了不少有益的尝试，取得了一些好的效果，可又出现了一些误区。一些音乐教师对"学科综合"理解片面，在一些学校的音乐课中出现了忽视或脱离音乐主体的问题，不同艺术门类的内容生硬综合与拼贴，使音乐课丧失了自身的特性；一些老师把音乐课上成了热热闹闹四不像的杂烩课，上成了政治课、语文课、历史课、地理课。所以教师们对音乐教学中的"拓展热"进行了冷静地思考，对如何实现以音乐为主体的学科综合、如何实现音乐与相关文化的同构共生等问题进行了深入地研究。

热点二：如何进行歌唱教学？是否要识读歌谱？过去的唱歌教学强调识读乐谱，专业化训练倾向严重，教学刻板枯燥，学生觉得单调、乏味，喜欢音乐的学生却不喜欢音乐课。现在在注重培养学生兴

趣的同时又出现了一种误区，那就是演唱教学只学词不唱谱，甚至不要识谱教学，结果学生不要说五线谱不识，连简谱也不识，音都唱不准。那到底应如何进行歌曲教学呢？是否要识读歌谱？这些问题也成了老师们研究的热点。

热点三：音乐教学的方法和策略。更新了理念，明确了教学目标，还必须有良好的教学方法和策略才能达到理想的目标。所以如何唤起学生美感、引起学习兴趣，如何采取多种方法教好难度较大的歌曲，如何开展课堂器乐教学活动，小学音乐课中如何有效运用“合作学习”，高中音乐鉴赏又如何进行研究性学习等问题成了本年度老师们研究的热点。

热点四：音乐教学的评价。教学评价是《义务教育音乐课程标准》的重要组成部分，是音乐教师必须认真学习研究的新课题。一些老师对音乐教学评价的意义、功能、原则、分类及方法进行了全面的研究和实践。

热点五：艺术教材、教法的研究。南京市大部分学校使用的是音乐课标本教材，也有少数教师参加了艺术教材的编写，少数学校使用了艺术教材，他们对高中艺术课程中音乐、美术、文学综合教学的方法进行了研究。

二、音乐教学研究的成果

1. 撰写音乐教学论文

本年度南京市中小学音乐教师撰写了多篇音乐教学论文，参加本次评选的 10 多篇论文都曾公开发表，其中一些是具有前瞻性、实践性和开创性的优秀论文。例如中华中学谢红娟对高中音乐研究性学习的价值和方法进行了深入的探索和实践，她撰写的《升华情感体验，拓展发现空间——〈江苏民间音乐风格研究〉研究性学习回顾与思考》一文，曾荣获江苏省“师陶杯”2006 年论文一等奖，并受邀在颁奖大会上作交流发言。南京汉口路小学董平和芳草园小学马园园撰写的《在音乐教学中“拓展热”的冷思考》一文，分析了当前音乐教学中“泛音乐化”“无中心化”“无重点化”等拓展过度的现象及危害，提出了为突破难点、为品味音乐语言、为发展能力、为人文熏陶、为文化视野的开阔而拓展的论点，并列举了生动的课例，此文论点新颖、文笔生动流畅，富有开创性。

2. 编写音乐教学著作

本年度编写的音乐教学著作主要有《新课程教学问题解决实践研究》、《中学音乐课程与教学论》和《让我们一起学舞蹈》等。

在南京市教研室音乐教研员官思渡的组织、指导下，一批中青年音乐骨干教师努力进行音乐教学的实践、研究和总结，参与编写了《新课程教学问题解决实践研究》一书，此书从课程标准、教材使用、教学策略和教学评价四个方面选编了多个音乐教学案例，具有导向性、针对性、操作性和可读性，对广大

音乐教师的教学具有指导作用。其中参加本年度教学研究成果评选的就有《如何使音乐成为升华情感体验的桥梁》、《如何有效开展以歌唱为主的音乐综合课教学》等五篇论文和案例。

南京师范大学附属中学李晓辉参与编写的《中学音乐课程与教学论》中，他个人撰写的第八章《音乐课程的教学测量与评价》有3万多字，集中论述了音乐教学评价的意义、功能、原则、分类及方法，体现了《义务教育音乐课程标准》的精神，对音乐教学的评价具有指导作用。

唐华、钱逸瑞编写的《让我们一起学舞蹈》一书，新颖有趣、图文并茂、生动活泼，适合中学生课外活动和高中"舞蹈"模块教学使用。

3. 参与课标教材、教参的编写

苏少版义务教育课程标准实验教科书《音乐》是教育部中小学教材审定委员会通过的优秀音乐教材，我市一些优秀音乐教师在教材和教参的编写中发挥了重要作用。其中2006年度刘晓萍老师参编五年级（上、下册）教材；董平、马园园、武文红等老师参编五年级（下册）教师用书，每人负责编写一个单元，从编写意图、教学目标、内容提要与活动建议，到参考课例，编得全面细致、准确严谨，对小学音乐教师的教学起到了指导和参考作用。

三、音乐教学研究中存在的问题

1. 参与音乐教学研究的面还不够广，参评的人数、论文、论著的篇数还不够多，本年度小学送审的教材和教参较多，论文、论著较少，初中的论文稍多些，高中教学研究的论文稍少些。今后应加大宣传力度，除发动本市中小学音乐教师都积极参与教学研究外，还要进一步加强对音乐教学研究的指导工作，以不断提高教学研究的水平。

2. 音乐教学研究成果的展示还不够充分，有的老师对此工作不够了解或不够重视，还有一些优秀的论文、论著没有上报，所以统计不够全面。

（南京第九中学钱逸瑞、南京教学研究室官思渡）

体育与健康2006年教学研究年度综述

一、论文、论著征集简析

2006年南京市教学研究年鉴论文、论著征集活动，共收到来自南京市小学、初中、高中体育教师的论文28篇、论著3本。

（一）论文

在报送的28篇论文中，关于体育教学案例研究方面有论文3篇，占报送论文总数的10.7%；关于体育理论研究方面有论文6篇，占报送论文总数的21.4%；关于体育教学方法与教学手段研究方面有论文5篇，占报送论文总数的17.9%；关于体育课程研究与体育教学评价研究方面有论文6篇，占报送论文总数的21.4%；关于体育教学反思研究方面有论文2篇，占报送论文总数的7.1%；关于运动队训练与课外活动研究方面有论文2篇，占报送论文总数的7.1%；关于体育德育方面研究有论文3篇，占报送论文总数的10.7%；关于体育课程实施现状调查报告方面有论文1篇，占报送论文总数的3.5%。

（二）论著

在报送的3本论著中，有2本分别是由2位小学体育教师担任副主编，著作名称是《新编小学体育课程标准实验教学丛书（水平）》；有1本是由2位中学体育教师共同参与编写的，著作名称是《中学体育与健康课程与教学论》。

二、论文、论著评审结果

(一) 评选内容与标准

为了使本次论文、论著的评选客观、公正和达到预期的目标，体育论文、论著评选一律采用规范的评选内容与标准进行。具体评选内容与标准略。

(二) 评审结果

1. 论文

从2006年南京市提交的28篇体育论文中评出6篇，占提交论文总数的21.4%。并按论文质量分别排序1至6位如下：(1) 陆生宁，南京芳草园小学，《浅谈体育教学案例》，《中国学校体育》2006年第1期；(2) 魏伟，南京长江路小学，《用学生的动作行为将隐性目标显示出来》，《中国学校体育》2006年第10期；(3) 张红军，六合区八百镇初级中学，《有效教学策略在体育教学准备策略中的运用》，《中国学校体育》2006年第10期；(4) 梁龙旭，南京师范大学附属中学江宁分校，《高中体育与健康课程内容的自主构建》，《新课程研究》2006年第2期；(5) 陈志山，南京金陵中学河西分校，《谈新课程下技能教学细化》，《体育教学》2006年第3期；(6) 张桂宁，南京第十三中学，《中学田径类教学内容改革与开发策略》，《南京体育学院学报》2006年第5期。

在评出的6篇论文中，小学教师撰写的2篇，占获奖论文总数的33.3%；中学教师撰写的4篇，占获奖论文总数的66.7%。

2. 论著

从2006年南京市提交的3本体育论著中评出2本论著，占提交论著总数的75%。按论著质量分别排序如下：(1)《新编小学体育课程标准实验教学丛书(水平)》，副主编魏伟，南京市长江路小学，副主编陆生宁，南京芳草园小学；(2) 全国高等示范专科学校教材《中学体育与健康课程与教学论》，南京第十三中学杨潘顺、南京江苏教院附中致远校区杨福群等。

三、本次提交论文体现四个特点

(一) 高度重视体育教学案例研究

体育教育、教学案例，是体育教育教学思想的形象描述，是体育教育教学过程的再显，更是操作经验的有机渗透，是体育理论与教学实践的结晶，它可以呈现出教育实践的经验与具体方法。高度重视体育教学案例研究，是本次提交论文的第一个特点。

在本次提交的论文中，广大中小学体育教师对学校体育“教育、教学案例”进行了认真研究与高度概括，这从另一个侧面反映了体育教学研究的重要方向。

从3篇案例类型分析，《由情入理》、《单挑》这两篇论文属于教育案例。如《单挑》，介绍了金陵中学河西分校陈志山老师通过与班上一名叫刘洋的学生进行篮球比赛（单挑），使这名学生由原来爱张扬，好插话、调皮，迅速转变成一名优秀学生的教育过程。

南京芳草园小学陆生宁老师撰写的《浅谈体育教学案例》，则是从教学案例研究背景意义、教学案例及教学案例研究特征、体育教学案例研究类型、体育教学案例研究程序和体育教学案例撰写五个方面，对体育教学案例进行了较全面的分析与研究，这必将对广大体育教师规范清楚地写好“教学案例”起到促进与帮助作用。

（二）突出体育理论指导体育教学实践

没有理论指导的实践是盲目的实践，在理论指导下的实践才是科学的实践。“实践—理论—再实践—再理论”这一循环反复不断上升变化的过程，就是体育教学发展的客观规律。突出体育理论指导体育实践，是本次提交论文的第二个特点。

这6篇体育理论方面论文，体现了以下研究类型：《谈新课程下技能教学》、《收之有法放之有道》、《处理顶牛学生三秘诀》、《“惩罚”不等同于“体罚”》这四篇论文属于体育理论方面的研究，这些都是作者经过多年教学实践总结提炼出来的宝贵经验，对于中小学体育教学有特别强的实用性、指导性、针对性。

再如在提交的论文中，六合区八百镇初级中学的张红军老师撰写的《有效教学策略在体育教学准备策略中的运用》论文，以什么样的教学是有效的、无效的、高效的、低效的四个问题为切入点，从教学目标的确定与叙述，教学材料处理与准备，体育课主要教学行为的选择，教学组织形式的确立以及教学方案的形式等方面进行论述比较，十分精彩。

（三）研究教学内容与教学方法

这次提交的论文中，关于中、小学体育教学方法研究方面的论文数量较多，占5篇。例如，《谈体育教学中的自主合作学习》、《用学生的动作行为将隐性目标显示出来》、《一次小组重组给我带来的启示》、《谈体育学困生的心理需求》、《新课程下的体育教学语言艺术》这5篇论文，都是体育教师在教学第一线实践基础上，通过认真总结体育课程与体育教学改革经验的同时，深入分析了体育教学改革中出现的教学新情况、新问题、新困惑，提出的具体对策与建议。又如南京第十三中学张桂宁老师撰写的《中学田径教学内容改革与开放策略》对现阶段江苏省中学田径教学内容进行了调查研究与分析，提出了中学田径教学内容改革与开发的若干策略，对中学田径教学内容的选择有一定的实用意义。此外，南京师范大学附属中学江宁分校梁龙旭老师撰写的《高中体育与健康课程内容的自主构建》，从内容构建的基

本要求、以往的课程内容构建分析、新课标下课程内容构建分析和高中课程内容构建四个方面提出了自己的观点。这些研究成果对进一步构建体育课程内容与研究教学方法有积极的意义。

在研究教学方法中，一定要大力地提倡教学有法、教无定法、贵在得法、无谓之法是为佳法等思想，使教学方法呈现出百花齐放的景象。

(四) 关注学生体育成绩评价

自 2001 年 9 月 1 日起中国基础教育体育课程改革以来，对于中、小学生体育成绩评价问题一直没有得到很好解决。评价内容是什么？评价标准是什么？如果有了评价内容与评价标准，评价方法又是什么？一句话就是怎么评价。可以这么说中、小学生体育成绩评价问题，既是中、小学校体育教育的重点问题、核心问题，同时更是难点问题。

进行中、小学生体育成绩评价与体育课程研究是本次提交论文的第四个特点。如南京凤凰花园城小学崔德建老师撰写的《浅谈体育教学中的过程性评价》在具体评价方法中结合小学生身心特点与发展规律，运用了激励性语言评价、有奖励评价、做动作评价、掌握好评价时机等 19 种手段；同时在评价方式上，灵活运用了自评、互评、小组评等多种形式，调动了学生学习体育的兴趣。再如提交的论文《学生期末体育成绩的评价初探》，是从过程性评价与终结性评价两个重要方面提出了具体的评价打分表格，有实用操作的参照价值。

四、本次提交的论著情况

本次提交的论著共 3 本。第一本是黑龙江出版社的《新编小学体育课程标准实验教学丛书(水平一·三年级小学体育教师备课用书)》，担任副主编的是南京长江路小学的魏伟。第二本是黑龙江出版社的《新编小学体育课程标准实验教学丛书(水平二·四年级小学体育教师备课用书)》，担任副主编的是南京芳草园小学的陆生宁。这两本书在帮助教师更好地备课方面起到了具体指导作用，体现了实用性强、易操作的特点。第 3 本书是全国高等师范专科学校教材《中学体育与健康课程与教学论》，参与编写的是南京第十三中学杨潘顺老师与南京江苏教院附中致远校区的杨福群等九位老师，这本专著已作为全国高等师范专科学校学生教材。

五、本次论文、论著存在的主要问题

(一) 学校体育科学研究发展不平衡

从报送论文、论著的分布情况看，在 28 篇论文、3 本专著中，只牵涉到鼓楼区、玄武区中小学校、南京师范大学附属中学江宁分校、金陵中学河西分校 2 所民办中学和六合区八百桥镇初级中学。从评上

的6篇论文与2篇论著看，也是涉及以上的区和学校。这种数量不多发展不平衡状态，与中国基础教育发展形势要求，以及南京市中小学体育课程改革现状是不相符合的。此次报送论文数量不多与质量不高，与目前南京市体育教师知识结构与科研水平的实际状况也是不相符合的。

（二）强化体育教师科研素质

强化南京市中小学体育教师科研素质已迫在眉睫。从此次提交论文、论著情况分析，尽管我们欣慰地看到广大体育教师科研素质有了显著进步，撰写出一些好文章，特别是陆生宁、魏伟、陈志山、张红军等一批中青年老师已脱颖而出。但这还远远不能适应学校体育实践与发展需要，无论是在选题、课题设计、科研方法的选择与运用，研究结果与分析，论文、论著撰写的文学功底等方面都还存在不少问题。例如，在选题上有些选题过大或过小，有些选题是属于陈旧落后的课题或重复性的研究，还有一些选题研究问题不够真实；在科研方法运用上，不够规范、严谨，如调查问卷的指标效度较低，问题提得不清晰。此外，还有一些论文、论著撰写不规范，存在不知道如何呈现图表与表格等问题。上述提到的若干问题，严重地降低了论文、论著的质量与学术价值。

（三）走科学研究与教学实践相结合的路

从这次提交的论文、论著来看，绝大多数论文、论著作者都是结合自身教学工作实践来开展科研工作的。这种方法的好处是从实际出发，都是身边的事、看得见摸得着，理论联系实际，这既促进了学校体育改革实践深入发展，又提高了研究成果的实用价值。

但是我们也看到此次论文、论著还存在着研究对象与研究方法单一，对一个问题研究的不全不深，写一个课题没有理论支撑等问题。对于上述几个问题必须给予高度重视。

中小学体育教师有着丰富的体育教学实践经验，这些实践经验如果不及时总结就会悄悄丢失，这些宝贵财富如果不将它上升为体育理论，就不能达到科学理论指导体育教学实践的最佳效果。

结束语

不重视教科研的教师、不精心研究教科研的教师，不可能成为一名优秀教师。2007年“中共中央7号文件”要求我们，要加强科学研究，为青少年体育锻炼提供科学指导。让我们全体体育教师积极行动起来，主动、自觉、热情地参与学校体育科学研究，广泛开展多种方式的学术研究活动，为我国学校体育科学水平的提高作出更大成绩。

（南京第四中学嵇明海、南京教学研究室李建）

美术2006年教学研究年度综述

2006年是美术教育课程改革深入推进的一年，美术教育紧紧围绕有效教学这一主题，在教学研究、课题研究、课堂教学等方面进行了有效的探索，小学以“精彩十五分钟”为导向，对课堂教学的有效形式进行了积极探讨；初中以课堂教学的有效性为目标，在资源的有效利用、教学环节的有效展示，学生活动有效设计上开展了一系列的研究活动；高中在模块选修上，组织了模块可行性的研讨，为学生的综合素质评价创造了必要的条件。基础教育的课改已进入了第五个年头，高中课改也进入第二年，在课改深入发展的今天，以反思的角度，进行必要总结，调整课程的策略，更加科学、更加扎实，更加稳妥地推进美术教育课程改革。

基础教育课程改革推进至今，教育理念、教学内容、教学方法、教学评价等方面发生了巨大的变化，围绕课改的教育科学研究也如火如荼。教师专业发展、教学创新、校本教研、课题研究、案例分析、资源开发、学术研讨等新概念纷纷出现，都在课改一线展示了推进的成果，可谓“忽如一夜春风来，千树万树梨花开”。我们在欣慰地看到新课程给美术教育带来新变化，促进基础教育课程改革整体发展的同时，也要面对现实，看到课改推进中暴露出的问题，从而进行有效的反思与调整，以此促进美术教育课程改革的健康发展。

一、美术教育课程改革推进带来的新变化

美术教育课程改革把新的教育理念转化为教学行为，改变学习与评价方式，使教学过程成为师生交往、积极互动、共同发展的过程，促进了美术教育优质高效化。广大教师从课改中也充分体验到新的变化，感受到丰富、鲜活、富有时代气息的美术教育。

一是理念上的变化。美术课程标准提出了新的教育理念，是教师追求教育理想最高的境界，理念解决价值取向问题，新的理念是对传统教育观念的挑战。在课改的大背景下，美术课程新的理念渗透，促进教师对课改的方向进行了重新审视，激活了课堂教学，教师们普遍采用了民主、开放、合作的教学方式，激发了学生的热情。可以说教师的美术教育理念更新，给美术课堂教学和艺术实践活动增添了活力。教师成功地完成了从教学的设计者到学习的指导者、促进者、帮助者及学生成长发现者的角色转变，美术课程呈现新面貌，教师用行为检验新理念，新的理念也塑造了教师自己。

二是课程上的变化。美术教育课程改革的重要标志之一，是课程结构、课程内容上发生了重大变化，美术文化、美术素养的基本理念拓宽了美术学科知识。在这个背景下，广大教师根据课标的精神、教科书的编写意图，积极开展实验研究，使课程更加贴近时代精神，贴近学生生活，贴近地方历史文化，使美术课程的视野更加开阔。学科之间综合的趋势日益明显，更加突出了美术课程在培养人的综合素质中不可替代的功能和作用。地方课程、校本课程的开发，丰富了美术课程的内涵，促进了美术课程的发展。

三是方法上的变化。美术新课程教学观的显著特征是学习方式上的变革，在方法与过程，知识与技能，情感、态度与价值观的三维目标下，原有的单纯接受式学习方式改变为主体性的学习方式。建立和形成了自主学习、合作学习、探究性学习和研究性学习方法，使学生在变化的过程中学习知识、掌握技能、体验审美、享受快乐。美术教学方法的改革过程，也成为运用现代教育理论，深入学习、研究、实验的过程。

二、在美术教育课程改革推进中的反思

在新一轮课改实验若干年之后，进行反思很有必要，因为“反思”能更有效地落实《基础教育课程改革纲要》的精神，更加全面地实施美术课程标准提出的新的理念、新的内容。面对实验中的问题和认识上的偏差，我们要以科学、严谨的态度反思，并进行交流、推广，学习反思者的教育思想、教育智慧、专业精神和专业人格。“反思”也凸现了课改的复杂性、艰巨性、挑战性、长远性，所以我们主张用辩证、系统、客观发展的眼光进行反思。

反思当前的美术课堂教学，下列问题应引起我们的关注：

问题一：教师主导弱化。美术是一门技术意识较强的学科，需要教师正确的讲授、指导，教师的主导作用和学生的主体作用都必须强调。但往往在一些示范课、研究课中，教者为了突出学生的主体地位，却弱化了自身的主导作用。有些该讲授、指导的知识、技能，教者以为学生都能够掌握，成为袖手旁观的“观众”，知识技能被淡化，教师作用被弱化，导致预期的目标和知识要求不能完全实现。

问题二：活动设计过度。我们经常看到一些课上得“轰轰烈烈”，交流、讨论、汇报、表演、展示活

动一个接一个，学生们异常忙乎，在浮躁、兴奋的状态下，教师的讲解、示范、辅导、评价都由学生的活动替代，整节课都处在一个个“闹”的活动高潮之中，“满堂闹”导致学生疲于应付，异化了活动的真正目的。

问题三：问题设置泛滥。有些教师一味地追求课堂的互动效果，不分问题难易，将目标、知识简化为一系列的问题，一改过去的“满堂灌”为“满堂问”，学生在问题的“轰炸”下，主体思考缺位，穷于应付。由于教师设置的问题或过于简单，或缺少梯度，或繁而无序，导致教学重点不清、目标不明、内容主次不分。

问题四：合作流于形式。学习方式的变革是课改的重要标志之一，美术教学的合作学习，是为了培养学生的合作意识，借助合力解决学习中的难题。在现实中，许多课的设计缺少实质性的合作，合作学习的内容没有价值，合作学习的分工不明确，合作学习全员的参与度不够，合作学习忽视了个体素质的发挥，甚至出现为了追求气氛而合作，为合作而合作倾向，缺少合作学习的基本条件和要素，合作学习流于形式，饱受诟污。

问题五：“双基”要求偏低。美术学科的“双基”是通过具体的教学内容体现的，必备的“双基”是培养学生创新精神和实践能力的基础。目前有一种倾向，“双基”要求的低龄化、简单化，美术要求的底线被人为降低，似乎学生只要参与，有活动、有作业，就视为“双基”达到目标。殊不知，美术的“双基”是建立在一定技术平台上的，在此基础上，审美素养、美术文化、创新能力的目标才能实现。缺乏“双基”的教学是不完整的美术教育，是实现不了课程标准提出的三维目标的，也不可能让大多数学生体验学习美术知识和技能的成就感、快乐感。

问题六：评价鼓励失真。新的美术课程强调尊重和赏识学生，于是乎有的教师不管学生表现如何，一味地给予表扬鼓励，学生长期生活在赞美语言和“啪、啪、啪”的掌声中，有时连自己都倍觉茫然，不知自己究竟好在何处。有些低水平的活动和作业，甚至明显有错误的方面也得到鼓励，表扬的泛化和随意性的倾向，不仅不能产生积极的效果，反而可能诱发学生浅尝辄止和随意应付的不好习惯，使美术学习失去了应有的科学态度和严谨的学风。

问题七：过分依赖多媒体。多媒体辅助教学有利于提高课堂教学效益，增强美术教学的形象性、直观性，也有利于增大课堂教学的容量、密度，有利于解决重点、化解难点，实现教学的图文声像灵动交互，丰富、活跃了教学的形式和方法。但我们也经常看到，有的教师不从教学的实际需要出发，盲目追求高科技使用，以多媒体替代了教师的教、学生的学，不考虑多媒体投入的成本和教学的可行性，忽视了美术教学的认知规律，结果收效甚微。有些教师对多媒体产生了过分的依赖，一旦离开了多媒体，教学的能力、教学的方法就显得很单薄。甚至多媒体临时出了故障，就不知如何上课了。

问题八：专业能力退化。美术教育课程改革，对教师提出了较高的专业素养要求，只有这样才能适应不同学习领域、不同模块的教学需要。随着社会信息化的发展，不仅需要教师熟练掌握现代多媒体

教学的能力，也需要具备较高美术专业素养和教学能力，以适应教学的需要。但是，现阶段有的教师专业思想不稳定，专业水平下降，专业能力退化值得反思，应基本具备的组织教学能力、演示动手的能力、规范的板书能力、语言的表达能力等方面都暴露出严重问题，直接影响了美术教育的质量和课改的深入推进。

二、在美术教育课程改革推进中的策略

什么是教学策略，我们认为，在教材和教学组织形式确定的情况下，课堂教学的模式和方法是教学过程的核心。这是在一定的教学思想和教学理念指导下建立起来，是以教师在研究教材、研究学生、研究教学环境、研究媒体等诸多的前提下，有效优化课堂教学过程的方法、途径。从教育理论的高度我们可以将这些方法、途径上升为策略。它将是完成课堂教学目标，优化课堂教学效益，体现课改理念的有效手段和直接保证。就中小学课堂教学而言，优化课堂教学过程的策略，也体现了提高课堂教学质量、全面实施素质教育的精神。在课改中，可通过专家的讲座，案例的分析，美术专业技能的训练，课堂的实验等形式，加速教师对课堂教学策略的把握，从而有效提高课堂教学的实效。

1. 教学设计要符合教学行为

以学生发展为本的课堂教学，是一种以让学习者有可能实现教学目标和个人需要为出发点的教学活动。因此学生的学习基础、心理生理的变化、不同层面学生对学习的要求等，都是教师实施教学策略、有效进行教学设计的基础。在教学设计中，教师应考虑下列问题：教学目标的确定与叙写，教学材料的处理与准备，主要教学行为的选择，教学组织形式的安排以及教学方案的形成等。

美术课堂教学设计要根据学生的生理、心理和认知规律，要符合不同年龄学生的实际，让学生在学习、认知、训练中轻松、有趣地掌握美术知识。教学设计只有多样化，才能满足不同层面学生的需要，没有个性化的教学，就不可能有独特的教学风格。每个教学班的不同的班情、学情，教师在实施教学设计策略时，应根据不同的课堂情境进行调整。需要注意的是，学生在课堂上是动态的，教师要善于有针对性地随机应变，千万不可刻板地实施教学，以致远离学生的实际。

2. 教学过程要适合学生行为

优化美术课堂教学策略，主要是指优化教学设计在课堂内外的一系列的过程行为。基础教育的课堂设置是多样的，而某一学科的课堂教学行为是一个非常复杂的综合体，有其自身的学科特点。文科、理科框架体系的不同，艺术学科的独特性，都通过不同的知识点展示了学科的魅力。作为美术学科的教学特征，正是依据艺术教育的规律，通过具体或抽象的艺术形象，表达作者的情感，以此感染观赏者或参与者的情绪，使之获得审美的体验和享受。不同的艺术形式，表达了不同的审美方式，也以其不同的教学行为展示了艺术的独特魅力。教师在教学过程中，通过具体的教学行为和学科的特点，在实施

过程中作好相应的准备，比如：教学地点、教学材料工具、教学的媒体、教学的课件、教学的组织形式等，并在教学过程中有针对性地讲授、示范、引导、训练、激励、评价。行为为目标服务，行为必须尊重课堂教学的积极期待，因为不同的行为会产生不同的效果。

3. 教学内容要贴近学生生活

随着美术课程改革的不断深入，美术教学生活化的理念得到充分彰显。教学要做到生活化，要贴近学生、贴近课堂，让生活激发学生学习美术的热情，增长美术知识，并能从生活中发现美、创造美，使美术教学更加符合学生的认知规律，符合学生生理心理的特点，符合社会发展的需求。贴近生活的教学能激活学生，激活课堂，让学生真正成为课堂的主人。美术教育生活化的积极意义主要有：

一是有助于学生从专业化美术学习向生活化美术学习转变，调动学生学习美术的兴趣。以往的美术教学专业化倾向尤为突出，素描、色彩等一大堆所谓的“双基”压得学生喘不过气来，结果使教师教有难度，学生学得没趣。美术教学生活化，不仅从教材编写体系上贴近了学生的生活，而且从必要的“双基”训练上也贴近了学生的生活经验。学生从中找到了学习美术的支点、原点，认识了美术教育的真谛。

二是有助于学生从生活化的文化情境中认识美术，掘深学生的思维。在教育部修订课程标准精神中，提出了要处理好五个关系，其中“学科逻辑与社会进步、科技发展和学生经验的关系”，强调美术学科的人文性质，也即美术文化、美术素养也成为人的综合素质中不可缺少的组成部分。生活成为学生学习美术的载体，而美术正是通过这个载体，增强了美术的活力，拓展了美术的范围，培养了学生发现问题、分析问题、解决问题的能力，这样的学习，学生才学得轻松、学得灵活，使美术教学呈现出前所未有的活力，落实了学生在文化情境中认识美术的课程理念。

4. 教学方法要体现学习方式的转变

新课程理念呼唤新的教法，更呼唤学习方式的转变。新课程重要标志之一，就是倡导自主学习、合作学习、探索学习和研究性学习的学习方式的转变，这些转变带来了美术课程教学新的变化。学习方式由单一性转向多样性，由片面性转向全面性，让学生在读中学、玩中学、做中学、游中学、听中学、思中学、合中学，使教学更民主和人性。掌握更多的学习方法，让身体的更多器官参与学习，从而体验学习的乐趣，全面提升综合素质已成为美术教育的根本诉求。新的学习方式为课堂注入新的活力，促进了学生学习面貌的转变，也改善了师生关系，使教师的教、学生的学更具有学科特征，体现了美术学科与现代学习方式、现代社会生活的紧密联系，最大限度地调动了学生参与的积极性和有效性。

就教与学的关系看，教学方式的转变最终要落到学习方式的转变上，也就是说，我们优化教学过程不是设计教师如何教，而要注重学生如何学，用什么样的学习方式来学。当前的基础教育课程改革，正是给教师的教和学生的学留有较大空间，而在这个空间中学生的学，正是通过自主、合作、探究性学习和研究性学习来获取更多的知识，获得可持续发展的动力，达到教学效果的优化。

5. 教学资源要凸显学科特色

美术课程的目的是充分利用现代信息及先进的教学手段，以获取最新的教育资源，丰富教学内容，探索新的教学方法，提高美术教学的实效。美术学科的特殊性要求美术课程资源要充分凸显学科特色，充分开发地域资源，让当地的历史、文化、艺术资源渗透进美术课程中来。我们不仅要开发校本资源，充分挖掘校园文化的内涵，丰富美术课程的内容，而且要开发生活资源，让学生体验生活中的美术。

美术课程资源的开发与利用，反过来将有效地推进美术教育的课程改革，有助于提高美术教育的形式，拓宽美术教育的空间，促进教师教育理念的转变，提高教师掌握运用课程资源的能力，也有利于规范教师的教学行为，激发学生学习美术的兴趣，提升教师的综合素质，强化美术学科的特色。

教育需要实践，也需要反思，没有反思的实践不会有进步。美术教育倡导和呼唤科学、辩证的反思，在反思中深入研究课改策略，坚信课改信念，在反思中大胆前行，大有作为，全面推动素质教育的实施。

（南京建邺区教师进修学校傅幼康、南京教学研究室徐健）

技术2006年教学研究年度综述

技术学科是我国处在伟大的历史变革时期，在全球急剧变化的科学技术发展的潮流中涌现出来的新兴学科，随着信息高速公路、知识经济、数字地球等所创造的辉煌，迫切需要我们的教育作出重要的决策，在国家第七次课程改革中选择了信息技术、劳动与技术、通用技术作为基础教育的必修课程。

技术是人类文明的有机组成部分，也是经济发展和社会进步的重要推动力量，随着时代的发展，信息技术、新材料技术、新能源技术、现代生物技术等新技术正迅猛而又深刻地影响着人类的生产和生活方式，影响着人们的社会关系和人们对世界的认识，所以基础教育阶段开设的信息技术、劳动与技术、通用技术课程的培养目标确立了提高学生的技术素养，着力发展学生信息交流与处理、动手与动脑、技术的设计与应用为基础的技术实践能力，同时还注重学生对技术的思想和方法的领悟与应用，注重学生对技术的人文因素的感悟与理解，注重学生技术学习中的探究试验与创造，注重学生情感态度、价值观以及共通能力的发展，为学生应对未来发展，实践终生发展奠定基础。

随着基础教育阶段信息技术、劳动与技术、通用技术的普遍开展，广大一线教师通过各种渠道，采取各种形式接受培训，认真学习课程改革精神和课程标准与课程纲要，并在教学中不断实践、敢于试验、勇于探索，取得了不少宝贵的经验和做法。他们有的在教学设计与组织方面，有的在发展学生的自主学习能力方面，有的在教学评价方面，有的在命题的思路方面，有的在撰写教材、教参方面都倾注了大量的心血，而且理念先进、观点鲜明、成绩斐然。下面重点对提交的部分教材进行综述点评：

这次《南京市教学研究年鉴(2006)》技术学科提交的论文、教材、教师用书、发明作品等数量并不多，有些文章的论点、论据虽比较充分，观点也比较新颖，但深度不够。提交的教材在教材编写的思想理念、栏目设计方面能基本反映出课改精神的要求。

1. 对刘建明老师提交的《技术与设计》教材的综述

《技术与设计》这套教材是山西省教育厅委托南京师范大学教育科学院，由顾建军博士领衔，由我市知名教师以及南京师范大学教育科学院研究生共同研发撰写的，全套教材分小学3—6年级，初中7—9年级，均有上下册，由北京青年出版社出版。

本套教材的特点主要表现在：一是理念先进。从人对技术的认识，技术对人的影响等方面表现出技术对人的重要作用，微观上又从点滴的生活技术中创设各种情景，使学生感受到技术发展在生活中的地位。二是编排科学。教材编排中以学生的认知为出发点，通过案例分析、场景设计、活动链接、探索研讨、动手实践、反思交流、综合拓展等活动栏目，将生活中的技术逐步提升至一定的高度去理解，对于"动手做"中核心技术的要求，要达到哪一步，是否规范都有了明确的任务和目标，这对于学生的学习主动性、学习态度、学习技术的严谨程度是有所帮助的。三是本套教材的编写中应用了大量以图说话的版式，这对于技术操作过程的掌握也是非常有益的。本套教材文字修辞非常简练，对于一些技术表述语言用得也是恰到好处。总之山西省教育厅委托编写的这套教材基本上能反映课改前沿想要得到的理念和思想。

2. 对王静老师提交的《高中信息技术全掌握》教学用书的综述

本册教材由南京市学科带头人曹书成主编，并由曹书成领衔组织南京市优秀信息技术教师共同撰写完成。本册教材得到了江苏省特级教师吴再陵老师的精心指点和帮助。

本册教材有如下特点：一是作为信息化时代、信息、物质和能量构成人类社会资源的三大支柱，强调了信息技术是一门立足实践，培养学生手脑并用能力的重要课程。二是在撰写中按照课程标准中的目标、内容并通过模块的内在联系和学生的认知规律，由浅入深地安排教学内容。三是教材编写以培养学生应用信息技术解决实际问题的能力为主线，以基本知识、基本操作和应用为主，立足于学生自己动手，通过调查、设计、操作和评价等活动，亲身体验信息获取、信息存储、信息加工处理和信息发布等过程，在知识、技能，解决问题的能力，情感、态度、价值观等信息技术素养方面获得充分的发展。四是本册教材比较注重综合其他各学科的知识，融合经济、法律、环保、审美等方面的意识，并能围绕教材的学习，开展表达与交流活动，进行有效的设计制作与评价。五是教材中的知识与技能的目标追求是以"任务(事件)驱动"的方式展开的，为了使学生完成任务，一方面要熟悉和了解具体软件的基本功能，另一方面又能主动地掌握使用计算机解决问题。六是教材又为教师在教学中起到主导作用，可以设计多种方案，为学生提供丰富的专题学习资源，功能强大的协作平台和专题研讨区，为学生开展协作学习、交流及探讨相关问题、展示自己的学习成果提供良好的舞台。

以上简要地评述了两本教材，对于技术课程中信息技术、劳动与技术、通用技术及与之相关的教学研究、教学探索、教学策略，还有很多好成果、好经验有待今后搜取和发掘，借《南京市教学研究年鉴(2006)》编纂之际就信息技术、劳动与技术、通用技术的发展趋势作一些评述，谈一谈个人观点。

对于信息技术,应该讲经过多年的营造和历史积淀以及各级主管部门在教育现代化旗帜下的关注和培育,信息技术在各级学校的教育教学走向上始终处于高开高走的“牛市”阶段,究其原因,一是现代信息技术、信息化工程呈热门之势,信息交流方式的变革,催生着信息技术工程必须从学校做起,二是全国各大院校都设置信息工程、计算机应用、软件开发等相关专业。三是教育现代化中计算机设备是重要的硬件设备之一,各级学校的配置无论高或低都能有效地进行建配。四是有一大批具有很高水平的网络专业管理人员以及专家,有一大批经营好、实力雄厚的相关公司,所以信息技术的教学、教学研究、教学成果、教学资源不断丰富,也应该出成绩。

但是,劳动与技术、通用技术的形势就不容乐观了,劳动与技术教育始于20世纪80年代初期,通用技术则是刚刚兴起的一门新学科,在基础教育中,中小学劳动与技术和高中的通用技术,都是技术学科中的必修学科,可是各级学校开设这门课却参差不齐,重视不够,特别是中小学劳动与技术呈衰败之势,因为不是中、高考项目,所以有的学校甚至不开这门课。要想找出原因,不外乎两个重要的因素:一是所有劳动与技术专职教师都不是本行专业,基本上是由其他学科或行政人员担任的。另外还有不少兼职教师,南京市20多年来,大学没有培养一名专业的技术课老师,即使目前比较热门的高中通用技术课老师也没有一名是正式学过本专业的通用技术课教师,也同样是改行任教的。试想,如果大学都没有技术专业的师资培养渠道,这门技术课程的课程理念、课程目标的实现将是多么困难。二是教育的评价机制不健全,全面有效地评价学生,使学生在学校的教育中获益是教育优先发展、科学兴国的战略决策,是党的十七大的奋斗目标,也是南京市教育强市的奋斗目标,但是由于中、高考的压力,一些部门和学校往往不重视这门学科,教育教学的管理也不到位,严格执行国家课程计划往往停留在嘴上和学校工作计划之中。虽然有些学校比较重视劳动与技术、通用技术的开课,但整体的不景气是无法达到培养人的目标的。

如何才能改变这种状况呢?我认为主要还是从两方面入手:一是相关大学开设与培养技术课程师范专业的大学生,对于到中小学任技术课的教师给予优惠政策;二是上级主管部门督察各级学校执行国家课程计划的情况,建立市、区、校三级教研管理队伍,抓教学管理队伍、抓教学管理、抓师资培养、抓教学研究、抓教学质量、抓教学评价等,只要有规范、有制度就一定能把技术课程的教学任务完成好。

另外要建设好有用的教学基地、专用教室,配置相关的教学实验设施、设备、器材和管理人员,协调用好当地的有用资源。

最后我们期待南京市的技术学科真正做到课程标准中提出的“为了学生应对未来的挑战,学习和掌握更多的科学技术知识,为实现终生发展奠定基础”。

(南京第三高级中学曹国盛、南京教学研究室田武奎)

小学科学2006年教学研究年度综述

一分耕耘，一分收获。如果把一年的工作当作辛勤劳作，进一步推进新课改科学课的实施则是在耕种大田。2006年南京市的教研工作围绕新课改工作，加强理论学习，促进教师教学观念的转变，以提高科学课堂教学效益；围绕教育部、科协的重点课题"做中学"项目，加强教学研究和课题研究，促进教师队伍的建设，以提高科学课堂探究的有效性。圆满地完成了各项工作任务，达到了既定的工作目标。

如同一出戏，形式多样的教研活动是精彩的一幕幕，值得回味。年初，区县教研员会为全年工作有序开展提供了良好的开端。为全年各项活动有序地开展开了个好头。

为了开拓广大科学教师的视野，提供全市教师交流提高的平台，加速人才的发现和培养，市里组织了各种形式的教研活动。有联片教研、有同课异构课堂教学设计、有优质课堂教学展示、有参观学习、有赛课说课等。同时市里还组织教师观摩全国科学教学研讨会上的优质课，向全国各地的优秀教师学习。

3月29日，南京市"科学、科技活动"暨"仙林南外分校科技月展示活动"现场会在南京外国语学校仙林分校举行。市教研员对两节科学课进行了较为详细的点评，充分肯定了课堂上呈现的师生互动、生生互动，肯定了在互动中师生共同探究的教学氛围让学生受到了科学素养的熏陶，并对该校的科学教育教学成果表示赞赏。最后，老师们兴致勃勃地参观了学校第四届科技节的成果。

4月13日，秦淮区"风华杯"优质课展示暨秦淮、建邺联片教研活动在凤游寺小学如期举行，活动质量较高，与会者表示很有收获。

4月24日，"全国小学科学教学研讨会"在南京市石鼓路小学召开。石鼓路小学陈元元老师执教的《消失的恐龙》一课在观摩会上作了展示。白下区教研员夏子玫老师代表南京市作了"兵无常势，水无

常形——让多种学习方式和谐共舞”的发言。

5月10日，江北片三区开展了联片教研活动，活动让更多偏远区县的普通教师能在市级活动的舞台上得到展示。教师们相互听课、切磋，在教研活动中发现真问题，研究真问题，认真探讨科学课堂教学的有效性和提高科学课堂教学效益的问题。

5月11日，南京市暨江宁区“科学、综合实践活动”现场会在江宁铜山中心小学举行。市教研室和江宁区领导，各区（县）科学、综合实践教研员，骨干教师代表百余人参加了活动。徐叶兵和陶武老师分别执教了铜山小学校本课程《秸秆的综合利用》和结合乡土教育的科学课《认识常见岩石》；接着，铜山小学郭荣幸主任就学校科技教育开展情况以及校本课程的开发、利用作了交流发言；最后，市教研员对本次活动进行了评点，对铜山小学开展科技教育以及校本课程的开发利用给予了高度评价，对本次活动的效果给予了充分的肯定，会后，领导和教师们参观了铜山中心小学的科技教育场馆和基地。

如果说推进学科课程改革是耕种大田，进一步推进“做中学”科学教育实验则是耕种实验田。“做中学”科学教育实验是南京市2006年学科工作重要的组成部分。

2006年，市教育局、教研室领导研究决定，在第一批国家级5所“做中学”实验学校，第二批6所省级“做中学”实验学校的基础上，又发展了南京市11所“做中学”实验学校。为了更好地帮助新加入的学校能更快地跟上实验，学期初，市里组织了“做中学”培训工作，帮助老师尽快熟悉东南大学开发的教学实验案例，适应“做中学”的教学方法。除了集中培训外，我们还深入实验区实验校进行现场指导。

3月20日—23日，举行了南京市“做中学”好课评比活动，在评委们公正、公平的评比下，评出了一等奖9名，二等奖13名。通过好课评比活动，促进了广大实验教师努力钻研业务，不断提升专业素质，做南京市小学科学教育教学的领头人。4月26日，南京市“做中学”好课展示及好课评比点评活动在白下区中山小学举行。6月15日，举行了“做中学”优秀案例评比活动。6月22日，召开“做中学”总结会。通过“做中学”系列活动的开展，促进了教师加强业务知识的学习，促进了教师专业化的发展。

值得一提的是南京市的“做中学”实验工作在全国也有一定影响，受到全国同行们的高度关注。2006年的全国小学科学年会，我市的两名青年教师受全国学会领导的邀请，在会上展示了2节“做中学”实验观摩课，受到与会教师和领导的好评。我市的一些区县在东南大学科学学习中心的帮助下，完成了14个教学模块的实验验证工作。同时，各区和实验学校积极尝试自主开发案例，把“做中学”实验和研究工作推向深入，把“做中学”的理念和实践结合起来。

重视优秀科学教师的培养也是全年教研工作的重点，加强对骨干教师的培养工作，做好“市学科带头人”评选工作。协助小教培训中心举办“小学科学骨干教师培训班”，帮助全市的一些骨干教师在培训班的这个平台上，相互学习，共同成长提高。一些区县通过抓“学习型备课组”的建设，改进教培内容和方式，进一步提高教培质量。同时许多区县持续开展“网络培训”，利用网络的便利性和开放性，提高教研活动的实效性。2006年11月，在全省的优秀青年教师教学能手评比活动中，我市的陈浩、王馨老

师同时获得一等奖，陈浩老师还在最后上了一节汇报展示课。（每大市仅两名选手参加省级现场比赛）

回顾全年工作，除了市里统一组织的活动外，一些区县的活动也是可圈可点。比如玄武区的“四边双优秀”活动和“菜单式培训”活动，他们以此为抓手，进一步深入开展本区的课堂教学有效性的研究。在“四边双优秀”研究中，重点研究教师的导，研究教师如何在学生原有认知水平的基础上，帮助学生搭建“脚手架”，使其完成教学目标。白下区的“做中学”实验也很有成效，陕西省“做中学”代表团到白下区观摩交流，对白下区自行开发的“空气”主题案例给予了高度评价。课后，代表们参观了光华东街小学室外科学探究园和御道街小学，对他们学校高度重视科技教育、积极组织学生开展科技活动给予了高度评价。另外，鼓楼区与南京师范大学教育科学院合作开展的FOSS教材实验研究也是很有意义和成效的。

学校是教研工作的基础，一些学校的教学研究工作在这一年里给我们留下了深刻的印象，特别是一些“做中学”实验学校。他们的工作成为本学科全年工作中的一个闪光点。南师大附小在2006年“做中学”工作汇报中提到的“平心静气，深入探索，拥有自信”的说法很值得我们回味。他们以科学教学为主渠道，以科学活动为辅助，以案例开发为重点，坚定地持续不断地开展“做中学”科学教育实践工作，平心静气，深入实践，不断推进。在过程中他们重学习、重思考、重实践、重积累。

课题研究工作是学科教研活动的灵魂，它能够以应用与实践研究为重点，充分发挥教育科研的引领作用。经过较长时间的研究，南京市的省级课题“‘做中学’案例的开发与研究”和“探究式科学教育案例的开发与研究”课题工作开展正常，以课题为中心团结了一批骨干力量，课题研究已有初步的成果。

纵观全年工作，成绩是多方面的，也是令人欣慰的，说明了科学在很多方面的进步是巨大的。但也有一些工作需要加强和努力改进。比如，开展一些形式新颖、效果显著的教研活动，围绕学科内的热点、焦点问题展开深层次的研究。同时还要加大力度培养一些在全国、全省有影响力的教学新秀，展示南京市小学科学教师的实力和风采。

（江苏省中小学研究室卢新祁、南京教学研究室徐燕）

教学研究大事记

jiao xue yan jiu da shi ji

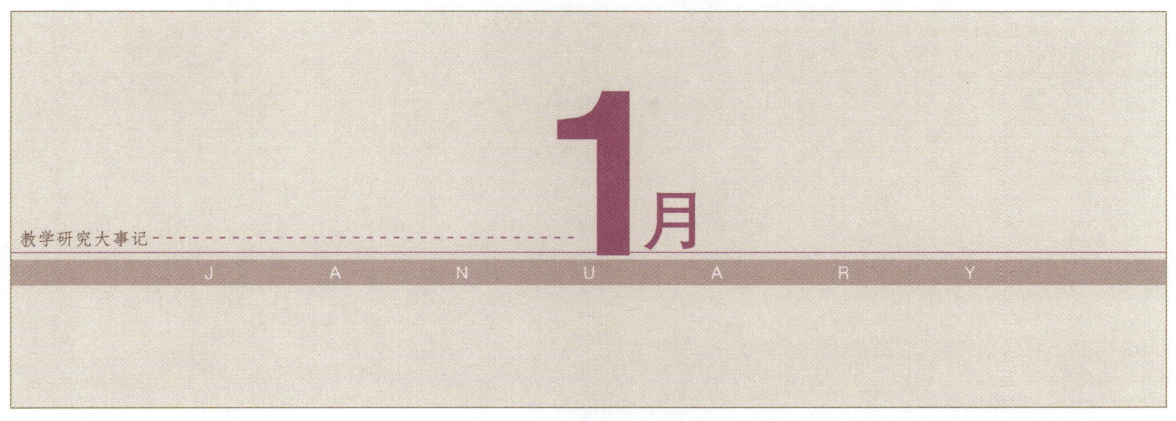

元旦，南京市教委组织了中学生专场新年音乐会。南京第九中学民乐团演奏了《龙腾虎跃》、《庆典序曲》、《送我一枝玫瑰花》等五首乐曲，团员们高超的技艺和精湛的表演，数次征服了全场的观众。

演出中的南京第九中学民乐团

年初，南京市教研室组织全市语文骨干教师和各区县教研员在下关区第二实验小学举行了“大家语文”博客网友会暨下关区情趣作文研讨会。在本次大会上，郭学萍老师教授的《学写儿童诗》，充分展示了她的“诗意语文”教学特色，得到了与会者的高度评价。《南京教育》、《金陵晚报》、《信息技术教育》、《成才导报》等多家报刊都对郭老师的“诗意语文”的教学风格作了专题介绍。

1月5日，南京市校本课程现场会在南京拉萨路小学召开。鼓楼区进修学校葛文君校长主持会议。校学科带头人武立华老师、市优秀青年教师安文丽副校长展示了两节极富校本特色的

南京市校本课程现场会会场

课堂教学:《我们的目标:没有蛀牙》、《走进“读者”:我有一个好爸爸》。王九红副校长作了题为“校本课程的实践与思考”的汇报。

1月5日,玄武区教师进修学校省级“十一五”现代教育技术研究课题“信息化网络环境下教师培训的探索”通过结题。

“信息化网络环境下教师培训的探索”开题会现场

1月6日,南京市地理学科特级教师、市学科带头人在南京市教研室的组织下,冒着严寒来到六合区马鞍镇盛岗小学开展爱心助学活动。助学活动仪式由六合区教育局领导主持,盛岗小学校长和学生代表分别在助学活动仪式上讲话。

1月7日,江宁高中举办了一场“有效教学”主题沙龙活动。领导、专家、教师,围绕什么是有效教学,在新课程实施背景下如何实施有效教学,实施有效教学对教师特别是青年教师提出了哪些要求等问题畅所欲言。沙龙始终洋溢着平等民主、互助合作的气氛,大家的思想在碰撞中不断产生智慧的火花。本次主题沙龙是江宁高中开展“两个有效”(有效教学、有效学习)系列活动之一,也是阶段性成果的一次展示。活动还受到江宁电视台的关注,并作了专题报道。

江宁高级中学“有效教学”主题沙龙

1月8日,南京市校本课程开发专题研讨会在玄武区南京师范大学附属小学举行。附小的“主题性”校本课程之一“听读欣赏”的三节课获得了市区教育教学专家及与会代表的高度评价。这三节课以“走进三国,重温经典”为主题,分别是李昌亮老师的“走近三国人物——文学篇”,樊敏老师的“走近三国人物——美术篇”和谢丽老师的“走近三国人物——音乐篇”。课的巧妙设计,师生的精彩互动,令人耳目一新,成为本届校本课程开发专题研讨会的一大亮点。

我们演的三国人物形象像吗?

1月10日,拉萨路小学分校南京市“十五”规划课题“新课程理念下小学课堂对话的实践研究”圆满结题。南京市教科所专家组听取了课题

研究报告，观看了研究课及课题沙龙，查阅了相关资料，并给予很高的评价。他们认为拉萨路小学分校课题研究已辐射到整个学校的教学工作，科研促进了教研。

1月10日，新加坡教育部长尚达曼先生偕夫人率新加坡教育代表团一行17人访问了金陵中学河西分校。尚达曼部长对金陵中学河西分校两年多来的发展与办学模式非常感兴趣，他非常详细地就学校投入、实验室设施、学生质量、师资配备、选修课开设、学科竞赛、分校与本部的关系等问题与岳燕宁校长、丛一冰副校长进行了充分的交流。尚达曼部长在给金陵中学河西分校的题词中说："我真诚地祝贺，金陵中学河西分校在各个方面作出杰出的贡献，走出一条崭新的、令人振奋的教育之路。"

新加坡教育代表团访问金陵中学河西分校

1月10日，建邺区省级立项课题"英语教学中有效激励策略的研究"开题仪式在区教师进修学校举行，仪式由唐德海校长主持。参加仪式的有区教育局易善平书记，牛津中小学英语教材主编、省教研室何锋副书记，英语特级教师、南京教科所陈静波副所长以及课题组成员和区英语学科高研班成员。

"英语教学中有效激励策略的研究"开题仪式现场

1月12日，下关区教科研年会在南京第十二中学召开。副区长朱劲松、教育局书记谢从军、副局长董洪贵和张学超出席了大会。全区中小学、幼儿园的教学校长、园长和部分中青年骨干教师参加了大会。第一会场上，董洪贵局长作了题为"同心协力，加快发展，开创教育工作新局面"的报告；第二会场上，市教科所副所长陈静波作了题为"关注细节，不断反思——校本教研的重要途径"的专题讲座。

1月12日，南京市教研室在南京市第一中学召开南京市综合实践课程教学工作会议。各区县信息技术、劳动与技术（通用技术）、综合实践活动教研员和教师参加了会议。活动内容包括：(1) 市优秀青年教师潘艳、市学科教学带头人曹书成分别汇报了自己的成长历程；(2) 刘佩华、高燕分别代表南京第四中学、南京第十三中学介绍了先进教研组的工作经验；(3) 高淳县教育研训中心的张雾东老师介绍了高淳县整体推进小学综合实践活动课程的策略；(4) 市教研室陈平老师总结了2006—2007学年度第一学期教研工

作，提出了全市 2006—2007 学年度第二学期综合实践活动的教研工作思路。

1 月 16 日，天妃宫小学开展了“打造教师团队，践行校本课程”的团队主题教学活动展示。语文“TY10”和数学“点线面”两支团队分别围绕“课外阅读”和“数学活动”进行了新颖独特的课堂教学展示。每节课分别由 35 分钟的课堂教学和 5 分钟的分享演说组成，团队成员人人参与，共同合作，展示了天妃宫小学教师团队的集体智慧。

为了切实有效地提高中学音乐教师的专业素养，增加教师的音乐知识储备，从而更好地服务于音乐课堂教学，南京市教研室于本学期开展了全市中学音乐教师参与的“百首中外名曲听析竞赛”活动。1 月 16 日，在南京市教学研究室举行了“2006 南京市中学音乐教师百首中外名曲听析竞赛”的决赛。

2006 年南京市中小学体育教研工作会于 1 月 18 至 19 日在高淳县举行。出席会议的有南京市教育局体卫艺教处处长赵贵林、市教研室副主任张雨仁、市卫保所所长苏立新、部分区县教育局体卫科长、市教育学会体育专业委员会理事长吴家福和各区县体育教研员等。会议为期两天，内容丰富，时间紧凑，高效务实，取得了预期的效果。

南京市中小学体育教研员工作会议会场

1 月 20 至 21 日，南京师范大学附属中学代表队在第一届全国中学生地理奥林匹克竞赛中获奖。南京师范大学附属中学代表队获团体二等奖；包旭阳获一等奖，牟星光、刘达、黎立获二等奖；任英明获优秀指导教师奖。

1 月 21 日，南京第一中学举行了中央教科所评审立项、田家炳基金会资助的“田家炳基金会学校德育研究与发展计划”国家级德育课题——“南京一中高中生德育互动模式研究”的开题报告会。该课题指导专家南京师范大学道德教育研究所所长高德胜教授、省教育厅教育科学研究所成尚荣所长、南京师范大学教科院冯建军教授、南京市教育局李兰书记、刘鹰处长等有关专家和领导莅临指导。

1 月，南化第三小学邀请省市教科所及南京师范大学专家对学校的省教育学会、市教科所和省教研室的“十五”立项课题“开发写字教学对小学生非智力因素培养的功能研究”进行结题评估。南化三小是南京市首家被评为“全国写字实验学校”的单位，也是南京市首批课程改革实验基地。

2月，郑和小学"名师成长工作室"正式成立。这是郑和小学为尽快建设一支"教学风格鲜明，教学水平一流，教学艺术精湛，教学精神顽强"的名师梯队而出台的一项重要举措。名师成长工作室采用个人申报、学校审核、定期培训、团队研讨等形式，立足课堂教学，着力培养有独到的教学见解、善于发现和进行教学反思的骨干教师群体，并实行分阶段考核、奖励、滚动。

2006年是六合高级中学"课堂教学效益年"。为提高课堂教学效益，提高教学质量，学校大力开展"课堂教学效益年"活动，成立了活动领导小组和学科中心组，针对学校实际确定了活动要着力解决的几个问题，开展了一系列扎扎实实的活动：进行优秀教案评比、信息技术与学科教学案例评比和课堂教学研究论文评比，对高三年级、初一年级和体育组进行教育教学视导，举行对外公开课活动和青年教师赛课活动，抓实教学"五认真"检查和年度教学实绩考核，邀请专家开设专题讲座等等。

为贯彻落实"健康第一"的指导思想，体现体育与健康课程的全面发展、交往、互动、开放性的教学新观念，突出学生主体地位，培养学生自主学习、探究学习、合作学习的能力，江浦高级中学根据现有师资条件和体育场地设施资源，从2006—2007学年度第一学期开始，在高一、高二年级实施了体育与健康课程教学改革，采取同年级"合班分组选项教学模式"，共开设了篮球、乒乓球、羽毛球、健美操与形体训练、足球、排球等共7个项目班，在全组教师共同努力和协作下，目前各项目班教学秩序井然有序，教学形式深受学生喜爱。

2006年，高淳县教育局启动了初中生物非专业教师脱产、半脱产培训班，逐步解决了高淳县小学科教师配备不足、不均衡的困难。

"发掘教学吸引力，防止学生厌学心理的研究"是南京市板桥中学承担的南京市教育科学研

究规划课题。2月6日，完成课题鉴定。鉴定组专家们一致认为：该课题研究对提高办学水平和办学质量有很大帮助，高中美术特色班教学取得了突飞猛进的发展，跃入市同类学校的先进行列，课题研究的成果《论文集》、《案例集》及《学生的心声》三本书，具有可读性和可操作性。

2月16日至17日，南京市教研室在小营小学组织了2006年南京市小学语文教师阅读课堂教学比赛。参加本次比赛的15名教师均由各区县教研室选拔推荐。比赛采取当场亮分的方式评出了一等奖6名，二等奖9名。现场观摩本次比赛的老师达1 000人次。本次比赛突出了语文阅读教学"目标与效率"的研究主题，产生了一批优秀课堂阅读教学课例，促进了一批青年教师的成长。本次比赛的15节课堂实录发至"大家语文"博客网，一年中，点击课堂实录及相关评论文章达2万多人次。

2006年南京市小学语文教师阅读课堂教学比赛现场

2月22日，内蒙古乌海市南区教育代表团来南京大学附属中学参观学习。乌海市刘副市长等代表们向南京大学附属中学校领导介绍了乌海市教育发展的情况，双方就加强师资队伍建设、如何提高课堂教学质量及教育教学管理工作等方面的问题进行了深入的探讨，并且在干部的挂职、教师的交流、信息的交流、学校的管理等方面进行合作交流达成了协议。

2月24日，全省小学科学教材教法培训会在南京市北京东路小学召开。来自全省各市、县、区的科学教研员济济一堂，进行《科学》学科的教法研讨。小市中心小学的科学教师周志飞代表下关区精彩地演绎了四年级《科学》(下册)中的《运动的快慢》一课。

2月28日，南京市教研室幼教组在南京上海梅山中心幼儿园举办了题为"百变　千探　万思"的幼儿园美术教育教学改革观摩现场会。市教育局初教处领导、我市各个区县教育局小教科

小学校长和教师在观看孩子们的作品

美术教学活动：想像剪纸/你撕我剪

科长、50多所小班化小学的校长和美术教师到会。这次观摩研讨现场会是我市幼儿园与小学联动,共同推进基础教育课程改革的积极而有效的尝试。

2月28日至3月3日,人教社高中地理研讨会在南京召开。会议代表来自安徽、天津、浙江、福建、辽宁等省、市。人教社总编辑助理韦志容、地理编辑室主任高俊昌在会上介绍了教材的编写思想、实验中的体会与思考。南京市教研室地理教研员陆静应邀在大会上作了题为"高中新课程改革背景下的地理教研工作思考"的报告。

3月2日，在溧水第三小学，南京市教研室联合市新华书店向“振兴阅读行动”实验学校的贫困学生赠送了300本总价近5 000元的优秀儿童图书。苏教版小学语文教材主编朱家珑、李亮及省电视台少儿频道和市电视台少儿频道的记者以及各区县实验基地学校的领导、专家参加了本次活动。

3月2日，南京市文枢中学教师代表十余人开展了“关于校本课程多元化的探讨”为主题的教师论坛活动。江苏省中小学教研室朱纷老师、徐州市教育局赵新济老师、江苏省南通中学姚侃老师等教育教学专家参加了本次活动。教师代表探讨了文枢中学在校本课程多元化方面成功的经验和面临的问题。与会专家对文枢中学实施校本课程研究给予了积极肯定，并给予了理论方向和具体实践上的指导。

智慧碰撞的教师论坛

3月3日，江苏省教科院副院长杨九俊，在溧水县第二高级中学报告厅为全校200多名教师作了题为“新课改的几个问题”的学术报告。该报告共分三个部分：(1) 高中新课改新在哪；(2) 关注高中课改共性问题；(3) 教学问题。杨院长的学术报告深入浅出，对全体与会者更好地把握新课改精神起到了推动作用，有利于教师的专业发展。

为了更好地做好高中新课程的实施工作，解决新课程实施过程中出现的问题，3月3日，南航附中召开高中新课程研讨会。校长室、教务处、高一年级全体教师及全体教研组长参加了研讨

会，大家就教学的现状、出现的问题及解决问题的设想、措施进行了交流发言。

南航附中新课程研讨会

3月5日，各区县语文教研员及全市初中语文骨干教师，在南京市滨江中学召开小班化教学研讨会。这次研讨会，是对重视班级情境、重视互动性学习、体现精致化、多元化教育模式的一种新尝试。

3月6日，鼓楼区班主任协会宁海中学分会成立。作为以热衷于教育事业的现任班主任工作的教师为主体的群众性组织，协会旨在为建立区德育人才而努力，为创建区德育工作的学习型团队而服务。

3月6日至8日，力学小学接受了全国德育实验学校的验收。验收组成员由中国教育学会小学德育研究会会长(原教育部基础教育司司长)姬君式、秘书长傅映柏、副秘书长雷有玉组成。检查评估工作结束后，姬君式会长对学校德育工作提出了殷切的希望："民族精神是灵魂，理想信念是支柱，道德情操是基础，全面发展是目标。"

3月9日，下关区教科室在二板桥小学召开了下关区教育科研"十一五"规划选题论证现场会。国家督学、教育部课程改革专家组成员、原江苏省教科所所长成尚荣，市中小学生心理教育办公室主任祁海燕，下关区教育局副局长张学超，鼓楼区教科所所长徐瑞泰，原下关区教科室朱世伟主任，以及全区各中小教科室主任、教科研骨干教师近60人应邀出席会议。周孝萍副校长作了《板小"十一五"教育科研规划(征求意见稿)》的汇报，朱培波主任代表学校作了《小学"趣智教育"的创新探索》的汇报。

下关区教育科研"十一五"规划选题论证会

自2005年6月1日江宁高中和江苏省教育科学院基础教育研究所联合举办"江宁高级中学

江宁高级中学青年教师发展学校培训会场

青年教师发展学校”以来,学员们坚持个人自学与集中培训相结合的原则,通过各种形式和途径,努力提高自身的专业素养和综合素质。3月11日,教师发展学校首届学员第二期集中培训正式开始。区教育局潘章华副局长、区教科室朱新苏主任应邀到会指导。

3月11日至12日,国家课程标准(苏教版)小学语文教材“评价研究”首次研讨会在南京市南湖第一小学召开。南湖第一小学语文特色教师群体“F6”中的周爱芳和刘宁霞两位老师向与会代表展示《第一次抱母亲》观摩课,与会的广大专家、网友也展开了热烈的交流讨论。会议期间,来自马来西亚的华文教育代表团亲临研讨会现场,聆听了南湖一小青年教师的展示课,并与与会专家领导教师亲切交流。本次研讨会在凤凰语文网作了全程图文现场直播。

南湖一小潘文彬老师致辞

3月11日至12日,内蒙古鄂尔多斯第一中学组织教师到南京第五中学进行为期两天的教育访问。

内蒙古鄂尔多斯一中教师访问南京五中

南京五中教师访问鄂尔多斯一中

3月15日,南京市教研室在宁海中学分校召开了“校本教研”成果展示现场会。与会的是全市初中语文教研组长及初一、初二语文备课组长。通过这次现场会,大家真切地了解到校本教研应是以校为本、以教师为主体、以解决学校自身突出问题为目标的教研,只有这样的校本教研才是有价值、有意义的,是行之有效的。

3月15日,南京第五中学“对话教育项目研究中心”正式揭牌。首批合作学校有南京二十四中、南京第三初级中学和南湖二中。这是南京首家中学项目研究中心。该中心自成立后,举办了

一次以“对话教育”为主题的论坛，举办了一次关于“对话教育”的专家论证会，开展了三次合作学校间的科研交流活动，在一定程度、一定范围内增强了白下区与南京第五中学的教科研氛围。“共度生命历程，共享品质生活”成为对话项目中心合作校的教育追求。

“对话教育项目研究中心”正式挂牌

“对话教育”专家论证会现场

3月15日，南京师范大学附属中学“专家指导制”正式启动。根据《南京师范大学附属中学专家指导工作条例(试行)》，学校实行专家指导制，即聘请专家指导中青年骨干，培养深度研究型教师，从而促进教研组发展和教师队伍建设。启动工作从数学学科开始。学校聘请的四位专家是：南京师范大学教授涂荣豹，江苏省教研室副主任、特级教师董林伟，南京师范大学附属中学特级教师、教授级高级教师陶维林，南京师范大学附属中学高级教师徐延党。

3月16日，鼓楼区教研室召开了小学校本课程建设的现场会，面向全市作了“校本课程开发与研究”的专题汇报。本次活动中，8所小学分别向来自全市的250多名领导与教师上了校本课程研讨课，与会的领导与教师浏览了20所小学制作的校本课程建设专题网页，观看了南京第一中心小学的足球操和小足球队的训练。此前，鼓楼区成立了“校本课程管理工作领导小组”，制定了《鼓楼区中小学校本课程建设指导意见(试行稿)》；全区33所小学中，有26所小学拟定校本课程开发方案，编制校本课程教材。省、市领导对鼓楼区校本课程建设给予充分肯定，希望校本课程建设能够在促进全体学生的个性发展，促进教师的专业成长，促进学校特色与理念的形成，发挥积极作用。

3月16日，鼓楼区中学教学常规管理现场会在宁海中学分校召开。市教研室杨昭主任、市中教处王卫处长、区教育局王强副局长、各中学校长、教学校长以及教务主任参加会议。宁海中学分校和育英外校进行大会交流。杨昭主任从“制度管理与人本管理的关系”“过程管理与管理过程”“管理的常规与常规的管理”和“显性管理与隐性管理”四个方面作了精辟的论述；王卫处长指出鼓楼区要成为高素质教育的一面旗帜，必须走抓管理的内涵发展道路。本次会议上颁布了《鼓楼区中学教学常规管理条例》。

3月17日，“南京市高中体育与健康新课改实验选项教学观摩研讨活动”在六合高级中学举

行。省、市体育教研方面的专家和市高中体育教师 50 多人参加了本次活动。六合高级中学 8 名教师展示了公开课，郑立新老师作了专题发言。此外，《六合高级中学体育与健康选项教学实施方案》获省级评比二等奖。

3 月 22 日，基础教育专家胡百良应邀在南京外国语学校仙林分校作《办好一所学校的首要条件是有一个正确的办学思想》专题报告。报告先追溯了应试教育的由来，然后结合我国目前的教学现状，从理论上剖析了素质教育与应试教育的区别，用大量的事实、数据论证了应试教育对人的全面发展、终生成长所造成的危害。最后，胡校长希望教师们加强对教育本质的认识、明确基础教育的根本任务、正确对待来自社会的升学压力，坚持学生素质的全面发展、坚持执行国家课程计划、坚持改革创新。

3 月 24 日，南京凤游寺小学赴溧水县柘塘中心小学"送教下乡"。凤游寺小学 5 位骨干教师在柘塘中心小学上了两节语文、两节数学和一节英语公开课，课后 5 位教师结合所上课例介绍了她们对教材的理解和各教学环节的设计理念。

"送教下乡"教师合影

凤游寺小学林静校长、王健秋主任及少先队辅导员马丽娟老师全程参加了活动，并就学校教育教学管理工作与柘塘中心小学领导进行了交流。

3 月 25 日，南京市教育局周文海副局长、市教研室肖林元副主任带队对南京第十二中学进行教学调研，下关区朱劲松副区长、区教育局领导陪同。周副局长、肖副主任在听取了齐道兰校长的汇报后对下关的高中教学尤其是第十二中学的高中教学工作提出了要求，对 2006 年的高考复习工作作了重点布置。

3 月 26 日起，拉萨路小学分校承办为期五天的 2006 年全国求知计划培训工作。培训对象为来自湖南、湖北、江西、安徽、山东、北京、江苏等省份的 45 名教师。该课程的目标并不仅仅是要让学生掌握计算机操作技能，更重要的是在教师的指导下通过一些基本的课题探究活动培养他们的创造性思维能力和团队合作精神。这一计划致力于为学生设计出一系列有意义的学习项目，创造出一种基于项目的学习氛围，为学生提供有针对性的社区课外 IT 教育和相关的动手实践机会，从而提高青少年掌握信息技术的能力并进行创造性的学习。

3 月 27 日，南京市中小学生科技基金会毛会长、南京市中小学生科技基金会刘秘书长、溧水县关心下一代工作委员会曹玉华主任等领导来柘塘中心小学，对孙克根老师主持的市级立项课题"棉花的适时摘顶与产量、质量的关系"进行中期检查。检查组领导对该课题研究方案的实施以及取得的阶段性成果给予了充分的肯定，同时对课题的后期研究进行了指导。

3 月 27 日至 28 日，北京东路小学附属幼儿

园作为“第二届全国幼儿科学教育研讨会”的分会场之一，迎来了来自全国各地的会议代表200余人。大家共同观摩研讨了6节研究课，还就有关幼儿科学与数学教育的热点问题进行了研讨。南师大唐淑教授、南师大张慧和教授、特级教师陈国强、朱莉瑶老师等出席了研讨会。本次活动由中国学会教育研究会课程与教学专业委员会主办，由南师大教科院、江苏省幼教研究会承办。

3月27日至4月9日，沿江工业开发区第八届中小学教学年会举行。年会的主题为“优化教学设计，促进有效教学”。年会活动主要分全科活动和学科活动两大部分，同时进行年会教学论文征集、评比与交流。

华东师范大学教育专家陈玉琨教授承担的国家自然科学基金项目“发展性学校教育质量保障体系远程支持系统实验研究”，于3月29日至31日在南京师范大学附属中学举行活动。来自华东师大的专家，和来自上海、广东、广西、山东、山西、四川、河南各地的教师，对南京师范大学附属中学外语、物理、历史学科的17节展示课进行了集中评议。课题组进行了课题研究的交流，陈玉琨教授还作了题为“课堂教学诊断技术”的学术报告。

3月30日，江苏省教育学院徐建成教授在溧水县柘塘中心小学为全校教师开设了《课堂教学操作问题研究》的讲座。讲座共分四个部分：(1)课堂教学的逻辑起点；(2)课堂教学的理念；(3)课堂教学的一般流程；(4)体会和建议。该讲座中徐教授的“两自一归纳”理念与我县实施的“一优二促”工程不谋而合，提高了教师的思想认识，开阔了教师视野。

3月30日，南京工大附中(八中校区)举办南京市小班化试点学校教育研讨会。市教育局中教处、市教研室、区教育局、区教研室等有关领导、教研员及兄弟学校的校长和教师共90余人与会。这次活动的主题是：灵动的小班化课堂教学策略研究。

南京市小班化试点学校教育研讨会现场

3月30日至31日，联合国人居环境署南京水环境教育教材审查会在宁召开。南湖第三中心小学王克非校长应邀参加会议，并在会上就综合实践活动中水环境教育教学情况与国内外专家进行面对面交流。南湖第三中心小学教师关于开展水环境综合实践活动的五篇教学设计

联合国人居署南京水环境教育教材审查专家

入选联合国人居署亚洲城市水环境教育教学参考书。联合国人居环境署负责人安德鲁先生对南湖第三中心小学总结出的综合实践活动实施模式——生活实践式、活动整合式、学科延伸式，给予了高度评价。

3月，南京财大附小"十五"期间研究的两项课题"小学体验性学习活动的研究""体验性评价的研究"顺利结题。课题组对学校这几年间的研究内容进行了梳理，整理出鉴定小组所需的各项材料，并修改完成了"体验性评价"的结题报告。鉴定组听取了课题研究报告，观摩了体验性学习活动、"青苹果、红苹果"超市，查阅了课题研究所积累的资料，并进行了集体评议。

3月，江苏教育学院附属小学刘春生副校长代表学校接受凤凰卫视中文台的采访。

3月，为不断提高高淳县教师的学历水平与理论素养，高淳县教研室与苏州大学合作组织开办了教育硕士高淳办班点。

3月，由下关区教育局、区教师进修学校、区青少年综合实践活动基地领衔，全区中小学、幼儿园联合参与的省教育学会立项课题"青少年素质教育综合实践活动基地课程开发与实施的研究"结题。该课题依托下关区在江宁汤山镇建立的青少年综合实践基地，以构建一个融校内学科课程拓展和校外实践课程开发为一体的课程体系为目标，在新课程实施和区本课程、校本课程开发方面研制了一套具有科学理念支撑的实施方案。

4月3日，栖霞区和雨花区区际联合美术教学研讨活动在栖霞区实验小学举行，参加活动的两区美术教师共60人左右。二公司小学程思老师的公开美术课《动物朋友》，抓住学生喜爱动物这一特点，准备了许多动物图片给学生欣赏、观察、比较，使学生能准确地抓住不同动物的外形特征，课堂气氛活跃，作业效果好。南湖一中傅幼康校长为美术教师们开设了怎样写好美术案例的讲座。

观摩教学中的程思老师

傅幼康老师在做讲座

4月3日，南京晓庄学院与南京宁海中学签订了实践基地协议。

4月4日，沿江工业开发区第八届教学年会小学数学学科活动在九龙小学举行。本次活动主题为“探究性数学教学活动的创设”。活动以常态下的课堂教学为突破口，通过开展展示课、说课、评课、反思等活动，力争创建“和谐、灵动、高效”的数学课堂。

4月4日，北京中教服教育服务中心组织全国各地中小学校长近300人赴东庐中学举行江苏省典型特色名校观摩会。教育部基础教育司原司长王文湛莅临指导。王文湛等同志观摩了东庐中学的教改成果后，对东庐中学的教学改革给予了很高的评价，指出：东庐中学的教学改革，为我国农村的初中教育教学提供了很好的借鉴经验，值得推广。

4月6日至7日，南京市小学科学“使用新教材好课评比”活动在古平岗小学举行。经过评委们公开、公正、公平的评比，选出了一等奖选手6名，二等奖选手8名，三等奖选手14名。南京市一等奖选手胡翔海、饶广荣参加江苏省小学科学“使用新教材好课评比”，分别荣获一等奖和二等奖第一名。

南京市小学科学“使用新教材好课评比”的专家

4月7日，力学小学在南京师范大学吴贻芳报告厅举办了“南京市小学语文学科课程建设研讨会”。活动展示了一节课内阅读课《第一次抱母亲》，一节课外阅读指导课《语言的魅力——曹文轩、秦文君、杨红樱作品语言风格比较谈》以及少儿文学院读书活动“我在书中等你”。学校以“蝶舞语文·我心飞扬”为题介绍了“简单语文·快乐语文·开放语文”的校本特色建设，市小学语文品牌班的10位教师就个人专业发展与学科课程建设进行了论坛互动交流。

4月7日，南京民生实验小学的5位青年骨干教师受邀到安徽芜湖官陡小学，拉开了两校间青年教师教学交流活动的序幕。在一天的教学交流中，民生实验小学的老师展示了包括语文、英语、数学、音乐等学科在内的五节公开课，课堂上充分体现了自主、合作、探究的学习方式，展现了平等、民主、和谐的师生关系。课后两校教师还就教学的各环节进行了广泛而深入的交流。

青年教师教学交流

4月8日至9日，江苏省中学物理青年教师教学大赛活动在南通如皋举行，大赛分高中组和初中组，我市金陵中学夏广平老师和第十三中学蒋苏萍老师分获高中组和初中组省一等奖，南京师范大学附属中学陈明老师和江宁周岗中学刘为浒老师分获高中组和初中组省二等奖。

4月8日，在建邺区举行全国课改实验区苏教版小学语文实验教科书首届阅读课堂教学大赛。首次阅读大赛由教育部基础教育课程改革南京师范大学研究中心、江苏省中小学教研室、中国教师报、江苏省教育学会小学语文专业委员

会等单位联合主办，南京市建邺区教育局承办。参加此次大赛的有来自山东、安徽、福建、广西、广东、贵州、海南、湖北、内蒙、山西、陕西、云南、江苏等13省各大市的39位选手。此次大赛共评出一等奖21名，二等奖18名。首届阅读大赛充分体现了课程改革理念，有助于加强阅读教学的研究及进一步推进苏教版小学语文教材实验工作的开展。

南京市教研室汪笑梅书记致辞

4月10日，应邀参加《南京市教育志》编撰工作的全国知名教育专家一行30人访问金陵中学河西分校。

《南京市教育志》专家访问金陵中学

4月10日至16日，中国教育部和法国科学院合作项目“做中学”科学教育研究——幼儿园探究式科学教育案例开发及标准制订工作交流会在东南大学举办。中国教育部基础教育司的有关负责人，中国科学院韦钰院士，法国教育部总督学 Jean-Pierre Sarmant 和科学教育专家 Edith Saltiel 到会。全国“做中学”试验区南京、北京、上海、汕头和大连的教育行政官员、教研员和实验点的教师共计100余人到会。4月11日下午，法国专家和全体会议代表参观了我市第一幼儿园和太平巷幼儿园；4月13日上午，全体会议代表到南京实验幼儿园，现场观摩了该园的“做中学”教学活动：中班的“数豌豆”（马怡老师执教）和大班活动“空气系列——瓶子里有空气吗？”（徐毅老师执教）。教学活动结束后，法国专家与两位执教教师进行了面对面的交流，并高度评价了这两节课，认为南京的幼儿教师已具备了开发和组织高水平“做中学”教学活动的水平。

南京实验幼儿园的孩子们在做关于“空气”的实验

为按照“开发校本课程、加强校本教研、形成校本特色”的思路推进小学体育课改的深化，南京市教研室于4月11日在玄武区小营小学举办

法国专家与南京市“做中学”试点幼儿园的教师进行交流

了“小学足球校本课程观摩展示活动”。足球课教学在注重技能传授的同时引发了学生的兴趣，校足球队与玄武体育教师的友谊赛更是引发了广大师生浓厚的兴趣。

小营小学全校学生的足球操展示了“脚下”功夫

4 月 11 日，南京市教研室在鼓楼区政府大厅召开听证会。由政府官员、教育专家、社会学者组成的评审团，听取了力学小学四(7)、五(4)班同学关于垃圾车漏水、校园门口车辆行驶限速问题的研究汇报，并对他们的方案进行了论证。听证会上小公民们用掌握的法律、法规及政策条文，用大量的事实、数据、图表、照片来论述自己的观点。用自己的感受说明：开展公民教育实践活动的过程就是宝贵的成长经历，这个过程将改变着自己对自己、对生活、对社区、对社会的认识与责任。小学生们的行动得到了有关部门的高度关注。区政府采纳了孩子们的建议，出资解决了这一问题。公民教育实践活动这种新型的德育实践活动和在政府行政大厦召开听证会的特别方式，引起了与会者的极大震撼和称赞。这是一次特殊的、精彩的、富有意义的教育活动，《江苏卫视》、《直播南京》、《扬子晚报》等新闻媒体对这次听证会进行了跟踪报道。

4 月 11 日，中国教育协会中育教育发展研究中心组织全国各地局长、校长近 270 人到溧水东庐中学参观、考察。中央教科所原常务副所长滕纯亲临指导。与会代表观摩了东庐中学的课堂教学，亲身体验了讲学稿的使用方法过程。滕纯从教学研究的高度对庐中的改革进行了分析并给予了充分肯定。

4 月 11 日至 14 日，鼓楼区教研室举办了幼儿园艺术教育研讨活动，来自北京、西藏、内蒙古、新疆、安徽、浙江等多个省市及本市、本区幼教同行 150 余人参加了研讨、交流活动。大家观摩了市第三幼儿园、南师大幼儿园、省级机关实验幼儿园及三八保育院的 9 节美术、音乐活动，听了 4 位教授、名师、学科带头人的现场点评以及 3 个微型讲座，聆听了南师大孔起英副教授、江苏教院谈亦文副教授有关美术、音乐方面的专题报告。针对报告与教学活动，同行们还进行了互动交流。

4 月 13 日，南京市先进教研组南京花园中学化学教研组面向全市开展了校本教研远程观摩活动。市教研室杨昭主任、市教研室信息中心陈

平主任、市化学教研员刘江田老师及鼓楼区、玄武区、栖霞区部分化学教师观摩了本次活动。花园中学的校本教研的案例充分说明现代化网络为构建开放型的校与校、区与区之间合作研究的教研活动提供了一个新的平台。

南京市基础教育第五届课程改革现场地理学科活动于4月14日在南京第二十七中学城南中学举行。南京江苏教院附中初中部邱洁老师、南京第十八中学姚龙威老师开设了研究课，南湖二中张静老师作了关于课堂教学设计的“微型讲座”。

4月21日，江苏省小学生艺术教育现场会暨“赤小之春”书画教学观摩活动在江苏省妇女儿童活动中心隆重召开。此次会议由江苏省艺术教育委员会和南京市艺术教育委员会联合主办，南京市鼓楼区教育局、南京市赤壁路小学承办。来自全省的100多名各县市艺术主管领导参加了这次会议。参加会议的主要领导有：全国艺术教育委员会委员、华东师范大学艺术教育研究中心主任钱初熹教授，江苏省教育学会王世华副会长，江苏省美术家协会朱葵副主席，江苏省妇女儿童活动中心沈梅主任等。

江苏省小学生艺术教育现场会会场

“赤小之春”书画教学观摩

4月21日，由江苏省生态学会、江苏省环境学会组织全省100所中小学生态环境实验学校的10 000名学生开展的“节约资源，爱护环境”科普活动开幕式在南京市锁金村第二小学拉开帷幕。同时，这也是几年来一直以生态教育作为特色教育的锁金村第二小学第一届“生态节”的开幕式。锁金村第二小学的学生与南京林业大学学生进行了以“宣传科学发展观——节约生活、健康生活、安全生活、创新生活、创造中国”为主题的“大手拉小手”科技传播活动的签名活动。

4月21日至24日，中国化学协会化学教育专业委员会和北京师范大学化学教育研究所在教育部《中国基础教育化学课程网》、《化学教育》杂志、山东省化学教研室及全国其他实验区省化学教研室等单位协助下，在山东烟台龙口举办全国实验区高中化学新课程实施成果交流大会。大会交流了教材使用和教学研究的成果及经验，评选并表彰了先进学校以及优秀教学成果。南京外国语学校等学校获得全国高中化学新课程实施先进学校称号。

4月23日至25日，力学小学在南京师范大学吴贻芳报告厅举办了“江苏省小学音乐课程改

革观摩研讨活动”。本次活动既有课堂教学观摩，又有课外活动欣赏；既有学生展示，又有教师献艺，真实地展示了学校“心的音乐·乐的音乐·美的音乐”的初步成果。著名特级教师、音乐教育家刘德昌教授为400多位与会代表作了专场讲座。

4月24日，青云巷小学举行了大型美术教学观摩活动。省市教研室领导、全市众多艺术界人士、美术教师和无锡市十多位美术教育界同仁前来参观指导。学校青年教师王艳、阎晗首先向来宾们展示了两节美术课。随后来宾们饶有兴趣地观摩了书画兴趣小组孩子们的现场书画表演。最后大家参观了富有青云巷小学特色的师生书画展。其中，《狮子桥》长卷、《金陵揽胜》组画给与会代表留下了很深的印象。国家一级画师、省美术家协会副主席朱葵先生参观了青云巷小学书画展后说道：“青云巷小学书画展童心闪烁、情趣盎然。”

南京师范大学附属实验学校英语教研组，于4月24日向国家基础教育实验中心外语教育中心递交了全国基础教育外语教学研究资助金项目2006—2007年课题申请书，经专家评审组评审，“高中学生英语词汇学习策略的调查与培养”被批准立项，定为国家级“一般课题”，成为南京市唯一获得课题立项的中学。

4月25日，拉萨路小学分校举办市“数学化校园建设与应用”研讨活动。来自全市的70多位专家、教师，共同分享了拉萨路小学分校的数字化校园建设的成果。活动中，严瑾校长向大家介绍了分校建设与发展情况，信息中心唐峰主任以“科学管理，服务教学，以数字化带动学校现代化建设”为主题作了专题发言，市电教馆洪主任作了题为“怎样上好一节信息技术与学科有效整合课”的专题演讲。

4月25日，南京市第三初级中学接待了美国北卡罗拉州中美校际项目交流组织梅巧、韩琳两位正副主席教育官员。

为推进青少年科技素质，充分发挥科技馆的科普平台作用，南外仙林分校与江苏省科学宫共建科学素质教育基地，并于4月25日下午举行了基地揭牌仪式。

4月25日至27日，南京市教研室举办了南京市首届“七彩语文”杯美文美诵大赛，共有力学小学等67所南京市“振兴阅读”实验学校参加了预赛。5月26日在南京市小红花艺术团剧场举行了决赛，最后决出本次大赛的10个金奖。本次活动是南京市教研室首次举办的全市范围内的小学生诗文诵读比赛，对推进小学生课外阅读，鼓励学生“多读书、读好书”起到了积极作用。

南京市首届“七彩语文”杯美文美诵大赛

4月26日，江苏省公安厅禁毒部队、江苏省教育厅法规处，南京市公安局禁毒处的领导来到南京大学附属中学观摩了两节毒品预防教育示

范课。倪爱华老师与曹菊老师运用现代化教学手段，给学生以更加直观的感受，使学生在思想上对毒品有了进一步的了解，对毒品给社会和人类造成的危害有了更深刻的认识。观摩课后，相关领导与政治教师进行了交流。

4月26日，鼓楼区教研室组织了四个学科的优秀青年教师参加苏、锡、常、镇、宁五城区教学研讨活动。本次研讨会围绕“实施有效教学，促进学生发展”这个主题进行。这次研讨会第一次启用了会标和会旗，鼓楼区美术教研员吴茵乔老师设计的会标方案中标。

4月27日，五老村小学数学特级教师魏洁、语文特级教师庄永洲到江苏省涟水县红窑镇宁红希望小学为孩子们上课，给教师讲座。2000年由南京市政府牵头，五老村小学与宁红希望小学建立城乡手拉手联谊学校关系，几年来，五老村小学在教育教学、教学管理、教学设备等方面，给予宁红希望小学很大帮助，受到师生欢迎。

循循善诱的魏洁老师

4月27日，南京市滨江小学师生接待了香港第五届“小学中国语文菁英学习团”。10位在全港第五届“小学中国语文菁英计划”大赛中脱颖而出的学生与滨江小学六(3)班的42位学生在一起上了一节由倪燕老师执教的语言和谐明快、风格缠绵哀婉的古词——《长相思》。在随后的互动游戏中，多才多艺的两地学生各展所长，表演了精彩纷呈的文艺节目。香港小学中国语文教育研究学会刘筱玲会长和特别行政区教统局课程发展主任陈锦雄先生对这一交流活动给予了高度的评价。

滨江小学师生欢迎香港小学中国语文菁英学习团

4月28日，双闸中心小学对家长、社区、教育界召开了“弘扬团队精神，提升师资素质”的现场会。参加本次活动的有部分学生家长、社区单位、街道的领导，省、市、区教育行政、业务部门的领导，建邺区各小学校长及各校骨干教师代表。

“弘扬团队精神，提升师资素质”现场会

4月28日，南京市初中化学中考复习研讨暨校本研究观摩活动在江宁陆郎中学举行。南京市各区县化学教研员及部分骨干教师代表参加了研讨观摩活动。上午，与会者结合报告和研究课，对市、区教研活动如何引领校本教研、加强学科教研组建设、提高试卷讲评课的实效性等问题展开了深入研讨。下午，各区县化学教研员交流了本区县中考模拟试卷命题总结及考试质量分析情况，就中考、模考命题如何体现新课程理念、适度创新等问题进行了探讨和交流。

南京市初中化学中考复习研讨会

4月30日，南京师范大学教科院冯建军教授、南京晓庄学院王本余博士、沿江工业开发区教师进修学校培训处有关教师与扬子第二小学课题组教师及所有青年教师在扬子二小校会议室就小班化问题开展了沙龙式的研讨。

2006年年初，南京文枢中学初中部进行了校本课程的编写，并在校综合实践活动中逐步实施，4月，校本课程《风筝》被评为初中优秀校本课程方案。

4月，南京市第三初级中学部分教师参与南京市“网络环境下的教师继续教育的研究实践研究”课题研究。通过研究，学校教师在网络教研方面积累了一定的经验。丁玉祥老师撰写的《基于教育Blog，开展互助分享开放有效的校本研修》研究成果被收录到科学文献出版社出版的《网络环境下教师继续教育研究与实践》一书中。

4月，南京市文枢中学初中部积极承办了南京市课改展示课活动及课改现场会。

4月，江苏省教院附中邀请江苏省教研室全体教研员到校，与学校全体教研组长、备课组长对口座谈、交流。听取了全校教学情况汇报后，省教研室各位教研员肯定了教院附中各科教学的成绩和经验，并对教院附中今后的教学工作提出了指导性意见。这次交流，探索了具体的教学单位与上级教研部门合作研讨的新路子，有一定的借鉴作用。

4月，为不断提高英语教师的口语水平，直接体验西方教育特色与文化特色，在市教育局等有关部门的关心下，高淳县教研室成功主办了本县中学英语教师的暑期就地留学班。

高淳中学英语教师暑期就地留学班

4月开始，溧水县教研室在全县范围内启动了扶持薄弱学校、薄弱学科活动。本次活动组织了各门学科优秀教师组成了讲师团，开展了持续近两月的送教下乡活动，上万名农村学生享受到了优秀的教育资源。

5月9日，南京市教研室在武定新村小学举办了“小学民族民间体育校本课程观摩展示活动”。全校学生的广播操和武术操体现了体育的全体性，按班级展示的各项民族民间体育活动内容丰富，体现了体育的兴趣性和针对性。体育课上展示了学校开发的踩高跷项目，学生兴趣浓厚。整个展示活动内容丰富，形式多样。

武定新村小学生展示的武术“剑术”身形神合一

南京市教研室于5月9日举行了“第一届南京市小学生英语短剧比赛”。来自全市14个区、县的共29所学校参加了比赛。经过激烈角逐，北京东路小学等11所学校获得了一等奖，夫子庙小学等18所学校获得了二等奖。大赛还评出了最佳剧情、最佳语音、最佳服装道具、最佳表演、最佳语音语调和最佳机智单项和个人奖项。此次比赛大大调动了学生学习英语的积极性，有效推动了小学英语课程改革。

5月9日、16日和23日，在市教研室分别召开了三次南京市初中物理考试评价研讨会。会议研讨的主题有：(1) 对区县一模试卷的评析；(2) 对中考物理命题技术的研讨。会议根据教育部理科项目评价组的建议，对各区县模拟试卷从目标结构、内容结构、题型结构和难度结构方面进行评析，从总体上说明试题的主要特点并提出改进建议，并完成各区县的评价报告。另外，就考试中应如何考“双基”、试题情境化素材的选取和运用、考试中如何考科学探究、考试中应如

何体现情感态度与价值观的课程目标以及命题改进的具体策略等问题均做了深入的探讨。

5 月 10 日，南京拉萨路小学进行了名师工作室的成立仪式以及南京若水智慧教育研究中心的揭牌仪式。南京若水智慧教育研究中心隶属于南京拉萨路小学，是经过注册的专门从事教育教学研究的机构。中心下设南京市拉萨路小学名师工作室，拥有刊物《智慧教育研究》，兴建网站“智慧教育网站”，定期举办“智慧教育论坛”，聘请国内外知名专家学者担任理论顾问。“深化智慧教育研究，光大智慧教育品牌，促进教师教育智慧生长，实现使学生更勤奋、更聪明、更快乐的办学追求”是研究中心的工作宗旨。

5 月 12 日，2006 年江苏省教育学会小学数学优质课评比活动在南京师范大学附属小学隆重举行。来自全省各市的教研员和小学数学教师共 500 多人参加了这次教学评比与研讨活动。在 31 节观摩课中，来自省内各市的上课教师各显风采，充分展示了我省在新课改背景下小学数学课堂改革的成果，他们用鲜活的课堂实例向在场的所有观摩者生动地诠释了数学教学的真谛。

5 月 12 日至 14 日，应南京南昌路小学的邀请，韩国首尔新踏初等学校的文化交流团对学校进行了为期三天的参观访问。三天中，学校陪同韩国师生参观了具有历史意义的南京著名景点——中山陵、引起世人警醒的江东门南京遇难同胞大屠杀纪念馆；36 名韩国学生与学校的学生手拉手结对走进中国的家庭，享受“中国式”的家庭生活；韩国学生进入学校的课堂，体验在中国课堂里与老师、好朋友之间进行互动、探索、交流的喜悦。

南昌路小学师生与韩国师生合影

5 月 15 日，由南京第一中学张宏老师主持的课题“信息环境下师生评价新平台的开发与应用研究”经审定，被中央电教馆立为“十一五”全国教育技术研究专项课题。目前课题正在研究中。

5 月 16 日，南京大学附属中学举办了“学校资源社区化，社区资源学校化”的课题认证会。杜惠英副校长主持了会议并作了课题总报告。与会专家与领导对这项课题的立意给予了极高的评价，认为这项课题特别有价值意义，是课题研究在理论上的创新。和谐社会、学习型社会、全面小康社会的创建对学校教育、社区教育提出了更新、更高的要求。在当前比较功利的教育氛围中能坚持此项公益性研究，它的意义和价值是不可估量的。

5 月 16 日，南京市“八校联合体”工作会议在南京市六合区实验高级中学召开。市教研室肖林元副主任亲自参加会议并对高三最后阶段的教学工作提出了明确的要求：早（工作要提早做）、准（工作重心要准）、实（工作要做到实在）。与会代表还就新高考方案下新高二的分班问题进行了研讨。

南京丁家桥小学构建了丁小特色教学资源库，实现教学资源共享，开通丁小博客。5月18日，丁家桥小学面向全区进行融课题研究、教研培训为一体的教学展示活动，邀请《生命教育》一书的作者、南京师范大学冯建军教授担任点评。教育局长、进修学校校长等亲临指导。《“上博客，做教研”——丁小博客网开通啦！》和《让生命之花在丁香园里绽放》两篇汇报稿，刊登在《鼓教天地》上。

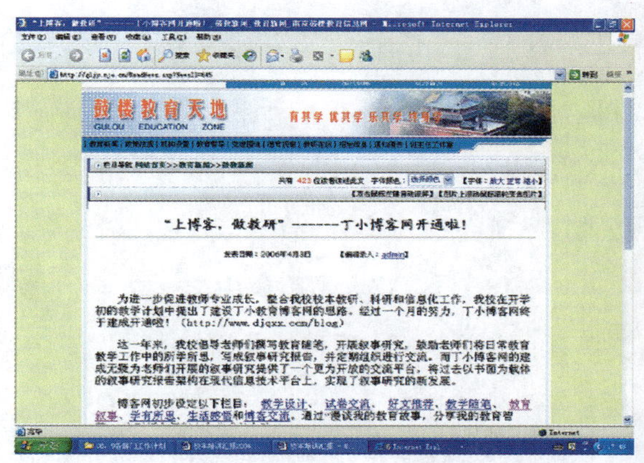

“丁小博客网开通啦！”

5月19日，鼓楼区“名、特”导师制幼儿园专场教学展示活动在鼓楼幼儿园举行。参加此次活动的有本区的市区青优、学科带头人，各园的业务园长和教学骨干等。“名、特”教师导师制是鼓楼区实施“三名工程”的重要举措，通过名、特师与市区青优结对的方式来促进梯队的形成，带动优秀教师的快速成长。

2—5月，栖霞区的晓庄师范附属小学、南炼小学参加了江苏省教研室与美国公民教育研究中心共同研究的“公民教育实践活动的研究”课题的研究与实践活动。晓师附小的房爱斌和南炼小学的顾琳分别就“新联厂门口路边摊、店污水排放问题”和“小区黑车”等12个社会问题进行系列实践活动。并在5月19日，向全区的品德教师进行了专题经验汇报，听政的材料进行了展览。

5月19日，全国首席德育专家、南京师范大学教育科学院、教育科学研究院名誉院长、博士生导师、中国教育学会德育专业委员会主任——鲁洁教授率无锡、常州、江宁等地的德育专家、教授赴栖霞区太阳城小学参加了栖霞区教研室组织的《〈品德与生活〉〈品德与社会〉课外延伸实践的研究》研讨会。

研讨会上的鲁洁教授（前右）

5月19日，由江苏省教育学会教师教育专业委员会、江苏省教育学会和谐教育专业委员会、《小学教师培训》编辑部、南京市教育家协会、南京市小学语文教师品牌组联合举办的江苏省小学和谐教育研究学术沙龙暨王兰教育思想研讨活动在长江路小学举行。来自全省的数10名特级教师和100多名教师代表应邀参加了此次的沙龙活动，许多老师在发言中对王兰的教育思想做了精辟的论述。南京市教育局徐传德局长、马砾处长也应邀参加了这次活动。

徐传德局长到会祝贺

5月20日至23日，由2005年全国中考数学考试评价课题组主办、南京市教学研究室承办的“全国中考数学研讨会”在南京市雍园宾馆召开。南京市30余位数学教研员和教师参加了会议，并与来自全国各地的70余位数学中考评价专家、命题人员进行了广泛而深入的研讨。

5月22日，南京市各培智学校约80多名教师在南京市教育局初教处、南京市教研室的组织下，在南京特师二附小开展了培智教学研究课活动。特师二附小的8名优秀青年教师开设了《实用语文》、《实用数学》、《生活训练》、《感知》等校本教材研究课。课堂上教师们凭借扎实的基本功、灵活的教学形式，对智障学生分层指导、个别辅导，给特教教师们留下了深刻的印象。此次研究活动促进了南京市培智教育的校本课程、校本教材的进一步发展。

5月22日，唐山路小学邀请80多名幼儿园大班的小朋友及他们的家长，举办了一次“幼小衔接”活动。教导处孙丹丹主任结合学校近年来取得的成绩作了工作汇报。随后举行了小型的汇报演出，竖笛、口琴、鼓号、健身操、古筝等节目的精彩表演深受来校参加活动的家长与小朋友们的赞赏。

5月23日，南京市“小班化优质课展示”活动和市小教培训中心主办的“小班化教学岗前培训”活动在同仁小学进行，来自不同县、区的6位教师为大家献上了6节优质课。同时，“小班化教学岗前培训班”的教师也分别听了同小6位老师的精彩展示课，并参观了小班环境的布置。以赵敏校长为首的4位教师还分别就“环境、合作、评价、特色”四个方面向教师们作了汇报。

“小班化教学岗前培训”现场

5月23日，2006年下关区教育信息化工作现场会在滨江小学隆重举行。会议由区教育局张学超副局长主持。滨江小学校长林仁礼作了题为“应用引领发展，效益体现价值”的工作汇报，臧卫民、李霞、严梅、张瑞如4位教师分别演示了学校管理平台中的电子备课系统、成绩查询系统、网络评语系统、VOD点播系统、校园博客系统、电子助教平台系统、配套电子光盘系统，全面展示了滨江小学信息化建设的成果。第三十九中许能荣副校长、进修学校郭荣校长分别作了题为“立足教学完善体制，适度超前”和“以应用为核心，以质量为目标，加快全区教育现代化发展”的交流发言，市电教馆刘卫平副馆长作了重

要讲话，区教育局汤志平局长就推进全区信息化工作提出了明确的要求。会上下发了《关于加快推进全区教育信息化工作的意见》、《下关区教育信息化应用评估细则》。出席会议的还有市技装处王祥明处长，区教育局董洪贵、周兵、王启伦副局长、教育局相关科室负责人和全区中小学校长和电教中心负责人。

2006 年下关区教育信息化工作现场会

为了扩大苏教版教材的影响，活跃教学研究的氛围，探讨新课程下的课堂教学问题，提高教师教学水平，江苏省教学研究室于 5 月 24 日至 25 日，在常州市武进区星辰实验小学举办了苏教版科学教材教学观摩评比活动。天妃宫小学的胡祥海老师代表南京市在省级比赛中取得了一等奖的好成绩。

5 月 25 日，高淳高级中学张培成老师主持的省级课题“中学生主体性品质培养的研究”、赵新华老师主持的市级课题“中学生自主管理策略的研究”顺利结题。专家组组长、市教科所刘永和所长对这两个课题的研究过程及推广价值予以充分的肯定，并希望以此为契机进一步提高学校的教育教学水平。

3 月 16 日，下关区第二实验小学五年级对全市各区县的专家、领导和老师，展示了“有关城市占道经营问题的研究”公民教育实践活动。5 月 26 日，下关区第二实验小学四年级又对全区教师展示了关于“小摊点垃圾问题的研究”“行人闯红灯问题的研究”“食品安全问题的研究”三项公民教育实践活动。这些问题的全部研究活动都由学生自主完成，两次展示会都呈现了他们的研究成果，并接受城管大队、交警大队、工商局等部门相关人员的听证。学生们制订了方案，应对城市占道经营、小摊点垃圾、行人闯红灯及食品安全问题。从学生选择问题、收集资料、调查研究、制订方案、汇报听证等一系列过程中，我们看到了学生走进生活、走进社会的一种学习方式，看到了学生丰富的感受和体验，看到了学生丰富的积累和智慧，看到了学生一定的探究、合作和交往能力，看到了教育的生机和活力。这样的公民教育实践活动为学生打开了一扇关注社会的大门，使学生有机会参与到社区公共问题的决策，有机会学习关注社会的和谐建设与发展。《直播南京》等新闻媒体对展示活动进行了跟踪报道。

5 月 26 日，南京市个性化作文研讨、交流活动在雨花台中学举行，10 余所学校的语文老师参加了研讨。张鹏丽老师作了《在调查、研究中提高》的讲演，陈述了她对个性化作文的思考与做法。梅岚和张玲两位老师分别作了《新课标下作文个性化教学》、《在规矩的制约下自由地跳舞》的发言。一中实验校、中华中学、十三中、溧水县中等学校的老师也分别畅谈了他们对个性化作文的理解和思考。

5 月 29 日，南京市首届小学生“七彩语文”杯

美诗文诵读大赛(决赛)在南京市艺术小学落下帷幕。决赛共评出金奖10名。5月26日在南京市小红花艺术团剧场举办了首届全市小学生美诗文诵读比赛,作为南京小学生振兴阅读行动计划的一部分,本次大赛吸引了全市67所学校的近900名学生参加角逐。最后,南师附小等10所学校获得了大赛的金奖。本次活动有力地宣传并在更大范围内推进了南京市小学生的课外阅读。

“七彩语文”杯美诗文诵读大赛决赛

5月30日,鼓楼区品德学科课改基地渊声巷小学向全市举行了品德学科教学展示活动,朱玉玲校长作了题为“积极开展德育实践活动,全面推进学科基地建设”的专题汇报;市优秀青年教师王俊梅执教了我市地方课程金陵文化《四通八达的南京交通》一课。王老师把校本课程与地方课程有机结合,受到了较高的评价;展示会上,参与江苏省公民教育实践活动项目研究的四(2)班同学进行了模拟听证会,研究小组的同学们围绕关于自行车失窃问题,分四个小组作了汇报,并接受了听证员的提问,同学们的回答,博得了听课老师的阵阵掌声。

5月30日,天津教科院基础教育研究所所长王敏勤教授到东庐中学考察指导。王教授对东庐中学实施的“以讲学稿为载体”的教学改革颇为赞赏,并为全校教师作了关于和谐教育的微型讲座。

5月30日,南京大学附属中学邀请北京著名家庭教育专家肖宇赫老师为高一年级400余名家长举办了主题为“家庭教育与学习方法指导”的专题讲座。讲座分为家长如何帮助孩子远离早恋、网络游戏、毒品等,怎样激发孩子的学习动力,如何提高学习效率、摸索适合自己的学习方法,考试要求的综合素质和从哪些方面培养自己的实力五个专题。

5月30日,由栖霞区教研室、栖霞区电教中心承办的南京市《数理平台在常态教学下的应用》研讨会在南京伯乐中学成功举行。南京市14个区县的电教中心领导、省信息技术实验学校领导、数学教师代表以及南京市电教馆的领导共计100余人参加了观摩研讨活动。南京摄山中学苏晓辉老师、南京中桥中学张胜老师利用栖霞教育信息网提供的《数理平台》城域网,分别开设了《搭建遮阳篷》、《质点运动问题》的教学研讨课,得到与会代表的高度评价。

张胜老师在讲授《质点运动问题》

学科教师通过远程平台观摩苏晓晖的课

2006年上半年，长平路小学承担的下关区“十五”规划课题“减少师源性心理伤害，维护小学生心理健康”进入结题阶段。经过近5年的研究，长平路小学把研究所得到的大量资料进行认真的分析归纳，形成了符合学校实际操作需要的研究成果。本课题成效明显，特别在减少师源性心理伤害途径方面进行了大量的具有时效性的探索，于2006年5月顺利结题。

5月，市教育局、教研室组织相关专家对南化第三小学“南京市课程实验基地（特色型）”的研究情况进行评估验收，专家对“开发写字教学对小学生非智力因素培养的功能研究”实验研究获得的写字校本课程及相关成果给予肯定，研究成果获得市课改基地成果评比二等奖。

5月，第八届察哈尔路小学读书节开幕。本届读书节主题是“弘扬民族文化，诵读中华古诗”。读书节期间，学校开展了“展示个人诵背古诗文”才能的“小能手”评选。举办了三至六年级人人参与的“中国古诗文”相关知识竞赛，各中队召开了题为“古诗文诵读”中队主题会。还在全校范围内征集优秀读书摘抄作业，进行展览。

5月，南京市第三初级中学完成市“十五”规划课题“关于探究性教学模式运用的综合研究”结题工作。同时抓住“十一五”教科研规划课题申报的契机，选取本校教学实际中的热点问题，向市教科所申报了江苏省电化教育馆省级课题“基于网络环境下校本资源库的建设与应用策略的研究”，并获得立项。

5月，南京市板桥中学高二学生严腾飞的创新作品——地铁车门顶上各站点电子灯显示器，荣获江苏省中小学生科技大奖赛工程学二等奖、南京市中小学生科技大奖赛二等奖。多年来，板桥中学十分注重校园科技教育，引导学生学会观察、分析事物，充分挖掘学生动脑动手的潜能，学生参与热情高，创作的作品多次获奖，科技活动成为该校的一个亮点。

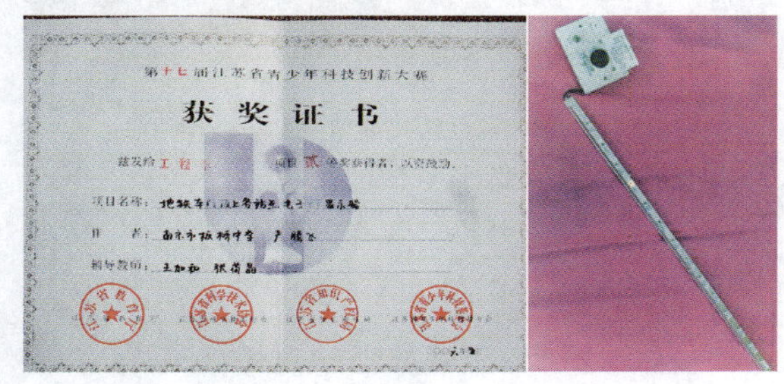

严腾飞同学的获奖证书与获奖作品

5月，南京市教研室举办“南京市小学体育教师教学能手比赛”。在各区县广泛开展小学体育教师教学基本功和教学能手比赛的基础上，14个区县共推荐了41名青年教师参加了市教学能手比赛。选手们参加了体育课教学、单元教学计划、课例点评和个人才艺表演四方面内容、三个水平段的角逐。通过比赛，最后评选出一等奖12名、二等奖15名、三等奖14名，教学创新奖3名，优秀组织奖8名。

5月，南京中医药大学人文学院院长、心理学博士生导师杜文中教授“舒解学习紧张症的心

理放松操”推广活动在中华中学举行。中华中学与南京中医药大学人文学院心理学系签订共建青少年心理健康实验基地协议，中华中学心理健康教育走上了“引进高校心理健康教育新成果，共建青少年心理健康教育实验基地，建立青少年心理健康档案，开展心理健康教育实践研究，促进学生积极健康心理品质养成”的新路。

5月，省级课题“发挥家长学校对提高学生素质作用的研究与实践”部分课题研究成果，由出版社结集出版。伯乐中学徐伟亮、樊鸿、王学锋、宋文文、荆一兵、王纯、翟惠萍、颜江南、曹澍、孙宁军、李艳华等12位老师的11篇作品入选。

“高中英语课堂教学目标与任务设计研究”课题由南京市教研室曹荣苏老师主持，2004年被国家基础教育实验中心外语教育研究中心列为资助金项目自选课题，同时也被江苏省中小学教学研究室批准为第五期立项课题。经过3年的研究，课题组成员共发表有关文章10多篇，省市级获奖文章20多篇。经专家论证，报上级批准，该课题于5月顺利结题。

课题组负责人曹荣苏老师（右）在汇报

6月2日至5日，首届全国小学信息技术与课程整合教师教学能力大奖赛在安徽省合肥市举行，来自全国各地的119名参赛教师，上了119节信息技术与学科课程整合课。南京市共选送了5节课参赛，其中南师附小谢丽老师的音乐课《你好，大熊猫》、北京东路小学周洁老师的网络作文课《写一种水果》获全国一等奖，长江路小学刘瑾老师的美术课《水果总动员》、南师大附小姜玲老师的科学课《动物怎样繁殖后代》获全国二等奖。

6月4日，苏教版小学语文教材主编朱家珑、国家督学成尚荣、省小语会会长特级教师袁浩等来到了南京致远外国语小学，观摩建邺区语文教研"品味语言，揣摩写法"同课异构系列活动。各位专家和建邺区高研班、骨干班教师进行了互动研讨，就一些教学中困惑的问题展开了热烈的讨论。

6月5日，省生态学会、省环境教育学会"节约

同课异构活动中的成尚荣老师、朱家珑老师

同课异构活动中的袁浩老师

资源，爱护环境”总结表彰会在红山学校召开。红山学校赵校长对学校近几年来生态环境教育的特色研究与实践作了专题介绍。与会代表对红山学校校园文化建设、学校特色建设等给予很高评价。

6月5日，南京市首届小学教导主任培训活动在南京市北京东路小学举行。上午，张齐华老师和黄雅芸老师分别执教了数学课《认识分数》和语文课《白鹭》。孙双金校长围绕“课堂究竟该是怎样的”“教导主任应该怎样当”两个话题为全市教导主任作了报告。下午，由教科室组织主持的“课堂上如何激发学生的情感”教学沙龙气氛热烈，与会教师畅谈了自己教学中典型的教学案例，碰撞出了精彩的情智火花。

6月5日，外交部长李肇星在南京参加华东六省一市外事为经济建设服务座谈会期间，在省委常委、南京市委书记罗志军，副省长何权的陪同下，来到南京外国语学校，亲切会见了800余名南外师生，并展开对话。他希望南外学子能够学会换位思维，珍惜机会，努力学习，使自己成为国家的栋梁。他勉励南外学子“大处着眼，小处着手”：既要志存高远，也要从小事着手；既要大小结合，也要大小和谐地结合。

6月9日至10日，由南京市教育局、安生文教交流基金会联合主办的“中外知名高中校长南京论坛”在南京举办，这次论坛吸引了美国加州教育部长 Alan Bersin、英国前皇家总督学 David Taylor、国际经合组织 PISA(国际学生评估项目)负责人 Andreas Schleicher 等国外教育专家以及南京外国语学校、北京人大附中、上海建平中学等全国近百位知名高中校长。10日上午，南京外国语学校的11名保送生和前来参加首届“中外知名高中校长南京论坛”的7位外国教育专家侃侃而谈。学生们流利的英语、智慧的思想给外宾留下了深刻的印象。

外交部长李肇星与南外学子对话

南外学子参与“中外知名高中校长南京论坛”的讨论

6月11日，首届“中外知名高中校长南京论坛”代表访问金陵中学河西分校。来自联合国教科文组织、国际经济合作与发展组织的有关负责人，美、英、法、芬兰和新加坡等国家的教育官员和知名高中校长以及国内知名高中的校长一行40余人听取了金陵中学丁强校长题为“金中现象及其思考”的报告。

6月14日，江苏省教研室在省政协礼堂举行“江苏省中小学公民实践教育活动”的现场听证

首届“中外知名高中校长南京论坛”
代表访问金陵中学河西分校

会展示活动。全省 12 所中、小学的代表进行了听证会展示。鼓楼区力学小学四(7)班《关于垃圾车漏水问题的研究》、琅琊路小学分校四(2)班《关于路灯节能问题的研究》被推选参加了此次展示活动。听证会受到了省、市教育行政部门的领导、美国“公民教育中心”专家的高度关注和充分肯定,他们一致称赞这是一次特殊的教育活动,是一次精彩的教育活动,更是一次富有意义的教育活动。

6 月 23 日,南京师范大学附属中学开发的江苏省高中新课程教务管理信息系统通过验收。由江苏省教育厅基础教育处和江苏省电教馆等部门组成的课程专家和技术专家一致认为,该系统的设计符合高中新课程的需要,并且有超前性,随着高中新课程的推进,必将在江苏省高中课程实施中发挥极大作用。受江苏省教育厅委托,南京师大附中从 2004 年 9 月开始设计、监制、培训、推广适应普通高中新课程的教务管理系统。目前江苏省内有 600 多所高中参加过培训。

6 月 24 日,唐山路小学召开了新生家长学习班。吕萍校长向家长们介绍了学校的情况,朱建萍老师和孙丹丹老师就一年级新生的生理、心理特点及课程开设等情况进行了详细的介绍。学习班取得了预期的效果。家长们纷纷表示:这次活动,帮助他们树立了正确的教育理念,解决了家教方面的一些困惑,也增强了家长的责任意识。

6 月 25 日,南京市第三初级中学接待了美国奥姆箴言学校雷利校长的文化交流考察,教师为来访人员开设数学、语文、生物、地理等四节课,课堂教学效果很好,受到雷利校长的好评。

6 月 28 日,南京市“十五”规划课题“构建小学创造教育实践性校本课程的研究”结题鉴定会议在凤凰街小学召开。国家督学成尚荣、南京市教育局副局长马砾、市教科所所长刘永和、区教育局副局长储红等市区领导和南京师范大学郝京华教授对凤凰街小学的课题进行了鉴定。

鉴定会现场

6 月 29 日,由省教育厅推荐,南京五老村小学张遗民校长和学生代表赴北京到中央电视台录制“全国校园文化文采展播”节目,8 月 20 日央视少儿频道播出了学校专题。

6 月,南京特师二附小的南京市“十五”立项课题“提高中重度智障儿童适应社会生活能力的

录制节目中的张遗民校长和五老村小学学生

课程研究”顺利结题。该课题的研究成果得到了南京市教科所评审专家的高度好评。通过该课题的研究，促进了特殊教育学校教师的专业化发展，提高了培智学校的教学科研水平，也是培智学校课程改革的尝试。2006年7月，南京特师二附小又申报了江苏省教育协会“十一五”课题“中度智障儿童课堂教学模式的研究”并获准立项。4名教师的南京市个人课题也全部获准立项。

6月，财大附小面向鼓楼区全区举行“财大附小体验教学展示活动”。现场会上，财大附小公开展示语文、数学、英语、音乐、体育和艺术6节课，其中有体验性教学常态课，有体验性教学研讨课，着重突出“体验生成、体验生活”的课堂教学理念。课后，财大附小就近年来的研究积淀内容作了汇报。来自市、区的专家纷纷畅谈了各自的见解，对财大附小教育科研工作提出了颇有价值的指导意见。

6月，六合高级中学申报的“高中课程改革背景下高效教学策略的研究”获批为江苏省“十一五”省级立项课题。该课题研究已经在全校各个学科有序展开。

7月

教学研究大事记

J U L Y

2006年暑假，南京第九中学民乐团一行20人再次应德国莱比锡市政府的邀请，赴欧洲进行文化艺术交流。访问期间，民乐团在德国的莱比锡市举行了三场民乐专场演出，并参观了音乐大师贝多芬、莫扎特的故居。

演奏中的南京第九中学民乐团

7月1日，南京师范大学附属中学江宁分校召开江苏省“十一五”教育规划课题“课程行动研究：个性化教育的校本探索”专家论证会。陈汇祥校长与杨树峤主任分别向专家介绍了课题研究目的与课题形成过程。陆天明老师就“学生个性特点与能力倾向测量”的子课题，周云文老师就“社会实践与社团课程设计”子课题，李滔老师就语文必修、选修和活动课程中文化内涵的追求，朱永厂老师就数学建模选修课的设计，戴有平老师就物理学科研究性学习课程规划等问题向专家作了汇报。国家督学、省教科所原所长成尚荣，江苏省教科院规

论证会上的教育专家

划办主任、江苏省教科所所长彭钢，江苏省教学研究室副主任董林伟，南京市教科所所长刘永和以及南京师范大学郝京华、刘炳昇、马宏佳等教育界资深专家对课题的设计给予了充分肯定并提出了宝贵意见。

南京师范大学附属中学以新课改的要求重新设计和规范了学校的研究性学习课程，认真设计“二轮”研究性学习过程，第一轮以体验研究过程、初步掌握研究方法为主，第二轮则在第一轮的基础上尝试开展高品质的研究性学习。7月2日，学校成功地组织首届进入新课程的高一年级优秀研究性学习论文答辩会，共有40多篇论文公开答辩。其中毕竟等同学的《关于家庭垃圾分类处理的思考》获全国二等奖，卢懿等同学的《节约型校园建设方案》获全国三等奖，周天艺等同学的《南京水体污染的调查报告》获全国三等奖；祝融同学的作品获省第十七届青少年科技创新大赛一等奖；陈尉轩、冯旻予等共同研究的《高速汉字输入键盘的研究》、陈莽昆等同学共同研究的《品牌连锁店合理性分布研究》获市一等奖。

南师大附中高一优秀研究性学习论文答辩会现场

7月3日，江苏省中小学教学研究课题(第五期立项课题)“新课标理念下初中物理教学改革的研究与实践”结题大会在第四中学隆重举行。参加结题的专家组有南京师范大学刘炳昇教授、陆建隆教授，市教研室左坤副主任和特级教师朱建廉。与会专家对该课题的研究价值、成果作了充分肯定。

结题人员合影

7月4日至8日，南京第一中学召开了第九届导师制研讨会。研讨会以“发展导师制，推进新课改”为主题，集中研讨两个“结合”和两个“优化”，即：导师制与新课标相结合，教学研究与教学实践相结合；优化教学方式，优化学习方式。国家督学、教育部基础教育课程改革专家、中小

南京第一中学第九届导师制研讨会

学教材审定委员成尚荣先生作了《互动:道德生命主动而生动生长》的专题报告,吴晓茅校长作了《坚持科学发展观,走可持续发展之路》的主题报告。

7月初,南京市教育局、市教研室联合举办了南京市小学科学教师教学基本功比赛。比赛内容分为专业知识考核、设计教学活动预案、演讲并写粉笔字和实验操作四块。经过评委们公开、公正、公平的评比,评出一等奖选手6名,二等奖选手9名,三等奖选手12名。其中,前2名选手王馨、陈浩被送到省里参加青年教师基本功比赛,双双获得江苏省一等奖。

7月19日至26日,在江苏省第十三届中学生篮球比赛苏南片的比赛中,南京第九中学男篮一队凭着队员出色的发挥,每场比赛都以大比分领先对手,最终夺得苏南片冠军。

7月23日,亚足联秘书长维拉潘、中国足协副主席薛立以及省、市足协、体育局组成的联合考察团考察雨花台中学。联合考察团一行在校学术交流中心听取了王春林副校长对学校开展足球运动情况的介绍,维拉潘、薛立向雨花台中学赠送了"亚洲足球中国展望计划"纪念旗。维拉潘、薛立对雨花台中学足球运动的开展情况和取得的成绩给予了很高的评价,对今后雨花台中学足球运动的发展提出了更高、更新的要求和期望。

7月25日至30日,在由中国中学生体育协会篮球分会主办,保定教育局、保定外国语学校承办的第三届CSBA中国中学生"新华保险杯"初中男子篮球锦标赛中,南京第九中学男篮二队经过顽强拼搏,力克辽宁、湖北、陕西等队,夺得全国亚军。

7月28日,南京第九中学弦乐团的全体学生一行16人在杨芳、唐华两位老师的带领下,来到了珠海,参加了为期5天的全国第二届弦乐艺术节、第三届澳门爱乐协会艺术节、第五届广东小提琴学会弦乐节。第九中学弦乐团的学生经过全国弦乐专家的精心指导,发挥了自己最出色的水平,在艺术节举办的大赛中,脱颖而出,弦乐合奏《春天》一举获得表演金奖。

南京第九中学弦乐团的全体师生

7月30日,为促进"一优二促"工程的实施,进一步总结推广经验并为广大师生提供交流的机会和平台,溧水县教研室、教科室组织了"一优二促"征文评选活动。学生征文的题目为"这样让我学得更轻松",教师征文的题目为"原来可以指导学生这样学"。活动共收到征文近300篇,有116篇获得了一至三等奖。

7月,民生实验小学的"信息技术与小学高年级数学的有效整合"课题被中央电教馆立项为国家教育技术"十一五"青年课题。该课题旨在通过网络化课堂教学整合学科教学,为学生创造一个开放的、多层次的、探索性的学习环境。民生实验小学在校园网内建立了一个BLOG网站,为每一个参与研究的教师建立一个账号,利用BLOG的功能对课题进行全程管理。

演出中的成贤街小学京剧团成员

7月，成贤街小学少儿京剧情景剧《探谷》参加中国教育电视台“音乐伙伴”的歌舞剧的录制并在全国播出。

南京江宁中学艾军、王德平两位老师，在2006年4月以科技创新作品“双温电路电饭煲”参加“南京市教师科技创新作品大赛”，经市、省两级选拔报送参加了2006年7月在贵阳举行的第六届全国教师科技创新作品展示会，并在展示会上获得全国二等奖。

南京外国语学校朱泽园同学继2005年代表国家队参赛荣获金牌，2006年又以第一名的成绩入选了国家队，在墨西哥举行的IOI2006（国际信息学奥林匹克比赛）（第18届）上，朱泽园和我国的其他三位选手全部荣获金牌，中国队团体总分第一。早在2006年5月中国信息学奥林匹克竞赛队队员的选拔中，朱泽园就以绝对优势夺得第一名，获得代表中国参加第18届国际信息学奥林匹克竞赛的资格，并在7月份前往美国参加计算机挑战赛荣获冠军后又赶赴墨西哥赛场。他也曾经是第17届国际信息学奥林匹克竞赛金牌的得主。

受到学校师生热烈欢迎的朱泽园同学

7月30日至8月3日，由团中央中国青少年发展服务中心、中国少年科学院主办的第四届“走进美妙的数学花园”中国青少年数学论坛在南师大附属实验学校成功举行。来自包括澳门、台湾在内的全国17个省市的700余名青少年数学爱好者，聆听了著名数学大师的演讲，并与大师们进行面对面的交流。活动期间，还开展了“趣味数学游戏”“数学建模小论文答辩”“发现之旅”“大型团体对抗赛”等活动。由南师大附属实验学校15名同学组建的“南京第二代表队”，在第四届“走进美妙的数学花园”中国青少年数学论坛上喜获佳绩：获“数学发现之旅”活动三等奖，“益智游戏”团体赛二等奖、优秀组织奖。

8月3日，南京第九中学弦乐团的部分学生奔赴南通市，参加江苏省第二届中小学生艺术展

演比赛。早在7月10日，弦乐合奏《茉莉飘香》在南京市第二届中小学生艺术展演比赛中获得了一等奖。这个节目最终获得江苏省第二届中小学生艺术展演比赛一等奖，并将于2007年2月代表江苏省到深圳市参加全国第二届中小学生艺术展演比赛。这个节目还在9月10日参加南京市庆祝第二十二个教师节文艺演出。

弦乐合奏《茉莉飘香》

2006年南京市中小学教师暑期培训班在金陵中学河西分校开班。南京市中小学教师暑假培训已经在金陵中学河西分校举办了四年。

南京市中小学教师暑期培训开学典礼

8月5日，南京市第十二中学校本教材开发取得阶段性成果，第一批校本教材共18本全部校对完毕，送印刷厂付印。在第一批校本教材中共有语文、数学、外语、物理、化学、历史、体育和环境保护等8类内容，有与学科教学十分紧密的教材，也有与地域文化相关的内容，还有围棋、水资源等开拓学生视野的内容。应该说，这是南京市第十二中学校本研究活动的一项重大成果。

8月7日至10日，伯乐中学组织了暑期教育论坛与第五期教育论坛。

8月7日至16日，五老村小学冯庆生副校长带四名学生赴台湾参加“第三届全球中华文化经典诵读大会”。五老村小学学生在会上诵读《论语》，获得“孔子奖”。台湾人间卫视等两岸媒体予以报道。

诵读古代经典，弘扬优秀文化

第三届全球中华文化经典诵读大会

8月10日，建邺区小学英语教师培训班在英之孚教育培训中心举行了开学典礼。举办本次小学英语教师培训班，是建邺区教育局狠抓教师队伍建设、提高教师专业素质所采取的又一重要举措；引进民办教育机构——英之孚教育培训中心开展培训，这是在构建多元、开放、高效的师训体系方面所作出的有益尝试；建邺区教师进修学校全程参与，这对两个不同的培训机构具有相互促进作用。培训进行小班化、分层次教学，培训教师都是来自英国、美国、澳大利亚、新西兰等国的资深教师，学员们在纯正的英语氛围中接受为期十天的听力、口语、西方先进教学理念的培训，实现不出国门就能留学。

培训班专家

8月19日，应南京电视台少儿频道和南京广播电台经济台、体育台之邀，扬子四小30多名学生在南京工人影城出演了“读千古美文，做少年君子”儿童古诗文经典诵读音乐会，《课间十分钟》、《少年心、儒子情》、《花样诵〈论语〉》等节目是近几年扬子四小儒香文化节活动中涌现的优秀作品，展示了素质教育的丰富内涵和校本课程开发的丰硕成果，获得了观众的一致好评。

培训班现场

8月21日、26日与29日，南师附中江宁分校进行了全员岗前培训。江苏省教育厅周稽裘副厅长关于《科学发展观与素质教育》的报告从宏观上阐述我省教育工作的大好形势与素质教育的重要性；南京师范大学课程发展研究所所长、博士生导师杨启亮教授关于《新课改中的教育教学问题》的讲座揭示了课程改革的必要性，批评了改革过程中存在的形式化等错误倾向；陈汇祥校长以《江宁分校的成长与发展》为题解读本校“十一五”发展规划纲要；萧维纶副校长作了《为了每一位学生充分的、个性化的发展》的报告；迟文副校长就学校的师德规范作了要求；教

江苏省教育厅周稽裘副厅长

学指导委员会杨树峤主任对学校申报省“十一五”教育规划课题《课程行动研究：个性化教育的校本探索》的必要性作了说明。

南京师范大学课程发展研究所所长、
博士生导师杨启亮教授

8月27日至29日，南外仙林分校利用开学预备周，举行全校学术报告会，旨在帮助教师开阔视野、了解形势，加强教师文化水平和教育素养。主要报告有：《以科学发展观统领江苏基础教育改革与发展》（江苏省教育厅周稽裘副厅长）、《回顾南京历史，品味南京文化》（南师大胡阿祥教授）、《教师威信和教育策略》（南师大谭顶良教授）、《新课程理念下的教师专业发展》（南师大杨启亮教授）和《以美育人》（南京外国语学校陈景和老师）。

在8月结束的由中国关心下一代工作委员会、教育部教育发展中心、中央教科所等六家单位组织的第五届中国青少年读写大赛中，南京市江宁中学由于组织有序、辅导得力、竞赛成绩突出，再次获“全国优秀组织奖”，这是该校连续五届获此殊荣。夏金陵同学荣获“全国读写50杰”称号，杜明雪同学获“全国读写500强”称号，另有4名同学获省级金、银、铜奖。

8月，江苏教育学院附属高级中学“混合学习法在有效学习中的应用与研究”被中央电化教育馆、全国教育技术研究规划办获准立项为“十一五”重点课题。

为提高英语教师口语水平，促进英语课堂教学效率的提高，在省、市教师培训部门的关心和支持下，2006年暑假，栖霞区教研室设立了针对初中和小学英语教师的“引智培训”项目。此前，市教育局已委托晓庄学院在5至6月间的双休日为受训教师进行了适应性的前期培训。

自主开发中国的“做中学”教学案例是“做中学”项目研究的重要任务与内容。经过3年的努力，南京市幼儿园“做中学”项目组成功地自主开发出了一批通过了中法“做中学”专家组评估并获得较高评价的教学案例。4月12日，南京的“蚕的一生”“空气”“水”和“种植黄瓜”四个教学案例被指定在中法合作项目“做中学”实验研究——幼儿园探究式科学教育案例开发及标准制定工作交流会上做大会交流。4月16日，“蚕的一生”和“空气”两个案例被中法“做中学”项目专家组评定为国家级“做中学”教学案例。8月，“蚕的一生”教学案例被中法“做中学”专家组指定为向法国推荐的教学

南京市“做中学”实验园的园长在
向中法专家介绍自主开发的教学案例

案例，东南大学幼儿园吴岚老师代表南京市幼儿园“做中学”项目组，前往法国宣讲这一案例。

中华人民共和国教育部主管的《信息技术教育》杂志2006年第8期介绍了南京市教研室小学语文组主办的“大家语文博客网”。“大家语文博客网”建站一年多来，点击率超过150万，为很多教师搭建了展示、交流的平台，有一批教师，特别是农村偏远地区的教师在网站中成长了起来。

“大家语文博客网”网友交流

8月，市教育局体卫艺处、市教研室共同组织了南京市中小学美术骨干教师赴太行山“郭亮行”采风活动，来自全市各区县120名中小学美术骨干教师参加了此次活动。本次活动的成功举行从一个侧面又一次展示了全市美术教师的专业整体素质和团队协作能力，对深入提高全市中小学美术教师专业基本功，不断强化美术教师创作意识，加强区域间、个体间的专业交流与合作，为进一步提升美术教师的专业修养起到了积极的推动作用。

采风活动合影

9月初，半山园小学将创建学习型备课组作为学校教师队伍建设的重要抓手，以学习研修促进个人成长，促进青年教师队伍的建设，促进学校浓厚教研氛围的形成。开学初，学校将低年级小班教研组作为试点率先开始了小班学习型备课组创建，大家结合本学科特点与自身特长制定了相应的创建计划和个人发展目标，将“个人研修”“交流反思”“实践创新”“总结提升”作为行动的准则，努力提升个人修养以及服务学生的品质。

半山园小学的备课组研讨会

9月3日，六合区教科室在六合区实验高级中学论思厅举行了“学校文化战略策划”专家报告会。南京市教科所副所长沈曙虹就学校文化建设的意义、学校文化建设的理念、学校文化战略策划的内容及实施等作了重要发言。该讲座思想新颖，条理清晰，内容实在，对学校、班级文化建设具有很好的启发作用。

9月5日，南京市教科所和南京市教研室在第五中学联合举办了“对话教育”研讨会。会议以新课程核心理念之一“对话”为主题就新课程的实施进行了广泛而深入的探讨，布置了南京市“对话教育项目中心”2006—2007年度的工作，对第五中学蔡建明老师主持的省教研室第五期立项课题“构建语文课堂教学对话运行机制的行动研究”进行了鉴定。专家们一致认为该课题的研究具有前瞻性、示范性、实效性，在南京市中等学校教科研中带有首创性，初步取得的研究成果对南京市普通中学新课程语文教学的深入研究有

结题论证会现场

一定的推广价值。

9月7日，北京大学中文系教授、博士生导师钱理群老师，在南京师大附中艺术中心，为南京市初中语文组长和高一高二语文教师开设了《和中学教师谈鲁迅散文作品的教学》讲座。讲座共分四个部分：(1)《朝花夕拾》中的散文解读；(2)《野草》中的散文解读；(3) 杂文类散文的解读；(4) 演讲类散文的解读。该讲座条理清晰、见解独特、富有激情，为中学鲁迅散文教学提供了独特的视角；该活动是一次打通初高中语文教研、增加教研活动文化含量、多样化教研活动的尝试，有利于开阔教师视野，促进专业发展。

9月10日，南外仙林分校举办了首届"十佳"教科研成果评选活动，经过专家组评选，"结构·情景·交际"英语教学模式在分校初中部的应用研究、小学中高年级阅读教学"三点一路，自主互动"教学模式研究等课题入围。

9月11日，南京拉萨路小学迎接了中央未成年人工作督导组及省、市、区领导专家的检查。这次活动主要议程是检查学校德育工作开展情况，周校长从四个方面阐述了德育治校的做法：1. 德育从"小"入手，遵循学生发展规律，实现儿童化。2. 德育课程开发的校本课程符合新课程理念，走"与社区结合"之路。3. 学校少先队活动中加强学生的自主管理意识，让学生自我体验、自我感悟、自我教育；在队干自主管理活动中，激发学生的机遇意识，强化机遇体验。4. 注重辅导员队伍建设，加强辅导员的责任意识，深化以团带队活动，全方位服务学生。学校大队辅导员从"小环境，大世界——阵地文化彰显个性""小伙伴，大合作——自主团队同心携手""小活动，大感悟——创新体验融入智慧"等方面介绍了学校少先队工作的特色和主要活动。

9月18日，南京市教育局"艺术活动中心"验收组来到南京市长江小学，对该校的艺术活动进行了全面评估。长江小学是栖霞区最边远的一所小学，长年来，他们除了进行管乐队训练，还开设了舞蹈、古筝、竖笛、书画艺术项目的训练。学生的参与率达85%，该校的竖笛表演还获得全国竖笛比赛江苏赛区二等奖。这些活动的开展，凸现了长江小学的办学特色，使素质教育得到了真正的落实。

长江小学音乐演奏小组

9月19日，南京市中学教学联合体校长例会在雨花台中学举行，市教研室肖林元副主任和来自全市14所中学的校长参加了交流研讨会。例

会上，校长们交流了各自在教学管理方面的经验和做法，肖副主任就教学管理发表了指导性意见。会议增强了联合体兄弟学校之间的交流与沟通，对雨花台中学的教学与管理工作起到了很大的推动作用。

9月20日，安徽省广德中学一行13人来到高淳高级中学开展校际教学交流活动。这次活动，主要就新课程改革进行交流研讨。陈辉副校长向广德中学的同行们详细介绍了高淳高级中学两年来开展新课程改革、实施新课标的种种做法。

9月21日，教育部、省教育厅到五老村小学拍摄学生开展体育活动情况。五老村小学将民族传统体育项目引进校园，开展了滚铁环、抖空竹、跳竹竿舞、舞龙等活动，既锻炼了身体，又进行了民族传统教育，受到学生、家长及社会的赞扬。11月27日，省教育厅推荐英国电视台到五老村小学拍摄了活动的情况，并在英国播放。

五老村小学将民族传统体育项目引进校园

9月21日，南京市奥体小学举行中国教育学会“十一五”重点课题“科学认读——提高学生阅读素养”的首家实验单位的授牌现场会。江苏省教育学会和市、区教育学会、区教育局领导以及全市各区县的教师100余人出席了这次现场会。江苏省教育学会叶水涛秘书长授予奥体小学“中国教育学会‘十一五’重点课题实验单位”的称号。

授牌现场

9月23日，江苏省“大手拉小手，科普报告希望行”活动来到南师大附属实验学校，中国林业科学院研究员张孚允教授和北京麋鹿苑博物馆郭耕副馆长分别为初、高中同学作了《野生动物——人类生存不可少的伙伴》、《生态、生命、生活》专题报告，在师生中掀起了爱科学、学科学、用科学的热潮。

9月23日，由江苏省青少年科技中心组织的“大手拉小手，科普报告希望行”的四位中科院专家走进金陵中学河西分校，用他们丰厚的学识、广博的经历、睿智的语言为师生们上了生动的一课。中科院空间中心研究员、原中国载人航天应用系统总指挥张厚英教授主讲《航天与应用》，中科院北京天文台研究员、国际天文学会联合会会员李竞教授主讲《外星人在哪里？——地球以外生命探索》，中科院微生物研究所研究员、中国生

位梦华教授

孙万儒教授

李竞教授

张厚英教授

物工程学会主任孙万儒教授主讲《改变我们生活的生物技术》，中国地震局地质研究所研究员、首次登南极的中国人之一、八次进北极考察的位梦华教授主讲《南极、北极和人类未来》。讲座后，位梦华教授欣然题词：“志在天涯，路在脚下。”

《基于交互白板的混合式学习研究中的图表教学研究》是中央电教馆“十一五”教育技术研究课题《基于交互白板的混合式学习研究》的子课题。9月23日，田家炳高级中学吕晓星校长和马春生主任到湖南省张家界市参加了总课题组的开题大会。交互白板的混合式学习是教育界关注和需要研究的重要问题。《基于交互白板的混合式学习研究中的图表教学研究》，就是要在使用交互白板中，以混合式学习的理论为指导，探讨如何提高课堂教学中的图表教学效率；探讨与图表教学有关的教学设计；交互白板与学科教学中的图表教学整合等问题。这些问题的研究对于转变教师的教育思想和观念；推动课堂教学的改革，提高课堂教学效率；创设和营造新型的师生关系；培养学生的自主学习能力和创新精神都有着十分重要的作用和影响。

9月26日，“依托信息技术，推进校本教研”信息技术与学科课程整合现场会在玄武区珠江路小学召开。南京市14个区县电教中心主任、市信息技术与学科课程整合中心组成员，我市省级现代教育技术示范、实验学校相关领导及骨干教师，以及玄武区校本研修培训班成员共计150余人参加了会议。珠江路小学毛丽平校长作了《让学校在“信息技术与校本研修整合的研究”中提升》的专题工作汇报。

9月26日，在中国南京世界历史文化名城博览会中外儿童文艺汇演中，成贤街小学的京剧节目《杨门女将》与澳大利亚、韩国、新加坡、马来西亚、泰国等国文艺团体同台演出，国粹的魅力征服了在场的每一位国内外观众。

国粹的魅力

9月26日，玄武区四至六年级语文教师聚集于海英小学，聆听特级教师李白坚、张赛琴的作文教学新理念和别开生面的作文教学。李教授首创以“前”作文教学为理论基础，以游戏为形式的教学方法，得到师生的共鸣。张赛琴教师在课堂上设计了愉快的活动让学生高高兴兴做游戏，快快乐乐写作文。形式生动活泼的作文课堂教学为如何提高学生的写作兴趣，帮助孩子言之有物、言之有序，提供了一条可行的探索思路。

9月27日，鼓楼区重点学科(语文)基地暨名特师工作室挂牌仪式在江苏教育学院附属高级中学举行。鼓楼区重点学科(语文)基地、名特师工作室面向鼓楼区进行优质教育教学资源的开发与整合，培养年轻教师，促进教师的专业成长，从整体上提高师资质量，确保教学质量的稳步提高。

9月27日，南京外国语学校与南京市教学研究室联合举办高中新课程研讨会。南京市兄弟学校的200多位教师及美国外教出席本次研讨会。美国外教作了题为“英语教师语言发展培训”的发言，深受与会教师的欢迎。

9月28日，南京外国语学校仙林分校“科研骨干教师培训首届结业暨第二期开学典礼”隆重举行。科研骨干教师培训班旨在通过学习交流的形式提高教师的科研素养，进而推动学校教科研的水平。

9月28日至30日，六合区教育局组织领导、专家对六合区实验高级中学进行了为期三天的综合视导，对学校建设、教育教学、教科研、德育工作、管理等各方面的工作通过参观、听课、教学“五认真”检查、座谈会等方式进行了深入细致的了解。

9月29日，南京市“小班化”科学教育研讨活动在栖霞区幕府山庄小学进行。来自全市15个区县的100多名科学骨干教师及教研员参加了此次活动。此次活动为全市“小班化”科学课课堂教学研究提供了研究平台。

南京市"小班化"科学教育研讨会

小班化教学现场(一)

小班化教学现场(二)

小班化教学现场(三)

9月,高淳县椏溪中心小学被高淳县教育局确定为县内唯一的"小班化教育"试点单位。椏溪中心小学在暑假就对一年级任课教师进行了小班化教育理念培训,并对教学设备进行更新、添置。椏溪中心小学抓住了"小班化教育试点"这一机遇,加强了过程管理,打造出了学校亮点,初步探索出一条富有农村特色的小班化教育之路。

9月,宁工小学青年教师管艳艳、谢源赴镇江参加江苏省写字优质课比赛,管艳艳老师获一等奖,谢源老师获二等奖。

为了促进教师了解二次备课的重要意义,在二次备课中反映自己真实的教学轨迹和真实的教学思想,总结提炼自己的教学经验,马台街小学在各学科中举行"我最满意的一次学情分析"交流活动:要求教师对学生学习前、学习过程中、学习后的情况进行理性分析,思考对策,把教师的这些教学心声小心地收集起来,精心编辑成了《教海浪花——我思我想专辑》。

为了进一步研究小班化教育教学,马台街小学确定了学校《课堂百分百——小班化教学新探索》总课题,鼓励老师在教学环节上做到以下五

个“百分百”:让“百分百”的孩子在课堂上都得到发言,让“百分百”的孩子在课堂上都得到互动,让“百分百”的孩子在课堂上都得到作业反馈,让“百分百”的孩子在课堂上都得到展示,让“百分百”的孩子在课堂上都得到激励。

2006年秋季,滨江中学以“小班化”教学为突破口,在全校所有班级全面推开“巧教巧学”课堂教学改革。学生的“巧学”体现在“预习—展示—反馈”三个环节,从阅读教材开始,学生首先根据教师提供的预习课案自主完成预习目标和预习作业;然后在学习小组内充分展示交流预习作业,研讨预习过程中发现的问题、难点、疑点;每节课都要进行当堂目标达成反馈检测与矫正。教师的“巧教”体现在对学生预习课案的设计和围绕学生提出的问题进行的点拨指导。“巧教巧学”最大限度地发挥了学生的主观能动性,增强了学生学习的自信心和成功感。

9月至11月间,锁金新村第二小学多次请来区语文、数学、英语教研员就学校开展的“深化四边双优研究、促进学生自主发展”这一校本研修主题对全体教师进行指导。

9月,南京市第三初级中学参加南京市首届校本课程方案设计评比,荣获校本课程综合类优秀奖。

为了强化艺术教育、审美教育,9月,南京九中投资20万元,建设了电钢琴教室。为适合高二普通学生学习,钱逸瑞老师选编了校本选修教材《南京九中电钢琴教材》。

2006年,南京师范大学附属中学建立了江苏省第一个国际高中文凭课程(IB)实验班。9月,第一届IB课程实验班开学。国际文凭组织(简称IBO)是联合国与欧洲联盟承认、非政府间的国际性教育与考试机构。总部设在日内瓦。IBO基本教学目标是:通过国际文凭课程(IB)学习,在接受不同民族优秀文化、继承人类先进科学文化基础知识的基础上,培养学生的逻辑思维能力、创造能力、批判能力以及对世界文化交流的理解力与包容力;培养学生成为面向未来,具有批判精神的国际型人才。该组织颁发的是“大学预科国际文凭”,统称“国际文凭”(简称IB)。

9月,高淳县教研室结合高淳县《学校办学水平评估方案》的修改完善,更加注重教育教学的过程管理,起草了《初中学科教学过程督查评估方案》,不断加强对学科组建设与学科管理的考核与指导。

9月,为加强学科研训员对学校研训活动的引领作用,加强学校办学特色建设,高淳县教研室以《关于建立高淳县初中学科研训基地和校本研训联络员制度的通知》、《高淳县初中学校校本研训基本操作流程》两个文件的印发、执行为推动,成立了中考文化九科的学科研训基地,建立了学校校本研训联络员制度,规范了学校校本研训的基本流程,并有选择性地直接参与到有关学校相关学科的集体备课、校本研训活动中去,既积累了校本研训的第一手资料,明确了研训工作的重点与需要,又有力地推进了校本研训活动与集体备课活动的开展。

9月,下关区教育局、区教师进修学校、区青少年综合实践活动基地相关领导研究决定,充分利用自身教育资源和充分挖掘汤山基地周边地区的教育资源优势,在基地原有开设的军训、陶艺、木工制作、人防实践等课程内容的基础上,开

展汤山地区人文资源、矿产资源、农业资源和生态资源等方面的探究性学习，进一步拓展下关区青少年综合实践活动基地的社会实践内容及其教育价值。

为了进一步加快鼓楼区课程改革步伐，全面提升各中学的教育教学质量，营造统一、和谐、奋进的教学环境，加强教学常规管理，规范教学行为，促进校本教研制度建设工作的有效开展，9月，区教育局颁发《南京市鼓楼区关于加强中学教研组、备课组建设的意见》，组织开展鼓楼区中学 2005—2006 年度优秀备课组评选活动，共评审出优秀备课组 27 个。

教学研究大事记

10月

O C T O B E R

10月2日，晓庄学院教授来六合区实验高级中学进行美术教学指导。美术特长班是六合区实验高级中学特长教育的一大亮点，在近几年的高考中每年都能取得可喜的成绩。晓庄学院教授的美术教学指导，对六合区实验高级中学美术教学工作起到了极大的促进作用。

10月9日，南京市教科所宋宁副所长、祁海燕老师、下关区教育局张学超副局长和下关区参加南京市小班化教育实验的六所小学的校长齐聚郑和小学，大家一起回顾、交流了参加实验的得失，群策群力，就各校如何整合资源、提升办学理念、提高办学品质进行了富有建设性的探讨。同年11月，几所学校的汇报文章均在第二届长三角小班化教育论坛上进行了交流。

10月10日，由江苏省文明办、江苏团省委、江苏省教育厅、江苏省卫生厅共同主办的“纪念第十五个世界精神卫生日暨江苏省未成年人心理健康大讲堂校园行”启动仪式在金陵中学河西分校举行。团省委、省教育厅、省卫生厅、南京市教育局领导、教育心理学专家、部分中小学分管德育的校长、心理学教师代表和学生代表500多人参加了启动仪式。本年度的“江苏省未成年人心理健康大讲堂”活动在总结去年的基础上，将更加把工作落实到基层，落实到广大未成年人中间。

10月11日，宇花小学主办了主题为“四边课堂教学研讨”的教研活动，全区一、二、三年级数学教师约120人参加了此次活动。这次活动通过两节课的演绎、主题讲座的诠释和余主任的精彩点评，进一步研究了导、教、学、练的内涵及其相互间的关系，演示了体现“四边课堂教学理念”的数学课堂教学设计及教学过程，让参加活动的教师对四边课堂教学又有了更进一步的了解，促进他们更进一步地思考。

10月11日，南京拉萨路小学首次召开“智慧教育项目实验方案”交流会。经过小组申报、学

校审核、专家辅导等几个环节，23个项目实验正式启动了，其中三年级的《童心作文，快乐起步》、二年级的《低年级数学读图能力的培养》、六年级的《“语文学习方案”（作业纸）的运用研究》、五年级数学组的《校本思维序列与教材思维序列匹配的研究》、五年级语文组的《小学高年段语文阅读教学中突破重点段的实证性研究》作为代表性方案，分别向全校教师作了介绍。

智慧教育实验研讨会

10月11日，韩国国家女子垒球队代表团一行20人在韩国垒球协会官员的率领下来到江宁高中交流访问。下午，江宁区副区长陆蓉、区体育局局长杨嘉清及江宁高中校长周世东等陪同

中韩学生垒球友谊赛

代表团成员参观了校园，双方就垒球事业发展情况进行了交流座谈，会后在江宁高中体育场韩国国家女子垒球队与江宁高级中学女子垒球队（南京市队，江宁区体育局和江宁高级中学联办）进行了一场友好而激烈的友谊赛。区领导陈央保、陆蓉和省市区体育部门的领导观摩了比赛。

中韩学生合影

10月12日下午，下关区小学二年级语文教研活动暨滨江小学语文组教研活动在滨江小学多功能厅进行。由滨江小学韩莉老师和天妃宫小学郑慧敏老师同课异构，共同执教《一株紫丁香》。两位老师通过“创设情境，以读悟情”，向我们呈现了两节各具特点的儿童诗教学的示范课。

10月12日，著名教育家、数学家、南师大附属实验学校校长顾问单墫教授来到南师大附属实验学校为“单墫班”同学作竞赛辅导。

10月13日，团市委、市教育局、市少工委联合举办的“快乐无限、魅力无限”南京市首届“红领巾快乐节”暨“跳动的红领巾”少先队集体舞比赛在南京市南湖公园拉开帷幕，高淳县实验小学代表队的40名小选手们在比赛中，活泼、热情、大方，充分体现了现代少先队员快乐向上的时代

风采，最终荣获铜奖。

10月13日至15日，江苏省教师培训中心主办的2006年江苏省高中新课程教学观摩大会在南京一中举行。江苏省教育考试院副院长霍宝柱作了关于“高中新课程教学与2008高考方案应对方略”的主报告。南京一中获得了江苏省教师培训中心颁发的“江苏省高中新课程教学示范单位”的奖牌。肖立荣副校长为与会教师介绍了南京一中在新课程实施中的经验和思考，并作了“新课程教学与新高考方案的对策预案”的专题报告，南京一中3位教师开设了新课程教学观摩课。同时，来自南京、盐城、泰州、苏州、扬州、常州等地著名高中的10位优秀教师也分别开设了数学、物理、化学、生物4个学科的观摩课。

10月14日，江苏省教科院基地学校科研协作会在江宁高中隆重召开。省教科院党委书记万国才、省教科所所长彭钢、市教育局副局长周文海、江宁区教育局长朱慧、省市教育专家、四所基地学校（南京市江宁高级中学、江苏省江阴高级中学、江苏省姜堰市第二中学、江苏省丹阳第六中学）校长、市区兄弟学校领导、全区“学科带头人”“青年教学标兵”，以及江宁高中教师发展学校学员和工作五年内的青年教师共300多人参加了会议。本次会议的主题是“教学改革与教师发展”，宗旨是“研究、分享、发展”。

10月15日，长平路小学作为下关区唯一一所被测小学，参加了2006年度义务教育财政支出绩效评估测试。9月22日上午接到市里关于此次测试的通知。10月10日，区教育局汤局长、区财政局田局长亲临学校布置关于此次测试的工作，提出了“2个保证”，即：保证学生参考率，保证教师、家长调查问卷的反馈率。10月11日，学校参加了市里组织的模拟考试。在区领导的关心、校领导的组织安排、全体教师的努力合作、学生家长的大力配合下，测试顺利完成。由于考前各项准备工作细致、全面，所以学校在全市考试中成绩优良，科学成绩突出。

10月17日至18日，全国第四届思想品德·思想政治优质课评选活动在南京师范大学附属中学隆重举行，来自全国17个省和直辖市优秀的高中政治课参赛教师和600多位观摩教师云集南京，观摩高中思想品德·思想政治优质课大赛。大赛期间组委会还安排了精彩的评课和研讨活动。与会专家和学者高度评价本届高中组思想政治课参赛课，认为参赛教师专业功底好、教学思想领先、教学技艺高。南京师大附中路宽老师作为南京代表参赛，获全国一等奖。

全国第四届思想品德·思想政治优质课评选活动现场

10月19日，在南京第五十四中学举办了体现小班化教学改革精神的全市体育教学观摩现场会。来自全市的各体育教研组和体育老师等150多人观摩了此次活动。五十四中体育教研组针对小班化特点，开展了“分层教学法”研究：

在初一年级首先按照性别将学生分为男生班和女生班，然后在同性别班里，按照不同的身体素质将学生分为A、B组，每组设计不同的教学内容和运动强度。每位学生都有一张体育测试卡，及时记录学生的身体素质和运动技能情况，然后根据学生身体素质的发展情况，及时调整学生的组别。关注个体差异，关注每一个学生的健康成长，激发了学生参与体育学习的热情。

10月19日，江浦高级中学举行了南京市高二年级江北片语文新课改教学观摩活动。朱学锋、郑勇两位教师分别开设了《〈史记〉选读·项羽本纪》和《一滴水中的太阳——作文中的细节描写》两节研究课，课后组织了研讨活动。研究课在研讨会上受到与会30多位教师的一致称赞，认为两节课教学设计新颖，过程安排得当，师生互动充分，学生的主体性得到了发挥，体现了新课改的精神。

10月20日，鼓楼区教科室完成宁海中学分校"十一五"规划课题"新课程背景下城市初中和谐师生关系建构"研究方案。南京师范大学教科院李星云、王雯两位教授对课题方案和研究进行了指导。

10月20日，南京第十二中学"十五"课题"高中教学过程中'三项互动'的研究"被评为江苏省教育学会"十五"课题先进课题组，靳贺良、魏玉平、万勤三位教师被评为省"十五"课题研究先进个人。该课题对高中教学过程中的师生互动、生生互动、师师互动进行了深入研究，紧密联系课堂教学，取得了丰硕成果，为南京第十二中学教学质量的提升起到了积极的作用。

10月20日至21日，由中国模拟联合国协会主办的"2006北京模拟联合国"大会在外交学院召开，外交部长李肇星应邀参加。参加本次大会的37支代表队都是国内的知名学校，29所著名高校包括清华大学、北京大学、南京大学、浙江大学、南开大学、上海外国语大学等，选手有本科生也有研究生。8所知名中学有南京外国语学校、上海外国语大学附中、杭州外国语学校等。香港也派出了代表队。作为参加本次大会的江苏省唯一一支中学代表队，南京外国语学校的4位选手拿回了大会的最高奖项——"杰出代表团"奖。

李肇星外长与南外武曾宇同学合影

第十二届全国青少年信息学奥林匹克联赛(NOIP 2006)南京地区的初赛活动于10月21日在南京长江路小学进行，南京市共有705名中学生报名参加了这次竞赛活动。市科协、市教育局、市中小学生科技活动基金会、市教研室等相关部门的领导到现场检查了考试的相关情况。在第十二届全国青少年信息学奥林匹克联赛(NOIP 2006)中获得江苏省一等奖69个，江苏省二等奖38个，江苏省三等奖139个，获得全国初中生一等奖38个，全国高中组一等奖23个。在NOIP 2006竞赛中获得银牌和铜牌各1枚，1人

入选国家集训队。在第18届国际信息学奥林匹克竞赛(IOI 2006)中1人获得国际金牌。

为了学校的孩子成长得更健康、更聪明、更快乐，10月21日，南京拉萨路小学家长学校特别邀请了“团中央《知心姐姐》杂志社心理健康教育全国巡回报告团”的栾雨竺老师来到家长中间，传播最新的家庭教育理念，讲述为人父母的科学方法：1. 忽视孩子心灵的成长是中国家庭教育最大的盲区；2. 心灵的成长和身体的成长一样需要均衡的营养；3. 孩子心灵的成长要面对挫折，教孩子学会心理自助；4. 健康美好的心灵是父母留给孩子最宝贵的财富。

10月23日，经江苏省“红十字”会联系，两名荷兰籍国际“红十字”义务宣传教师到莫愁湖小学，开展了为期10天的英语教学活动。课堂上，学生主动参与，和外籍教师互动交流，激发了学习英语的积极性，提高了英语口语交际的能力。课后，两国教师就当前的教育发展形势、英语教学的理念、方式方法等进行交流，对中西方教育文化的差异等共同关心的问题深入交换了意见，架起了中西方教育文化交流友谊的桥梁。

英语教学活动中的荷兰义务宣传教师

10月23日至24日，举行了南京市初中语文优质课评比。此次赛课改变了历年来只评阅读课的惯例，增加了写作指导课的评比，对促进教师加强写作教学的研究、改变目前写作教学薄弱现状和提高写作教学质量，起到了有力的推动作用。此次赛课评出了4个一等奖，4个二等奖，7个三等奖。南京一中的朱刚和滨江中学的孙婵获省优质课评比一等奖；朱刚老师被推荐到省里教授观摩课，受到好评。

《金陵文化》是经过江苏省中小学教材审定委员会审查通过的南京市唯一的小学地方课程教材，它是以南京的地域空间为载体，以南京的灿烂文化为核心，以南京的现代文明为依托，以南京的普通百姓生活为立足点而构建的地方教材。南京市教研室于10月23日至27日成功举行了首次《金陵文化》会课活动。来自全市14个区、县的15名教师，以课本为依托，充分挖掘地域资源，展现地方特色，使学生在交流中回忆，在欣赏中学习，在活动中领悟。次月，南京市教研室又从十余节会课中精选了《金陵美食名扬天下》、《南京的明城墙》和《南京人求知的好去处》三节课加以展示。通过此次活动，地方课程《金陵文化》在南京市小学《品德与社会》学科得到进一步的研究和推广，学生们越来越了解南京，热爱南京，教师们也在实践中不断地琢磨教学、体会教学、享受教学。

10月24日，教育部校长考察团访问金陵中学河西分校。

10月24日，鼓楼区重点学科(数学)基地在宁海中学成立。数学基地在整合优化全区数学学科教育资源，推动数学教学的深层研究，及时

教育部校长考察团成员随堂听课

“同课异构”展示活动

运用推广研究成果，强化示范作用，培养造就更多的名、优、特师，促进全区基础教育更快发展，争创教育强区方面必将发挥积极的作用。

10 月 25 日，南京市八校联合体的化学教学研讨活动在六合区瓜埠高级中学举行。上午第二、三节课分别是高三复习研究课、高二学业水平测试复习研究课。第四节课与会教师作了交流和讨论，市教研室孔夕礼老师对 2007 届高三化学考纲作了深刻解读，并提出可操作的指导性意见。

10 月 26 日，南京市数学片段教学“同课异构”展示活动在小营小学举行。活动以同一节课分别由两位教师分别用不同的思路去上，最终达到相同的教学目标为内容。到会的 300 多名教师参与研讨，发表见解，达成共识：应该认真落实新课改精神，发挥教师教学的个性，选择最优的教学方法，因人施教，因材施教，努力提高教学质量。

10 月 26 日，在南京市雨花区共青团路小学召开南京市苏教版小学语文说理性课文的专题研讨会。这是首次以“大家语文博客网”为平台，在网上征集教案，征集上课教师并进行网上评课研讨的教研活动。在网上共有 11 位教师报名，最终选定 6 位老师执教公开课，之后以这几节课为案例，就小学这一类课文的“教学目标”“教学方法”在网上开展了讨论。

10 月 26 日至 28 日，来自全省各市的近 400 名老师相聚在建邺新城中学，参加特级教师小学数学课堂教学研讨观摩会。本次活动，教师们观摩了华应龙、魏洁、王凌三位特级教师的课堂教学，并聆听了他们的专题讲座。同时来自全省的 9 位青年教师进行了课堂教学的观摩评比，南京的张勇成、张惠获得一等奖。

10 月 27 日，雨花台区 17 名“名特优”教师座谈会在雨花台中学召开。教师们从自身出发并结合本校和雨花区教育的实际情况畅谈了对当前教育的看法与自己的发展方向，冯局长从全区教育发展的高度发表了自己对名师培养与名校建设的看法。

南航附中第二十届课堂教学“百花奖”好课评比活动于 10 月 27 日举行。此次赛课，参赛教师在课堂上都能充分体现新课程的理念，对做好新课程的实施工作起了很好的研究推动作用。

10 月 27 日至 28 日，来自全国各地的 600 多位专家、教师，在南京师大附中进行了有关新课

标的经验学习交流。会议期间,北京大学教授赵凯华先生、南师大教授刘炳昇先生、全国中学物理教育家黄恕伯先生、贾克钧先生、马宇澄先生等作了专题报告,为新课标作了更加具体的诠释。

10月28日,江苏《科学大众》"快乐校园行"走进南师大附属实验学校,为初一年级学生上了两节生动活泼的智力开发课。学生参与热情高,活动收到了较好的效果。

10月29日,鼓楼区教研室开展了"名师汇聚鼓楼系列活动——语文教学专场",近700名小学校长、教导主任和全体语文教师到会接受提高培训。本次活动特邀杭州拱宸小学王崧舟、北京清华大学附属小学窦桂梅和上海第一师范附属小学姜铭芳三位教师授课,并在课后作了简明扼要的报告,阐述他们各自的教学理念和构想。

10月29日,南京市2006、2007届高三核心组会议在市教研室召开。市教研室陆静副主任主持高考9个学科核心组全体成员会议,杨昭主任强调高三核心组工作要抓好提升质量的增长点、着力点和支撑点,肖林元副主任对各学科核心组分学科专题研讨从回顾、分析、规划三个方面提出了具体要求。

10月30日,玄武区小学教学常规精细化管理现场会在南京市珠江路小学举行。全区各小学分管校长和教导主任以及来自海南、云南等地教师计60人参加了本次活动。珠江路小学林虹副校长、成贤街小学蔡燕校长、逸仙小学皇甫凤兰副校长分别就各自学校"促内涵发展,落实教学常规精细化管理"过程中的有效探索,在会上作了发言。玄武区教育局陈燕副局长从制度管理、教学秩序、教学氛围、课堂教学和备课作业五个方面阐述了学校教学管理的评价视角。

10月31日,南京市高中生物学科课程改革阶段性总结研讨会在南师大附中召开。国家生物课程标准专家组负责人、苏教版生物教材主编汪忠教授出席了会议,就教师教学过程中应注意的问题作了说明,并现场回答了教师的提问。南京市教研室岑芳老师对高中生物新课程的教学提出了具体要求。

汪忠教授在回答来自一线教师的提问

10月31日,南京市教研室组织的"十校"联合体(即外校、南师附中、金陵中学、南京一中、中华中学、原五县县中)的物理教师赴江浦高级中学举行观摩活动。邵跃、丁小虎老师分别开设了《力学综合应用》和《碰撞》两节研究课,市教研员和有关学校的教师开展了研讨活动,会上各校交流了高三下一轮复习的做法。

10月31日,南京市"八校联合体"工作会议在南京市六合区实验高级中学召开,会议代表就新课改、各年级的教学进度、期中考试统考安排等工作进行了研讨。

10月,燕子矶中学开展了名优骨干教师教

学风采观摩课活动。该活动旨在展示学校骨干教师的教学风采，为青年教师的学习和成长提供机会；并以此为契机，研究课堂教学理念及方法，互助学习，共同提高本校的教学质量。

10月，高淳县教研室结合高淳县教育系统“人才强教工程”的考核工作，改进并完善考核方法，将组织送教活动与课堂教学研讨、组织开设讲座与教学理论培训有机地结合起来，实现考核工作的增益效应。

10月，由下关区教师进修学校向南京市教育局高师处申报的《构建区域教研共同体，引领青年教师专业成长》课题中标并立项。该课题针对区域教师教育、教研的实际，开创专业引领的新载体——构建教研共同体，通过对“区域教研共同体内部结构的研究”“建立高效的区校两级协作式教研模式，改进青年教师课堂教学行为的研究”“构建区域教研共同体，促进青年教师专业成长的个案研究”等，最大限度地推动广大教师的专业化发展。

10月到11月，按照江苏省教育装备与勤工俭学管理中心和江苏省中小学教学研究室2006年51号文件的通知，市教研室物理组和教育装备处联合组织了南京市初中物理创新实验作品和优秀物理实验课的评选活动。在各区县推荐的基础上，经过评委们的认真评选，共评出创新实验自制教具获奖作品18件，其中市一等奖3件，市二等奖6件，市三等奖9件。同时经过为期8天的实验课评比，共评出市一等奖6名，市二等奖10名，市三等奖12名。在随后的省级评比中，我市伯乐中学万钟老师的作品《神奇的水透镜》和一中张冲老师的作品《舞动的红须》获自制教具省一等奖，第三初级中学高敏老师《光的色彩颜色》和伯乐中学汤淮军老师《电流与电流表的使用》两节课获实验课评比省一等奖。

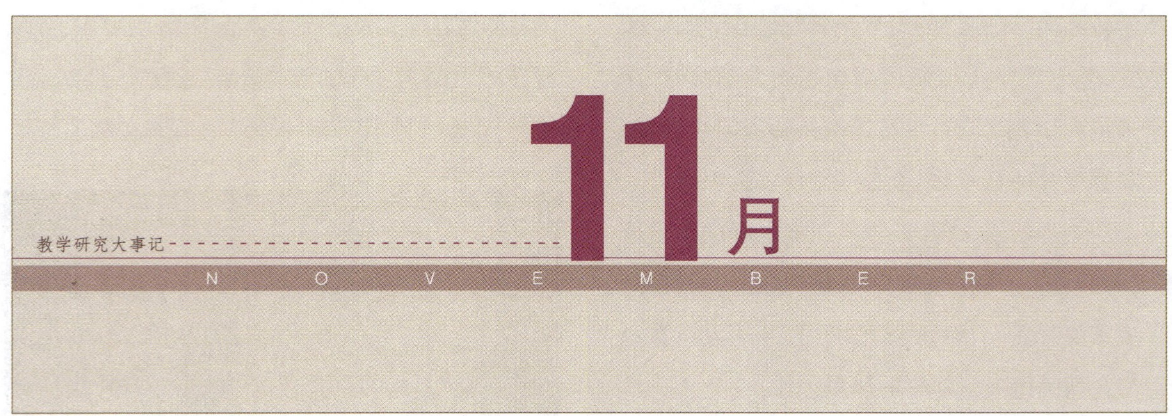

11 月 3 日，小市中心小学举办小学语文骨干教师"钻研教材 · 提升素质 · 实施有效教学"教学研讨活动。晓庄学院教科院王宗海教授认为："此次活动遵循了'行动研究'中的'反思'理论，目的是为了追求更为合理有效的教学实践过程，旨在使广大青年教师获得一种内在启蒙，树立'站在讲台上我就是语文'的思想，打开新的思考维度，提升语文素养，注重夯实内功，真正增强实践能力和自我超越能力。"

11 月 3 日，南京市第六届青年学术年会化工分会在扬子宾馆举行。会议由南京师范大学党委书记沈健教授主持，近 80 位南京化学化工学会会员代表到会。中科院院士、南京大学陈洪渊教授作了《分析化学的新增长点和研究热点》学术报告，南京化工协调委周爱民高级工程师作了《南京地区石化产业发展现状及科学发展战略分析》学术报告，东南大学王作祥教授作了《南京市石化产业专利战略研究》报告，南京工业大学科技处处长戴朝荣教授发布了《南京工业大学科技成果信息》。南京教育学会中学化学专业委员会程国清理事长、刘江田秘书长、张发新副理事长及吕汉聪、王晓敏、江敏等理事和部分中学化学教师代表应邀参加了学术论坛。

化工分会现场

10 月 27 日至 11 月 5 日，南京师范大学教育学系和东南大学中文系主办、南京师范大学附属

小学协办的第三届"现代与经典"全国小学语文、数学、艺术教学观摩研讨会在东南大学礼堂、南京师范大学礼堂隆重举行。南京师大附小余颖、贲友林老师的数学课《黄金分割》、《认识时分》，施玉洁老师的语文课《石榴》，谢丽老师的艺术课《美丽的鱼》，尹润萍老师的音乐课《运用场》得到了大家的称赞。南师附小学生的灵动与智慧也给与会教师留下了深刻的印象。

课堂上，学生们踊跃发言

11月8日，南京拉萨路小学数学组举办"数学大风车"系列化研究实验项目沙龙活动，原教科所宋所长与祁主任一起到会进行指导。会上，高丛林主任向大家介绍了"数学大风车"在学校的开展情况，大家围绕"数学大风车"的定位问题、系统问题、关系问题、主体问题、时间问题、反馈问题、评价问题、积累问题、资源问题、目标问题等展开了积极的讨论与研究。通过这次研究，大家对"数学大风车"的定位与目标达成了一致。

11月14日，南京市教研室主任杨昭在广州课改协作会上提出了课程改革工作的"333"架构，即把"三课"(课程、课堂、课题)作为课改工作的主要内容，把"三分"(分步推进、分层要求、分类指导)作为课改工作的基本策略，通过"三机"(运行机制、动力机制、保障机制)为课改保驾护航。

杨昭主任提出课改工作"333"架构

11月15日，中国教育学会教育实验研究分会实验学校研究中心2006年年会暨中央教科所新课程与教师专业发展研讨会在南京琅琊路小学隆重召开。国家督学、原江苏省教科所所长成尚荣作了《新课程与教师专业发展》的主题报告，孙宜珍校长作了《加强校本研修，促进专业发展》的报告，特级教师戚韵东作了《浸润生命的事业中，我享受着教育的幸福》的报告，就如何实现自我价值，促进学生及学校有效发展，向代表们讲述了她个人成长奋斗的历程。

11月20日，在溧水县第三小学成功举办了南京市五老村小学、南京信息工程大学附属实验小学、溧水县第三小学首届"秦源之秋"三校教学联谊活动。三校共有15名青年教师上研究课，县内外共有300多名教师参与了听课研讨活动，并邀请特级教师魏洁和市教研室芮琼老师等专家进行了指导和点评。本次活动加强了三校之间的交流，锤炼了青年教师，增进了学

校间的友谊。

11 月 20 日，由省、市教研室和省、市技装办组成的专家评审组来到伯乐中学听课，对该校汤淮军老师的物理实验课和万钟老师的自制的物理教具进行了最后一轮的评比。汤淮军老师的物理实验教学课和万钟老师自制的“水透镜”教具，分别获得了优秀实验课和创新实验设计江苏省一等奖。

11 月 22 日，长三角地区第二届中小学小班化教学研讨会在南京举行。建邺区致远外国语小学青年教师李宁代表南京市参加了小学英语的课堂教学研讨，展示了建邺区开展小班化教学的成果。课后，来自美国的小班化教育专家康博士给予了充分的肯定。

小班化教学中的李宁老师

11 月 22 日至 23 日，南京市教育局主办、鼓楼区教育局承办的“长三角地区第二届中小学小班化教育研讨会”顺利开幕，来自杭州、上海、南京以及浙江宁波，河北石家庄，黑龙江哈尔滨，山东青岛、安丘、昌邑、富阳、寿光、东营、商密、潍坊、诸城，江苏大丰、盐城、建德等地的 650 多位代表到会参加了活动。南京市教育局副局长周文海、鼓楼区副区长陈华、江苏省教育厅基教处副处长陆岳新、教育部基础教育课程教材中心付宜红、香港教育学院小班教学研究中心主任叶建源、南京市教育局督学初教处处长马砾、中教处处长王卫、副处长杨宁国、南京市教研室党委书记汪笑梅、鼓楼区教育局党委书记庞月霞、副局长陈云龙等领导到会。大会期间，教育部基础教育课程教材中心付宜红处长等专家作了《我们需要什么样的教育》等专题报告；南京市教育局副局长周文海简要介绍了南京市小班化教育的实施情况；杭州、上海分别有一所学校进行了小班化教育改革经验介绍。与会的 650 多名代表分别到鼓楼区白云园小学、山西路小学、龙江小学和第八中学四个教学点观摩了中小学语、数、英、音、体、美、政治、物理、科学、品德、生物等 11 个学科 23 节课堂教学以及专家评点；南京市鼓楼区凤凰街小学、南昌路小学，玄武区同仁小学、小营小学，秦淮区凤游寺小学、武定新村小学、第五十四中学、第二十四中学分别向代表们展示了小班化教育学校校本课程与文化特色建设。

精彩的专家讲座

多彩的教学课堂

11月23日，上海市中小学教师奖励基金会负责人、原上海市教育人事处处长黄良汉先生，为南京高淳县淳辉高级中学全体教师开设了《素质教育的一个重要理论基础——多元智能理论，兼谈上海教育改革动态》讲座。讲座共分为三个部分：(1) 人的智能是多元的；(2) 每个人拥有多元智能；(3) 解决不同问题需要不同智能。该讲座观点新颖独到、说理透辟，为教师更新教育观念起到了有力的推动作用。

11月24日，新加坡东景中学师生一行60人来南师大附属实验学校进行友好交流访问。中新两国学生共同学习手工剪纸等中国传统艺术，并在文化学习和日常生活等方面进行了"面对面"的交流，增进了两国学生间的友谊。

11月26日，南京市教研室组织《新课程学业水平测试与考试命题研究》课题研讨活动。市教研室副主任陆静同志主持召开了九门学科全体课题成员会议。肖林元副主任对课题研究提出了三点要求：与课程标准、教材及省教学要求整合，与教学实践整合，与教研活动整合。杨昭主任强调，必修课程学业水平测试的研究要关注基础性、注意科学性、体现时代性。

11月28日，南京市电化教育馆在下关区第二实验小学举办南京市"BLOG在小学语文教学活动中的运用"研讨活动。来自各区县电教中心的负责人及各区县窗口学校的领导和教师50多人，观摩了二实小姚芳老师的语文综合实践课。姚老师以学校的秋游活动为契机，以BLOG为教学平台，设计了"盼望秋游""爸爸妈妈小时候秋游的故事""网上秋游""购物""真的秋游啦"五大环节的主题活动。这既是学生亲历的过程，又是融合了语文、数学、信息技术、社会实践等多学科的学习过程，在课堂中运用BLOG作为教与学的平台，这是信息技术与课程整合的有积极意义的尝试。

11月28日，新加坡蔡厝港中学30多位学生在教师的带领下，来到南师附中新城初中访问交流，感受中华文化。南京电视台少儿频道全程报道了这次活动。在语文、音乐、美术、劳技课堂上，在书法、音乐欣赏、中国结制作等活动中，蔡厝港中学的学生与新城初中学生进行了亲密的面对面交流，新城初中充满中华文化魅力的课堂给他们留下了深刻的印象。

11月28日，由栖霞区教研室承办的"南京市中学语法有效教学"研讨活动在烷基苯厂中学举行。研讨活动中，烷中的葛蕊、张灵贵、张迎东，伯乐中学的王芳开设四节语法研讨课；区教研员徐学宁老师开设了"提高中学语法教学的有效性"讲座。南京市和各区县教研员共18人参加了研讨活动。这次活动主题鲜明、理念先进、内容充实，得到了与会语文教研专家的高度评价。

11月28日至12月1日，江苏省中小学教学研究室在无锡市举办了"2006年江苏省中学音

乐课展评活动”。参加本次中学音乐课展评活动的有省内苏、锡、常等13地市所选派的初、高中27名选手。南京市第一中学刘晓丹老师、南京江苏教院附中张鲁宁老师代表我市参加了本次省中学音乐课展评活动。

年会的与会代表

为了展示全区教育教学成果，推进课程改革，进一步深入开展玄武区“四边双优秀”活动，全面提高课堂教学质量，促进教师专业成长，玄武区教研室于11月28日至12月15日召开了玄武区第28届教学年会。参加这次年会的学科有小学语文、品德、科学和中小学信息技术。本次年会历时半个多月，来自市区的近千名教师参加了这次活动。

11月29日，江苏省教院附中和鼓楼区教研室邀请北京知名语文特级教师赵大鹏先生来宁，在石头城校区为全区150多名初高中语文教师开设讲座，专题为“谈中学作文教学”。这次讲座，带来了北京中学作文教学的新鲜经验，开阔了与会教师的视野，促进了全区作文教学的改革和发展。

11月30日，由宁波市教研室特级教师褚树荣带队的部分语文特级教师、宁波市各县市区语文教研员等计38人来江苏省教院附中龙江校区开展江浙省际高中语文新课改对口交流活动。省教院附中刘俊老师和宁波蒋淇老师分别开了展示课，课题是余光中的《听听那冷雨(节选)》。

11月30日，“南京市中小学研究性学习成果展示会”在江苏省教院附中举行。来自全市各中学近80名教科室主任与会。华明友校长介绍了省教院附中开展研究性学习的成功经验和需要进一步探究的问题。省教院附中吴喆老师上了《仿拟诗》的研究性课，区教科所徐瑞泰所长作了点评。省教院附中高二《金陵古韵》研究组，高三《湖南路统一门头之思考》研究组，高二《菜刀上的力学》研究组，高三《学农教育研究》研究组分别作了研究汇报，受到了与会者的高度评价。

在11月举行的南京市第四届幼儿园优秀教学活动展评中，我市第一幼儿园的赵锐老师所执教的体育课《捕鱼游戏》荣获一等奖。赵锐老师的参赛及获奖，在我市幼教界引起了较大的反响，因为他不仅是本次教学竞赛中的唯一男性教师，同时更是我市幼儿园教育史上男教师参加幼儿园教学竞赛的“零”的突破。赵锐老师的成功为我市幼儿园如何培养和使用男性幼儿教师积

教学竞赛中的赵锐老师

累了成功的经验。

为了激发学生的阅读兴趣，提高学生的综合素质，增长他们的知识，工人新村小学将2006年11月定为读书月，开展了历时一个月的“工人新村小学首届读书节”活动。活动包括教师读书指导课的课堂展示，“淘书乐”活动，各班读书活动展版交流，指定读物读后感评比，各班推选读书之星等。学校还通过抽奖方式，每天在全校学生中抽出“好书幸运星”，获得学校赠书和最喜爱的教师的读书赠言。

11月，江苏教育学院附属小学圆满完成新加坡教育考察团的接待工作。

11月，民生实验小学的“细节激活情趣：小学语文‘情趣课堂’的实践研究”课题被南京市教育科学“十一五”规划课题立项。该课题强调切入点小而实，选择“关键性教学细节”来激活“情感兴趣的培养”，营造“情趣课堂”的氛围。

11月，南化四小“十五”规划课题“发挥小学生个性优势的教育教学策略与操作系统的研究”顺利通过市教科所结题。

11月，江苏省第二届小学英语教师教学技能展评活动在泰州举行。林丽、郭慧、万亚莉、丁艳、冯娅、朱红娣、王烨芳七位教师组成了南京市代表队参加了口语、板书设计和微型课的比赛，取得了两项一等奖、一项二等奖的优异成绩。其中林丽老师还获得了口语比赛的第一名，代表江苏省参加了全国小学英语教师技能大赛，也获得了一等奖的佳绩。

国际学校联盟（International School Connection）简称ISC，是一个致力于推动教育国际化的非盈利国际教育组织，其总部设在美国，该组织核心成员均为不同国家的教育专家和教育管理者。ISC的宗旨是：使学校成为全球化的高效学习中心。4月19日，南京师范大学附属中学承办了该组织发起的“全球化时代的教育智慧”国际研讨会，并在大会上加入ISC组织，成为该组织在中国的第一个成员学校。11月，南京师大附中部分师生参加了在美国佛罗里达州坦帕举行的ISC峰会。

由下关区教师进修学校组织牵头，天妃宫小学、下关二实小、民生实小、阅江楼小学、二板桥小学五所小学共同形成协作研究团队展开的省级“十五”规划课题“小学数学学习活动的实践与研究”于11月顺利结题，并通过省教科所的结题鉴定。

11月，“高中学生反思能力培养”和“校园育人环境的营造和开发的研究”两个“十五”市级立项课题顺利结题。两个课题三年的研究过程，不仅培养了一批科研型骨干教师，也带动了一批青年教师投入到教学科研的队伍中来，积极推动了学校教科研工作的开展，同时，教师的职业素养也得到了提升，教育理念得到了更新，学校育人的软硬环境得到了极大的改善。

11月，中华中学“信息技术环境下，探寻新旧教学模式最佳结合点促进教学方法革新的实践研究”顺利通过中央电教馆评审，立项为中央电化教育馆“十一五”全国教育技术研究重点课题。同期开展的还有“十一五”全国教育技术研究专项课题《网络条件下家校互动对构筑和谐德育环境的应用研究》，力图构建新形势下的家校一体和谐德育新模式。

11月，溧水县教研室在全县范围内开展了征集2006届优秀毕业生个案活动。活动共征集到优秀个案120多份，分成小学、初中、高中三个部分，后经整理出版了《通向优秀之路》一书，在全县中小学广泛交流。

12月1日，我国著名音乐家、指挥家杨鸿年教授在南京市第五中学建校61周年校庆之际回母校与师生同庆节日。

杨鸿年先生和五中师生合影

12月1日至3日，南京市第五中学杨静平老师参加了澳门大学教育学院举办的两岸四地华人地区的德育论坛。杨静平的演讲《引导激励学生的操作技巧例解》得到与会专家与同行的一致好评。

登上澳门大学讲坛的杨静平老师

12月3日至4日，高中生物新课程（苏教版）高考研讨会在广州召开。南京市生物新课程专家组成员及高三中心组部分教师参加了会议。会上，南京代表介绍了南京市新课改的实施进展及对高考的研究，并与首批进行课改的广东省各市代表进行了新课程高考的交流与研讨，聆听了专家组关于必修教材1至3及选修1的复习策略的报告，对新课程教学和复习迎考有了进一步

的认识。

12月4日，人民教育出版社历史学科编辑余桂元等二人在南京第一中学邀请南京市部分历史教师召开座谈会，征询对人教版高中历史新教材必修1、2、3的意见。座谈会开了近7个小时，气氛热烈，交流深入而广泛。两位编辑一致表示：南京历史教师对新课程标准的理解水平很高，对新教材掌握很透，这种类型的座谈会已开了七次，这次收获最大。省教研员刘克明老师、南京一中郭东辉老师参加座谈并作了发言。

12月5日，南京市名师工作站启动仪式暨孙双金情智语文教学研讨会在北京东路小学举行。南京市教育局局长徐传德、副局长周文海、市教科所副所长陈静波、市教育局原副局长汪遐义、区教育局局长张利明、市教科所、教研室、小教培训中心、电教馆及各区教育局分管局长、教研室、教科所等有关部门负责人到会，全市的小学语文特级教师、学科带头人、优秀青年教师和任教小学语文的教育硕士（含在读）等共200多人与会。

徐传德局长亲临祝贺

12月8日，江心洲小学邀请鼓楼区英语学科带头人金玉老师分别在三、五年级上了两堂教学观摩课。江心洲小学为促进教师专业成长，每年将投入较大的资金用于教师外出学习培训。

12月8日，借学校图书馆新馆开馆的契机，南京六中开展了主题为“读书明事理，经典伴我行，做有根基的中国人”的2006年校园读书节活动。活动期间，邀请南京大学博士生导师、中文系古代文学教研室主任许结教授，面向全体师生，作了《怎样读经典》的读书讲座。

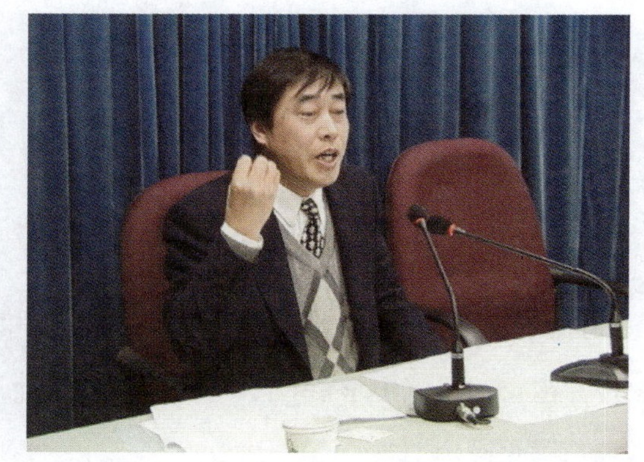
讲座中的许结先生

12月9日，鼓楼区教研室开展了“名师汇聚鼓楼系列活动——英语教学专场”。本次活动的内容包括名师观摩课和特级教师讲座。来自我市玄武区进修学校的英语特级教师沈峰、北京市崇文区光明小学特级教师马荣花、珠海市香洲区第十小学特级教师鲍当洪以及鼓楼区赤壁路小学市学科带头人韩佩玲老师、三牌楼小学市优秀青年教师陈冰给与会教师上了五节观摩课。

江苏省2007年高考综合考试12月9日进行，南京市共有37 592名考生报名参加考试。市教育局中教处、市教研室、市招办等部门的领导在市教育局周文海副局长的带领下陪同江苏省教育考试院的领导巡视了考试情况。

省市教育部门领导视察综合考试现场

12月9日至10日，江西省赣州市大余县教育局、教研室邀请苏教版小学数学教材编辑部的教材编委进行小学数学教材实验工作的指导。玄武区锁金一小的姚晶晶老师应苏教版小学数学教材编辑部的邀请，为大余县的300多位数学教师执教了示范课“认识钟表”，受到广大教师和苏教版教材编委的充分肯定。

南京市教研室于12月11日至12日分别在南京市拉萨路小学、夫子庙小学和小西湖小学举行了2006年南京市小学英语优质课评比。经过激烈角逐，评出一等奖6名，二等奖8名。来自全市小学的数百名英语教师观摩了本次比赛。

为了加快小学体育课程改革的步伐，南京市教研室于12月12日，在“南京市首批基础教育课程改革实验基地校”秦淮区第一中心小学召开了“重视运动技能教学，关注学生情感体验”为主题的观摩研讨活动。研讨会上，南京师大体育科学学院的顾渊彦教授作了主题发言。出席研讨会的还有江苏省教育厅体卫艺处处长杨明广、省教研室体育教研员孟文砚、市教研室副主任张雨仁等领导。

南京师大附中开展学校德育课程的“12·13”主题教育活动已经三年。本课程的开发主要由历史教研组承担，三年来，他们从一个晨会讲话开始，到举行知识竞赛、诗歌创作朗诵比赛、专家讲座、师生专题论坛、橱窗展览，开办专题电影周，逐渐完善了课程内容的设置和活动的开展。在今年“12·13”主题教育活动前已经完成了校本教材的初步开发和印刷出版。把“12·13”从一个主题纪念活动深化开发为一门校本的德育课程，这在全国中学是第一次。

南京师大附中“12·13”主题活动

12月13日，国家督学、原江苏省教育科学研究所所长、中国教育学会素质教育实验区指导专家成尚荣教授应邀到南师附中江宁分校作讲座。成尚荣教授首先对江宁分校新出版的集研究性、实践性、学习性为一体的校刊《实验教育》给予了极大的肯定，并提出做教育就需要脚踏实地，勤于反思，以人为本，自由民主。而后，对江宁分校省级规划课题“课程行动研究：个性化教育的校本探索”给予了具体指导。

12月14日，苏教版小语教材编委、《小学语文研究》主编、《七彩语文》杂志社副主编王向东老师在汉口路小学，为汉口路小学、一中心小学

和渊声巷小学的教师作了一场题为“新课程背景下的小学课堂教学”的讲座。王老师针对新课程背景下教学目标该如何把握，怎样真正发挥学生的主体性，什么样的评价能真正影响学生、有效地启迪学生，如何让我们的教育过程更加合理、符合学生特点等问题，作了生动而深刻的回答。

天妃宫小学张雯老师在刚刚结束的江苏省中小学音乐好课比赛中获得小学组一等奖，于12月14日，在秦淮区夫子庙小学对全市小学音乐教师上了汇报展示课《我的祖家是歌乡》，获得了听课教师的一致好评。

12月14日，全国首席德育专家、南京师范大学博士生导师鲁洁教授和南京师大道德教育研究所潘慧芳、赵炳红教授来到栖霞区，对《品德与生活》新课程的“课内向课外延伸的专题研究”，进行为期一天的指导与调研。栖霞中心小学、南炼小学、晓庄学院附属小学、区实验小学、太阳城小学等20多所学校的德育校长或德育主任、思品骨干班的学员和第四届“红枫杯”的选手们近100余人参与研讨观摩活动。栖霞中心小学的卢健主任作了《品德与生活课内向课外延伸主题研究的途径与策略》的培训讲座。南炼小学的欧传琴校长、晓师附小鲁照斌校长分别作了《让学校品德教育“生活”起来》和《走进学生的生活，提高品德教育的实效》专题发言。鲁洁教授就研讨中大家普遍关注的问题，提出了充满智慧的两大德育理念——“德育要走进学生的生活”“学生要走进自己的生活”。

12月14日，南京市小学数学“同课异构”教研活动在下关区建宁小学顺利召开。建宁小学的朱建平老师等3位老师各上了一节关于圆的面积的课。相同的教学内容，不同的教学思路，不同的教学风格，给参会的138位教师留下了深刻的印象。

鲁洁教授与学生进行课堂交流

12月14日，来自沿江工业开发区、六合区及周边地区的200多位教师，一同在南京信息工程大学附属实验小学参加了江北片语文教研活动。本次活动围绕“阅读对话教学”这一专题研究，力图从实践与理论两个层面具体诠释“阅读对话教学”。

12月14日，由江苏省教研室、南京北京东路小学主办的苏南“五校联谊”暨第三届“情智语文论坛”活动在南京北京东路小学拉开帷幕。南京北京东路小学、苏州盛泽实验小学、常州局前街小学、镇江中山路小学、无锡师范附属小学的教师及凤凰语文网、教育在线的近百名网友参与了此次活动。江苏省及邻省的300名语文老师观摩了此次活动。

12月14日，我市体育学科“小班化教学观摩活动和课题研讨”在南京第二十四中学进行。各区、县近100名体育教师、教研组长和市课题研讨组成员进行了观摩。小班化的课堂拓展了体

育学科，丰富了育人内涵，“每天跳跃十分钟，快乐学习十小时，健康生活一辈子”的理念深入到了全体师生心中。

12 月 15 日，南京市小学英语骨干培训班组织了 50 余名徐州班学员来到高淳县漆桥中心小学，开展了一次以“新课标下小学英语情境教学模式”为主题的教学观摩活动。南京班学员、漆桥中心小学孔璐老师上的 Let's Go To the Park，徐州班学员程媛媛上的 In Class，受到了南京晓庄学院副院长蔡蓓、副教授孙庆的高度评价。专家们认为“新课标下小学英语情境教学模式”已初具成效，今后可在全市小学英语教学中全面推开，以提高南京市的小学英语教育教学水平。

12 月 15 日，南京市“做中学”展示活动暨玄武区第 28 届小学科学教学年会在小营小学召开。本次活动主要是围绕“以‘做中学’课题研究引领‘四边’课堂教学改革”这一主题进行研讨交流。参加活动的有各区县教研员及“做中学”实验教师、2006 年科学农村培训班学员等。会后，东南大学学习科学中心的周建中老师对小营小学张秀香老师执教的《水的形状》、北京东路小学唐晓欣老师执教的《往上“跑”的水》、市级农村班学员溧水县白马中心校汪志平执教的《水和盐水哪个容易结冰》作了点评。南京师范大学郝京华教授就今后该如何推进《科学》教材和“做中学”工作及两者的关系进行了阐述。

郝京华教授在做讲座

12 月 15 日，栖霞区教研室在太平小学成功举办了“振兴课外阅读活动”。太平小学的冯奕和王洁老师分别上了《走近拉封丹》和《布恩向大自然学习》课外阅读指导课，受到到会的 120 余名教师的好评。著名特级教师孙景华作了《课外阅读——不可或缺的一翼》的讲座；原省教研室朱家珑副主任率《七彩阅读》编辑部的领导到会作了热情洋溢的指导。

12 月 16 日，南京市江北片高一年级化学教研活动在江浦高级中学举行，共有 50 多位教师参加了此次活动。来自大厂高级中学、六合高级中学的教师和江浦高中的王宏民老师分别在高一(7)(8)(9)班开了三节观摩课。此次活动对江北片高一化学教学起到了指导作用。

12 月 18 日，建邺区电教中心在莫愁中等专业学校召开中央电教馆“十一五”课题（建邺区）集体开题会。建邺区上报中央电教馆 7 个课题，全部被审批为“十一五”立项课题或青年课题。建邺区电教中心率先在全市采用集体开题的方式，7 个课题组组长在大会上分别介绍了课题实施方案，阐述了课题的研究思路、研究步骤和研究方法。开题会得到省市电教馆的大力支持，由省电教馆徐晓梅主任、市电教馆王德华馆长、刘卫平副馆长、洪礼彬主任、李为副主任组成的专家组到会。专家组徐晓梅主任在听完课题介绍后对 7 个课题逐一给予了指导。课题组成员和

专家们进行了深入互动式的交流。专家组一致认为7个课题具有基础性、前瞻性、前沿性、校本化、制度化等特点，研究理念先进，研究方向与研究目标明确，有创新，研究内容丰富，具有一定的先进性，有较大的应用价值。

开题会与会人员合影

12月18日至29日，南京第一中学举办了第22届课堂教学"百花奖"评选活动。本次活动以"优化教学方式，提高课堂效益"为主题，有12门学科的17位教师参赛，校内累计听课达1 183人次。关注课堂、紧贴学校教学的脉搏，已经成为南京一中校本教研的主旋律。

12月19日，高淳县实验小学开展了主题为"打造有效课堂，培育特色学科"的课堂教学展示活动。这是在"教育教学展示月"活动期间，继主题讲座、同课异构交流和相关学科竞赛之后的又一系列活动。本次活动共展示11节课，涉及语文、数学、英语、音乐、体育、美术、品德与生活等7个学科。研训中心的领导和各科教研员对整个活动进行了指导，全县各镇小学的200多名教师观摩了展示课，听课结束后，大家围绕"有效课堂"进行了热烈的研讨。这次活动的开展，进一步推进了高淳实小的智慧管理，为实施"有效德育、有效教学、有效管理、有效队伍"积累了更为丰富的经验。

高淳县实验小学教学展示活动

12月19日，玄武区教研室召开第三届教育科研大会。大会提出了"十一五"玄武区教育科研工作的目标，即：深化认识，牢固树立科研先行的战略思想；科研为导，用科学的方法解决发展中的新问题；密切实际，提高教育科研的实效性。

12月19日，原江苏省教研室主任郑君威，著名特级教师马明，人教版高中数学副主编万庆炎，江苏省教研室副主任董林伟，南师大附中特级教师陶维林应邀参加了南师附中江宁分校数学组的教研活动。专家们分别听取了初二年级赵黎明老师和高一年级王凤波老师的研究课，并作出精彩的点评，对数学组在新课程改革方面作出的努力表示赞赏，并就如何组织教研活动提出了建议。

12月19日，南京市教育学会中学化学专业委员会年会在南京第十二中学召开。此次年会的主题是"深化化学课程改革，提高学生科学素养"。会议由南京市教育学会中学化学专业委员会、南京市教学研究室主办，由下关区教师进修

学校、南京第十二中学、晓庄学院附中承办，南京市化学专业委员会会员，各中学化学教研组长、备课组长，市、区、县化学教研员，南京市化学学科教学带头人，市优秀青年教师，南京市中学化学中心组成员等100多人参加了年会。

中学化学年会现场

为了促进下关区小学生开展课外阅读，探索指导课外阅读的方法，提升教师课外阅读指导的能力，12月20日，下关区首届“小学语文课外阅读指导课赛课”决赛在南京市滨江小学拉开序幕。此次活动为期三天，10名由各教学片选拔出的教师参加了大赛最后的角逐。执教《母爱无垠》的滨江小学胡芸老师，在比赛中脱颖而出。南京市滨江小学作为南京市教研室《2005年—2006年振兴课外阅读计划》中确定的35所“课外阅读实践基地”校之一，近两年来，一直致力于课外阅读指导方法的探索与研究。每位语文教师每两周都会对学生进行一次课外阅读的指导，带领学生在书海中畅游。“多读书，好读书，读好书，读整本的书”的精神在全校得到贯彻执行。

12月20日，南京市六合区实验高级中学召开“十一五”发展规划论证会。在金区长的主持下，由区财政局、国土局、发改局、建设局、规划局、人事局、教育局、六合高级中学和程桥高级中学组成的专家组，对实验高中“十一五”发展规划进行了可行性论证，提出要将实验高中建成“管理科学、师资雄厚、设备齐全、质量上乘、校园优美、特色鲜明”的市区名校。

12月20日至23日，南京市高中生物新课程中心组成员及部分骨干教师在苏州市第十中学参加了江苏省高中生物教学研讨会。南京市教研室岑芳老师作了《机遇、挑战、应对、发展——南京市高中生物课程实施中的思考》的大会反言，报告分析了生物新课程新在哪里，南京有何新举措，教师、学生在新课程中有何新发展，解决了与会教师的许多困惑。人教版生物教材主编朱正威教授对研究课逐一进行了点评，提高了与会教师对生物课改的认识。

12月22日，南京市教科所教育科研基地主任章宏老师来到唐山路小学，为学校教科研骨干教师开设了课题研究讲座。讲座共分两个部分：(1)对市级课题“依托本土教育资源，优化德育综合实践活动的研究”的课题界定、理论支撑、研究目标、研究方法、研究步骤等作具体指导；(2)对省级立项课题“优化指导策略促进小学生有效课外阅读的实践研究”如何向纵深推进作重要指导。讲座充分调动了教师参与教育科研的积极性和主动性，形成了良好的教育科研氛围，有力推动了学校教育科研工作的可持续发展。

12月22日，建邺区教师进修学校组织牵线成立了四个研究中心——外来工子女教育研究中心、社区少先队研究中心、学生心理健康教育研究中心和学校教育教学案例研究中心。研究

中心立足建邺区情，整合优势教育资源，挂牌在基层学校，为具体贯彻落实新课改精神、总结提升学校经验成果、培植潜在研究课题生长性、彰显区域研究课题品牌、带动一批骨干力量切实发挥服务、引领、示范的作用和功能。

12 月 22 日至 23 日，南京市初中优质课评比在南京第十三中学举行。来自全市各区、县的选手就牛津初中英语初二年级的一个单元进行了课堂教学的评比与展示。这次赛课除了为省优质课评比赛出选手，更多的是引导教师研究初中英语的课堂教学，提高课堂教学的有效性。来自南京师范大学的英语教学专家张伊娜教授对课堂教学进行了点评。

12 月 24 日，高淳县实验小学 4 位市优秀青年教师、学科教学带头人在研训中心小学研训处唐开鸿主任的带领下，来到古柏中心小学开展了为期三周的“送教下乡”活动。此次“送教下乡”活动，为校际之间的交流创造了一次很好的机会，为农村小学推进新课改起到了良好的示范、启迪作用。

12 月 25 日，青云巷小学迎来了日本福冈教育视察团十位教育部门的领导和教师。在为期一天的活动中，学校与日本太宰府西小学签订了“缔结友好协议”，协议中就如何开展两校间的教育教学交流活动作了阐述，并商定了双方教师与学生互访的内容。日本朋友参观了青云巷小学学生的书画和小制作作品展览、古生物陈列室、图书室、艺术室、科技室、技能创造室。青云巷小学学生还为来宾现场创作了书画作品。

12 月 25 日至 26 日，由江苏省中学数学专业委员会主办、南京市教学研究室承办的“江苏省中数会教材教法协作组交流研讨会”在南京第三十四中学举行。南京市 20 余位数学教研员和教师参加了会议。特级教师仇炳生、陈光立分别作了专家报告，第三十四中学的刘延华、王海慧老师分别开设了研究课。来自全省各地的专家和教师，共同研讨交流了高中数学新课程实验中的高中数学教材、教学方式、教学内容、教学评价、校本教研、初高中衔接课题等。

12 月 26 日，北京东路小学省级“十一五”规划课题“外来务工人员子女自主性学习习惯特点分析及培养策略的研究”开题会拉开序幕。南京市教科所课题规划处黄达成主任、教育局储红局长、进修学校校长陈春保、区教科所所长徐瑞泰以及兄弟学校的教科研领导和骨干教师等 42 人参加了会议。

12 月 26 日，市教研室综合实践组陈平老师和信息技术中心组田武奎老师等人，在溧水县教研室刘继强主任和劳技教研员周功美老师以及信息技术教研员殷祥喜老师等的陪同下，到溧水县东屏中学进行市劳技先进教研组的复查工作，并对该校国家级子课题“农村劳技教学中学生实践能力培养的教学模式的研究”活动开展情况进行指导。

12 月 28 日，九龙小学召开振兴阅读行动暨第二届读书月成果汇报会。来自沿江工业开发区教研室、各小学以及部分幼儿园的领导、教师，九龙小学各班级家长及学生代表等近 200 人参加了本次活动。同学们深厚的古典诗词文积累，宽阔的现当代儿童文学阅读视野，丰富多彩的表演活动以及各班级课外阅读成果展示，获得了与会领导、嘉宾的好评。

12月28日，南京拉萨路小学校园美术系列活动“年味儿十足”落下了帷幕。在这次活动中，学校1 000多名师生通过“走进南京博物院”欣赏到了众多特点各异的民间艺术品；通过“倾听民间剪纸大师陈耀的讲座”近距离地体会到了剪纸艺术中的精湛技艺；学生们创作剪纸，设计蓝花布，描绘民俗画，涂抹脸谱，制作染纸……在创作过程中，学习热情高涨。元旦前夕，学校师生的“年味儿十足”个性作品展将本次系列活动推向了高潮。

走近剪纸艺术大师

12月28日，由中央驻港联络办新界工作部牵头的香港啬色园教育代表团一行50多人访问金陵中学河西分校。他们深入课堂、宿舍，并就机制、育人与师资问题与丛一冰副校长进行了充分的交流，他们对河西分校规范化的管理、教师的课堂教学给予了很高的评价。

香港啬色园教育代表团访问金陵中学河西分校

12月28日至29日，“南京市小学音乐教师教学片段课展示”活动在南京市玄武区成贤街小学举行。各区推荐两位教师，共28位青年教师参加了展示活动。玄武区音乐教研员李欢老师对28节片段课作了简要精彩的点评，部分教师还发表了自己的观点。市教研室陈萍飞老师对所有教师提出了新的、更高的要求。

小学音乐教师教学片段课展示会现场

12月29日，柘塘中心小学部分领导、教师到南京市凤游寺小学开展小班化课堂教学研究活动。柘塘中心小学葛蓓蓓、陶海润老师在凤游寺小学分别上了语、数小班化教学汇报研讨课。课后两校教师就课例开展了小班化课堂教学交流研讨，凤游寺小学的领导就该校实施小班化及小班化课堂教学研究成果进行了介绍。该活动进一步提高了柘塘中心小学领导、教师对小班化的认识，促进了教师对小班化课堂教学的研究。

12月29日，南京市振兴阅读课外活动第八次现场会、玄武区课外阅读课研讨会在同仁小学召开，300余名小学语文教师与会。同仁小学赵

敏校长介绍了学校读书校本课程的建设与活动实施和开展情况，接着通过四节课展示了近年来玄武区课外阅读课研究成果：小营小学徐红飞老师执教了课外阅读活动课——指导阅读名著走进《水浒》，同仁小学黄芫芫老师执教了课外阅读指导课——阅读儿童文学《亲亲我的妈妈》，成贤街小学王瑞芳执教了课外阅读交流课——阅读外国文学《夏洛的网》，长江路小学唐文国执教了课外阅读推荐课——阅读《向着太阳歌唱》。同小还举行了“儿童阅读文化研究中心”揭牌和“儿童阅读文化网络”开通仪式。

作家黄蓓佳即兴讲话

12 月 29 日，南京市教育学会中学数学专业委员会在南京市金陵中学召开年会。南京市教育学会中学数学专业委员会理事长、南京外国语学校陈光立老师代表第六届理事会作了大会工作报告，金陵中学凌惠明等四位在江苏省中学数学青年教师优质课评比和观摩活动中获得省一等奖的教师作了说课汇报。大会选举产生了第七届理事会，南京市教学研究室副主任肖林元当选为新任理事长。

12 月 29 日，南京市高三地理江北片在六合区程桥高级中学举行地理教研活动，高三年级的厉兵老师和六合高级中学高一年级的王坤老师分别上了“空间定位”（高三）和“山岳的形成”（高一）。“空间定位”一课，充分调动了学生学习的主动性，让学生参与学习，形式新，效果好。“山岳的形成”一课充分展示了多媒体的功效，吸引了学生的注意力，课堂教学取得了良好的效果。这两节课受到了听课教师的一致好评。

中学数学专业委员会年会主席台

12 月 30 日，南京市虹桥小学彩虹奖教金成立颁奖大会暨“七彩虹桥”美文诵读展演在西康路 33 号省政府礼堂拉开帷幕。这次活动是虹小为了落实全面素质教育的理念精神，扎实推行新课程教学，培养学生对诗歌的学习兴趣，提高学生朗诵说话能力，丰富课余生活，故策划在全校范围内开展的一次诗歌朗诵比赛。

“七彩虹桥”美文诵读展演

12月30日，南京市教师培训中心在樱花小学举行作文教学专题活动。上午，樱小的周敏、施久兰老师结合苏教版语文教材展示了该校特色——网络作文教学。下午，南京师范大学附属中学的特级教师王栋生为所有听课教师作了精彩的讲座。王老师用诙谐的语言向大家介绍了自己的写作经验、研究成果以及对目前教育现象的思考，使大家受益匪浅。王老师指出：小学阶段的作文教学应围绕“童趣”二字展开，教师应在平时的教学中引导学生关注生活，关注心灵，注重学生想像力的发展；教师要蹲下来与学生交流，让学生感受到教师的亲切，而不是不可靠近。

12月，南京市教研室举办了南京市第四届幼儿园教学活动评比。本届教学评比是以“教学活动展评”的方式进行的，它改革了传统的市级教学评比方式，体现了一种全新的教学评比理念。“教学展评”的主要特点是：开放的评比现场，即教学评比现场面向我市广大幼儿教师开放，将评比和教学观摩相结合。共有600人次到现场观摩了参加评比的教学活动。评比现场的开放不仅保障了评比的公平、公正，更是集中展示我市幼儿园教学活动改革的经验。共有55个幼儿园教学活动参加了本届展评活动。

评委们在对参评的教学活动进行分析与研讨

基于“培养学生对数学的兴趣和爱好”“通过亲身体验和感受丰富学生的课余生活”“传播数学文化”“激活学生的创新意识”“激发学生的聪明才智”，南京市教学研究室小学数学组于9月20日至12月31日在全市开展了“我的课余生活与数学”小学生数学创作比赛。比赛分低、中、高三个年段。低年段（一、二年级）以数学为素材，原创一份充满想像力的“数学想像画”，或者在家长带领下共同经历并完成一次有数学内容的“亲子活动记事”。中年段（三、四年级）以数学为素材，原创一篇“数学童话、故事”，或者原创一份内容丰富、有趣，别具一格的“数学小报”。高年段（五、六年级）要求学生亲身经历一次有意义实验，并记录下“用数学知识解决实验中问题”的感受与体会，或者用文字整理一段“用数学知识解决生活中问题”的生活亲历。此次活动全市小学生共同参与，创作的作品中，涌现出一批集知识性、实践性、艺术性和创造性于一体的佳作，达到了丰富课余生活的目的，实现了“让每个学生都有条件、

《春来了》，作者：游府西街小学李晋悦（7岁）

有能力拥有自己头脑主权”的预期目标。

《五彩数字网》，作者：鼓楼区第一中心小学王骏(7岁)

10月至12月，南京特师二附小黄艳萍老师作为南京市特殊教育教师的代表参加了南京市第五届学科带头人的评比。黄艳萍老师也是南京特师二附小打造名师工程，打造特殊教育名师工程的代表。明年，作为省特殊教育青年教师基本功一等奖获得者黄艳萍老师还将代表江苏参加全国首届特殊教育青年教师基本功大赛。

12月，南化四小邀请著名特级教师、江苏省小语会会长、苏教版教材主审袁浩老师，夫子庙小学特级教师刘红等几位专家来校指导语文教学工作。通过交流、互动，教师们对如何立足文本、把握教材，如何走专业化成长之路，有了崭新的认识。

12月，宁工小学自主编写的《写字教学》校本教材投入使用。

12月，凤凰花园城小学举办了“书香校园”的系列活动：好书推荐、读书小报评比、读后感评比、演讲比赛等，受到了师生的欢迎，很多学生在此过程中与书结友，爱上读书，取得了良好的效果。

12月，察哈尔路小学进一步研究小班化教育试点工作。针对小班化课堂教学特点，在充分

学生的数学小报

学习的基础上，学校要求每个教师在小班化教学中使学生主动参与学习的全过程，动眼、动耳、动手、动口、动脑，最终达到动智动情的学习境界，真正做到少一半学生、多一倍关心。

12月，三牌楼小学申报的“探索教育”与“孝道教育”两个课题被确定为省级立项课题，“读写

阶梯训练”及“英语口语交际训练”两个课题被确定为市级立项课题。

12 月，长阳小学“小班化背景下精致教育的实践研究”课题被正式批准为省级“十一五”规划课题。本学期长阳小学先后举行了全校性的课题解读会、教科研方法培训会。以课题作平台，将更加有利于“精致教育”的实践探索，推进课程改革，也更加有利于促进教师的专业成长。在“小班化背景下精致教育的实践研究”这一主课题的引领下，将进一步丰富“休闲四十分”活动的内涵，把开发和设计“休闲教育”活动作为学校的特色之一。

2006 年，成贤街小学立足校本特色，进行小学京剧校本课程的开发、实施与研究，并成功申报为江苏省教育科学“十一五”规划课题。

弘扬京剧表演艺术的成贤街小学师生

12 月，宁工小学省教育学会课题“写字教学中校本教材的开发与实践研究”的课题研究方案及申报获得批准。市级课题“以艺术教育为特色的综合活动课程的开发与实践的研究”顺利结题，并积极申报“十一五”市教科所德育课题“创设绿色摇篮——流动人口子女良好品德的发展研究”。

2006 年，砺志实验小学被评为南京市教育科研基地。“十五”期间，砺志实验小学十分重视教科研工作，学校以“科研兴校”“科研兴教”为出发点，深入开展课题研究，圆满完成了省市五大课题的研究，得到省市教科研专家、领导的好评，也被评为下关区教科研先进单位。学校在一系列的教科研活动中得到发展，提高了办学品位，形成了以砺志教育为主题的办学特色。

10 月到 12 月，南京市文枢中学初中部组织了校“百花奖”教学评比活动。该活动坚持“以人为本”的思想，加强了对青年教师的培养，鼓励他们互相学习，提升自我，活跃了校教科研的氛围，提高了广大教师的业务能力和教学水平。

12 月，伯乐中学曹澍、李艳华完成《南京市伯乐中学校本课程开发方案》，荣获栖霞区一等奖。该《方案》从课程选择、课程改编、课程整合、课程补充、课程拓展、课程新编等角度，阐述、介绍了伯乐中学教师对校本课程的认识与实践。

12 月，六合区龙袍中学与南京第五十四中学进行城乡合作交流，开展初三复习有关缺失性方面的探索研究，为提高农村初中课堂复习教学的实效性提供了较好的示范。

12 月，南京大学附属中学在全校范围内广泛开展以“丰富思想，提升境界，规划人生”为主题的青年教师沙龙活动，构建青年教师成长的绿色通道，为学校青年教师在师德、学术、学校管理及生活乐趣等方面的交流与学习构筑平台，为学校青年教师与教育教学专家沟通架设桥梁，为学校教育教学发展献计献策。为开展好此项活动，学校设立青年教师沙龙委员会。

12月，为了总结和推广学校在体验式教学的实践尝试中获得的宝贵经验，栖霞区初中思想品德学科“体验式教学”远程会课活动先后在南京市新闻中学、烷基苯厂中学、马群中学举行。本次远程会课活动，除为教师提供了大量优质教育信息和资源外，还为教师提供了实现在线研讨交流的机会。广大教师参与的积极性很高，取得了良好的效果。

12月，南京第二十四中学南京市体育学科“同项异质”课题组面向全市体育教师开设了小班化体育教学观摩实践课。王蓉老师的“篮球，素质练习”、谢翠琴老师的“排球，素质练习”和宗日东老师的“五禽戏，跳短绳”三节课，充分展示了二十四中小班化体育课堂教学的研究成果。尤其是宗日东老师的校本课程“五禽戏”，从民族传统文化的继承和发掘的角度进行了有益的探讨与尝试，丰富了我校体育教学的内容。

篮球，素质练习（王蓉老师）

12月，六合区龙袍中学承担的南京市教育科学研究“十五”规划课题“农村初中心理健康教育方法的研究”顺利通过市级验收。

12月，栖霞中学结合本校实际的教学情况，申报的南京市教育科学“十一五”规划课题“城镇中学构建有效课堂的研究”被正式批准立项。

排球，素质练习（谢翠琴老师）

五禽戏，跳短绳（宗日东老师）

12月，江苏省教院附中申报的江苏省教育科学“十一五”规划课题“确保学生成功率：学科有效教学的行动研究”获准为立项课题。

12月，中华中学“信息技术与学科课程整合，培养学生获取信息，运用信息，提高学习能力的实验研究”课题，在中央电教馆全国教育科学“十五”规划教育部重点课题“基于现代信息技术环境下学与教的理论与实践研究”第三专项课题“信息技术与课程整合的理论与实践研究”课题组结题表彰大会上，被评为优秀课题。张鸿亮、

张征燕、严龙文老师被评为课题优秀教师。在全国高中信息技术与课程整合优质课大赛决赛中，陈晓浒、吕永秀、姚发权、张玥、张业宏等老师的参赛课获一、二等奖。严龙文老师受大赛组委会及东北师大理想信息技术研究院的邀请，在东北师大附属中学为决赛教师开设观摩课——网络课《鲁迅笔下的闲人》，得到与会专家、教师的一致好评。

12月，全国教育技术研究"十五"成果表彰会上，中华中学《信息技术与高中课程整合的研究》的研究成果在中央电教馆主持的全国教育科学"十五"规划教育部重点课题《基于现代信息技术环境下学与教的理论与实践研究》的成果评比中，被评为一等奖。中华中学被评为课题研究先进单位。严龙文老师被评为课题研究先进个人。课题研究探索"主导—主体；情境—探究"信息技术与课堂教学整合的新模式，形成了与九个学科相适应的整合教学模式群。中华中学信息技术与课程整合的实验研究，得到了何克抗、李克东、刘茂森等全国信息技术教育权威的高度评价。

12月，中华中学"十五"信息技术与课程整合课题研究总结会上，课题组总结了"十五"课题研究的成功经验，分享了"十五"课题研究的成果，对"十一五"课题研究开展的策略进行了广泛热烈的讨论，会议形成以下共识：(1) 围绕学校核心课题研究，促进教师专业发展，促进教学方式的转变，要成为课题研究的出发点、归宿点；(2) 建立全员参与国家级、省市级、校级课题研究的三级体系，鼓励教师围绕学校发展、教师发展、学生发展三位一体主目标，塑造教师教育教学的个性风格；(3) 课题研究要加强培训，使课题研究成为校本研修的重要组成部分，充分拓展课题研究的基础。会议还就"十一五"全国教育技术重点课题、专项课题以及省市级5项规划课题、立项课题以及11项市教育科研规划"个人课题"研究的过程管理及评价奖励推广等提出了教育科研课题管理意见。

12月，南京外国语学校完成了南外校本课程第一系列的第一批教材的编辑出版。这七本校本教材是根据南外教学的实际情况(南外教育目标和学生的发展需要)，在多年选修课开设的经验基础上，不同学科的教师充分发挥自己的智慧编写而成的。这七本校本教材分别是邹正老师的《SAT化学高分入门》、夏莹等老师的《心理导航》、蔡才福老师的《轻松学物理》、朱曰忠老师的《楹联知识》、汤巧根老师的《哲学与创新思维》、陈铮等老师的《模拟联合国》和李炜老师的《电影中的美国历史》。这些教材涉及学生心理、思维、方法、技巧、艺术修养、实践等不同方面，从这些不同的角度激发学生的思维智慧，提高学生的思维能力和实践能力，因而对学生的可持续发展具有非常重要的意义。

南京师范大学附属中学生物和地理教研组在江苏省科技开发院专家的指导下，开展《系统思考与决策实验》的校本课程建设。南京师大附中2005届陈禹、倪晓雯同学的论文《试以系统动力学的观点论中国古建筑屋顶曲面的形成》、《系统思考在旅游资源管理和旅游业发展中的应用》于2005年7月在美国召开的第23届国际系统动力学年会中交流；2006届陈安琪、沈慧远、徐舒的研究论文《以系统动力学的方法研究水华的形成与防治》在2006年亚太地区可持续发展国际

会议上宣读并交流。2006 年，他们与美国福门特中学建立友好关系，通过每周一次横跨半球的学生和老师网上同步传输工作，初次实现中学生跨国合作研究。

无境数学（Mathématiques sans frontiers）是由法国数学会主办的国际中学生的数学竞赛活动，在欧洲享有很高的知名度。2006 年，南京师范大学附属中学首次参加该项竞赛，周杰、黄铧老师指导的 2005 级高一（1）、高一（9）学生即在参加竞赛的 2 500 名国际部学生和 6 500 名欧洲部学生中获一等奖第一名。南京师大附中是中国参加该项竞赛的第一所学校。

南京师范大学附属中学积极参加 NAIS，参与“挑战全球 20 大问题”国际中学生合作研究项目。参与的研究课题是“全球温室效应”。韦英俊老师指导的“环境保护”社团与周琦峰老师指导的“科技英语”社团也参与了该课题的研究。2006 年 10 月起，南京师大附中与美国马里兰州的中学建立了合作研究的关系，利用网络保持定期地交流。

教学研究成果统计

jiao xue yan jiu cheng guo tong ji

小学语文

教学研究成果统计

XIAOXUEYUWEN

林春曹，南京信息工程大学附属实验小学，《课堂何时能听到这些“精彩”》，《人民教育》2006年第8期

林春曹，南京信息工程大学附属实验小学，《词语教学如此“厚实”》，《小学语文教学》2006年第2期

林春曹，南京信息工程大学附属实验小学，《“实在”——语文教学应有的一种方式》，《语文教学通讯(小学)》2006年第11期

林春曹，南京信息工程大学附属实验小学，《〈地平线〉教学片段实录》，《小学教学研究》2006年第7期

林春曹，南京信息工程大学附属实验小学，《〈广玉兰〉片段教学实录与反思》，《教学与管理》2006年第2期

林春曹，南京信息工程大学附属实验小学，《对话——引领学生走进文本的深处——〈天游峰的扫路人〉教学实录》，《小学语文研究》2006年4月

林春曹，南京信息工程大学附属实验小学，《字词教学感性化，文本解读个性化，人文价值生活化》，《小学语文研究》2006年10月

林春曹，南京信息工程大学附属实验小学，《从课内到课外，演绎解读的三个层次》，《中小学语文教学案例》2006年第1、2期

林春曹，南京信息工程大学附属实验小学，《关注学生的科学素质》，《江苏教育(小学教学)》2006年第7期

林春曹，南京信息工程大学附属实验小学，《阅读教学中，追寻什么样的字词教学?》，选自《草根化研究：基于实践的教育智慧》，南京师范大学出版社2006年版

林春曹，南京信息工程大学附属实验小学，《请让孩子把话说完》，《教学随笔》2006年第5期

林春曹，南京信息工程大学附属实验小学，参编《名师同步教学设计》五年级语文下册，山西

教育出版社 2006 年版

杨树亚，南京南化第四小学，《老师，我想量你的腰围……》，《人民教育》2006 年第 11 期

杨树亚，南京南化第四小学，《让孩子用自己的思考与"对手"辩论》，《中国教育报》2006 年 9 月 14 日

杨树亚，南京南化第四小学，《揭题导入也精彩》，《小学语文教学》2006 年第 4 期

杨树亚，南京南化第四小学，《〈北大荒的秋天〉教学设计》，《教学与管理》2006 年第 9 期

杨树亚，南京南化第四小学，《一次旁逸斜出的语文教学反思》，《湖南教育》2006 年第 10 期

杨树亚，南京南化第四小学，《由两例词语教学案例引发的反思》，《小学青年教师》2006 年第 4 期

杨树亚，南京南化第四小学，《品读现代小诗——课外主题式阅读教学设计》，《小学教学设计》2006 年第 6 期

杨树亚，南京南化第四小学，《在潜心会文中寻找"最大的一穗"》，《小学教学设计》2006 年第 11 期

杨树亚，南京南化第四小学，《苹果里出现了"六角星"！——一次课堂偶发事件的追问与反思》，《教学月刊》2006 年第 7 期

杨树亚，南京南化第四小学，《对话，在潜心会文中进行》，《新语文学习（小学教师）》2006 年 10—12 月

杨树亚，南京南化第四小学，《教育：需要"出手"，更要"袖手"》，《南京教育》2006 年 7—8 月

孙双金，南京北京东路小学，撰写《孙双金与情智教育》，北京师范大学出版社 2006 年版

孙双金，南京北京东路小学，《在同一节课中品读不同精彩》，《中国教育报》2006 年 8 月 22 日

孙双金，南京北京东路小学，《"循循善诱"，教育的至高境界》，《小学青年教师》2006 年第 1 期

孙双金，南京北京东路小学，《情智语文——我的教学主张》，《小学青年教师》2006 年第 1 期

孙双金，南京北京东路小学，《〈二泉映月〉课堂实录》，《小学青年教师》2006 年第 1 期

孙双金，南京北京东路小学，《我的梦我的追求》，《江苏教育（小学教学）》2006 年第 1 期

孙双金，南京北京东路小学，《教师要做文本和学生的知音》，《语文教学通讯（小学）》2006 年第 12 期

孙双金，南京北京东路小学，《"情智语文"理论与实践的研究》，《语文教学通讯（小学）》2006 年第 12 期

孙双金，南京北京东路小学，《上出地地道道的语文味》，《小学语文教师》2006 年第 11 期

胡红，南京扬子第三小学，《小学生竞争心理的误区及其矫正》，《教学与管理》2006 年第 7 期

胡红，南京扬子第三小学，《读一本书，融一腔情——指导学生阅读〈爱的教育〉纪实》，《班主任之友》2006 年第 3 期

胡红，南京扬子第三小学，《日记里的"小秘密"》，《新语文学习（小学教师）》2006 年 7—9 月

胡红，南京扬子第三小学，《谈谈我的"书信作文教学法"》，《南京教育科学研究》2006 年第 4 期

胡红，南京扬子第三小学，《和谐之爱，感恩之情——用〈爱的教育〉培养学生健康心理》，《和

谐教育》2006年第1期

郭学萍，南京下关第二实验小学，《诗意语文　精彩大家》，《信息技术教育》2006年8月

郭学萍，南京下关第二实验小学，《语文，一株美丽的树》，《语文教学通讯（小学）》2006年第11期

郭学萍，南京下关第二实验小学，《有一种精彩叫生成》，《南京教育》2006年5—6月

郭学萍，南京下关第二实验小学，《像草木一样思考》，《小学语文研究》2006年1—2月

郭学萍，南京下关第二实验小学，《我要做个"懒"老师》，《南京教育》2006年7—8月

郭学萍，南京下关第二实验小学，《小学高年级儿童诗的教学与研究》，《南京教育科学研究》2006年第5期

李响，南京奥体小学，《让语文课外阅读成为一种自觉的生活方式》，《现代中小学教育》2006年第10期

李响，南京奥体小学，《让语文课堂充满成长的气息》，《教学月刊》2006年第11期

李响，南京奥体小学，《走进魅力课堂　感悟生命和谐》，《北京教育》2006年第7期

李响，南京奥体小学，《在理想与现实之间行走》，《河北教育》2006年第10期

李响，南京奥体小学，《计算机运用和课堂教学》，《南京电教》2006年9月

李春辉，南京师大附小，参编九年义务教育六年制小学教科书实验本《品德与社会》三年级上册，江苏教育出版社、中国地图出版社2006年版

李春辉，南京师大附小，参编九年义务教育六年制小学教科书实验本《品德与社会》三年级下册，江苏教育出版社、中国地图出版社2006年版

李春辉，南京师大附小，参编九年义务教育六年制小学教科书实验本《品德与社会》三年级上教师用书，江苏教育出版社、中国地图出版社2006年版

李春辉，南京师大附小，参编九年义务教育六年制小学教科书实验本《品德与社会》三年级下教师用书，江苏教育出版社、中国地图出版社2006年版

胡明艳，南京莫愁湖小学，《空则有灵气　宽则生智慧》，《江苏教育研究》2006年第2期

胡明艳，南京莫愁湖小学，《正确处理好语文课堂教学中的几对关系》，《中小学教材教学》2006年第3期

胡明艳，南京莫愁湖小学，《课堂因生命而美丽　教学因生成而精彩——〈哲学家最后一课〉教学及评析》，《小学教学设计》2006年第1期

胡明艳，南京莫愁湖小学，《清晰简洁　自然流畅——特级教师胡明艳〈九色鹿〉教学实录及评析》，《小学教学设计》2006年第5期

刘红，南京夫子庙小学，《芬芳之旅》，《小学语文研究》2006年9月

刘红，南京夫子庙小学，《心灵与心灵的碰撞》，《小学语文研究》2006年9月

刘红，南京夫子庙小学，《让学生在研究问题中学习》，《小学语文研究》2006年9月

刘红，南京夫子庙小学，《这里，放飞智慧——再谈备课》，《江苏教育（小学教学）》第2期

唐文国，南京长江路小学，《石榴熟时笑满园——与王金华老师探讨〈石榴〉第二课时教学设计》，《小学语文教学》2006 年第 4 期

唐文国，南京长江路小学，《浅谈构建和谐课堂的策略》，《小学教学参考》2006 年第 3 期

唐文国，南京长江路小学，《发挥语文在社会主义荣辱观教育中的独特优势》，《江苏教育(小学教学)》2006 年第 6 期

唐文国，南京长江路小学，《评语——师生心灵的对话》，《小学教师培训》2006 年第 6 期

刘俐，南京北京东路小学，《巧设智慧“陷阱” 创建“争辩”课堂》，《小学语文教学》2006 年第 10 期

刘俐，南京北京东路小学，《随风潜入夜 润物细无声》，《教书育人》2006 年第 5 期

刘俐，南京北京东路小学，《学习动力来源于什么？》，《小学语文研究》2006 年第 7、8 期

刘俐，南京北京东路小学，《默读——让心在寂静中飞扬》，《小学教师培训》2006 年第 3 期

刘敏，南京青云巷小学，《在课堂中不断调动学生的阅读期待》，《南京教育》2006 年 1—2 月

刘敏，南京青云巷小学，《课堂，因体验而精彩——关于阅读教学中引导学生体验的思考》，《南京教育》2006 年 5—6 月

刘敏，南京青云巷小学，《〈莫高窟〉(第二课时)教学设计与评析》，《教师教育》2006 年第 3 期

李传庚，南京鼓楼区三牌楼小学，《关于信息时代阅读几点思考》，《南京教育》2006 年第 9、10 期

李传庚，南京鼓楼区三牌楼小学，《课前口语训练应注重“五性”》，《新语文学习(小学教师)》2006 年 10—12 月

李传庚，南京鼓楼区三牌楼小学，《培养学生信息素养的尝试与思考》，《小学语文研究》2006 年第 12 期

史春妍，南京天妃宫小学，《体验，让识字如此美丽》，《福建教育》2006 年第 1 期

史春妍，南京天妃宫小学，《苏教版二年级上册〈识字 6〉教学设计》，《小学语文研究》2006 年 10 月

史春妍，南京天妃宫小学，《口语交际教学与情境创设》，《江苏教育(小学教学)》2006 年第 11 期

吴玲，南京师大附小，《语文教学要加强“三意识”》，《小学语文研究》2006 年第 11 期

吴玲，南京师大附小，《培养审美情趣，提高语文素养》，《语文报(教师版)》2006 年 5 月 25 日

吴玲，南京师大附小，《主体与主导并重，形式为教学服务》，《小学教学改革与实验》2006 年 9 月 25 日

朱萍，南京北京东路小学，《彰显文本智慧 阅读引导人生——小学语文阅读课的文化追求》，《江苏社会科学》2006 年第 1 期

朱萍，南京北京东路小学，《预约精彩》，《江苏教育(小学教学)》2006 年第 1 期

李琳，南京力学小学，《体验苦难，感受至爱——力学小学六年级〈青铜葵花〉读书会写真》，《小学语文研究》2006 年第 9 期

李琳，南京力学小学，《让教学与研究合一》，《江苏教育(小学教学)》2006 年第 4 期

宋建玲，南京长江路小学，《对小学语文教学中提倡“自主探究”活动的思考》，《小学教师培

训》2006年第5期

宋建玲，南京长江路小学，《按照学生学习过程来设计教案》，《新语文学习(小学教师)》2006年4—6期

韩加留，南京南化第四小学，《〈黄河的主人〉教学设计》，《教学与管理》2006年第7期

韩加留，南京南化第四小学，《别让“个性化阅读”误导你》，《教学与管理》2006年第10期

杨秋枫，南京三牌楼小学，《识字教学“认一认3”第一课时》，《小学教学研究》2006年第7期

杨秋枫，南京三牌楼小学，《身在冬季心在春》，《新语文学习(小学教师)》2006年7—9月

谢玉琴，南京信息工程大学附属实验小学，《小忍耐，大智慧》，《南京教育科学研究》2006年第4期

谢玉琴，南京信息工程大学附属实验小学，《巧用小便笺，养成好习惯》，《南京教育科学研究》2006年第4期

刘敏，南京下关区民生实验小学，《有源头方能成活水》，《成才导报》2006年1月11日

刘敏，南京下关区民生实验小学，《如何让预习作业更有效》，《江苏教育周刊》2006年10月18日

杨新富，南京晓庄实验小学，参编《教材解读与教学策略》(第一学段)，云南教育出版社2006年版

储广林，南京赤壁路小学，《〈说勤奋〉(第二课时)教学设计》，《小学教学改革与实验》2006年11月6日

许彩霞，南京汉江路小学，《让书香浸润童年——记琅小分校的振兴阅读活动》，《小学语文研究》2006年第9期

黄健，南京芳草园小学，《德育，拿什么占据孩子心灵》，《江苏教育(教育管理)》2006年第2期

王荣福，溧水第三小学，《让阅读照亮每一个孩子的童年——来自农村小学的报告》，《小学语文研究》2006年9月

李萍，南京长平路小学，《运用激励性评价的几个误区》，《教师教育》2006年第2期

张莉，南京下关区民生实验小学，《培养学生做一个有责任心的人》，《江苏教育研究》2006年第5期

俞鑫霞，南京下关区第二实验小学，主编《播种明天——社会主义荣辱观教育少儿读本》，人民出版社2006年版

李瑞，南京成贤街小学，《爱心伴随成长路》，《南京教育》2006年第1、2期

戚韵东，南京琅琊路小学，《相激而生灵光》，《江苏教育(小学教学)》2006年第3期

潘文彬，南京南湖第一小学，《轻拢慢捻抹复挑》，《江苏教育(小学教学)》2006年第5期

宋非，南京游府西街小学，《工欲善其事，必先利其器》，《江苏教育(小学教学)》2006年第9期

江和平，南京拉萨路小学，《让作文多一点“真”“诚”》，《江苏教育(小学教学)》2006年第10期

刘志春，南京百家湖小学，《一个特别应该重视的创新命题》，《江苏教育(小学教学)》2006年

第12期

谢巧丽，南京同仁小学，《让课堂“活”起来》刊登于《没有教不好的学生——全国中小学优秀教师论文集》，中国图书出版社2006年版

朱雪梅，南京北京东路小学，《〈蚕姑娘〉教学设计》，《小学语文教学》2006年第1期

李树华，南京致远外国语小学，《一堂别样的语文课》，《新语文学习（小学教师）》2006年10—12月

张曦娴，南京致远外国语小学，《畅想节日——苏教版四年级上册〈习作1〉教学设计》，《小学语文研究》2006年7—8月

章菊芳，溧水第三小学，参编《潜能识字》，上海科技教育出版社2006年版

中学语文

教学研究成果统计

ZHONGXUEYUWEN

王栋生，南京师大附中，撰写《前方是什么》，华东师范大学出版社 2006 年版

王栋生，南京师大附中，主编《现代教师读本（人文卷）》，广西教育出版社 2006 年版

王栋生，南京师大附中，参编普通高中课程标准实验教科书《语文》必修一，江苏教育出版社 2006 年版

王栋生，南京师大附中，参编普通高中课程标准实验教科书《语文》必修二，江苏教育出版社 2006 年版

王栋生，南京师大附中，参编普通高中课程标准实验教科书《语文》必修三，江苏教育出版社 2006 年版

王栋生，南京师大附中，参编普通高中课程标准实验教科书《语文》必修一教学参考书，江苏教育出版社 2006 年版

王栋生，南京师大附中，参编普通高中课程标准实验教科书《语文》必修二教学参考书，江苏教育出版社 2006 年版

王栋生，南京师大附中，参编普通高中课程标准实验教科书《语文》必修三教学参考书，江苏教育出版社 2006 年版

王栋生，南京师大附中，参编普通高中课程标准实验教科书《写作》，江苏教育出版社 2006 年版

王栋生，南京师大附中，参编普通高中课程标准实验教科书《短篇小说选读》教学参考书，江苏教育出版社 2006 年版

王栋生，南京师大附中，参编普通高中课程标准实验教科书《鲁迅作品选读》，江苏教育出版社 2006 年版

王栋生，南京师大附中，参编普通高中课程标准实验教科书《写作》教学参考书，江苏教育出版社 2006 年版

王栋生，南京师大附中，参编普通高中课程标准实验教科书《鲁迅作品选读》教学参考书，江

苏教育出版社 2006 年版

王栋生，南京师大附中，《应有的追求和基本素养——谈教师的论文写作》，《福建教育》2006 年第 1 期

王栋生，南京师大附中，《做一个合格的语文教师》，《语文教学通讯（高中）》2006 年第 1 期

王栋生，南京师大附中，《改造阅读观念刍议》，《河南教育》2006 年第 1 期

王栋生，南京师大附中，《中学语文教育需要鲁迅——谈鲁迅作品的语文价值》，《中学语文教学参考》2006 年第 10 期

王栋生，南京师大附中，《〈指南录后序〉教学杂记》，《中学语文教学》2006 年第 10 期

王栋生，南京师大附中，《关键在于能否调动学生的思维——也说"预设与生成"》，《语文教学通讯（高中）》2006 年第 10 期

曹勇军，南京第十三中学，参编普通高中课程标准实验教科书《语文》必修五，江苏教育出版社 2006 年版

曹勇军，南京第十三中学，参编普通高中课程标准实验教科书《语文》必修五教学参考书，江苏教育出版社 2006 年版

曹勇军，南京第十三中学，参编普通高中课程标准实验教科书《〈论语〉〈孟子〉选读》，江苏教育出版社 2006 年版

曹勇军，南京第十三中学，参编普通高中课程标准实验教科书《〈论语〉〈孟子〉选读》教学参考书，江苏教育出版社 2006 年版

曹勇军，南京第十三中学，《我送给学生的三个礼物》，《语文教学通讯（高中）》2006 年第 12 期

曹勇军，南京第十三中学，《"后话题时代"，我们怎么办》，《语文学习》2006 年第 7—8 期合刊

曹勇军，南京第十三中学，《〈边城〉备课参考》，《语文学习》2006 年第 7—8 期合刊

曹勇军，南京第十三中学，《让作文"回家"》，《中学语文教学》2006 年第 8 期

曹勇军，南京第十三中学，《作文教学改革的实践与思考》，《河南教育》2006 年第 4 期

曹勇军，南京第十三中学，《学会感动，学会思考——"号角，为你长鸣"写作实践教学方案》，《新语文学习（中学教学）》2006 年 1—2 月

曹勇军，南京第十三中学，《人文性自卑及其他》，《新语文学习（中学教学）》2006 年 3—4 月

许令周，溧水第三高级中学，《音读・意读・情读・美读》，《语文教学与研究》2006 年第 5 期

许令周，溧水第三高级中学，《对传统作文教学的审视》，《语文教学与研究》2006 年第 12 期

许令周，溧水第三高级中学，《提高作文教学效率的几点认识》，《语文天地》2006 年第 10 期

许令周，溧水第三高级中学，《理科生语文偏科现象分析及对策》，《现代语文（教学研究）》2006 年第 7 期

许令周，溧水第三高级中学，《开采作文教学的富矿——田园生活》，《现代语文（教学研究）》2006 年第 9 期

许令周，溧水第三高级中学，《浅析实现自主阅读的途径》，《现代语文（教学研究）》2006 年第 11 期

朱德勇，南京金陵中学，参编普通高中课程标准实验教科书《语文》必修五，江苏教育出版社 2006 年版

朱德勇，南京金陵中学，参编普通高中课程

标准实验教科书《语言规范与创新》，江苏教育出版社 2006 年版

朱德勇，南京金陵中学，参编普通高中课程标准实验教科书《当代语言生活》，江苏教育出版社 2006 年版

朱德勇，南京金陵中学，参编参编普通高中课程标准实验教科书《语言规范与创新》教学参考书，江苏教育出版社 2006 年版

朱德勇，南京金陵中学，《改变学习方式，在广泛的语文实践中学习语文》，《新高考》2006 年第 2 期

洪超，南京第十三中学，《〈前方〉的课堂实录》，《新语文学习（中学教师）》2006 年 1—3 月

洪超，南京第十三中学，《成功学生，成就自己，做最好的自己》，《新语文学习（中学教师）》2006 年 10—12 月

洪超，南京第十三中学，《〈流浪人，你若到斯巴……〉课堂实录》，《新语文学习（中学教师）》2006 年 10—12 月

洪超，南京第十三中学，《高考作文题为谁而命？》，《中学语文教学》2006 年第 12 期

洪超，南京第十三中学，《校长：经营管理重于学术引领》，《江苏教育（教育管理）》2006 年第 11 期

石群英，南京第十三中学，参编普通高中课程标准实验教科书《语文》必修五教学参考书，江苏教育出版社 2006 年版

石群英，南京第十三中学，参编普通高中课程标准实验教科书《〈论语〉〈孟子〉选读》教学参考书，江苏教育出版社 2006 年版

石群英，南京第十三中学，《增强整合意识，提高整体效益》，《新语文学习（中学教学）》2006 年 3—4 月

石群英，南京第十三中学，参编《高中语文教学设计》（必修一、必修二），江苏教育出版社 2006 年版

沈中尧，南京第五中学，《“唐诗中的音乐描写”专题教学设计》，《语文教学与研究》2006 年第 3 期

沈中尧，南京第五中学，《试论语文教学中的调控》，《语文教学与研究》2006 年第 8 期

沈中尧，南京第五中学，《小说主题的开掘与提炼》，《新语文学习（中学教师）》2006 年 7—9 月

沈中尧，南京第五中学，《语文教学对话内质与外化的辩证思考》，《南京教育》2006 年第 11 期

谢嗣极，南京外国语学校，《“差生”黄永玉》，《中学语文教学参考》2006 年第 6 期

谢嗣极，南京外国语学校，《〈孔雀东南飞〉人物性格谈》，《古典文学知识》2006 年第 2 期

谢嗣极，南京外国语学校，《会抛砖，才能引玉——课堂对话艺术》，《河南教育》2006 年第 1 期

谢嗣极，南京外国语学校，《鸡蛋何时再“发芽”》，《新语文学习（中学教学）》2006 年 1—2 月

余一鸣，南京外国语学校，《从解放前的高考作文中“淘金”》，《新语文学习（中学教师）》2006 年 1—3 月

余一鸣，南京外国语学校，《由文学教育的一处硬伤触发的思考》，《新语文学习（中学教师）》2006 年 1—3 月

余一鸣，南京外国语学校，《从〈边城〉领略小说的另一种风景》，《新语文学习（中学教师）》

2006年1—3月

余一鸣，南京外国语学校，《“片段写作”课堂实录》，《新语文学习（中学教师）》2006年1—3月

冯渊，南京第九中学，《回归还原阅读：还阅读以原始鲜活的生命力》，《新语文学习（中学教学）》2006年7—8月

冯渊，南京第九中学，《〈错误〉是什么样错误》，《新语文学习（中学教学）》2006年11—12月

冯渊，南京第九中学，《〈荷塘月色〉课堂实录》，《新语文学习（中学教师）》2006年4—6月

冯渊，南京第九中学，《2006年高考卷文学作品阅读题述评》，《新语文学习（中学教师）》2006年10—12月

张鹏丽，南京雨花台中学，《砸开镣铐，让学生自由“跳舞”》，《金陵陶研》2006年第1期

张鹏丽，南京雨花台中学，《入字里行间　仔细品读课文》，《新语文学习（中学教师）》2006年4—6月

张鹏丽，南京雨花台中学，《〈江南的冬景〉〈西地平线上〉整合课课堂实录》，《新语文学习（中学教师）》2006年7—9月

张鹏丽，南京雨花台中学，《“永志不忘”板块教学实录》，《新语文学习（中学教学）》2006年7—8月

孙汉洲，江苏教育学院附属高级中学，论著《趣味语文》，中国文史出版社2006年版

孙汉洲，江苏教育学院附属高级中学，《汲取孔子教育智慧，提高教师身教水平——关于新课标背景下教师自身发展问题的思考》，《语文教学通讯（高中）》2006年第11期

孙汉洲，江苏教育学院附属高级中学，《读书也是备课》，《中国教育报》2006年6月29日

张建杰，南京雨花台中学，《新课程需要怎样的语文课堂教学》，《语文教学与研究》2006年第2期

张建杰，南京雨花台中学，《语文，课堂教学的好课评价》，《中学语文教学参考》

张建杰，南京雨花台中学，《来自学生的报告与思考》，《中国教育》2006年第6期

倪峰，南京师大附中，参编普通高中课程标准实验教科书《短篇小说选读》教学参考书，江苏教育出版社2006年版

倪峰，南京师大附中，《当语文背离了语文，我们还剩下什么?》，《中学语文教与学》2006年1月

倪峰，南京师大附中，参编《高中语文教学设计》（必修一、必修二），江苏教育出版社2006年版

孙富中，南京师大附中，《高中语文〈史记〉选修课的教学实践与思考》，《中学语文》2006第3期

孙富中，南京师大附中，《高考命题采用“愿景”为哪般》，《语文建设》2006年第7期

孙富中，南京师大附中，《“龙虎”别解》，《语文学习》2006年第12期

袁源，南京第九中学，《唤回作文的生活魂》，《语文教学通讯（初中）》2006年第11期

袁源，南京第九中学，《语文课，激活学生的感情》，《语文教学通讯（初中）》2006年第7—8期

袁源，南京第九中学，《〈金色花〉教学实录》，《语文教学通讯（初中）》2006年第7—8期

蔡建明，南京第五中学，《新课程目标——必

须理清的三对关系》,《新语文学习(中学教学)》2006年3—4月

蔡建明,南京第五中学,《〈边城(节选)〉教学设计》,《高中语文(必修)新课程案例评析》,高等教育出版社2006年版

蔡建明,南京第五中学,《在和谐的对话机制中实现诗意的栖居》,《南京教育》2006年第12期

华晓隽,南京第四中学,《〈"诺曼底"号遇难记〉教学实录》,《语文教学通讯(初中)》2006年第7—8期合刊

华晓隽,南京第四中学,《尊重学生主体地位,让课堂闪耀人性光辉》,《语文教学通讯(初中)》2006年第7、8期合刊

华晓隽,南京第四中学,《由两则语文综合性学习案例想到的》,《语文教学研究》2006年第10期

高浩明,六合高级中学,《构建阅读教学对话的策略》,《中学语文》2006年第7、8期

高浩明,六合高级中学,《〈琵琶行〉教学案例》,《阅读与鉴赏》2006年第9期

高浩明,六合高级中学,《以身体之,以心验之——体验式阅读教学的策略》,《阅读与鉴赏》2006年第10期

蔡肇基,南京第一中学,《高中语文课改"国际视野、本土行动"求实谈》,《新语文学习(中学教学)》2006年3—4月

蔡肇基,南京第一中学,《语言与言语的解读:真正语文课生命的本体》,《新语文学习(中学教学)》2006年7—8月

胡云信,南京建邺高级中学,《例谈语文课程资源的利用与开发》,《语文教学与研究》2006年第9期

胡云信,南京建邺高级中学,《新课文呼唤"爱的阅读"》,《新语文学习(中学教学)》2006年1—2月

钱修俊,江浦高级中学,《试论校长与学校管理》,《江苏教育研究》2006年第2期

钱修俊,江浦高级中学,《浅谈新课改背景下的校长与学校发展》,《新课改教育研究》2006年第3期

周春梅,南京师大附中,《温暖的雪花》,《中学语文教学参考》2006年第10期

周春梅,南京师大附中,《我教〈今生今世〉的证据》,《新语文学习(中学教学)》2006年5—6月

王雷,南京师大附中,《语文课,究竟该怎么上?》,《新语文学习(中学教学)》2006年1—2月

王雷,南京师大附中,《要么不要读书,要么不要作文》,《新语文学习(中学教学)》2006年5—6月

夏清,南京师大附中,《〈一滴泪换一滴水〉教学设计》,《新语文学习(中学教学)》2006年3—4月

夏清,南京师大附中,《新教材中的"活动体验"课型探微》,《新语文学习(中学教学)》2006年9—10月

龚春来,南京外国语学校,《把握教学预设的弹性与刚性》,《语文教学通讯(高中)》2006年第11期

龚春来,南京外国语学校,《冷看高考"文化作文"》,《中国教师报》2006年11月15日

王军,南京第十三中学,《素质教育从形式走向本质》,《江苏教育研究》2006年第7期

王军，南京第十三中学，《让教研成为教师生存常态》，《语文教学通讯（高中）》2006年第10期

唐修亮，南京第十三中学，参编普通高中课程标准实验教科书《〈论语〉〈孟子〉选读》教学参考书，江苏教育出版社2006年版

唐修亮，南京第十三中学，《要创设生态化的教研环境》，《语文教学通讯（高中）》2006年第10期

胡小林，南京第十三中学，《浅谈两种重要语文能力的培养》，《中国教师》2006年第3期

胡小林，南京第十三中学，《教研映照生存状态的美丽》，《语文教学通讯（高中）》2006年第10期

王夫成，南京第十三中学，参编普通高中课程标准实验教科书《〈论语〉〈孟子〉选读》教学参考书，江苏教育出版社2006年版

王夫成，南京第十三中学，参编《高中语文教学设计》（必修一、必修二），江苏教育出版社2006年版

汪林思，六合高级中学，《〈想北平〉教学实录》，《新语文学习（中学教学）》2006年5—6月

汪林思，六合高级中学，《阅读鉴赏课中比较方法的运用》，《阅读与鉴赏》2006年第11期

王亚琦，南京中华中学，《总有一份平凡，令我们泪流满面》，《新语文学习（初中）》2006年第40期

王亚琦，南京中华中学，《“体验”中的体验》，《新语文学习（中学教师）》2006年10—12月

张佳佳，溧水第二高级中学，《音读·意读·情读·美读》，《语文教学与研究》2006年第5期

张佳佳，溧水第二高级中学，《对传统作文教学的审视》，《语文教学与研究》2006年第12期

孙刚，六合区横梁镇初级中学，《需要升华的宽容》，《辽宁教育》2006年第5期

孙刚，六合区横梁镇初级中学，《教育是一种唤醒》，《南京教育科学研究》2006年第4期

邱兼顾，江苏教育学院附属高级中学，《南京市2005年高中语文第一模块测试卷述评》，《新语文学习（中学教师）》2006年1—3月

邱兼顾，江苏教育学院附属高级中学，《〈青年在选择职业时的考虑（节选）〉教学实录》，《新语文学习（中学教学）》2006年5—6月

朱从国，南京金陵中学河西分校，《老师，你活得有意思吗？》，《教书育人》2006年第4期

朱从国，南京金陵中学河西分校，《相逢是首歌》，《新教育探索》2006年第3期

顾萍，南京师大附中，参编普通高中课程标准实验教科书《短篇小说选读》教学参考书，江苏教育出版社2006年版

朱亚梅，南京师大附中，参编普通高中课程标准实验教科书《短篇小说选读》教学参考书，江苏教育出版社2006年版

岳丽颖，南京师大附中，参编普通高中课程标准实验教科书《短篇小说选读》教学参考书，江苏教育出版社2006年版

孙娴，南京师大附中，《〈禁忌〉教学实录》，《新语文学习（中学教学）》2006年11—12月

许宝忠，六合区八百桥镇初级中学，《试论农村初中校本课程开发评价的原则与方法》，《农村初中校本课程开发研究》，甘肃文化出版社2006年版

谢英杰，溧水第二高级中学，《语文课堂教学

用时摭议》,《语文教学与研究》2006年第8期

王艳,南京江苏教院附中初中部,《绿色南京——志愿者之歌》,《语文教学通讯(初中)》2006年第11期

吴自光,南京第十二中学,《关于苏教版高一语文实验教材三种文本呈现模式的几点思考》,《中国教育与发展》2006年第6卷

徐城堡,溧水第二高级中学,《真情似水》,《中小学管理》2006年第12期

骆秀华,溧水第二高级中学,《基层学校人事代理中的人事档案管理问题》,《学校档案》2006年第3期

武兆林,溧水第二高级中学,《作文:为情造文是根本》,《中学语文》2006年第5期

靳晓慧,溧水第二高级中学,《语文课应有语文味》,《语文教学与研究》2006年第6期

周玉文,江浦高级中学,《〈我若为王〉教学设计》,《中学语文》2006年第4期

陈启武,高淳高级中学,《渔父和诗人》,《中华活页文选(教师版)》2006年第12期

陈元英,南京第九中学,《网络作文·亮点》,《中学语文教学》2006年第12期

朱绍才,六合区城西初级中学,《合作学习在语文教学中的尝试》,《新课改教育研究》2006年第4期

唐道明,六合区城西初级中学,《作文命题要做到"三贴近"》,《新课改教育研究》2006年第3期

范晓晖,南京第六中学,《陶行知与南京安徽公学》,《南京晓庄学院学报》2006年第2期

张晓明,江宁中学,《朗读:新课程阅读教学亟待重视的话题》,《中学语文教学参考》2006年第10期

薛贵亮,六合高级中学,《抒写生活作文的真情至性》,《中学语文教学》2006年第7期

蒋兴超,南京外国语学校,《埋下"阅读"的种子,在学生的心间》,《中国教育与教学》2006年第2期

徐伯钧,南京第十三中学,《教研组是教研成为教师生存状态的土壤》,《语文教学通讯(高中)》2006年第10期

熊代厚,江宁高级中学,《冷静面对语文多媒体教学》,《语文学刊》2006年第1期

孙小燕,六合双语学校,《浅谈口语交际教学》,《南京教育》2006年第7、8期

汪晓荣,六合双语学校,《共鸣在语感形成中的作用》,《希望月报》2006年第5期

王忠华,六合双语学校,《"真实"是作文的生命》,《新课改教育研究》2006年第1期

毛剑勇,南京第十二中学初中部,《以人为本,构建科学的语文评价体系》,《初中教学研究》2006年第11期

孙冬萍,南京第十二中学初中部,《实现课堂民主　激发探索精神》,《现代语文》2006年第32期

陈修生,南京第十二中学初中部,《幽默教学的作用》,《南京教育》2006年第5、6期

何国飞,南京江苏教院附中初中部,《考出学生真水平》,《语文教学通讯(初中)》2006年第10期

陆海虹,南京第二十八中学,《让"精装"语言进课堂——浅谈新课程背景下语文教师的语

言艺术》,《新语文学习(中学教学)》2006 年 1—2 月

郝彧,南京师大附中,《高三:走在读书的大道上》,《新语文学习(中学教学)》2006 年 3—4 月

汪永亮,南京中华中学,《〈前方〉读后》,《新语文学习(中学教学)》2006 年 5—6 月

孙霞,南京第五中学,《走近二战小人物——"和平的祈祷"整合教学》,《新语文学习(中学教学)》2006 年 7—8 月

侯燕红,南京金陵中学河西分校,《〈鸟啼〉教学设计》,《新语文学习(中学教学)》2006 年 7—8 月

陈颖,南京燕子矶中学,《用生活点燃心底的热情与渴望》,《新语文学习(中学教学)》2006 年 7—8 月

钱心伟,溧水高级中学,《警惕多媒体在古诗词教学中心理暗示的误区》,《新语文学习(中学教学)》2006 年 9—10 月

张小兵,江宁高级中学,《新诗的写作与讲评》,《新语文学习(中学教学)》2006 年 9—10 月

钱静,南京金陵中学河西分校,《"苦难中的尊严"教学设计》,《新语文学习(中学教学)》2006 年 9—10 月

季江勇,南京第十三中学,《问题·方法·生长——我教〈站着读与跪着读〉》,《新语文学习(中学教学)》2006 年 11—12 月

孙丽,大厂高级中学,《〈让我许个愿〉教学实录》,《新语文学习(中学教学)》2006 年 11—12 月

陈文忠,大厂高级中学,《〈获得教养的途径〉教学实录》,《新语文学习(中学教学)》2006 年 5—6 月

李大成,大厂高级中学,《〈大地重现〉教学实录》,《新语文学习(中学教学)》2006 年 11—12 月

韩志红,南京第九中学,《借助网络平台,让学生出彩》,《新语文学习(中学教学)》2006 年 11—12 月

顾芳,南京第九中学,《对比意象,体味诗歌的意境》,《新语文学习(中学教学)》2006 年 11—12 月

丁春平,南京第九中学,《乡关何处》,《新语文学习(中学教学)》2006 年 11—12 月

孙霁蔚,南京第九中学,《写秋之实,摄秋之魂》,《新语文学习(中学教学)》2006 年 11—12 月

姚孝明,江宁高级中学,《语文课堂教学与学生问题意识的培养》,《新语文学习(中学教师)》2006 年 1—3 月

张璇,南京第一中学,《〈散步〉教学实录、点评及反思》,《新语文学习(中学教师)》2006 年 10—12 月

小学数学

教学研究成果统计

XIAOXUESHUXUE

贲友林，南京师大附小，参编义务教育课程标准实验教科书《数学》六年级上册，江苏教育出版社2006年版

贲友林，南京师大附小，参编义务教育课程标准实验教科书《数学》教师教学用书二年级上册，江苏教育出版社2006年版

贲友林，南京师大附小，参编义务教育课程标准实验教科书《数学》教师教学用书六年级上册，江苏教育出版社2006年版

贲友林，南京师大附小，《少些"追风"，多些思辨——关于"创设情境"的一段教学经历与思考》，《人民教育》2006年第8期

贲友林，南京师大附小，《"情境"之义再辨》，《人民教育》2006年第8期

贲友林，南京师大附小，《把握转折：从"算术"走向"代数"》，《人民教育》2006年第13、14期

贲友林，南京师大附小，《看似寻常最奇崛，成如容易却艰辛》，《小学数学教学》2006年第1、2期

贲友林，南京师大附小，《在尊重与超越之间》，《小学数学教学》2006年第5期

贲友林，南京师大附小，《为学生而教》，《小学数学教学》2006年第10期

贲友林，南京师大附小，《"课后延迟研究"与"课上即时解决"》，《小学数学教学》2006年第11期

贲友林，南京师大附小，《成竹在胸　纲举目张》，《小学教学参考》2006年第7、8期

贲友林，南京师大附小，《引导探究　注重过程》，《小学青年教师(教学版)》2006年第3期

贲友林，南京师大附小，《成竹在胸　纲举目张——"解决问题的策略"教学实录与评析》，《小学数学教育》2006年第12期

贲友林，南京师大附小，《在比较中追寻深刻》，《小学教学设计》2006年第10期

贲友林，南京师大附小，《梳理中建构　应用

中提高》,《小学教学设计》2006 年第 12 期

贲友林,南京师大附小,参编《小学数学备课手册》五年级上册,江苏教育出版社 2006 年版

余颖,南京师大附小,《理念在传统与现代的断裂处穿行》,《小学数学教师》2006 年第 5 期

余颖,南京师大附小,《理解与对话——促进教师专业成长的"金钥匙"》,《当代教育科学》2006 年第 2 期

余颖,南京师大附小,《在对美的追问中体会数学的精神》,《小学教学参考》2006 年第 10 期

余颖,南京师大附小,《真是课改惹的"祸"吗?》,《湖南教育(数学教师)》2006 年第 8 期

余颖,南京师大附小,《充分与深刻——数学课堂对话的导航灯》,《河北教育》2006 年第 5 期

余颖,南京师大附小,《竞争与合作——校本教研的重要机制》,《江苏教育(教育管理)》2006 年第 10 期

余颖,南京师大附小,《优化也需因"材"而优》,《江苏教育(小学教学)》2006 年第 10 期

余颖,南京师大附小,《亮亮的一节课》,《江苏教育研究》2006 年第 6 期

余颖,南京师大附小,《在比较中追求深刻》,《小学教学设计》2006 年第 10 期

余颖,南京师大附小,《在尊重与超越之间》,《小学数学教学》2006 年第 5 期

陈馨,南京芳草园小学,参编义务教育课程标准实验教科书《数学》二年级上册,江苏教育出版社 2006 年版

陈馨,南京芳草园小学,《"比的意义"教学设计》,《小学数学教学》2006 年第 7—8 期

陈馨,南京芳草园小学,《动中激趣,探中求知》,《南京教育科学研究》2006 年第 3 期

陈静,南京北京东路小学,《让学生在活动中获得对数学新的理解》,《江苏教育(小学教学)》2006 年第 12 期

陈静,南京北京东路小学,《"认识周长"教学设计与说明》,《小学数学教学》2006 年第 10 期

陈静,南京北京东路小学,《让孩子学自己喜欢的数学》,《小学教师培训》2006 年第 2 期

张文生,六合双语学校,《运用比较　促进发展》,《小学教学参考》2006 年第 11 期

张文生,六合双语学校,《合理选择　有机结合　注重自主》,《小学数学教学》2006 年第 1、2 期

张文生,六合双语学校,《有机渗透　促进发展》,《小学数学教学》2006 年第 9 期

魏俊晨,南京师大附小,《梳理中建构　应用中提高》,《小学数学设计》2006 年第 12 期

魏俊晨,南京师大附小,《"课后延迟研究"与"课上即时解决"》,《小学数学教学》2006 年第 11 期

鲁宗瑞,南京扬子第二小学,《从一道面积题想到的》,《中国素质教育研究》2006 年第 6 期

鲁宗瑞,南京扬子第二小学,《将小班教学与"CAI 技术"结合起来,促进学生能力提高》,《中国教育与教学》2006 年第 11 期

周云,南京信息工程大学附属实验小学,《挑战传统:拓展性作业的两次尝试》,《另类课堂(数学卷)》,广西教育出版社 2006 年版

周云,南京信息工程大学附属实验小学,《认识方位教学感悟》,《小学数学教学》2006 年第 12 期

张齐华，南京北京东路小学，《“情境”之义再辨》，《人民教育》2006 年第 8 期

虞继文，南京下关区第二实验小学，参编义务教育中小学教科书(实验)《小学信息技术》第六册，人民教育出版社 2006 年版

李勤，南京同仁小学，参编《小学数学备课手册》五年级上册，江苏教育出版社 2006 年版

滕衍文，南京凤凰花园城力学分校，《如何编好“数学问题”》，《教师教育》2006 年第 5 期

周艳，南师大附小，《追寻富有内涵的教学设计》，《小学数学教学》2006 年第 11 期

王荣，南京致远外国语小学，《“认识人民币”教学设计及评析》，《江苏教育(小学数学)》2006 年第 6 期

赵功伟，南京红山小学，《〈生活中的对称问题〉活动纪实》，《小学生数学学习活动实践与研究》，东南大学出版社 2006 版

纪正兵，溧水第三小学，《“解决问题的策略”之疑惑与探寻》，《江苏教育》2006 年第 7 期

张明，南京扬子第二小学，《算法多样化，促进数学思维发展》，《江苏教育(小学数学)》2006 年第 12 期

徐慧，南京扬子第二小学，《算法多样化，促进数学思维发展》，《江苏教育(小学数学)》2006 年第 12 期

王咏，南京下关区民生实验小学，《小学数学苏教国际版第二册〈统计〉教学设计与评析》，《中国教育创新》，中国科技教育出版社 2006 年版

石健，南京下关区民生实验小学，《“娃娃说交通”活动设计》，《小学生数学学习活动的实践与研究》，东南大学出版社 2006 年版

潘宁，南京长平路小学，《如何在数学课堂中创设有效的教学情境》，《南京教育科学研究》2006 年第 6 期

吴娟，南京红山小学，《引导学生在探索中自主学习》，《小学生数学学习活动实践与研究》，东南大学出版社 2006 版

中学数学

教学研究成果统计

ZHONGXUESHUXUE

葛军，南京师大附属实验学校，主编普通高中课程标准实验教科书《数学》必修 1，江苏教育出版社 2006 年版

葛军，南京师大附属实验学校，编著《一元二次方程》，九章出版社 2006 年版

葛军，南京师大附属实验学校，参编高等学校教材《竞赛数学解题研究》(第二版)，高等教育出版社 2006 年版

孔凡海，南京第一中学，参编义务教育课程标准实验教科书《数学》九年级上，江苏科学技术出版社 2006 年版

孔凡海，南京第一中学，参编义务教育课程标准实验教科书《数学》九年级下，江苏科学技术出版社 2006 年版

孔凡海，南京第一中学，参编《数学教师教学参考资料》九年级上，江苏科学技术出版社 2006 年版

孔凡海，南京第一中学，参编《数学教师教学参考资料》九年级下，江苏科学技术出版社 2006 年版

孔凡海，南京第一中学，《澄清概率中的几个认识问题》，《中学数学》2006 年第 5 期

孔凡海，南京第一中学，《“课题学习”的设计与构想》，《中学数学》2006 年第 7 期

孔凡海，南京第一中学，《产品检验中几个常见离散型概率分布》，《中学数学》2006 年第 12 期

尤小平，南京金陵中学，《研究性学习与高中数学教学》，《中学数学教学》2006 年第 6 期

尤小平，南京金陵中学，《一个不等式的证明和拓展》，《中等数学》2006 年第 8 期

尤小平，南京金陵中学，《利用运动变化的思想研究曲线和方程》，《中学数学教学》2006 年第 3 期

尤小平，南京金陵中学，《对圆锥曲线一类弦过定点问题的多角度探索》，《中学数学教育》2006 年第 5 期

尤小平，南京金陵中学，《高中数学课题探究教学的认识与实践》，《江苏教育研究》2006年第10期

尤小平，南京金陵中学，《博弈高考　授之以渔——给正在高三复习中的同学们的一封信》，《高考》2006年第12期

陈久贵，江浦高级中学，《数学学科学分认定办法初探》，《江苏教育研究》2006年第1期

陈久贵，江浦高级中学，《反思——学生作业之后的重要环节》，《江苏教育研究》2006年第5期

陈久贵，江浦高级中学，《2005年高考解析几何试题的几个新特点》，《中学数学研究》2006年第5期

陈久贵，江浦高级中学，《新课程标准下开展校本数学教研活动的一些做法与思考》，《中国教育学刊》2006年第10期

陈久贵，江浦高级中学，《浅谈解题中注重求简的几种策略》，《数学教学研究》2006年第10期

陈久贵，江浦高级中学，《高考对概率考察的新思考》，《中学数学月刊》2006年第11期

刘洪璐，南京师大附中，参编普通高中课程标准实验教科书《矩阵与变换》，江苏教育出版社2006年版

刘洪璐，南京师大附中，参编普通高中课程标准实验教科书《高中数学》教学参考书，江苏教育出版社2006年版

刘洪璐，南京师大附中，《关于〈矩阵与变换〉的教学思考》，《中学数学月刊》2006年第7期

刘洪璐，南京师大附中，《怎样烧开水最省煤气——新课程函数应用的数学建模个案》，《中学数学教学》2006年第5期

张志超，南京第五中学，《用课件辅助教学概念教学与解题教学的对比实验》，《教育现代化》2006年第1期

张志超，南京第五中学，《“开放题”是学生“再创造”的好素材》，《数学之友》2006年第5期

张志超，南京第五中学，《基于“对话”教学的数学教学设计》，《中国教育教学杂志》2006年第18卷

李智强，南京文枢中学，参编义务教育课程标准实验教科书《数学综合与实践活动》七年级下，江苏科学技术出版社2006年版

李智强，南京文枢中学，副主编《经典教学案例与创新课堂设计（初中数学）》，世界知识出版社2006年版

朱永厂，南京师大附中江宁分校，《例谈数学问题的模型化解题思路》，《数学通报》2006年第10期

朱永厂，南京师大附中江宁分校，《例谈立体几何中探索性问题的向量解法》，《数学教学》2006年第2期

戴志生，南京金陵中学河西分校，《让数与形最佳地结合》，《数学通讯》2006年第12期

戴志生，南京金陵中学河西分校，《处理阶递推数列通项问题的四个着眼点》，《数理化解题研究》2006年第2期

孟祥亚，南京第十二中学，《边角关系三大定理的统一证明及等价性》，《数学教学研究》2006年第9期

孟祥亚，南京第十二中学，《高考数学的一个新亮点——猜想题》，《数学通讯》2006年第11期

黄永刚，南京师大附属实验学校，《学会用“构造”思想解题》，《现代教育与教学论坛》2006年第8卷

黄永刚，南京师大附属实验学校，《我的高中数学课堂教学观》，《现代教育与教学论坛》2006年第8卷

穆耕森，南京雨花台中学，《文化：撬起一流名校的杠杆》，《基础教育参考》2006年12月号

穆耕森，南京雨花台中学，《解读现代学校文化视角下的教师文化》，《金陵瞭望》2007年第2期

朱胜强，南京外国语学校，《函数的奇偶性数定义的探究性学习》，《数学通讯》2006年第23期

陈辉，高淳高级中学，《关于数学知识的有效记忆及其实现途径》，《中学数学月刊》2006年第12期

管恒铭，南京第九中学，《浅谈英国中学数学教育》，《中学数学教学参考》2006年第12期

饶品炉，南京第十四中学，《新课程下高中数学分层次教学的分层方案研究与分析》，《现代教育研究》2006年第12期

朱敏龙，南京师大附中江宁分校，《基于建构主义理论的课题学习教学观》，《基础教育论坛》2006年第12期

王俊胜，溧水第二高级中学，《参数范围问题的处理策略》，《中学数学研究》2006年第10期

傅扬，南京第三中学，《注重课程性评价　发展学生的个人才能——浅谈英国基础教育体制对我们当前课改的一些可借鉴之处》，《中小学管理》2006年12月号

管雪梅，南京第五中学，《有关高中数学新教材的一些想法》，《现代教育研究》2006年第11期

陈娟，南京江苏教院附中初中部，《数学知识在文学中的妙用》，《数学之友》2006年第12期

刘明，六合高级中学，《集合与简易逻辑复习指导》，《中学生语数外》2006年第1期

陈立军，江宁高级中学，《苏教版高中数学新教材若干特点浅析》，《数学通报》2006年第11期

张晓兵，南京第十二中学，《圆的性质的推广》，《数学教学》2006年第7期

张荣彬，南京第九中学，《现代教育技术在新课标教材中的应用举例》，《数学教学通讯》2006年4月号

孙四周，南京第十三中学，《中国的圆周率计算为何能领先于世界一千年——兼谈古代东西方数学的不同风格》，《数学之友》2006年第5期

叶德武，南京第三中学，《一类不等式的统一证法及推论》，《中学数学教学参考》2006年增刊

吴跃林，南京金陵中学河西分校，《有感于概念的引入》，《科学教育研究》2006年第9期

叶军，南京师大附中江宁分校，《一道2005年高考题（江苏卷）的几何本质》，《数学教学》2006年第4期

刘茂全，南京师大附中江宁分校，《“形式化”与“形象化”》，《时代数学学习》2006年第1、2期

徐正平，南京师大附中江宁分校，《挖掘数学美，激发学习兴趣》，《数理化解题研究》2006年第10期

吉沙娟，南京师大附中江宁分校，《我教〈不等关系〉》，《南通教育研究》2006年第4期

尤荣勇，南京师大附中江宁分校，《对高三数学首轮复习解题教学的建议》，《中学数学教学参考》2006年第10期

许迎春，南京第九中学，参编《经典教学案例与创新课堂设计》，世界知识出版社2006年版

陈芸，南京文枢中学，《正视新课程　冲浪新课改》，《大学时代》2006年第4期

芮芳生，溧水第二高级中学，《数学教学中如何培养学生的数学素养》，《学习方法报》2006年5月15日

孔祥明，高淳高级中学，《教改，请一路走好》，《时代数学学习》2006年第3、4期

韩佩玲，南京赤壁路小学，参编义务教育课程实验教科书《牛津小学英语 1A》，译林出版社、牛津大学出版社 2006 年版

韩佩玲，南京赤壁路小学，《小学生英语有效学习策略的研究》，《教师教育》2006 年第 5 期

杨筱艳，南京长江路小学，参编义务教育课程实验教科书《牛津小学英语 1A》，译林出版社、牛津大学出版社 2006 年版

李秀娣，南京师大附小，《谈调动和保护学生英语学习的积极性》，《南京教育》2006 年第 1—2 期

黄祖明，南京第五中学，参编普通高中课程标准实验教科书（选修）《牛津高中英语》（模块七），译林出版社、牛津大学出版社 2006 年版

黄祖明，南京第五中学，参编普通高中课程标准实验教科书（选修）《牛津高中英语》（模块八）教师教学用书，译林出版社、牛津大学出版社 2006 年版

黄祖明，南京第五中学，参编普通高中课程标准实验教科书（选修）《牛津高中英语》（模块九）教师教学用书，译林出版社、牛津大学出版社 2006 年版

张茹芳，南京第九中学，参编普通高中课程标准实验教科书（选修）《牛津高中英语》（模块六），译林出版社、牛津大学出版社 2006 年版

张茹芳，南京第九中学，参编普通高中课程标准实验教科书（选修）《牛津高中英语》（模块八）教师教学用书，译林出版社、牛津大学出版社 2006 年版

张茹芳，南京第九中学，参编《新课程教学问题解决实践研究》，中央民族大学出版社 2006 年版

郭金芳，南京第十二中学初中部，《浅谈英语学习中主体意识的培养》，《初中教学研究》2006 年第 9 期

郭金芳，南京第十二中学初中部，《现代学生

必备的"伟人细胞"》,《初中教学研究》2006 年第 10 期

曹春宏,南京第十三中学,《新特点,新思维,新战略——重解双基,实施英语备考新举措》,《英语大课堂(教师版)》2006 年第 6 期

曹春宏,南京第十三中学,《灵感与创新——英语教学永恒的魅力》,《教学研究》2006 年第 7 期

李斌,大厂高级中学,《从 2005 年高考题谈"it"的用法》,《中小学教学研究》2006 年第 2 期

李斌,大厂高级中学,《结合英语报刊阅读助力高中写作教学》,《英语教育周刊》2006 年 3 月 6 日

朱善萍,南京外国语学校,《培养面向未来的具有全面素质的新一代》,《人民与权力》2006 年第 10 期

陈昌梓,高淳高级中学,《英语教学课件设计与使用中的五个问题》,《中小学外语教学》2006 年第 12 期

吕华兵,南京第十三中学,《情感·英语·思维》,《大学英语(学术版)》2006 年第 2 期

刘小云,南京金陵中学河西分校,《寓素质教育于英语教学中》,《中国教育教学杂志》2006 年第 18 卷

吴长宏,南京金陵中学河西分校,《对西方教育管理理论运动的回顾与简析》,《陕西教育》2006 年第 12 期

乐建新,南京师大附中新城初中,《高中英语学习内部动机的调查分析对策》,《南京教育》2006 年第 9—10 期

张安忠,南京雨花台中学,《加强英语写作指导　提高学生交流水平》,《希望月报》2006 年第 11 期

印飞雪,南京第六中学,《奔跑中,七彩笔下的爱和美》,《中小学生创新》2006 年第 11 期

张红,南京第一中学,《走出阅读误区　理解文章精髓》,《新高考》2006 年 7、8 月号

吴伯兰,南京外国语学校,《揭秘高考新题型"对话填空题"》,《新高考》2006 年 7、8 月号

李昌新,六合实验高级中学,《兴趣,英语教学成功的前提条件》,《南京教育》2006 年第 1—2 期

赵成梅,南京江苏教院附中初中部,《感受美国中学教育》,《南京教育》2006 年第 5—6 期

徐文标,南京金陵中学河西分校,《激励教学是英语教学的有效策略》,《文教资料》2006 年 3 月号

王进猛,南京第五中学,《探讨高考阅读理解命题特点及其解题策略》,《中学英语教学与研究》2006 年第 6 期

朱利先,大厂高级中学,《高中英语写作训练初探》,《教学研究》月刊 2006 年 9 月27 日

吕昌平,南京师大附属实验学校,《开开心心学英语,快快乐乐记单词》,《中学文科》2006 年第 5 期

夏葆茜,南京师大附属实验学校,《合理的运用建构主义》,《英语周报》2006 年第 23 期

张荣,南京师大附属实验学校,《公开课点评一例》,《考试(教研版)》2006 年第 12 期

黄侃,南京第一中学,参编《新课程教学问题解决实践研究(初中英语)》,中央民族大学出版社 2006 年版

乐越，南京第一中学，参编《新课程教学问题解决实践研究（初中英语）》，中央民族大学出版社2006年版

王蓓，南京第一中学，参编《新课程教学问题解决实践研究（初中英语）》，中央民族大学出版社2006年版

金政，南京人民中学，参编《新课程教学问题解决实践研究（初中英语）》，中央民族大学出版社2006年版

方星，南京第一中学，参编《牛津英语（初中）教师备课全攻略》，南京大学电子音像出版社2006年版

赵叶丽，南京第一中学，参编《牛津英语（初中）教师备课全攻略》，南京大学电子音像出版社2006年版

孙金丽，南京第一中学，参编《牛津英语（初中）教师备课全攻略》，南京大学电子音像出版社2006年版

物　理

教学研究成果统计

W U L I

朱建廉，南京金陵中学，参编普通高中新课程教学研究与案例丛书《物理教学研究与案例》，高等教育出版社2006年版

朱建廉，南京金陵中学，《"没有"与"为零"的区别》，《物理通报》2006年第1期

朱建廉，南京金陵中学，《"运动草图"与运动问题分析》，《中学物理》2006年第2期

朱建廉，南京金陵中学，《关于LC电磁振荡的几个问题》，《物理之友》2006年第2、3期

朱建廉，南京金陵中学，《关于"2005年江苏高考物理试卷压轴题"的研究》，《物理教师》2006年第3期

朱建廉，南京金陵中学，《非线性元件的工作点的确定》，《物理教师》2006年第8期

朱建廉，南京金陵中学，《教学研究成果的四种初级呈现方式》，《中学物理教学参考》2006年第9期

朱建廉，南京金陵中学，《〈问题解决中的思维过程展示〉教学案例分析》，《中学数学杂志》2006年第5期

蔡才福，南京外国语学校，参写校本教材《轻松学物理》，江苏人民出版社2006年版

蔡才福，南京外国语学校，参编《生活·社会·物理——新课程教学资源丛书》，南京师范大学出版社2006年版

蔡才福，南京外国语学校，《摩擦力突变问题的情景分析》，《中学物理教学参考》2006年第5期

蔡才福，南京外国语学校，《动量题"错解"的原因探究》，《中学物理》2006年第2期

蔡才福，南京外国语学校，《由网上阅卷谈高三物理教学》，《物理教学探讨》2006年第6期

蔡才福，南京外国语学校，《2005年高考物理（江苏卷）常见错误及归因分析》，《物理教学探讨》2006年第7期

蔡才福，南京外国语学校，《从网上阅卷看答

题规范和技巧》,《高考研究》2006 年第 6 期

朱琦,江苏教育学院附属高级中学,参编普通高中课程标准实验教科书《物理》3—5,上海科技教育出版社 2006 年版

朱琦,江苏教育学院附属高级中学,参编普通高中课程标准实验教科书《物理》3—5 教师用书,上海科技教育出版社 2006 年版

朱琦,江苏教育学院附属高级中学,参编七城市高中选修教材《物理中的动态对称与守恒问题》,生活·读书·新知三联书店 2006 年版

朱琦,江苏教育学院附属高级中学,《新课标理念下〈力的合成〉探究式教学初探》,《江苏教育学院学报》2006 年第 1 期

黄皓燕,南京金陵中学,参编普通高中课程标准实验教科书《物理》(选修)3—5 学生学习用书,上海科技教育出版社 2006 年版

黄皓燕,南京金陵中学,《重点中学实施创新教育的现状》,《物理教学》2006 年第 1 期

黄皓燕,南京金陵中学,《高中物理教学中自主创新学习能力培养的研究》,《物理教学探讨》2006 年第 3 期

黄皓燕,南京金陵中学,《物理教学中学生问题意识的培养》,《中学物理教学参考》2006 年第 1、2 期

丁玉祥,南京第三初级中学,编著《义务教育课程标准下的初中物理比较与实施》,远方出版社 2006 年版

丁玉祥,南京第三初级中学,参编全国高等师范专科学校教材《中学物理课程与教学论》,东北师范大学出版社 2006 年版

丁玉祥,南京第三初级中学,《义务教育"苏教版"物理教材的现状调查与对策分析》,《物理教学探讨》2006 年第 2 期

丁玉祥,南京第三初级中学,《基于区域性教育博客平台,有效推进校本教研》,《中小学电教》2006 年第 6 期

牛学德,南京第十三中学,《含非线性元件电路的图像解法》,《中学物理》2006 年第 15 期

牛学德,南京第十三中学,《对一道试题解法的商榷》,《中学物理》2006 年第 9 期

牛学德,南京第十三中学,《利用变式训练,提高学生分析能力》,《中学物理教育研究与实践探索》,哈尔滨地图出版社 2006 年版

牛学德,南京第十三中学,《保持学生学习物理兴趣的几点做法》,《文苑》2006 年第 12 期

孟拥军,高淳高级中学,《例谈"磁约束"问题》,《物理教学》2006 年第 6 期

孟拥军,高淳高级中学,《巧用相对运动分析多普勒血流计与声纳原理》,《物理教师》2006 年第 7 期

孟拥军,高淳高级中学,《弹簧关联的动量与能量综合性高考题解析》,《物理之友》2006 年第 2、3 期

孟拥军,高淳高级中学,《"电路分析与计算"错解几例》,《数理化解题研究》2006 年第 7 期

陈建忠,南京第十二中学,《水平吹出的肥皂泡能上升吗?——对一道中考题的探讨》,《物理教师》2006 年第 1 期

陈建忠,南京第十二中学,《新课程标准下中学教师面临的困惑》,《物理教师》2006 年第 5 期

陈建忠,南京第十二中学,《注重知识的联系,提高建模能力——一道高考模拟题引发的几

点思考》,《物理教师》2006 年第 9 期

代怀安,南京第十三中学,《做个“懒”教师——对于“讲、精讲、甚至不讲”的对比思考》,《中学物理》2006 年第 4 期

代怀安,南京第十三中学,《浅谈中考物理简答题的答题技巧》,《中学物理》2006 年第 8 期

代怀安,南京第十三中学,《两个教学案例引发的一点思考》,《中学物理》2006 年第 9 期

戴苾芬,江苏教育学院附属高级中学,参编普通高中课程标准实验教科书《物理》3—5,上海科技教育出版社 2006 年版

戴苾芬,江苏教育学院附属高级中学,参编普通高中课程标准实验教科书《物理》3—5,上海科技教育出版社 2006 年版

徐荣亮,南京第一中学,参编全国高等师范专科学校教材《中学物理课程与教学论》,东北师大出版社 2006 年版

李晓东,南京师大附中江宁分校,《初中物理课堂教学行为的突破》,《中学物理教学参考》2006 年第 11 期

印宏,大厂高级中学,《建构主义理念下的物理教学过程》,《物理教学》2006 年第 8 期

张峰,溧水第二中学,《例析电磁感应现象中感应电量的计算》,《物理教学探讨》2006 年第 2 期

祝烨华,南京第三中学,《初中生物理学习兴趣调查及研究》,《物理之友》2006 年第 6 期

李朝军,南京中华中学,《浅谈初、高中物理学习的衔接》,《物理之友》2006 年第 9、10 期

盛云生,南京雨花台中学,《小船渡河教学成功之关键在于恰当设问与引导——〈运动的合成与分解〉教学随笔》,《中学物理教育研究与实践探索》,哈尔滨地图出版社 2006 年版

吴长标,六合高级中学,《一个有用的结论及应用》,《中学物理》2006 年第 3 期

季卫新,南京师大附中江宁分校,《“保守主义”,“激进主义”与“中庸之道”》,《希望月报》2006 年 1 月版

刘小兵,南京金陵中学河西分校,《高考热学专题复习指引——兼析 04—05 年高考热学题》,《物理教学探讨》2006 年第 5 期

李烨,南京金陵中学河西分校,《浅谈怎样“听、评”物理课》,《教书育人》2006 年

郑立松,六合区八百桥镇初级中学,《谈物理教学中创新能力的培养》,《教学理论与实践(理科版)》2006 年第 7 期

姚小琴,南京外国语学校,《电磁感应中“双电源”问题归类分析》,《新高考》2006 年 5、6 月号

教学研究成果统计

化 学

HUAXUE

邹正，南京外国语学校，主编校本教材《SAT高分入门》，江苏人民出版社2006年版

邹正，南京外国语学校，《一次关于燃烧的研究性学习案例设计》，《化学教与学》2006年第15期

邹正，南京外国语学校，《信息技术与化学新课程整合的研究——思维导图及Mind Manager与化学模块化学习》，《中国化学教学参考》2006年第11期

周琦峰，南京师大附中，参编中学科学双语选修教材《中学生活与科学》学生用书，外语教学与研究出版社2006年版

周琦峰，南京师大附中，参编中学科学双语选修教材《中学生活与科学》教师用书，外语教学与研究出版社2006年版

周琦峰，南京师大附中，参编中学科学双语选修教材《中学生活与科学》活动用书，外语教学与研究出版社2006年版

陆建源，南京第十三中学，《例谈高考化学排序题的十五种类型》，《理科考试研究》2006第3期

陆建源，南京第十三中学，《2006年高考化学实验试题解析》，《教学仪器与实验》2006年第9期

张宗仁，江浦高级中学，《浅谈化学实验教学对学科素养的培养》，《江苏教育周刊》2006年11月22日

张宗仁，江浦高级中学，《探究氢气燃烧是否产生过氧化氢》，《中学生化学》2006年第4期

龚雪冰，南京晓庄学院附中，《例析金属和酸反应的计算》，《数理化解题研究》2006年第10期

龚雪冰，南京晓庄学院附中，《化学计算中关于表格数据题的解题策略》，《化学教与学》2006年第20期

厉业余，六合高级中学，《高考化学思维能力的培养》，《化学教与学》2006年第15期

厉业余，六合高级中学，《跳出题海　发展思维》，《化学教与学》2006 年第 20 期

蒋金虎，南京第十三中学，《〈元素周期律〉的教学案例》，《化学教学》2006 年第 7 期

蒋金虎，南京第十三中学，《化学新课程理念和科学探究方法实施的案例研究》，《中学化学》2006 年第 10 期

李惠娟，南京金陵中学，《突破瓶颈　成功在握——谈高考化学实验复习》，《化学教与学》2006 年第 15 期

熊光发，江宁高级中学，《认识和使用好〈化学 1〉中的有关栏目》，《化学教学》2006 年第 10 期

白苓，南京第十三中学，《化学校本课程的开发与实践》，《中学化学教学参考》2006 年第 7 期

钱海滨，南京第十三中学，《教师的综合素质与专业化成长》，《全国教师教育学科建设研讨会论文集》2006 年 12 月

杨守瑛，南京第三中学，《信息技术与化学新课程整合的研究——思维导图及 Mind Manager 与化学模块化学习》，《中国化学教学参考》2006 年第 11 期

任泽云，六合区程桥高级中学，《新课程的实施，教师的教育智慧至关重要——"原电池原理及其应用"教学案例》，《化学教与学》2006 年第 15 期

张玉杰，六合区程桥高级中学，《新课程的实施，教师的教育智慧至关重要——"原电池原理及其应用"教学案例》，《化学教与学》2006 年第 15 期

林家平，六合区八百桥镇初级中学，《校本课程呼唤教师提高自己》，《农村初中校本课程开发研究》，世界文化出版社 2006 年版

林尤宏，大厂高级中学，《初、高中衔接阶段培养学生学习化学兴趣探究》，《化学教与学》2006 年第 20 期

李虎山，南京第九中学，《化学创造教育中几种观念的确定和强化》，《化学教与学》2006 年第 15 期

陈方炜，南京外国语学校，《高考化学冲刺复习方略》，《江苏高考专刊》2006 年

曹志兵，南京外国语学校，《有关离子分析问题中值得注意的三个问题》，《化学教学与实验》2006 年第 3 期

顾晔，江宁高级中学，《浅谈有机合成题的解题思路》，《化学教学》2006 年第 5 期

杨剑春，高淳高级中学，《关于物质组成的问题讨论》，《化学教与学》2006 年第 5 期

诸全头，高淳高级中学，《喷泉实验的理化探究》，《中学理科》2006 年第 3 期

高雪，南京师大附属实验学校，《碱式碳酸铜的制备实验探究》，《化学教与学》2006 年第 23 期

江伟，南京第三中学，《侯氏制碱法》，《中国多媒体教学学报》2006 年第 1 期

钟继凤，江宁高级中学，《化学实验中观察能力的培养》，《化学教与学》2006 年第 24 期

庄后峰，南京田家炳中学，《PBL 模式的教学案例研究——胶体的性质及其应用》，《化学教与学》2006 年第 24 期

王乃森，南京金陵中学河西分校，《浅谈酸碱盐知识的探究教学策略》，《中学生化学》2006 年第 4 期

汪东辉，南京第五中学，《教材的困惑》，《化学教与学》2006 年第 1 期

生　物

教学研究成果统计

SHENGWU

浦丽华，江苏教育学院附属高级中学，参编义务教育课程标准实验教科书《生物》七年级上册，江苏科技出版社2006年版

浦丽华，江苏教育学院附属高级中学，参编义务教育课程标准实验教科书《生物》八年级下册，江苏科技出版社2006年版

浦丽华，江苏教育学院附属高级中学，参编义务教育课程标准实验教科书《生物教学参考资料》七年级上册，江苏科技出版社2006年版

周茜，南京雨花台中学，《巧设问题情境的案例分析》，《中学生物学》2006年第11期

周茜，南京雨花台中学，《"噬菌体侵染细菌"实验的问题式探究学习》，《生物学通报》2006年第9期

曹阳，六合高级中学，《"诱思探究教学法"在教学中的运用》，《中学生物学》2006第11期

曹阳，六合高级中学，《回看射雕处——引导学生考后反思》，《中学生物教学》2006年第11期

丁娟，南京江苏教院附中致远分校，《模拟"创伤急救"——关键性教学细节设计一例》，《中学生物学》2006年第7期

丁娟，南京江苏教院附中致远分校，《在教育教学实践中如何运用"元认知"理论》，《科学教育》2006年第1期

高学林，南京第十三中学，《你的"秘密"我保管》，《思想理论教育》2006年第1期

高学林，南京第十三中学，《溯源·过程·引领——新课程观下的学科道德教育》，《素质教育大参考》2006年2月号

张琦，南京师大附中江宁分校，《认识和试用显微镜的探究式教学尝试》，《中学生物学》2006年第9期

张琦，南京师大附中江宁分校，《生物课本剧教学尝试——人体的消化与吸收教学案例》，《中学生物学》2006年第11期

郄银东，江苏教育学院附属高级中学，《2006

年生物高考“遗传和变异”专题复习策略》,《中国生物学》2006 年第 2 期

郄银东,江苏教育学院附属高级中学,《生物实验知识的迁移与拓展》,《新高考》2006 年 3 月号

刘会元,江宁高级中学,《试论生物学例外性教学》,《中小学教材教学》2006 年第 5 期

朱守新,六合高级中学,《农村中学生物教学应渗透农业技术和经营教育》,《云南教育·继续教育》2006 年第 6 期

王璐,南京第一中学,《“细胞的类型和结构”教学案例》,《中学生物学》2006 年第 10 期

韩海燕,南京东山外国语学校,《解答生物简答题应注意的问题》,《中学生物教学》2006 年第 12 期

张从福,南京金陵中学河西分校,《高考生物答题技巧与失误分析》,《新高考》2006 年 7、8 月号

文华松,南京金陵中学河西分校,《初中生物教学中激励模式初探》,《中学生物教学》2006 年第 6 期

蔡永刚,大厂高级中学,《例谈微生物群体生长的测量方法》,《中学生物教学》2006 年第 12 期

蒋莉,南京第三中学,《江苏分布的中国种子植物特有属研究》,《植物研究》2006 年第 11 期

姚玉琴,南京师大附中,参编《高中生物新课程创新教学设计》,东北师范大学出版社 2006 年版

许东升,南京师大附中,参编《高中生物新课程创新教学设计》,东北师范大学出版社 2006 年版

品德与社会、思想品德、思想政治

教学研究成果统计

PINDEYUSHEHUI、SIXIANGPINDE、SIXIANGZHENGZHI

唐隽菁，南京北京东路小学，《当代信息技术与品德教学整合的几个误区》，《小学德育》2006年第5期

唐隽菁，南京北京东路小学，《浅谈开放式品德教学中的价值引导》，《小学德育》2006年第23期

唐隽菁，南京北京东路小学，《日本中小学德育关注什么》，《上海教育》2006年第21期

唐隽菁，南京北京东路小学，《我眼中的情智教师》，《江苏教育》2006年第2期

杨昌巡，南京月苑第一小学，《创建学习型备课组提高学校管理质量》，《当代教育研究》2006年第1期

杨昌巡，南京月苑第一小学，《创设动手良机，提高实践能力》，《基础教育参考》2006年第5期

陈旭东，六合双语学校，《假日生活实践指南》，《用实践为素质教育求解》，南京师范大学出版社2006年版

苏华，南京金陵中学，参编义务教育课程标准实验教科书《思想品德》八年级上册，人民出版社2006年版

苏华，南京金陵中学，参编义务教育课程标准实验教科书《思想品德》八年级下册，人民出版社2006年版

苏华，南京金陵中学，参编义务教育课程标准实验教科书《思想品德》七年级下教师教学用书，人民出版社2006年版

苏华，南京金陵中学，参编义务教育课程标准实验教科书《思想品德》八年级上教师教学用书，人民出版社2006年版

于世华，南京第十三中学，独著《生命课堂》，华龄出版社2006年版

于世华，南京第十三中学，《教学内容的生态化设计》，《天津师范大学学报(基础教育版)》2006年第2期

于世华，南京第十三中学，《教学内容的内在冲突研究》，《内蒙古师范大学学报》(教育科学版)2006年第4期

于世华，南京第十三中学，《预设性与非预设性相融合的教学目标设计》，《教学与管理》2006年第4期

沈波，南京第五中学，参编德育读本《守望美好》，人民出版社2006年版

沈波，南京第五中学，参编德育读本《相约高地》，人民出版社2006年版

沈波，南京第五中学，参编《高中综合实践活动》高一年级上，江苏教育出版社2006年版

沈波，南京第五中学，参编《高中综合实践活动》高二年级上，江苏教育出版社2006年版

杨建，南京田家炳中学，参编义务教育课程标准实验教科书《思想品德》八年级上册，人民教育出版社2006年版

杨建，南京田家炳中学，参编德育读本《守望美好》，人民教育出版社2006年版

杨建，南京田家炳中学，参编德育读本《相约高地》，人民教育出版社2006年版

李宏亮，南京第一中学，合著《新编思想政治(品德)教学论》，华东师范大学出版社2006年版

李宏亮，南京第一中学，《以课程视野探析教材在政治课教学中的角色变迁》，《思想政治课教学》2006年第11期

李彰友，江宁高级中学，《正确对待学生的过失行为》，《中学政治教学参考》2006年第3期

李彰友，江宁高级中学，《高考政治探究题的类型特点及启示》，《中学政治教学参考》2006年第5、6期

杨静平，南京第五中学，《为明天的人生加分》，《中小学心理健康教育》2006年第7期

杨静平，南京第五中学，《一个有用的谈话技巧》，《班主任之友》2006年第1期

田国生，南京金陵中学，《运用数字化实验教学推动新课程改革》，《中国现代教育装备》2006年第4期

田国生，南京金陵中学，《运用数字化微格教学系统促进教师专业化发展》，《教师信息化》2006年第4期

赵鹏，南京金陵中学河西分校，参编义务教育课程标准实验教科书《思想品德》八年级下册，江苏人民出版社2006年版

汤巧根，南京外国语学校，编著校本教材《哲学与创新思维》，江苏人民出版社2006年版

夏莹，南京外国语学校，主编校本教材《心海导航》，江苏人民出版社2006年版

吴本洲，六合区八百桥镇初级中学，《校本课程〈篆刻入门〉教学初探》，《农村初中校本课程开发研究》，世界文化出版社2006年版

林世龙，六合区八百桥镇初级中学，《略谈〈法律与我们同行〉课程的开发》，《农村初中校本课程开发研究》，世界文化出版社2006年版

路宽，南京师大附中，参编《全国第四届思想政治优秀课精选》，清华同方电子出版社2006年版

潘永志，南京师大附中，参编《我们只有一个地球——节约能源，从我做起》，凤凰出版社2006年版

林少玉，南京江苏教院附中初中部，参编《班

主任心理教育理论与操作》，南京师范大学出版社 2006 年版

周智宁，南京东山外国语学校，《课堂因学生主持而更精彩》，《思想政治课教学》2006 年第 10 期

王学朝，南京师大附中江宁分校，《怎样看待科学家信仰宗教》，《思想政治课教学》2006 年第 7 期

徐其锐，南京人民中学，《思想政治课中的主体性学习研究》，《学习理论与探索》2006 年第 2 期

邢永宏，南京中华中学，《良言一句三冬暖——关注教师的“语言暴力”》，《思想政治课教学》2006 年第 8 期

彭功军，江宁高级中学，《论和谐教育》，《中学政治教学参考》2006 年第 9 期

薛迎军，六合区程桥高级中学，《浅谈思想政治教学中的探究合作》，《中国教育改革与教学研究》2006 年第 10 期

刘青，南京中华中学，《对一个情绪化学生的案件研究》，《南京教育》2006 年第 3 期

历　史

教学研究成果统计

L I S H I

王飞，大厂高级中学，主编《图说历史课程标准——初中中国历史》，高等教育出版社2006年版

王飞，大厂高级中学，参编《图说历史课程标准——初中世界历史》，高等教育出版社2006年版

王飞，大厂高级中学，参编《新课程教案——历史必修3第四单元：20世纪以来中国最大思想理论成果》，人民教育出版社2006年版

徐林，六合高级中学，《二战后国际关系格局的重大变化》，《中学历史报》2006年第19期

徐林，六合高级中学，《世界近现代史教学中的"市场"角度》，《中学历史报》2006年第24期

徐林，六合高级中学，《各擅其美　交融共进——高中历史新课标教材必修1"政治文明历程"教学心得》，《中学历史报》2006年第33期

马莉，南京人民中学，参编普通高中课程标准实验教科书《历史》必修3教师教学用书，人民教育出版社2006年版

马莉，南京人民中学，参编普通高中课程标准实验教科书《历史》选修1"历史上重大改革回眸"教师教学用书，人民教育出版社2006年版

徐彦文，南京中华中学，《基于"现代化"的理念——解读人教版〈普通高中课程标准实验教科书·历史〉（必修）》，《历史教学》2006年第4期

徐彦文，南京中华中学，《基于建构主义的教学理念——解读新课程背景下的初中历史地图册》，《当代教育科学》2006第6期

陈兴海，溧水第三高级中学，《用新理念指导历史教学设计》，《中学文科》2006年第2期

陈兴海，溧水第三高级中学，《习惯，一根拴住命运的缆绳》，《德育报》2006年2月20日

卢新建，南京师大附中，参编全国高等师范专科学校教材《中学历史课程与教学论》，东北师范大学出版社2006年版

李炜，南京外国语学校，编写校本教材《电影

中的美国历史》，江苏人民出版社 2006 年版

朱曰亮，南京外国语学校，编写校本教材《楹联知识》，江苏人民出版社 2006 年版

张建波，南京师大附中，《黄仁宇〈万历十五年〉导读》，《中学历史教学参考》2006 年第 6 期

陈正兰，南京金陵中学河西分校，《一次开放自主的教学尝试——以"秦王扫六合"为例》，《中学历史教学资源》2006 年 5、6 月号

武安静，六合实验高级中学，《孩子上网之后……》，《心理世界》2006 年第 3 期

地　理

教学研究成果统计

D I L I

丁强，南京金陵中学，《新课程背景下推进素质教育的断想》，《人民教育》2006 年第 20 期

丁强，南京金陵中学，《金陵中学推进素质教育十年的实践与思考》，《南京教育》2006 年第 3—4 期

丁强，南京金陵中学，《追求教育的“原生态”》，《新语文学习（中学教学）》2006 年 9—10 月

徐国民，南京师大附中，《谈新课程理念下的教材使用》，《中学地理教学参考》2006 年第 1、2 期

徐国民，南京师大附中，《谈新课程理念下问题情境的创设》，《希望月刊》2006 年 3 月号

李刚，南京金陵中学，《气温日较差随海拔的升高如何变化的》，《中学地理教学参考》2006 年第 9 期

时倩，南京第四中学，《“问题研究”〈是否可以用南极冰水解决沙特阿拉伯缺水问题〉教学案例》，《中学地理教学参考》2006 年第 10 期

赵小华，高淳高级中学，《〈农业的区位选择〉教学案例》，人教社人教网 2006 年 10 月 11 日

李虎，南京金陵中学河西分校，《等高线地形及地形剖面图的判读》，《新高考》2006 年第 12 期

王海军，南京金陵中学河西分校，《课堂模拟实验四则》，《地理教育》2006 年第 5 期

余珍，南京师大附中，参编《我们只有一个地球——节约资源，从我做起》，凤凰出版社 2006 年版

丁志军，南京师大附中，参编《我们只有一个地球——节约资源，从我做起》，凤凰出版社 2006 年版

音 乐

教学研究成果统计

YINYUE

马园园，南京芳草园小学，参编《义务教育课程标准实验教科书音乐教师用书五年级下教学参考资料》，江苏少年儿童出版社、江苏电子音像出版社 2006 年版

马园园，南京芳草园小学，《我们美丽的祖国》教案，九年义务教育五年制六年制小学参考资料《音乐》(第十册)，江苏少年儿童出版社 2006 年版

马园园，南京芳草园小学，《对音乐教学中"拓展热"的冷思考》，《中小学音乐教育》2006 年第 2 期

刘晓萍，南京成贤街小学，参编义务教育课程标准实验教科书《音乐》五年级上、下，江苏少年儿童出版社 2006 年版

刘晓萍，南京成贤街小学，参编义务教育课程标准实验教科书《艺术》第三册，上海音乐出版社、北方妇女儿童出版社 2006 年版

董平，南京汉口路小学，参编《义务教育课程标准实验教科书音乐教师用书五年级下教学参考资料》，江苏少年儿童出版社、江苏电子音像出版社 2006 年版

董平，南京汉口路小学，《对音乐教学中"拓展热"的冷思考》，《中小学音乐教育》2006 年第 2 期

王莉莉，南京同仁小学，《音乐课中"合作学习"的有效运用》，《新课改教育研究》2006 年第 2 期

符晓梅，南京力学小学分校，《巧用现代教育技术优化音乐课堂教学》，《希望月报》2006 年第 12 期

武文红，南京芳草园小学，参编《义务教育课程标准实验教科书音乐教师用书五年级下教学参考资料》，江苏少年儿童出版社、江苏电子音像出版社 2006 年版

李晓晖，南京师大附中，参编全国高等师范专科学校教材《中学音乐课程与教学论》，东北师

范大学出版社 2006 年版

唐华，南京第九中学，主编《让我们一起学舞蹈》，江苏少年儿童出版社 2006 年版

钱逸瑞，南京第九中学，参编《让我们一起学舞蹈》，江苏少年儿童出版社 2006 年版

谢红娟，南京中华中学，《升华情感体验，拓展发现空间——〈江苏民间音乐风格研究〉研究性学习回顾与思考》，《草根化研究：追求教育理想与学校使命》，南京师范大学出版社 2006 年版

陈炜，南京晓庄学院附属中学，参编《新课程教学问题解决实践研究》，中央民族大学出版社 2006 年第 2 期

张鲁宁，南京江苏教院附中玉泉路校区，参编《新课程教学问题解决实践研究》，中央民族大学出版社 2006 年版

傅艺，南京师大附中，《寄情寓志，高中艺术课程〈艺术与文化——图形的意味〉》，《美术教育》2006 年第 2 期

李静，六合区八百桥镇初级中学，《关于〈音乐欣赏〉校本课程的几点思索》，《农村初中校本课程开发研究》，甘肃文化出版社 2006 年版

杨芳，南京第九中学，参编《新课程教学问题解决实践研究》，中央民族大学出版社 2006 年版

张薇，南京第九中学，参编《新课程教学问题解决实践研究》，中央民族大学出版社 2006 年版

沈熙春，南京第五中学，《开放的学习，民主的交流》，《发现——中国教育思想》专刊 2006 年 11 月版

张仪，南京第九中学，参编《新课程教学问题解决实践研究》，中央民族大学出版社 2006 年版

体育与健康

教学研究成果统计

T I Y U

陆生宁，南京芳草园小学，副主编《新编小学体育课程标准实验教学丛书（水平）》，黑龙江人民出版社2006年版

陆生宁，南京芳草园小学，《浅谈体育教学案例研究》，《中国学校体育》2006年第1期

陆生宁，南京芳草园小学，《用学生的动作行为将隐性目标显示出来——对小学体育课情意目标表述语的建议》，《中国学校体育》2006年第10期

陆生宁，南京芳草园小学，《公开课应是"质朴"与"灵动"的对话》，《中国学校体育》2006年第12期

魏伟，南京长江路小学，副主编《新编小学体育课程标准实验教学丛书（水平）》，黑龙江人民出版社2006年版

魏伟，南京长江路小学，《用学生的动作行为将隐性目标显示出来——对小学体育课情意目标表述语的建议》，《中国学校体育》2006年第10期

魏伟，南京长江路小学，《"爬越障碍物"的教学设计》，《中国学校体育》2007年第2期

崔德建，南京凤凰花园城小学（力学分校），《浅谈体育教学中的过程性评价》，《希望月报》2006年第4期

崔德建，南京凤凰花园城小学（力学分校），《谈体育教学中的自主、合作学习》，《希望月报》2006年第6期

王拥军，南京信息工程大学附属实验小学，《一次小组重组给我带来的启示》，《走进新课程，实践新理念》，新世纪出版社2006年4月版

王拥军，南京信息工程大学附属实验小学，《体育教学中教师指导策略初探》，《走进新课程，实践新理念》，新世纪出版社2006年8月版

张勇，南京下关民生实验小学，《收之有法放之有道——谈新课程浪潮下的小学体育课堂教学组织工作》，《烛光——教育改革前沿》，中国

计量出版社 2006 年版

杨潘顺，南京第十三中学，参编全国高等师范专科学校教材《中学体育与健康课程与教学论》，东北师范大学出版社 2006 年版

杨福群，南京江苏教院附中致远校区，参编全国高等师范专科学校教材《中学体育与健康课程与教学论》，东北师范大学出版社 2006 年版

陈志山，南京金陵中学河西分校，《谈新课程下技能教学细化》，《体育教学》2006 年第 3 期

陈志山，南京金陵中学河西分校，《学生期末体育成绩的评价初探》，《体育教学》2006 年第 6 期

陈志山，南京金陵中学河西分校，《新课程下的体育教学语言艺术》，《语言应用研究与教学》2006 年第 11 期

陈志山，南京金陵中学河西分校，《由情入理》，《教育案例》2006 年第 4 期

梁龙旭，南京师大附中江宁分校，《南京市 18 所四星级中学体育新课程实施现状的调查与分析》，《希望月报》2006 年第 1 期

梁龙旭，南京师大附中江宁分校，《高中体育与健康课程内容的自主构建》，《新课程研究》2006 年第 2 期

张桂宁，南京第十三中学，《中学田径类教学内容改革与开发策略》，《南京体育学院学报》2006 年第 5 期

王亚军，南京金陵中学河西分校，《谈体育学困生的心理需求》，《教书育人》2006 年第 9 期

张红军，六合区八百桥镇初级中学，《有效教学策略在体育教学准备策略中的运用》，《中国学校体育》2006 年第 10 期

美术

教学研究成果统计

M E I S H U

俞晨，南京青云巷小学，参编《义务教育课程标准实验教科书美术教师教学用书（第 8 册）》，江苏少年儿童出版社 2006 年版

俞晨，南京青云巷小学，参编义务教育课程标准实验教科书《美术》5 年级上学期配套习作画本（配人教版），江苏少年儿童出版社 2006 年版

宋红斌，南京长江路小学，参编《小画笔 E 家》（电脑美术教材上），江苏美术出版社 2006 年版

钱汉生，南京红山小学，《以研究性为抓手构建生态环境教育的办学特色》，《中国当代教育思想宝库》，人民日报出版社 2006 年版

冉向捷，南京第九中学，副主编《新课程教学问题解决实践研究（初中美术）》，中央民族大学出版社 2006 年版

赵有强，南京中华中学，参编《新课程教学问题解决实践研究（初中美术）》，中央民族大学出版社 2006 年版

朱晔，南京第九中学，参编《新课程教学问题解决实践研究（初中美术）》，中央民族大学出版社 2006 年版

伏新，南京第九中学，参编《新课程教学问题解决实践研究（初中美术）》，中央民族大学出版社 2006 年版

谈智慧，南京孝陵卫中学，参编《新课程教学问题解决实践研究（初中美术）》，中央民族大学出版社 2006 年版

田媛，南京第九中学，参编《新课程教学问题解决实践研究（初中美术）》，中央民族大学出版社 2006 年版

张大健，南京第九中学，参编《新课程教学问题解决实践研究（初中美术）》，中央民族大学出版社 2006 年版

肖文虹，南京第九中学，参编《新课程教学问题解决实践研究（初中美术）》，中央民族大学出

版社 2006 年版

翁德永，南京人民中学，参编《素描石膏像》，江苏美术出版社 2006 年版

钱锐，南京第六中学，《湘版高中美术〈礼仪与教化〉一课的教学设计》，《新课程美术教育丛书·实验对话》2006 年第 7 期

技 术

教学研究成果统计

J I S H U

刘建明，南京第五中学，参编《技术与设计》三年级上、五年级上、九年级上（山西省中小学教材编审委员会审查通过试用），中国青年出版社 2006 年版

刘建明，南京第五中学，参编《技术与设计》教师用书六年级上、七年级上、九年级上，中国青年出版社 2006 年版

刘建明，南京第五中学，参编《新疆综合实践活动》，新疆青少年出版社 2006 年版

王静，南京师大附中，参编读本《高中信息技术全掌握》，河海大学出版社 2006 年版

孙泓，南京第五中学，《信息技术课程评价中微型主观题的应用及其命题思路》，《中国电化教育》2006 年第 4 期

顾大建，六合高级中学，《对高中通用技术模块中“技术、通用技术、技术素养及通用技术课程”的浅释》，《江苏工人报》2006 年 5 月 31 日

邓媛媛，南京第四中学，《〈FOR_NEXT 循环〉教学设计》，《中小学电教》2006 年第 12 期

赵芸蓉，高淳高级中学，《浅谈网络环境下自主学习的利与弊——〈高中信息技术研究性学习〉网络教学的尝试与反思》，《南京电教》2006 年 6 月 30 日

单道华,南京师大附小,参编义务教育课程标准实验教科书《科学》(四年级上册)第三单元"奇妙的声音王国",江苏教育出版社2006年版

单道华,南京师大附小,《亲历比什么都珍贵——美国太空夏令营纪行》,《江苏教育》2006年第11期

张新娥,南京孝陵卫中心小学,《小小紫甘蓝　做出大文章——教〈变色花〉一课的意外收获》,《新课程,你我同行》,光明日报出版社2006年版

张新娥,南京孝陵卫中心小学,《小实验　大文章——自制紫甘蓝汁鉴别生活中物质的酸碱性》,《实验教学与仪器》2006年第9期

CHANGJIANG CABLE
产品目录
PRODUCT
CATALOG
长江电缆有限公司
CHANGJIANG CABLE CO., LTD.

产品目录
PRODUCT
CATALOG
CHANGJIANG CABLE